普通高等学校"十三五"市场营销专业规划教材

郝渊晓　主编

公共关系学

（第二版）

主　编：费明胜
副主编：李　霞　　何军红
　　　　史贤华　　周　琳

·广州·

版权所有 翻印必究

图书在版编目（CIP）数据

公共关系学/费明胜主编；李霞，何军红，史贤华，周琳副主编. —2版. —广州：中山大学出版社，2015.1

（普通高等学校"十三五"市场营销专业规划教材/郝渊晓主编）

ISBN 978-7-306-05094-6

Ⅰ. ①公… Ⅱ. ①费… ②李… ③何… ④史… ⑤周… Ⅲ. ①公共关系学 Ⅳ. ①C912.3

中国版本图书馆 CIP 数据核字（2014）第 281324 号

出 版 人：王天琪
策划编辑：蔡浩然
责任编辑：蔡浩然
封面设计：林绵华
责任校对：杨文泉
责任技编：何雅涛
出版发行：中山大学出版社
电　　话：编辑部 020-84111996，84113349，84111997，84110779
　　　　　发行部 020-84111998，84111981，84111160
地　　址：广州市新港西路 135 号
邮　　编：510275　　　传　真：020-84036565
网　　址：http://www.zsup.com.cn　E-mail:zdcbs@mail.sysu.edu.cn
印 刷 者：广州市友盛彩印有限公司
规　　格：787mm×1092mm　1/16　23.125 印张　535 千字
版次印次：2009 年 2 月第 1 版　2015 年 1 月第 2 版　2023 年 1 月第 14 次印刷
印　　数：23001～27000 册　　定　价：38.90 元

如发现本书因印装质量影响阅读，请与出版社发行部联系调换

内容提要

　　本书介绍了公共关系学的核心内容，从公共关系的社会组织、公众及传播三大要素、公共关系的职能和作用、公共关系四步工作法、公共关系广告、公共关系语言艺术、公共关系礼仪、公共关系专题活动、网络公关、公关文书等方面，对公共关系学进行了系统阐述和分析。

　　本书内容新颖，公关案例丰富，体现了理论性、实践性与科学性的统一，既适合高等院校市场营销、工商管理和公共事务管理类专业的学生做教材，也适合政府有关部门及从事公关工作人员做参考用书；对希望了解公共关系知识的群众来说，本书也是一本理想的入门读物。

普通高等学校"十三五"市场营销专业规划教材
编写指导委员会

学术顾问	贾生鑫	(中国高等院校市场学研究会首任会长,现顾问,西安交通大学教授)
	李连寿	(中国高等院校市场学研究会原副会长,现顾问,上海海事大学教授、教学督导)
	符国群	(中国高等院校市场学研究会副会长,北京大学光华管理学院营销系主任、教授)
主　任	周　南	(香港城市大学市场营销学系主任、教授,武汉大学长江学者讲座教授)
常务副主任	郝渊晓	(中国高等院校市场学研究会常务理事、副秘书长,西安交通大学经济与金融学院教授)
	张　鸿	(西安邮电大学经济与管理学院院长、教授)
	蔡浩然	(中山大学出版社编审)
副主任	王正斌	(西北大学研究生院常务副院长、教授)
	庄贵军	(西安交通大学管理学院市场营销系主任、教授)
	李先国	(中国人民大学商学院教授)
	惠　宁	(西北大学经济管理学院副院长、教授)
	董千里	(长安大学管理学院系主任、教授)
	侯立军	(南京财经大学工商管理学院院长、教授)
	王君萍	(西安石油大学经济管理学院院长、教授)
	马广奇	(陕西科技大学管理学院院长、教授)
	周建民	(广东金融学院职业教育学院副院长、教授)
	靳俊喜	(重庆工商大学商务策划学院院长、教授)
	侯淑霞	(内蒙古财经学院商务学院院长、教授)
	孙国辉	(中央财经大学商学院院长、教授)
	成爱武	(西安工程大学图书馆馆长、教授)
	靳　明	(浙江财经大学《财经论丛》副主编、教授)
	董　原	(兰州商学院工商管理学院院长、教授)
	徐大佑	(贵州财经大学工商管理学院院长、教授)
	胡其辉	(云南大学经济学院教授)
	秦陇一	(广州大学管理学院教授)
	闫涛蔚	(山东大学威海分校科技处处长、教授)
	周筱莲	(西安财经学院管理学院营销系主任、教授)
	张占东	(河南财经政法大学经贸学院院长、教授)

普通高等学校"十三五"市场营销专业规划教材
编 写 委 员 会

主　编　郝渊晓　（中国高等院校市场学研究会常务理事、副秘书长，
　　　　　　　　　西安交通大学经济与金融学院教授）

副主编　张　鸿　（西安邮电大学经济与管理学院院长、教授）
　　　　　董　原　（兰州商学院工商管理学院院长、教授）
　　　　　杨树青　（华侨大学工商管理学院教授）
　　　　　费明胜　（五邑大学管理学院教授、博士）
　　　　　蔡继荣　（重庆工商大学商务策划学院副教授、博士）
　　　　　邓少灵　（上海海事大学副教授、博士）
　　　　　李雪茹　（西安外国语大学教务处处长、教授）
　　　　　肖祥鸿　（上海海事大学副教授、博士）
　　　　　彭建仿　（重庆工商大学商务策划学院教授、博士）
　　　　　李景东　（内蒙古财经大学商务学院营销系主任、副教授）

委　员　郝渊晓　张　鸿　董　原　杨树青　费明胜　蔡继荣　邓少灵
　　　　　李雪茹　刘晓红　肖祥鸿　彭建仿　徐樱华　邵燕斐　赵玉龙
　　　　　李　霞　赵国政　郭　永　邹晓燕　薛　颖　梁俊凤　葛晨霞
　　　　　常　亮　余　啸　郝思洁　张　媛　何军红　史贤华　王素侠
　　　　　薛　楠　吴聪治　许惠铭　李竹梅　崔　莹　王文军　刘　仓
　　　　　李　燕　张芳芳　宋恩梅　宋小强　荆　炜　郭晓云　关辉国
　　　　　赵　彦　周美莉　高　帆　杨丹霞　周　琳　韩小红　周　勇
　　　　　赵春秀　马晓旭　高　敏　崔　莹　蒋开屏　卢长利　符全胜
　　　　　祝火生　高维和　赵永全　迟晓英　张晓燕　任声策　甘胜利
　　　　　李　琳　陈　刚　李景东

总　序

党的"十八大"以来，我国经济发展逐步告别高增长的发展模式，进入经济增长速度换挡期、结构调整阵痛期、刺激政策消化期的三期叠加的"新常态"的发展阶段，同时将继续"坚定不移地推进经济结构调整、推进经济的转型升级"，努力打造全新的"中国经济的升级版"。随着宏观环境的变化，科学技术的发展，特别是大数据、云计算、电子商务、移动通信技术等广泛应用，出现了诸如微营销、电子商务购物、网络团购等许多新的营销工具，这些新情况需要引起理论界和企业实务界的高度关注。

在这样的大背景下，高校市场营销专业如何培养能够适应未来市场竞争的营销人才，就成为理论工作者必须思考的问题。提高营销人才培养质量，增强学生对市场竞争的应变能力和适应能力，一方面必须进行教学方法改革，注重对学生的能力培养；另一方面要加快教材建设，更新教材内容，吸收前沿理论与知识，总结我国企业营销实践经验，以完善营销学教材体系。

为实现营销人才培养与指导企业实践融合的目标，为适应高校在"十三五"期间市场营销、贸易经济、国际贸易、电子商务、工商管理、物流管理、经济学等专业的教学需要，在中山大学出版社的建议下，由西安交通大学经济与金融学院教授、中国高校市场学研究会常务理事及副秘书长、西安现代经济与管理研究院副院长郝渊晓，牵头组织对2009年出版的"普通高等学校"十一五"市场营销专业规划教材"进行全面修订，出版新版的"普通高等院校"十三五"市场营销专业规划教材"。该系列教材一共10本，分别是：《市场营销学》（第2版）、《公共关系学》（第2版）、《消费者行为学》（第2版）、《现代广告学》（第2版）、《商务谈判与推销实务教程》、《分销渠道管理学教程》、《营销策划学教程》、《网络营销学教程》、《市场营销调研学教程》、《国际市场营销学教程》。

本次教材的修订，我们坚持的基本原则和要求是：尽量吸收最新营销理论的前沿知识、方法和工具；更换过时的资料数据，采用最新资料；充实国内外最新案例。本系列教材的编写，汇集了我国30多所高校长期从事营销学教学和研究的专业人员，他们有着丰富的教学及营销实践经验，收集了大量的有价值的营销案例，力图整合国内外已有教材的优点，出版一套能适应营销人才知识更新及能力提升要求的精品教材。

作为本系列教材的主编，我十分感谢中山大学出版社对教材出版的关心和支持，我也十分感谢每本书的作者为编写教材所付出的艰辛劳动。在教材的编写中，虽然我们尽了最大努力，但由于水平有限，书中难免还有错误和不足之处，恳请同行和读者批评指正。

郝渊晓

2014 年 10 月于西安交通大学经济与金融学院

目 录

总 序 …………………………………………………………………………（Ⅰ）

第一章 公共关系学概论 ……………………………………………………（1）
  第一节 公共关系与公共关系学 …………………………………………（1）
    一、公共关系的概念 ………………………………………………（1）
    二、公共关系学的研究角度 ………………………………………（4）
    三、本书公共关系学的基本内容 …………………………………（4）
    四、公共关系与相关概念的联系与区别 …………………………（5）
    五、学习公共关系学的现实意义 …………………………………（8）
  第二节 公共关系的起源与发展 …………………………………………（9）
    一、公共关系的发展阶段 …………………………………………（10）
    二、当代公共关系的发展趋势 ……………………………………（18）
  本章小结 ……………………………………………………………………（26）
  关键概念 ……………………………………………………………………（26）
  思考题 ………………………………………………………………………（26）
  案例分析 中国两次申奥的国际公关 ……………………………………（26）
  参考文献 ……………………………………………………………………（29）

第二章 公共关系的三大要素之社会组织 ………………………………（30）
  第一节 公共关系的主体——社会组织 …………………………………（30）
    一、社会组织的概念 ………………………………………………（30）
    二、社会组织的特征 ………………………………………………（31）
    三、社会组织的类型 ………………………………………………（32）
    四、社会组织的环境 ………………………………………………（32）
    五、社会组织公共关系的应用 ……………………………………（34）
  第二节 公共关系专职机构 ………………………………………………（35）
    一、公共关系部 ……………………………………………………（36）
    二、公共关系公司 …………………………………………………（39）
    三、公共关系社团 …………………………………………………（43）
  第三节 公共关系专业人员 ………………………………………………（44）
    一、公共关系专业人员的基本素质 ………………………………（44）
    二、公共关系专业人员的工作内容 ………………………………（49）
    三、公共关系专业人员的招聘、培训和考核 ……………………（50）

四、公共关系人员的全国统一鉴定 …………………………………… (53)
　本章小结 …………………………………………………………………… (64)
　关键概念 …………………………………………………………………… (65)
　思考题 ……………………………………………………………………… (65)
　案例分析　三一集团起诉奥巴马 ………………………………………… (65)
　参考文献 …………………………………………………………………… (68)

第三章　公共关系的三大要素之公众 ……………………………………… (70)
　第一节　公共关系的客体——公众 ……………………………………… (70)
　　一、公众的概念 …………………………………………………………… (70)
　　二、公众的基本特征 ……………………………………………………… (71)
　　三、公众的分类 …………………………………………………………… (72)
　　四、公众对象举要 ………………………………………………………… (74)
　第二节　公众的心理分析 ………………………………………………… (77)
　　一、公众心理与公众行为 ………………………………………………… (77)
　　二、认知公众心理的方法 ………………………………………………… (84)
　　三、影响公众心理的方法 ………………………………………………… (89)
　本章小结 …………………………………………………………………… (92)
　关键概念 …………………………………………………………………… (93)
　思考题 ……………………………………………………………………… (93)
　案例分析　尼康"黑斑门"事件 ………………………………………… (93)
　参考文献 …………………………………………………………………… (96)

第四章　公共关系的三大要素之传播 ……………………………………… (98)
　第一节　公共关系传播概述 ……………………………………………… (98)
　　一、公共关系传播的概念 ………………………………………………… (98)
　　二、公共关系传播的特征 ………………………………………………… (99)
　　三、公共关系传播的过程和要素 ………………………………………… (100)
　　四、公共关系传播的类型 ………………………………………………… (102)
　　五、公共关系传播的原则 ………………………………………………… (103)
　第二节　传播媒体的选择 ………………………………………………… (107)
　　一、大众传播媒介 ………………………………………………………… (107)
　　二、人际传播媒介 ………………………………………………………… (112)
　　三、公共关系传播媒介的选择 …………………………………………… (113)
　第三节　公共关系传播效果 ……………………………………………… (115)
　　一、公共关系传播效果理论 ……………………………………………… (115)
　　二、公共关系的传播效果 ………………………………………………… (116)
　　三、影响公共关系传播效果的障碍分析 ………………………………… (117)

四、改善公共关系传播效果的途径 …………………………………… (119)
　本章小结 ………………………………………………………………… (121)
　关键概念 ………………………………………………………………… (122)
　思考题 …………………………………………………………………… (122)
　案例分析　华帝"十运火炬"公关传播 ………………………………… (122)
　参考文献 ………………………………………………………………… (124)

第五章　公共关系的职能和作用 …………………………………… (125)
第一节　公共关系的职能 ……………………………………………… (125)
　　一、信息的采集与传播 …………………………………………………… (125)
　　二、咨询与建议 …………………………………………………………… (133)
　　三、引导和沟通 …………………………………………………………… (135)
　　四、联络和协调 …………………………………………………………… (136)
　　五、科学预警，危机管理 ………………………………………………… (139)
第二节　公共关系的作用 ……………………………………………… (141)
　　一、公共关系对社会组织的作用 ………………………………………… (141)
　　二、公共关系对个人的作用 ……………………………………………… (144)
　　三、公共关系对社会的作用 ……………………………………………… (145)
　本章小结 ………………………………………………………………… (146)
　关键概念 ………………………………………………………………… (146)
　思考题 …………………………………………………………………… (146)
　案例分析　农夫山泉事件始末：由质量追问到媒企混战 …………… (147)
　参考文献 ………………………………………………………………… (148)

第六章　公共关系四步工作法 ……………………………………… (149)
第一节　公共关系调查和策划 ………………………………………… (149)
　　一、公共关系调查 ………………………………………………………… (149)
　　二、公共关系策划 ………………………………………………………… (159)
　　三、公共关系计划 ………………………………………………………… (168)
第二节　公共关系实施与评估 ………………………………………… (170)
　　一、公共关系实施的意义 ………………………………………………… (170)
　　二、公共关系实施过程的特点与障碍 …………………………………… (171)
　　三、公共关系实施的原则 ………………………………………………… (173)
　　四、公共关系实施过程中的要求和传播过程 …………………………… (174)
　　五、公共关系评估 ………………………………………………………… (175)
　本章小结 ………………………………………………………………… (180)
　关键概念 ………………………………………………………………… (180)
　思考题 …………………………………………………………………… (180)

案例分析　昙花一现的个性化车牌政策 …………………………………… (181)
　　参考文献 …………………………………………………………………… (182)

第七章　公共关系广告 ……………………………………………………… (183)
第一节　公共关系广告的特点和分类 …………………………………… (183)
　　一、公共关系广告的定义 ………………………………………………… (183)
　　二、公共关系广告的特点 ………………………………………………… (184)
　　三、公共关系广告的分类 ………………………………………………… (186)
　　四、公共关系广告的职能 ………………………………………………… (199)
第二节　公共关系广告策划的程序 ……………………………………… (201)
　　一、确定实施公共关系广告的时机 ……………………………………… (201)
　　二、进行公共关系广告定位 ……………………………………………… (202)
　　三、确定公共关系广告主题 ……………………………………………… (204)
　　四、选择公共关系广告媒介 ……………………………………………… (207)
　　五、创作公共关系广告文稿 ……………………………………………… (210)
　　六、公共关系广告效益测评 ……………………………………………… (212)
第三节　公共关系广告的制作要求 ……………………………………… (215)
　　一、实事求是 ……………………………………………………………… (215)
　　二、寻求最佳广告时机 …………………………………………………… (215)
　　三、注重效益和避免商业痕迹相结合 …………………………………… (216)
　　四、稳定性和创新性相结合 ……………………………………………… (216)
　　五、长期性与连续性相结合 ……………………………………………… (217)
　　六、思想性与艺术性相结合 ……………………………………………… (218)
　　本章小结 …………………………………………………………………… (219)
　　关键概念 …………………………………………………………………… (219)
　　思考题 ……………………………………………………………………… (219)
　　案例分析　腾讯公司声明 ………………………………………………… (220)
　　参考文献 …………………………………………………………………… (222)

第八章　公共关系语言艺术 ………………………………………………… (223)
第一节　公共关系语言交流的一般要求 ………………………………… (223)
　　一、适合特定的语境 ……………………………………………………… (223)
　　二、借助副语言和体态语表情达意 ……………………………………… (224)
　　三、遵守约定的语言规范 ………………………………………………… (229)
第二节　公共关系语言交流的常用技巧 ………………………………… (230)
　　一、幽默法 ………………………………………………………………… (230)
　　二、委婉法 ………………………………………………………………… (231)
　　三、模糊法 ………………………………………………………………… (232)

四、激励法 ………………………………………………………………（234）
　　五、暗示法 ………………………………………………………………（235）
第三节　谈判的语言艺术 ………………………………………………………（236）
　　一、谈判的概念 …………………………………………………………（236）
　　二、公共关系谈判的种类 ………………………………………………（236）
　　三、公共关系谈判的特点与原则 ………………………………………（236）
　　四、公共关系谈判的准备 ………………………………………………（237）
　　五、公共关系谈判的程序 ………………………………………………（238）
　　六、公共关系谈判的策略 ………………………………………………（238）
第四节　跨文化沟通中的语言交流 ……………………………………………（242）
　　一、语言的重要性 ………………………………………………………（242）
　　二、跨文化语言交流障碍产生的原因 …………………………………（243）
　　三、消除跨文化语言交流障碍的对策 …………………………………（245）
本章小结 …………………………………………………………………………（247）
关键概念 …………………………………………………………………………（248）
思考题 ……………………………………………………………………………（248）
案例分析　案例一：小李与苏菲的跨文化交流 ………………………………（248）
　　　　　案例二：成功的谈判 ……………………………………………（249）
参考文献 …………………………………………………………………………（250）

第九章　公共关系礼仪 …………………………………………………………（251）

第一节　公共关系礼仪概述 ……………………………………………………（251）
　　一、公共关系礼仪的概念 ………………………………………………（251）
　　二、公共关系礼仪的基本特征 …………………………………………（252）
　　三、公共关系礼仪的作用 ………………………………………………（253）
　　四、公共关系礼仪的基本要求 …………………………………………（253）
第二节　日常交往礼仪 …………………………………………………………（254）
　　一、介绍礼仪 ……………………………………………………………（254）
　　二、见面礼仪 ……………………………………………………………（257）
　　三、电话礼仪 ……………………………………………………………（259）
　　四、舞会礼仪 ……………………………………………………………（262）
第三节　个人的仪表风度 ………………………………………………………（263）
　　一、交谈礼仪 ……………………………………………………………（263）
　　二、服饰礼仪 ……………………………………………………………（266）
　　三、仪态礼仪 ……………………………………………………………（269）
本章小结 …………………………………………………………………………（272）
关键概念 …………………………………………………………………………（272）
思考题 ……………………………………………………………………………（272）

案例分析　小节误大事 …………………………………………… (272)
　　参考文献 ………………………………………………………… (273)

第十章　公共关系专题活动 …………………………………………… (274)
第一节　企业形象识别 ………………………………………………… (274)
　　一、什么是 CIS ………………………………………………… (274)
　　二、CIS 的基本要素及设计要领 ……………………………… (276)
　　三、CIS 导入程序 ……………………………………………… (283)
第二节　危机事件处理与危机公关 …………………………………… (284)
　　一、危机的概念和类型 ………………………………………… (284)
　　二、危机事件的内部成因分析 ………………………………… (286)
　　三、危机的预防和处理 ………………………………………… (287)
　　四、危机公关的技巧 …………………………………………… (289)
第三节　新闻发布会 …………………………………………………… (290)
　　一、新闻发布会的特点 ………………………………………… (291)
　　二、新闻发布会的筹备 ………………………………………… (291)
　　三、新闻发布会的程序 ………………………………………… (292)
　　四、新闻发布会应注意的事项 ………………………………… (293)
　　五、新闻发布会的会后工作 …………………………………… (293)
第四节　公益赞助 ……………………………………………………… (293)
　　一、公益赞助的目的 …………………………………………… (294)
　　二、公益赞助的主要对象 ……………………………………… (294)
　　三、公益赞助的步骤 …………………………………………… (296)
　　四、公益赞助的注意事项 ……………………………………… (297)
第五节　展览与展销活动 ……………………………………………… (297)
　　一、展览与展销活动的异同 …………………………………… (298)
　　二、展览与展销活动的类型 …………………………………… (298)
　　三、展览与展销活动的特点 …………………………………… (299)
　　四、组织展览与展销活动的注意事项 ………………………… (299)
第六节　对外开放参观 ………………………………………………… (303)
　　一、对外开放参观的作用 ……………………………………… (303)
　　二、对外开放参观的类型 ……………………………………… (303)
　　三、对外开放参观的组织 ……………………………………… (304)
本章小结 …………………………………………………………………… (305)
关键概念 …………………………………………………………………… (305)
思考题 ……………………………………………………………………… (306)
案例分析　案例一：烛光舞会 …………………………………………… (306)
　　　　　　案例二：多美滋行贿门风波 ………………………………… (306)

参考文献 ··· (307)

第十一章　网络公关 ··· (309)
　　第一节　网络公关概述 ··· (309)
　　　一、网络公关的定义 ··· (309)
　　　二、网络公关的重要性 ··· (310)
　　　三、网络公关的技术支撑 ··· (310)
　　第二节　网络公关的实施 ··· (311)
　　　一、公关视角下的网站 ··· (311)
　　　二、网络公关新闻 ··· (314)
　　　三、电子邮件营销 ··· (315)
　　　四、微博营销 ··· (317)
　　　五、网络危机公关 ··· (321)
　　　六、相关法律法规 ··· (323)
　　本章小结 ··· (324)
　　关键概念 ··· (324)
　　思考题 ··· (325)
　　案例分析　案例一：《泰囧》的微博营销 ······························· (325)
　　　　　　　案例二：圣元乳业"致死门" ··································· (326)
　　参考文献 ··· (327)

第十二章　公关文书 ··· (328)
　　第一节　公关文书概述 ··· (328)
　　　一、公关文书的概念 ··· (328)
　　　二、公关文书的写作原则 ··· (329)
　　　三、公关文书的写作结构 ··· (329)
　　　四、公关文书的分类 ··· (330)
　　第二节　公文 ··· (330)
　　　一、公文的概念 ··· (330)
　　　二、公文的作用 ··· (330)
　　　三、公文的分类 ··· (331)
　　　四、公文的结构 ··· (331)
　　第三节　新闻稿 ··· (333)
　　　一、新闻概述 ··· (333)
　　　二、公关新闻的写作流程 ··· (333)
　　　三、公关新闻的写作要求 ··· (334)
　　第四节　演讲稿 ··· (335)
　　　一、演讲稿的特点 ··· (336)

二、演讲稿的分类 …………………………………………………… (336)
三、演讲稿的写法 …………………………………………………… (336)
第五节 合同 ………………………………………………………… (337)
一、签订经济合同的原则 …………………………………………… (338)
二、合同的写法 ……………………………………………………… (338)
第六节 简报 ………………………………………………………… (340)
一、简报的概念 ……………………………………………………… (340)
二、简报的作用 ……………………………………………………… (340)
三、简报的分类 ……………………………………………………… (341)
四、简报的结构 ……………………………………………………… (341)
第七节 商业信函 …………………………………………………… (342)
一、商业信函格式 …………………………………………………… (342)
二、商业信函的写法 ………………………………………………… (343)
三、商业信函的写作要求 …………………………………………… (345)
第八节 请柬 ………………………………………………………… (347)
一、请柬的写作格式 ………………………………………………… (347)
二、请柬的写作要求 ………………………………………………… (347)
第九节 公共关系宣传资料的编写 ………………………………… (348)
一、公共关系宣传资料的概念和内容 ……………………………… (348)
二、公共关系宣传资料的编写规范 ………………………………… (348)
本章小结 ……………………………………………………………… (349)
关键概念 ……………………………………………………………… (349)
思考题 ………………………………………………………………… (349)
案例分析 企业合作合同 …………………………………………… (349)
参考文献 ……………………………………………………………… (351)

后 记 ………………………………………………………………… (352)

第一章 公共关系学概论

本章学习目标

通过本章的学习,使学生了解和掌握公共关系的基本概念、公共关系发展的历程以及公共关系研究的基本内容,明确中国公共关系行业的未来走势,树立基本的公共关系意识。本章首先从公共关系基本概念讨论入手,引出公共关系定义;然后通过追溯公共关系发生与发展的历史过程,了解公共关系的发展脉络,理解公共关系形成和发展的社会历史条件,并对未来发展趋势进行展望;最后综述公共关系学研究内容及体系。

公共关系学作为一门学科传入中国已将近 30 年了。公共关系学被逐渐应用于各个社会领域,特别是经营管理、大众传播、社会交往和市场营销等领域。这门学科帮助众多的政治家、社会活动家、企业家、管理工作者、新闻工作者等各界精英走向了成功之路。世界很多国家,从政府部门到企业机关都设立了各类不同的公共关系机构或专业公共关系公司。许多国家的大学也都设立了公共关系学系或专业,进行公共关系专门人才的培养。随着改革开放的不断深入,公共关系学也以其突出的成效越来越受到人们的广泛关注。人们一方面对其称颂备至,另一方面对一些人打着公共关系(以下简称公关)的旗号进行各种不光彩的勾当的行为感到困惑。公关以天使和魔鬼两种面目同时出现在人们面前,到底公关是什么?

第一节 公共关系与公共关系学

要说清公共关系是什么真是不容易。公共关系从它诞生那天起,就有许多五花八门的定义。公共关系一词是由英文 Public Relations 翻译而来的,简称 PR。在英文原意中有多种含义,如公共关系状态、公共关系活动和公共关系学等,中文可译为公共关系或公众关系。

一、公共关系的概念

由于公共关系一词在实际的使用上没有严格的规定,它所特指的含义常有所不同,对此,公关学者斯蒂芬·菲茨拉德曾说过:"令人头疼的不是公共关系一词缺乏意义,而是这词包罗万象,囊括过多。"

(一)公共关系的定义

在互联网上搜索公共关系学的定义,可发现世界各国公共关系专家们所下的定义很多。例如:"所谓公共关系,就是一个组织运用有效的传播手段,使自身适应公众的需要,并使公众也适应组织发展需要的一种思想、政策和管理职能。""公共关系(Public Relation)是指某一组织为改善与社会公众的关系,促进公众对组织的认识、理解及支持,达到树立良好组织形象,促进商品销售的目的的一系列促销活动。它本意是工商企业必须与其周围的各种内部、外部公众建立良好的关系。""所谓公共关系是一项通过预测、计划与组织,实施与本组织的各类公众的经常性的双向沟通,积极建设本组织在公众中的良好形象,建立以本组织生存与发展的有利环境,实现本组织与公众的共同利益与目标的管理活动与职能。"

国际公共关系协会对公共关系的定义是:"公共关系是一种管理功能,它具有连续性和计划性。通过公共关系,公立和私人的组织、机构试图赢得同他们有关的人们的理解、同情和支持,借助对舆论的估价,以尽可能地协调它自己的政策和做法,依靠有计划的、广泛的信息传播,赢得更有效的合作,更好地实现它们的共同利益。"

我国的各类公共关系著作对公共关系所下的定义也不少,影响比较大的有以下这些:"公共关系是一种内求团结、外求发展的经营艺术。它运用合理的原则和方法,通过有计划而持久的努力,协调和改善组织机构的对内对外关系,使本组织机构的各项政策和活动符合于广大公众的需求,在公众中树立起良好形象,以谋求公众对本组织机构的了解、信任、好感和合作,并获得共同的利益。"[1] "公共关系指的是一个组织运用信息传播的手段,处理自身与社会环境关系的活动。它是以维护、增进组织机构与公众的根本利益为前提的,以树立适合于本组织机构的生存、发展的最优形象为目标的,有效地运用信息传播的手段,持续不断地协调、完善组织与内外公众之间关系的活动。"[2] "公共关系是社会组织为了塑造自身形象,通过传播、双向沟通手段和活动影响公众的科学和艺术。"[3] "公共关系是一个社会组织为取得与其特定公众的双向沟通和精诚合作而进行的遵循一定行为规范和准则的传播活动。"[4] "公共关系是用传播手段塑造组织自身良好形象的艺术。"[5] "公共关系有广义和狭义之分。广义的公共关系,是指人类社会中人与人之间的普遍联系,也就是日常生活中的公共关系活动。如同事之间的友好往来、家庭成员的和睦相处、婴儿用本能的笑惹人喜爱等。狭义的公共关系是特指在商品社会条件下人们之间的多种关系,也就是专门的公共关系活动。随着人类社会的不断发展,人与人之间的交往更加频繁和密切。一切社会活动,包括政治、经济、文化活动,都不能缺少互相之间的交流和联系。尤其是一些为大众服务的场所,如企业、酒店、旅游公司,等等。"[6]

---

[1] 王乐夫、廖为建等:《公共关系学》,辽宁人民出版社1986年版。
[2] 纪华强、杨金德:《公共关系基本原理与实务》,厦门大学出版社1999年版。
[3] 栗玉香:《公共关系教程》,经济科学出版社2002年版。
[4] 居延安:《公共关系学》,复旦大学出版社2006年版。
[5] 明安香:《公共关系——塑造形象的艺术》,科学普及出版社1986年版。
[6] 刘立明:《时尚公关礼仪》,羊城晚报出版社2002年版。

（二）不同公共关系定义的共同之处

尽管以上的公共关系定义不尽相同，但细细分析，它们都提到了一些共同之处：

（1）公共关系是一个组织与其公众之间的关系。这种关系是一个组织在与公众的相互作用和相互影响中形成的。

（2）公共关系是一种特殊的思想和活动。作为一种思想，它渗透在一个组织的全部活动之中；作为一种活动，它又具有区别于组织的其他活动的特殊性和特殊要求。

（3）公共关系是现代组织管理的独立职能。公共关系的主要任务就是协调组织与公众的相互关系，使组织适应于公众的要求，使公众行为有利于组织的成长与发展。

（4）信息沟通与传播是公共关系的特殊手段。公共关系用以协调组织与公众的主要手段，就是信息沟通与传播。信息沟通与传播主要以现代大众传播媒介为物质工具。

（三）公共关系的含义

公共关系有以下几层含义：

（1）公共关系状态。它是指一个组织所处的社会关系和社会舆论的状态，即这个组织在公众心目中的现实形象。任何组织都处在一定的公共关系状态之中。

（2）公共关系活动。它是指一个组织为创造良好的社会环境，争取公众舆论支持而采取的政策、行动和活动，主要包括协调、传播、沟通等手段，即以创造良好的公共关系状态为目的的一种信息沟通活动。通过公关活动争取对企业有利的宣传报道，帮助企业与有关各界公众建立和保持良好关系，树立和保持良好的企业形象，以及消除和处理对企业不利的谣言、传说和事件。当一个组织有意识地采取措施去改善自己的公共关系状态时，就是在从事公共关系活动。组织的公共关系活动是一个组织长期进行社会交往、沟通信息、树立自身良好形象的过程，它表现为日常公共关系活动和专题公共关系活动两大类。

（3）公共关系观念。它是人们在公共关系实践中形成的影响人们思想和行为倾向的深层的思想意识，是人们对公共关系活动的一种自觉的认识和理解。它影响和指导着个人或组织决策与行为的价值取向，从而反作用于人们的公共关系活动，并间接影响实际的公共关系状态。公共关系观念主要有：形象观念、公众观念、传播观念、协调观念、互惠观念。此外，公共关系观念还包括团队观念、创新观念、服务观念、社会观念等等。

（4）公共关系学。它是指以公共关系的客观状态和活动规律为研究对象的一门综合性的应用学科，是研究组织与公众之间传播与沟通的行为、规律和方法的一门学科。公共关系史、公共关系原理和公共关系实务，它们共同构成公共关系学的理论体系。

（5）公共关系职业。它是指专门提供公共关系方面的服务而获取报酬的职业。其任务是协调社会组织同公众的关系，塑造组织良好的社会形象，以促进组织不断发展和完善。

公共关系职业产生于1903年，人们通常把美国的新闻记者艾维·李尊称为"现代公共关系之父"。事实上，这里的"公共关系"主要是指公共关系职业。正是由于艾维·李在1903年创办了一家公共关系咨询事务所并公开对外营业，社会上才出现了公共关系职业。

（四）公共关系的基本定义

通过以上分析，本书对公共关系的基本定义是："公共关系是社会组织为了内求团结、外求发展，通过传播、双向沟通手段和活动，在社会公众中树立自身良好形象，并取得公众的信任和支持的科学和艺术。"这个定义包含了几层意思：①公共关系的目的是为社会组织塑造良好形象，社会组织是公关工作的主体；②公众是公关工作的客体，社会组织只有通过各种有效的公关活动，取得公众的信任和支持，才能提高工作效率，增进经济效益；③公关工作的手段是传播，这种传播是双向的，而不是单向的，公关传播不仅对外，还包括对内传播和协调关系。

二、公共关系学的研究角度

公共关系成为一门学科之后，学者们从不同的角度对其进行研究，主要的学科研究角度有管理学角度、经营学角度和传播学角度。

（1）从管理学角度研究公共关系学的学者们将公共关系作为管理过程的一个要素，同时将公共关系本身视作管理的一个过程，侧重于公共关系的管理职能和效果。例如，美国卡特李普和森特合著的《有效公共关系》中的定义是"公共关系是一种管理职能，它用以认定、建立和维持某个组织与各类公众之间的互利关系，而各类公众则是决定其成败的关键。"作为市场营销策略的一部分，公共关系有以下一些管理职能：评估公众的态度，确认与公众利益相符合的个人或组织的政策与程序，拟定并执行各种行动方案，以争取社会公众的理解与接受。

（2）从经营学角度研究公共关系学的学者们将公关作为实施推广、影响环境的手段，突出公关的谋略、技巧、艺术的实用研究。他们更重视信息和形象的商业价值，将信息、形象关系作为重要的经营要素和资源，将公共关系作为经营投入的一部分，并努力使其转化为实际财富，产生经济效益。

（3）从传播学角度研究公共关系学的学者们按传播的基本模式分析公共关系的三个基本要素，从公众舆论的角度研究、处理组织的公众环境和公众形象问题，研究各种不同的传播方式及其传播效果，并直接引入传播学中有关传播媒介与技术的研究，对公共关系各种媒介的特点、功能进行分析。

这些研究角度丰富了公共关系的内容，拓展了公关的深度，为公共关系的实际应用提供了更多的理论支持，也使人们认识到公共关系学是一门综合性和应用性都很强的学科。

三、本书公共关系学的基本内容

公共关系学是一门专门研究公共关系活动及其内在规律的综合性的边缘应用学科。公共关系既是一种状态，又是一种活动，还可以是一种学说，更可以是一种观念，表现出综合性。同时，这门学科的实践性很强，具有极强的应用性。公共关系史、公共关系理论和公共关系实务共同构成了公共关系学的体系。

本书公共关系学的知识体系包括以下内容：

第一章公共关系学概论。这章主要阐述了公共关系和公共关系学的概念，公共关系学的研究角度和现实意义，古今中外公共关系的渊源、兴起和各个发展阶段的特点，当代公共关系发展趋势等内容。

第二章公共关系的三大要素之社会组织。这章主要阐述了公共关系的主体——社会组织的定义和类型，介绍公共关系专职机构和公共关系专业人员，内容包括公共关系咨询公司和公共关系部门的类型，公共关系部门的基本职能、作用和日常工作，公共关系人员的基本素质，公共关系从业人员的工作内容，选拔公共关系工作人员的原则，等等。

第三章公共关系的三大要素之公众。这章主要阐述了公共关系的客体——公众的概念、特征和公众的分类，分析了公众的各种心理现象。

第四章公共关系的三大要素之传播。这章主要阐述了公共关系的方法与手段——信息传播的特征和类型，公关传播的媒体选择，等等。

第五章公共关系的职能和作用。这章主要阐述了公共关系的职能，主要包括：采集信息，提供咨询，参与决策，协调沟通，指导全员公关，策划专题活动；公共关系的作用主要包括：监测作用，凝聚作用，调节作用和应变作用。

第六章公共关系四步工作法。这章主要阐述了公共关系调查，公共关系策划，公共关系实施和公共关系评估等内容。

第七章公共关系广告。这章主要阐述了公共关系广告的特点与分类，公共关系广告的策划程序，公共关系广告的制作要求。

第八章公共关系语言艺术。这章主要阐述了公关语言交流的一般要求，公关语言交流的常用技巧，谈判的语言艺术和跨文化沟通中的语言交流。

第九章公共关系礼仪。这章主要阐述了公共关系礼仪和日常交往礼仪，个人的仪表风度等礼仪。

第十章公共关系专题策划。这章主要阐述了企业形象识别（CIS）、危机事件处理与危机公关、新闻发布会、公益赞助、展览与展销、对外开放参观等公关专题活动。

第十一章网络公关。这章主要阐述了伴随新型传播媒介和传播技术而发展起来的网络公关的种类、发展现状和前景。

第十二章公关文书。这章主要阐述了公关文书的定义、特点，公关文书的写作技巧，公关文书的种类；重点讲解公文、新闻稿、演讲稿、合同、公关简报、商业信函、请柬等常用公关文书的写法和编写公关宣传资料的要点。

四、公共关系与相关概念的联系与区别

（一）公共关系与宣传

宣传是社会组织有意识地把某种观念、意见、态度和情绪，以及风俗、信仰传播于社会的努力，是一种有意控制社会心理的活动。

1. 公共关系与宣传的联系

它们的主要联系是：二者就性质而言都是一种传播过程，并具有一些共同的活动特点；二者的工作内容有时也是相同的，如每个组织都有团结内部成员，增强群体凝聚力、向心力、荣誉感等方面的任务，这既是组织内部宣传工作的内容，也是组织内部公共关系工作的目标。

2. 公共关系与宣传的区别

（1）工作性质不同。传统的宣传工作属于政治思想工作范畴，是政治思想工作的手段和工具。宣传的目的主要是为了改变和强化人们心理状态和精神状态，获取人们对某种主张或信仰的支持。它主要进行的是国家的方针、政策、社会道德、伦理、法制等方面的教育。公共关系作为一种特殊的管理职能，目的是塑造组织形象，建立组织与公众的良好关系，除了宣传、鼓动以外，其工作的主要内容是信息交流、协调沟通、决策咨询、危机处理等。

（2）工作方式不同。宣传工作是单向传播过程（组织→公众），灌输性和强制性的色彩较浓；其目的有时是隐秘的，并不为公众知晓的；工作重点往往是以组织既定的目标来控制公众的心理；有时为了获取目标对象的支持，宣传容易出现夸张渲染的片面效应。公共关系工作是一种双向传播过程；公共关系必须尊重事实，及时、准确、有效地向公众传递组织信息，以真诚换取公众对组织的理解和信任；公共关系除了向公众进行解释、说服工作外，很重要的职能是向组织的决策层提供信息和咨询；公共关系工作是说与做的统一，不仅要求组织做好本身工作，还要求把自己做好的工作告诉公众，其目的和动机是公开的。

（二）公共关系与广告

一般情况下，人们提到的广告大都指商业广告，即广告主为了扩大销售、获取赢利，以付钱的方式利用各种传播手段向目标市场的广大公众传播商品或服务的经济活动。开展公共关系无疑是要运用广告这种重要的传播形式，但广告不等于公共关系，它们之间既有联系又有区别。

1. 公共关系与广告的联系

它们的主要联系在于：二者都具有依靠传播媒介传播信息的特征。因此，从某种意义上来说，广告在不同程度上起着扩大组织影响、树立组织形象的作用。

2. 公共关系与广告的区别

（1）传播的目标不同。公共关系的目标是赢得公众的信赖、好感、合作与支持，树立良好的整体形象，"让别人喜欢我"；广告的目标是激发人们的购买欲望，对产品产生好感，"让别人买我"。

（2）传播原则不同。广告的信息传播原则是引人注目。只有引人注目的广告，才能使企业的产品和服务广为人知，激发人们的购买欲望，最终达到扩大销售和服务的目的。公共关系传播的首先原则是真实可信，其传播的信息都应当是真实的、可信的，绝不能有任何虚假。当然，公共关系信息传播也要讲究引人注目，但不能因为"引人注目"的需要而违背真实性。

(3) 传播方式不同。广告为了引人注目，可以采用各种传播方式，包括新闻的、文学的及艺术的传播方式，可以采用虚构的乃至神话的夸张手法，以激起人们的兴趣，引发人们的购买欲望。但公共关系的传播方式，最重要的是靠事实说话。其信息传播手段主要是新闻传播，如新闻稿、新闻发布会、报纸、杂志等。这些传播手段的特点是：靠信息的真实性、客观性及其内在的新闻价值说话，认为成功的关键不在于当事人运用什么哗众取宠、耸人听闻的表现手法，而在于善于选择适当的时机，采用适当的形式，通过适当的媒介，把适当的信息及时、准确地传递给目标对象公众。

(4) 传播周期不同。通常来说，广告的传播周期是短暂的，短则十天半月，长则数月一年，一般不会太长。相对来说，公共关系的传播周期则是长期的，其任务主要是树立整个企业的信誉和形象，急功近利的方式是很难奏效的。

(5) 所处地位不同。一般来说，广告在经营管理的全局中所处的地位是局部性的，其成败好坏，对全局没有决定性的影响。但公共关系工作却不同，它在经营管理中处于全局性的地位，贯穿于经营管理的全过程。公共关系工作的好坏，决定着整个企业的信誉、形象，决定着整个企业的生死存亡。

(6) 效果不同。一般来说，广告的效果是直接的、可测的，其经济效果是显而易见的，对某项广告而言，其效果也往往是局部的，只影响到某个产品或某项服务的销路。因此，广告的效果又是局部性的、战术性的。而公共关系的效果则是战略性的、全局性的。

（三）公共关系与市场营销

市场营销是指企业在市场上的经营活动的总称，它包括市场调查、新产品开发、制定价格、选择销售渠道、选择促销手段以及开展售后服务等一系列活动。

1. 公共关系与市场营销的联系

它们的联系非常紧密：它们具有共同的产生条件，即商品生产的高度发展；它们有共同的指导思想——用户第一、社会效益第一；它们有相似的传播媒介——大众传播媒介；市场营销把公共关系作为组成部分。

2. 公共关系与市场营销的区别

(1) 范围不同。市场营销仅限于企业生产流通领域，最多不过是经济领域内，但公共关系所涉及的是社会任何一种组织与公众的关系。除企业外，公共关系还涉及政府、学校、医院等各种组织，远远超过了经济领域。公共关系比市场营销有更广泛的社会性，学科应用范围也更为广阔。

(2) 目的不同。市场营销的直接目的是销售产品，从而进一步扩大盈利，产生企业效益；公共关系的目的是树立组织形象，产生良好的公众信誉，从而使组织获得长足的发展。

(3) 手段不同。市场营销所采用的手段是价格、推销、广告、包装、商标、产品设计、分销等。这些手段都是紧紧地围绕着产品销售的目的。而公共关系所采用的手段是宣传资料、各种专题活动，如记者招待会、社会赞助、典礼仪式、危机处理等活动。当然，市场营销有时也可把公共关系的一些手段作为自身的手段，但严格来讲，二者之间在手段上还是有很大差异的。

（四）公共关系与庸俗关系

庸俗关系是指日常生活或经济交往中，利用金钱或职权"拉关系"、"走后门"、"套私情"，为个人谋取好处等不正当的人际交往活动。

1. 公共关系与庸俗关系的联系

它们的联系在于：二者都需要通过与人打交道，营造良好的人际关系，为组织的发展提供人脉保障。

2. 庸俗关系与公共关系的区别

（1）两者产生的基础不同。公共关系是商品经济高度发达、现代民主制度不断发展、信息手段不断改进的产物；庸俗关系则是在封闭落后的经济条件下，生产力不发达、市场经济发育不完善、物质供应不充足的产物，带有浓厚的血缘、地缘的色彩。

（2）两者的理论依据不同。公共关系以现代科学理论为指导，按照正确的目标、科学的方式、规范的组织形式、严格的工作程序和道德准则来进行；庸俗关系则建立在市侩经验的基础上，其方法是险恶的权术，奉行的是"人不为己，天诛地灭"的信条。

（3）两者的活动方式不同。公共关系是社会组织与社会公众之间的正当联系，主要是通过正式渠道，采取大众传播或人际传播等手段，公开地进行活动，其活动是正大光明的。而庸俗关系是个人与个人之间的不正当联系，是私人之间相互利用的一种不正当的活动。其参与者尽量掩盖其所作所为，进行幕后交易，如通过奉承拍马、内外勾结、营私舞弊、行贿受贿等庸俗手段，进行暗中拉关系、谋私利的活动。这些活动和手段都是不能公开的。

（4）两者所要达到的目的不同。公共关系以建立良好的组织形象、提高知名度与美誉度、维护组织与公众双方的合理利益为目标，恪守公正诚实、信誉至上的原则，从而使组织获取较好的社会效益与经济效益；庸俗关系则是通过各种卑劣手段，来达到个人私利的目的，如搞些紧俏商品，买些便宜货，谋个好职务，在竞标中搞到竞标项目，等等。前者为公共利益而奋斗，后者只是为个人的私利而投机钻营。

（5）两者产生的效果不同。公共关系是通过有计划的一系列活动，使社会组织在与社会整体利益一致的前提下不断发展，其结果是组织、社会、国家和公众都受惠，为社会创造一种以诚相见、讲求信誉、提高声望的良好风气；有利于形成和谐、友善、正常、健康的人际关系；有利于提高社会文明程度，促进社会的发展。庸俗关系则将人际交往商品化，使人们变得唯利是图、目光短浅，整个社会充满市侩气，个人中饱私囊，而国家和公众的利益却遭到损害。

五、学习公共关系学的现实意义

21世纪初，公共关系成了协调组织与组织、组织与个人之间关系的一项应用性很强的技术手段，成为企业品牌营销的利器。小至企业的促销活动，大至国家"申奥"，公关作为一种沟通和传播的艺术，正迅速融入普通公众的生活当中。

在当今中国，学习公共关系学有重大的现实意义，表现在以下方面：

（一）中国对外开放的形势需要学习公共关系学

对外开放需要加强中国与外部世界的双向沟通，尤其是在当今全球经济一体化的大背景下，公共关系为适应对外开放的需要，一方面要不断了解世界，汲取对自身建设和发展有利的各种信息；另一方面要传播自己，增进各国对中国的了解、理解和支持。对外开放使形象管理的问题日益突出，需要树立公关意识和加强公关管理；对外开放需要按国际惯例办事，特别是中国加入世界贸易组织（WTO）后，学习和运用公共关系有利于完善和规范组织的行为。

（二）中国体制改革的深化需要学习公共关系学

体制改革促进了横向联系的发展，使组织的社会关系日益复杂，给组织的关系状态和行为方式带来了新的变化，因此需要应用公共关系加强组织的社会沟通和社会协调。公共关系适应体制改革的需要使公共关系日益成为组织自身的一种行为机制和经营管理方式。

（三）中国市场经济的发展需要学习公共关系学

市场经济带来了大范围的分工协作关系和激烈的市场竞争关系，企业组织需要运用公共关系来拓展合作关系，加强竞争能力，树立组织及其产品的知名度、美誉度，促进经济效益和社会效益。随着市场竞争的日趋激烈，公共关系作为一种形象竞争手段，对增强企业整体竞争能力，促进经济效益和社会效益同步发展的作用日益凸显。

（四）中国现代信息社会的建设需要学习公共关系学

现代信息传播技术和沟通方法的发展，促进了社会交往观念和交往行为的变化。特别是大众传播的发展使公众舆论的作用日益增强，从而使组织形象管理的问题日益突出。在信息时代，组织在日常运转中非常需要运用公关手段来了解舆论、引导舆论，改善组织的生存环境和发展环境。

（五）中国社会的稳定需要学习公共关系学

我国的改革开放和市场经济的发展需要安定团结的政治局面，因此需要加强社会的公共关系工作，增强政府和公众之间的双向沟通，增强领导者和被领导者之间的了解、理解、信任和合作，形成和谐的社会气氛。社会、政治、人心的稳定需要加强全社会的公共关系工作，形成"天时、地利、人和"的社会发展环境。

第二节　公共关系的起源与发展

作为一门科学的公共关系学形成于20世纪初，但作为一种社会活动现象、一种思想，公共关系自古就存在。只要有人类社会，有人际交往，就有公共关系活动。公共关系学和很多学科一样，经历了一个漫长的蒙昧时期。

一、公共关系的发展阶段

公共关系自萌芽状态发展至今，经历了三个主要的发展阶段——古代公共关系阶段、近代公共关系阶段和现代公共关系阶段，其中古代公共关系阶段长达1500年之久，但是直到近代阶段它才逐渐呈现出自身的学科特点，而现代意义上的公共关系学的产生不到100年的时间。

公共关系作为人类的一种实践活动和由此产生的思想观念古已有之。卡特李普和森特在《有效公共关系》一书中阐述道："利用宣传材料去影响公众的观点和行为，可以追溯到人类文明出现的最早阶段。"

不过，那时的人们并未认识到公共关系的意义，也不会采用科学、系统的方法为自己开展塑造形象的活动，所以都属于公共关系的自发状态。

（一）古代公共关系

1. 外国古代的公共关系活动

纵观历史，早在古代埃及、巴比伦、波斯、古希腊、古罗马，统治者就用武力和舆论手段来控制社会，处理与民众的关系。这些帝王、政府都曾动用大量的金钱和人力去营造雕像、寺院、陵墓，写赞美诗等，用精湛的艺术手法描述他们的英雄业绩，树立统治者的声誉，宣扬自己的伟大和神圣的身份，也传播生产知识。他们具有强烈的"公关意识"。

公元前460年左右，古希腊语言学家考拉克斯写出了第一部有影响的论述公众演讲的书。公元前336年，古希腊著名学者亚里士多德在他的名著《修辞学》中就怎样运用语言来影响听众的思想与行为进行了精辟的阐述，提出了"演说者－信息－受众三要素说"。他首先注意到演说绝非单向度的信息传递，"受众"，即演说者面对的公众，对信息的承受弹性将直接影响"演说者"的信息发布与实效。可以说亚里士多德是世界上第一个从理论上洞见了双向传播之重要的肇始者。该书被称为最早探讨"公共关系理论"的专著。

公元前6世纪，在希腊最大的城邦雅典，由于平民对贵族斗争的胜利而产生了新型的民主政治体制。民主政体赋予自由民选举与被选举权，制约了元老院和最高执政官的权利，因此，寻求自由民的最大了解、同情与支持，以树立良好的公众形象，成了政治家们是否能青云直上、是否能稳固地掌握权势的一个关键。由于历史条件的限制，当时最有可能也是最有效的大众传播工具就是口头交际。雅典在伯里克利执政的民主时期，修辞学成了当时的一门显学。正因为"舌头是一把利剑"，演说与打仗具有同等的威力，修辞学成了所有想跻身仕途的贵族青年的必修科目。

古罗马帝国的上层很尊重公众舆论，声称"民众声音是上帝的声音"。政治家恺撒创办发行了世界上最早的日报——《每日记闻》，他一度率军远征到不列颠，所到之处都能用热情的语言、真诚的行动与各地民众沟通，得到他们的理解和支持，从而建立了疆域广阔的罗马帝国，维护了共和国的体制，控制了元老院。他于征战途中写作的

《高卢战绩》，记载了他的业绩和公德，成为一部纪实性的公关传播经典之作并广泛流传。这本书曾被西方一些著名的公共关系专家称为公共关系实务宣传的佳作。

公元5世纪，从罗马帝国的衰亡与崩溃开始，欧洲进入了长达上千年的中世纪黑暗时期，但是，公共关系活动并未因此而终止。教会为了扩张自己的势力，与皇室争夺世俗的统治权，更多的是发挥它在宗教上的宣传攻势，直到1456年，在德国美因茨印刷出第一本《圣经》之前，传教士的足迹已遍布欧洲的每一个角落，甚至来到了遥远的东方。传教士一面倾听教徒的忏悔，一面极富针对性地宣示上帝的旨意，这是宗教界通过双向流通而做得最成功的公共关系活动。1927年，"美国宗教公共关系理事会"成立于纽约，它成为美国公共关系史上第一个正式的公关协会。古代基督教在全世界卓有成效的传播，也被认为是古代"公共关系"的又一典范。在那时，传教士大多是第一流的公共关系活动专家，从某种意义上来说，教会无疑是世界上最早实现"全员PR"的组织。"宣传"一词最早由教会所杜撰，足见其对影响公众的关注与倾心。

2. 中国古代的公共关系活动

中国是文明古国，"公共关系"的思想与活动可以追溯到有文字记载的远古时代。

统治者的"公共关系"活动在商代就已产生，部族首领已认识到民意和利用民意的重要性。《尚书》记载了盘庚迁都的故事。其时，商朝国势日衰，已五迁其都，大臣和民众都反对再次迁徙，盘庚为了说服臣民，先后作了三次演说。在三次演说词中盘庚都提出"朕及笃敬，恭承民命"，证明他已懂得顺民意、得民心，办事要向民众说明原因，用意才能实现。根据现存《盘庚》上、中、下三篇演说辞来看，盘庚的劝导取譬于现实生活，引喻形象生动，既有威胁，也有哄诱，最后终于从现在的山东曲阜迁至河南安阳，完成了迁都的大业。这是政府依靠公共关系活动取得实效的例子。

中国古代在收集民意、利用民意的技术方面也有相当大的发展。大禹为治水曾"合诸侯于涂山"，协商后终于得到大家的支持，才得以指挥千军万马完成了治水的壮举。

周朝时，宫廷已有"采诗"制度，目的之一就是以此来体察民情民意。《左传》中记载了"子产不毁乡校"的史实，体现了舆论监督和知识分子与政权间的双向沟通。据考证，当时的乡校，既是乡校，也是乡民们出入议事的地方，有人建议子产取缔乡校，实行舆论一律，而子产却希望能多多听取来自下层的议论，以改善自己的政绩。无疑，从今天的观点来看，这正是政府为获得良好的公众形象而实施的公共关系活动。

秦国的商鞅利用"徙木赏金"的"人为事件"来取信于民，表明变法改革的决心，在民众中树立了可信赖的形象。

中国古代的说服传播技术、技巧已相当发达，成为制造舆论和协调各种社会关系的重要手段。例如，苏秦周游列国宣传"合纵"之说，维持了十几年的和平，成为"三寸不烂之舌，胜于百万雄兵"的典型案例。这样的例子在我国漫长的历史上数不胜数。

历代农民起义领袖们也都十分注重利用各种传播手段来制造舆论，赢得民众的支持。从陈胜、吴广到李自成、洪秀全都各有经典做法。

在中国古代的一些经济活动中，人们都自觉或不自觉地运用各种传播手段和沟通技巧来宣传自己，树立自己良好的声誉和形象。

3. 古今公共关系的异同

作为一门新型的管理科学的公共关系，它经历了一个漫长的蒙昧时期。不过，从总体上来看，在这个长达 1500 年的历史阶段里，人们对公关活动还完全缺乏理论上的概括与指导，有的只是低层次上的感性活动。它们具有盲目性、经验性、低层性的特点，由于缺乏先进的传播手段，古代的公关活动的主要形式是人际传播，其层次、范围都是很小的。严格地讲，古代并不存在科学意义上的公共关系，那时的一些类似今天的公共关系的思想观点与实践做法可称为"类公关"、"准公关"、"公关的萌芽"、"史前公关"。总之，那时的公共关系不仅没有独立的思想体系，甚至连这一概念都没有，但它们确是今天公共关系产生的基础，是丰富的、宝贵的人类文明遗产，应辩正地加以取舍、扬弃。

（二）近代公共关系

近代的公共关系萌芽于当时政治、经济、文化事业比较发达的美国，可以说美国的公共关系起源于北美殖民地人民反对君主专制、争取独立的斗争。

1641 年美国的哈维特大学派出"三人宣传团"去英国执行"乞讨使命"，他们印制了第一批利用公共关系筹集资金的宣传手册——《新英果实》。当时的领袖们都是很好的公共关系宣传家，他们利用报纸、小册子、传单、制造事件、集会、辩论等宣传独立的主张。其中的代表人物是塞缪尔·亚当斯（Samule Adams），他的一些理论与做法对今天的公共关系事业依然是很有借鉴意义的。亚当斯认为公共舆论来源于事物的进展以及公众观察事物进展的方式（绝不是仅仅取决于客观事物本身）。亚当斯是一个积极进取并有一套成功技术的"公共关系"专家，他常常会创造一些事件来求得公众的支持，进而实现自己的目标。

这些事件在组织北美 13 个州抗英斗争中发挥了巨大的作用。这些技术表现为：

（1）一个组织完成某项行动的需要可能通过一个公共关系活动来实现，如 1766 年在波士顿组织的"解放之子"和 1775 年同是在波士顿成立的"公众反映委员会"等。

（2）在宣传技巧上使用徽记，如用"解放树"等来增强公众的认同，使之容易辨认和诱发公众的情感。

（3）使用口号可以使复杂的问题变为易认易记的形式，来反复增强公众的观念，如"征税而无抗议就是暴政"。

（4）抓住事件引起公众注意，引发讨论，由此使原来没有形成的公众舆论明确化，如"波士顿茶俱乐部"。

（5）首先在一个事件中使自己的观点与公众相一致，这样对事件的解释便可以为公众所接受，如"波士顿惨案"。

（6）为了最大可能地开展公共关系活动，必须运用公共关系技术和利用各种沟通渠道向公众渗透新的思想与观点。从 1750 年到 1783 年间，亚当斯等人共印制出版了 1500 多种攻击英国统治的小册子，其中有不少是亚当斯自己撰写的。亚当斯还煞费苦心地建立了 13 个州的通讯网络——通讯委员会，借此网络通报英国统治者的胡作非为，并保持 13 个州的经常联系。

亚历山大·汉弥尔顿的最主要贡献是领导了一场争取宪法获得批准的运动。1787年10月至1788年4月,在美国面临如何立国的关键时刻,汉弥尔顿连续发表了一系列效果显著、影响深远的文章,巧妙地引导了当时的舆论,争取宪法得以批准,促成美国联邦制的实现。历史学家认为这次活动是"历史上最出色的公共关系工作"。

最早的政府公关和竞选的宣传智囊团出现于安德鲁·杰克逊（Andrew Jackson）时代。这个时期公关活动主要代表人物是艾莫斯·肯德尔（Amos Kendall）。在19世纪20年代末30年代初,普通的公民开始拥有选举权,公众的政治兴趣迅速萌发,新闻界作用日益明显。

杰克逊是一位军事英雄,也是一位重视知识分子的国家元首,他聘请学者和记者成立顾问团为其出谋划策。肯德尔就是智囊团中的一名记者,他担任杰克逊的竞选活动专家和公共事务专家,负责安排接见记者,为总统撰写演讲稿和新闻稿,负责总统的公共舆论,进行民意测验、新闻分析,创办了美国政府最早的机关报——《环球报》作为政府的喉舌来报道、解释政府的政策,并逐步发展起一套白宫对外宣传的方式。

在这一时期还有以下几件与公共关系密切相关的事情发生。

1842年哈里斯·伯格组织的《宾夕法尼亚人报》和罗里组织的《明星报》印制了一些民意选票寄给读者,以预测总统竞选的结果,这是最早的公共关系调查。

1860年出现了新闻代理人,这是新闻与实业相结合的时期。

1882年,美国的伊顿在耶鲁法学院发表"公共关系与法律的责任"的演讲,这被认为是有关公共关系的最早的演讲。

"公众第一次承认公共关系是1899年。"那年交流电发明家乔治·威斯廷豪斯（George Westinghouse）首先组织了现代意义上的专门的公共关系部门,他聘请匹兹堡的记者E. H. 海因希斯（E. H. Heinriches）作为他的新闻顾问,成功地使交流电为社会所接受,这是企业"公共关系"的典型。

（三）现代公共关系

现代意义上的公共关系产生于19世纪末20世纪初,它的产生不是偶然的,是由于当时逐步具备了政治、经济、技术、思想等方面的基础条件,并且随着这些因素的发展成熟,使公共关系的发展经历了不同的历史时期,并呈现出新的发展趋势。

1. 现代公共关系产生的条件

公共关系产生的条件有四个,即发达的商品经济、民主政治制度的出现、现代管理体制理论的发展和大众传播事业的发达。

公共关系产生的经济条件主要表现为社会生产分工的加剧、商品经济的高度发展,特别是买方市场的形成。商品经济的高度发展是公共关系产生的加速器。

社会政治生活的民主化是公共关系赖以产生和发展的社会政治条件。

公共关系产生的科学技术条件主要是大众传播与现代通讯手段的发展。这为公共关系提供了物质手段。

2. 现代公共关系的发端期——巴纳姆时期

巴纳姆时期是职业公共关系产生的前奏,它的特点是单向吹嘘式的,以"报刊宣传活动"为代表。

近代公共关系萌芽于美国。在美国的独立战争中，独立运动的领导人利用集会、游行、展览、庆祝等机会，以诗歌、漫画、雕像等手段，宣传自己的政见，号召人民起来赶走英国殖民者。在美国获得独立后的总统竞选活动中，现代公关中常见的一些手法已经被普遍采用，如利用报刊、小册子宣传自己的政治主张，利用与选民见面、握手等机会与民众联络感情，最终达到拉选票的目的。

对于工商企业而言，近代公共关系的萌芽出现在19世纪30年代，以美国的"报刊宣传运动"为标志。当时，随着经济的繁荣、技术的发达、政治民主化的推进、公众地位的提高，大众传播事业也获得了长足的进展。1833年，《纽约太阳报》创办了廉价报纸——《便士报》，即只用一便士即可购得一份报纸，该报以其低廉的价格和关切大众的内容获得全社会的认可和接受，并使政府部门及各类巨头们竞相争取，成了具有重要影响力的社会舆论工具。《纽约太阳报》的这一举措得到了其他报纸的呼应，使许多普通民众也可买得起报纸，因而使报纸的发行量大增，进入千家万户，许多公司和组织便看重了这一媒体。但是，报纸售价的降低造成了另一结果，即报刊上广告费的大幅度上升。这时一些大公司为了节省这笔昂贵的广告费用，便雇佣了一批记者和宣传员，在报刊上制造煽动性新闻，编造关于自身与组织的新闻甚至"神话"来吸引读者的注意力，为自己的产品或服务进行宣传，以此来扩大影响。有些报纸为了迎合下层民众的阅读心理，也乐意刊登这类新闻，两相配合，于是便兴起一场声势浩大"报刊宣传运动"。

这一时期最有代表性的报刊宣传员是费尼斯·泰勒·巴纳姆（Phineas Taylor Barnum）。巴纳姆是一家马戏团的老板，以制造和杜撰"神话"而闻名于世。他所处的时代是公共关系的重要演变时期，其影响至今依然存在。

巴纳姆最典型的宣传是制造了这样一个"神话"：他一改常规的方式，不是直接去宣传马戏团的演出如何精彩，而是说马戏团有一名黑人女仆海斯已经160多岁，在100年前曾经养育过美国第一任总统华盛顿。这一消息发表后引起了轰动。巴纳姆乘机以各种笔名向报社寄去表明不同看法的"读者来信"，引起一场争论。有的说人不能活160岁，巴纳姆是个骗子；有的说巴纳姆发现了海斯是一大功劳。于是很多人抱着好奇心纷纷到马戏团要看个究竟，使马戏团票房收入猛增。但是很巧，不久海斯就去世了。海斯死后，尸体解剖表明，她才活了80多岁，根本不像巴纳姆宣传的那样活了160多岁，也根本不可能抚养过华盛顿总统。一时舆论哗然，人们纷纷谴责巴纳姆是个骗子。可巴纳姆却宣称，他本人也是受骗者。实际上巴纳姆早已从这场他策划的争论中得到了好处。

巴纳姆恪守的信条是"公众要被愚弄"，"凡是宣传皆是好事"，只要别把他的名字拼错了。他这种不择手段地为自己或自己代表的组织进行吹嘘、欺骗、制造"神话"，全然不顾公众利益、不顾职业道德的行为，是完全违背现代公共关系宗旨的，是公共关系史上不光彩的一页，这一时期被称为"公众被愚弄的时期"和"公共关系的黑暗时期"。

从巴纳姆事件可以看出，在报刊宣传运动时代，每个报刊宣传员在争取顾客的关注时，都是不择手段地制造"神话"，甚至不惜愚弄公众。他们只顾为企业赚钱，完全不顾公众的利益，甚至公开嘲笑、谩骂公众。美国铁路大王范比尔德一次在接见记者时竟说"让公众见鬼去罢！"这话在很大程度上代表了那个时代资产者及其代理人的心态。所以，报刊宣传运动还不是真正意义上的公共关系，由于他们并没有认识公众的作用，以公众利益为出发点。从思想实质上来看，这时期实际上是一个反公众、反公关的时期。不过，当时巴纳姆等人运用报刊等大众传播媒介为组织进行宣传，已经具有了现代公关活动的萌芽。

3. 现代公共关系的职业化时期——艾维·李时期

这个时期是职业公共关系的开创期，其主导思想是：组织对公众必须坦率和公开，其传播方式是单向传播式的。这一时期的代表人物是艾维·李。

19世纪末至20世纪初，资本主义从自由竞争发展到高度垄断阶段，以美国为首的西方资本主义国家相继进行到垄断阶段，美国的铁路、钢铁、石油、煤炭和银行业的经济命脉都掌握在大财团手里。美国占人口1%的资本家却控制了国家全部财富的54%。垄断资本家的强取豪夺极大地激化了劳资关系和社会矛盾，社会危机日益加深。一方面表现为一浪高过一浪的工人运动，另一方面则是引起了大批具有社会良知的知识分子利用新闻媒介对垄断资本家进行强烈的抨击。据统计，1903年至1912年10年间，约有2000多篇揭露美国实业界丑闻和阴暗面的文章发表，同时还有社论和漫画，这就形成了美国近代史上一场旷日持久的著名的"揭丑运动"（又称"扒粪运动"或"清垃圾运动"），揭开了美国现代公共关系史的初页。

昔日的巴纳姆式的宣传活动已无能为力了，这时艾维·李登上了历史舞台。20世纪初，美国相继出现了几家新闻宣传公司。1900年，乔治·米凯利斯、赫伯特·斯莫尔和托马斯·马文在波士顿创办了一家新闻宣传办事处，专为企业进行形象宣传。1902年，威廉·沃尔夫·史密斯辞去了《纽约太阳报》和《辛辛那提问询者报》记者的职务，在华盛顿创办了第二家新闻宣传公司。这些人从事的活动，都可以看成是早期的公共关系活动。不过很遗憾，他们都没有将活动坚持到底，更没有提出现代公共关系的理念，使它发展为一门独立的学科。而完成这一历史使命的任务的是被尊为"公共关系之父"的艾维·李。

艾维·李（Ivy Lee，1877—1934）是佐治亚州一个牧师的儿子，毕业于普林斯顿大学，曾任《纽约时报》、《纽约世界报》的记者。1903年，艾维·李辞去了《纽约世界报》记者的职务，开始投身于公共关系方面的工作。1904年，他与资深记者乔治·帕克一起，创立了美国第三家宣传顾问事务所，为一些企业家和政治家进行形象方面的宣传，成为将公共关系实践职业化的第一人。艾维·李的公共关系思想是"说真话"，艾维·李认为，解决企业的形象危机最好的办法是把事实的真相告诉新闻界，采取信息公开的政策，这样不仅可以消除误会，还可以促进企业完善自己。他认为，一家公司、一个组织要获得好的声誉，就必须把真情告诉公众；如果真情的披露对公司、对组织不利，那么就应该调整公司或组织的行为。他强调只有利于公众才能利于企业本身，他认为，"公众必须迅速被告知"，要对公众要"讲真话"。他经常为报社免费提供新闻公报，公开提供客观的新闻材料。艾维·李为改善企业的公共关系和人事管理而付出的持久努力，被认为是现代公共关系的里程碑。他开设的公共关系顾问事务所，被认为是现代公共关系实业的起点。他坚持说真话、尊重公众舆论的主张，表明了现代公共关系的特征。他所采用的许多公共关系技巧和方法，为现代公共关系实务奠定了基础。他因其突出的贡献，被学术界誉为"公共关系之父"。艾维·李坚持自己的信念开展公众工作，使他的公司成为公共关系公司的前身，公共关系从此进入了职业化时期。

1906年，美国无烟煤矿业发生了工人大罢工，劳资双方尖锐对立。艾维·李临危受命，负责为煤矿主处理这起严重的事故。他提出了两个先决条件，一是必须有权参加行业最高决策者的相关会议；二是在必要时有权向社会公开全部事实的真相。在这两条的基础上，艾维·李公布了一个《原则宣言》，提出了处理企业与公众关系的"公开管理原则"。他说："这不是一个秘密的新闻处。我们的全部工作都是开诚布公的。我们的目标是提供新闻……"这一原则的提出，彻底改变了过去企业宣传愚弄公众、欺骗新闻界的传统，为日后公共关系的进一步发展奠定了良好的基础。他一改过去企业界蔑视公众、回避记者的工作方法，积极地向报界提供各种有关的资料，以便公众能够获得和他们利益有关的情报，通过沟通来改变企业在公众心目中的形象。专家认为，《原则宣言》的提出，标志着公共关系进入了一个新的阶段，是现代公共关系真正的开端。

艾维·李的公关实践，为日后公共关系的发展奠定了基础，他从事公关工作的原则是"公众必须迅速被告知"和"向公众说真话"，使公共关系走上了一条正确的道路。不过在艾维·李时代，公共关系尚处于开端时期，它仅仅是一种艺术，尚未成为一门科学。艾维·李本人以及他的同事们，大多是从新闻记者改行过来的，他们都还是运用新闻记者的经验或直觉去开展工作。

在艾维·李首创公共关系事业之后，美国的公共关系事业迅速崛起，企业界开始逐步推广公共关系制度，公共关系咨询业迅速发展，公共关系研究和公共关系教育正式诞生。

4．现代公共关系的科学化时期——爱德华·伯内斯时期

在这一时期，公共关系成为一门独立的科学，并逐渐走向成熟，其传播特点是双向沟通式的，"投公众所好"。

公共关系职业化的发展，促进了公共关系由简单零碎的活动上升为规律性的较系统的原则与方法的探索，使公共关系自立于学科之林、成为一门独立的学科的条件已经成熟。艾维·李是现代公共关系的创始人，但他的公共关系实践却被认为"只有艺术而无科学"，真正为公共关系奠定理论基础，使公共关系进入科学化发展时期的是公共关系发展史上的一个集大成者——爱德华·伯内斯（Edward Bernays）。

生于1891年的爱德华·伯内斯是著名心理学家弗洛伊德的外甥，他从小随父母从奥地利移居美国，1912年大学毕业后从事新闻工作。1913年担任福特公司公共关系经理，提出企业要承担社会责任。1919年其夫妇俩创办第一家公共关系公司。1923年出版了《舆论明鉴》一书，成为公共关系学的第一部经典性著作，在书中他提出了"公共关系咨询"的概念。1923年他以教授的身份在纽约大学讲授了《公共关系学》课程，这是公共关系学作为一门课程首次在大学被讲授。1923年出版了被称为公共关系理论发展史的"第一个里程碑"的专著——《公众舆论的形成》。在书中，伯内斯首先详尽阐述了"公共关系咨询"这一概念，而且提出了公共关系的原则、实务方法和职业道德守则等。这是第一部研究公共关系理论的专著，因而被视为公关发展史上的一个里程碑。在这本书中，他对公共关系的实践进行了系统的研究，使之形成一整套理论。他提出了"投公众所好"的根本原则，主张一个企业或组织在决策之前，就应首先了解公众喜好什么，需要什么，在确定公众的价值取向以后，再有目的地从事宣传工作，以便迎合公众的需要。伯内斯的思想比艾维·李前进了一步，不仅是在事情已经发生之后去对公众说真话，而且要求企业通过公众的调查，根据公众的态度开展公关工作。

1952年，爱德华·伯内斯写了教科书《公共关系》，标志着公共关系已开始成为一门独立的学科，在其将近80年的公关生涯中撰写的公共关系书籍达16部之多。伯内斯公共关系思想的一个重要组成部分就是他提出了"投公众所好"的主张。他强调组织应该在确切了解自己的公众的基础上来进行组织的传播工作，通过"投公众所好"来实现组织的目标。他非常注重运用各门社会科学的研究方法和研究成果。他的妻子多丽丝·弗雷奇曼也是一位著名的公共关系专家，夫妻双方共同经营他们自己的公司——爱德华·伯内斯公共关系咨询公司，接受过许多实业界巨头、政府机构和多位美国总统的委托，运用公共关系实务成功地帮助他们塑造良好的社会形象。

伯内斯的主要贡献就在于，他一生都致力于公共关系学的学科化建设；他把公共关系学理论从新闻传播领域中分离出来，并对公共关系的原理与方法进行较系统的研究，使之系统化、完整化，使公共关系由一种活动、一种社会现象最终成为一门独立完整的新兴学科。伯内斯在理论上做出的贡献，对于公共关系学科的形成和进一步发展具有划时代的意义。由于伯内斯将公共关系引上了科学的轨道，他被世人誉为"公共关系泰斗"。

5. 当代公共关系时期

当代公共关系是指第二次世界大战以来的公共关系，是从工业社会到信息社会、从一国到世界、从资本主义国家到不同性质国家的多样化时代的公共关系。当代公共关系发展的高级阶段也称为双向对称式的公共关系，它强调"双向沟通、双向平衡、公众参与"。这时期的代表人物是斯科特·卡特李普和阿伦·森特。

1952年，美国著名学者斯科特·卡特李普和阿伦·森特合作出版了一本公共关系学方面的权威著作——《有效公共关系》。在这本书中，他们提出了"双向对称"的公关模式。这种公关理论比伯内斯又进了一步，因为它把公共关系看成组织与公众之间的一个互动的过程，这才是现代公共关系的真正本质。在公共关系的目标上将组织和公众的利益放在同等重要的位置上，这是目的上的"对称"；在方法上坚持组织与公众之间的双向传播与沟通，这是传播手段上的"对称"。

双向对称模式提出的理论前提有两个：一是把公共关系看作封闭系统还是开放系统；二是把公共关系看作一种"工作"还是一种"职能"。

将公共关系看作封闭系统和一种"工作"的做法是将公关人员放在沟通技术实施者的位置上，定期进行新闻发布，去保持和推进公众对组织的良好印象，而忽视将有关环境的信息传递给组织。

将公共关系看作开放系统和一种"职能"的做法是将组织与公众关系的维持和改

变建立在产出—反馈—调整诸环节相互作用的基础之上，公众意志可以吸收到决策中，公共关系不仅能在决策中发挥参谋与顾问的作用，而且有预警作用，可以阻止潜在危机的发生。

双向对称模式体现了中国墨家的理想："兼爱"与"交相利"，也反映了现代竞争提倡的"双赢制"，以及"双方发展"的现代公共关系意识。

《有效公共关系》一书提出的"四步工作法"，成为公共关系工作中最重要的工作流程。至此，现代公共关系学的理论框架基本构成，进入了它的成熟阶段。此后公共关系的技巧虽然不断发展，但体系基本稳定下来。特别难能可贵的是，卡特李普和他的学生们，根据全世界公共关系的发展，不断对自己的著作进行修订。2000年，格伦·布鲁姆也加入这一工作，该书已经修订了8版，成为公共关系领域最具权威性的教科书，被后人誉为"公关的圣经"。

二、当代公共关系的发展趋势

从1900年美国波士顿出现第一个现代意义上的专业公共关系机构——宣传局（Publicity Bureau）算起，公共关系已经走过了整整一个世纪的发展历程。它作为一种新的事物，早已被公众所认识；作为一种新的观念，业已被人们广泛地接受；作为一种实践的手段，已经几乎在各行各业运用得比较娴熟；作为一个新兴的产业，也已率先进入了知识经济的领域。"二战"后它很快蔓延到全世界，在工商企业界、政界和公共事业三大领域几乎成为通用语言。在当代社会，公共关系在全球范围内得到前所未有的普及。随着事业的发展，公共关系也逐渐引用了最新的科技手段，如计算机、通讯卫星等。

（一）美国公共关系的繁荣

美国是现代公共关系的诞生地，公共关系成为一种新兴的职业最早产生于美国，公共关系作为一门系统的科学最早形成于美国，现代公共关系史上的领军人物最初把里程碑树在美国。美国也是公共关系走向世界的策源地。

从20世纪30年代以后，公共关系在美国获得了高速的发展。1960年，美国公共关系的从业人员达到了10万人，职业公关公司1350家，75%的企业设立了公共关系部。而到了1985年，公共关系从业人员达到15万人，公关公司超过2000家，85%的企业设立了公共关系部或者长期外聘公关顾问。美国最大的公关公司之一的伟达公司，已有50多年的历史，雇佣2000多名员工，在全世界设有52个办事处和67家联营公司，1986年的收入就达到了1.2亿美元。可以说在现代的美国，任何一个组织离开了公共关系都将寸步难行。

20世纪30年代以来美国大学中公共关系教育的兴起，各种公关研究刊物、专著的出版，推动了学科研究的迅速发展。1947年波士顿大学公共关系专业的设置表明公共关系学科的形成。20世纪50年代以来，公共关系教育在全世界普遍开展，数以千计的公共关系著作出版。以卡特李普、格鲁尼格等为代表的现、当代公关学者，面对新传播科技的挑战，研究新传媒生态的变化，导入信息论、系统论、控制论研究方法，借鉴社会生态管理理论，推动了公共关系学科研究的发展。

1998 美国著名公关学者詹姆斯·格鲁尼格（James E. Grunig）研究了卓越公共关系和传播管理理论全球化的问题，提出了"普遍原则，特殊运用"的公共关系全球化理论。这一理论对公共关系在全球化的发展具有现实指导意义。

国际著名营销策划家阿尔·里斯和他女儿劳拉·里斯于 2002 年合著推出警世之作《广告的衰落和公关的崛起》（*The Fall of Advertising & The Rise of PR*），这让公共关系专业人员着实兴奋了一阵，让以广告为生的人士虚惊一场。这部书的观点确实有发人深思的地方，列举的那些公关成功案例也多有醒世之效。里斯所说的"广告衰落"显然是夸张，但他们所宣扬的"公关崛起"再次让人们看到了公共关系在现代社会的重要作用。

（二）公共关系走向世界

1940 年，公共关系传入加拿大。在 20 世纪 20 年代，公共关系迅速传入英国，第二次世界大战后推广至欧洲大陆与亚洲。

20 世纪四五十年代，欧洲的几个主要资本主义国家都先后组织了全国性的公共关系组织，其中最大的是 1948 年在伦敦成立的英国公共关系协会（IPR），它拥有英联邦的 50 多个国家和地区的 2500 个会员。1955 年，国际公共关系协会（IPRA）在伦敦成立，当时有会员 20 多个，出版《国际公共关系协会通讯》和《国际公共关系评论》两本杂志。以后会员不断增加，变成了世界上最大的公共关系协会。现在，这一组织已经有 60 个国家或地区的 760 名会员，在全世界有很大的代表性。1946 年，公共关系在法国崭露头角。"二战"后，法国人在建设中认识到，企业对社会和公众开放，既能收到良好的经济效果，又能在社会中提高知名度，树立良好的形象。为适应企业与社会之间的新变化，许多企业积极开展多方面的公共关系工作。比如，向社会公众开放工厂，注意加强社区联系，等等。法国在发展公共关系时，一开始就将公共关系视为一门科学，在大专院校设立公共关系专业，培养高素质的公关人才。1955 年，法国公共关系协会成立后，现代公共关系在法国得到迅速的发展。大约在同时，德国、意大利、荷兰、挪威等西欧国家的公共关系也积极地发展起来。到 70 年代中期，各种公共关系机构在英国已约有 5400 个。1959 年，比利时成立了由比利时、英国、希腊、荷兰、前联邦德国等国参加的欧洲公共关系联盟（CEPR），它是目前欧洲公关组织的中心，现已拥有 142 个以上的集体会员和数百名个人会员。

1947 年公共关系传入日本，作为一种独立的行业在日本发展起来。1964 年，日本成立了公共关系协会。许多专家认为，"二战"后美国导入日本的公共关系，是促使日本经济快速发展的一个重要因素。目前，日本有公共关系专业机构近 40 家，其中营业额达 7 亿日元的有 10 家。日本的公共关系活动后来者居上，在日本产品占领国际市场的竞争中发挥了重要作用。

20 世纪 50 年代以后，公共关系的思想和实践也开始流入第三世界国家，在东南亚、拉美和非洲各国生根开花。20 世纪 50 年代初，香港政府设立了公共关系部，一些企业也纷纷效仿，使公共关系成为企业经营过程中的重要管理方式。50 年代末 60 年代初，中国台湾地区全面推行公关管理，1956 各级县政府建立公共关系部，并通过了《公共关系管理规则》。1963 年一些跨国公司在台湾和香港的分公司纷纷把母公司的体制和管理方式引进台湾和香港，企业中的公共关系部迅速壮大，随之公关理论和实务迅速流行开来，1963 年，香港出现了第一家专业的公共关系公司"韦特公共关系公司"；1975 年，台湾的魏景蒙先生创办了第一家中国人自办的公共关系专业公司"联合国际公司"。20 世纪六七十年代香港、台湾两地区的公共关系已进入职业化阶段。

（三）公共关系在中国的传播与发展

1. 中国公共关系事业的发展历程

20 世纪 80 年代初，随着改革开放的进行，中国在引进资金、技术的同时也引进了先进的管理经验。公共关系作为一种理论和职业，开始引起了中国人的广泛关注。在沿海改革开放最早的深圳特区的一些外商独资或中外合资企业参照其海外母公司的经营管理模式，设立了公共关系部。紧接着，在广州、汕头、佛山、北京等地的中外合资企业的公共关系部也开始陆续出现，特别集中在宾馆、饭店等行业。

1980 年，粤港合资的深圳蛇口华森建筑设计顾问公司率先成立我国第一个公共关系性质的专业公司。

1981 年，深圳竹园宾馆设立中国第一个公共关系部门，开展以招徕顾客为目标的、扩大影响的服务性公共关系活动。

1983 年，中外合资的北京长城饭店成立公共关系部，并因成功策划接待美国总统里根访华而名扬海内外。

1984 年，广州中国大酒店设立公共关系部。后来，广东电视台以宾馆、酒楼的公共关系活动为题材，拍摄了中国第一部反映公共关系理论与实践的电视连续剧《公关小姐》。

对普通中国大众来说，认识公关小姐和公关先生们大多是从广东电视台 1990 年摄制播出反映现代改革开放题材的电视剧《公关小姐》开始的。这部电视剧以广州市的一间涉外饭店——中国大酒店（片中称为中华大酒店）为背景，刻画了一群公关小姐的美好形象，把"公关"这个概念撒播进普通中国人的心里，揭开了公共关系的面纱。

合资企业先进的管理经验，引起国内企业的效仿，1984 年广州白云山制药厂成立公关部，成为国有企业中最早设立公关部的企业。

1985 年 1 月，深圳市总工会举办了国内第一个公共关系培训班，传播公共关系的知识和技能。同年 5 月，中山大学公共关系研究会成立，这是我国第一个研究公共关系学的学术团体。同年 8 月，中国第一个公共关系公司——中国环球公关公司在北京成立。同年 9 月，深圳大学传播系开设公共关系专业，这是我国高等院校首家开办此专业。1986 年 11 月，上海市公共关系协会成立（大陆第一家公关协会）。

随着我国改革开放向纵深发展，经济的发展开始吸引了全世界的目光。"美国之音"曾报道说"中国是一块肥沃的公关市场"，这对世界上的大型公关公司无疑是一个振奋人心的好消息。国际著名公关公司纷纷抢滩中国市场。国际公关界摩拳擦掌冲入中国市场，捷足先登的是世界上最早诞生（1927 年）也是当今世界第二大公关公司的希尔-诺顿公关公司，1984 年率先在北京设立了办事处。1985 年 8 月，世界上最大的公共关系公司博雅（成立于 1930 年，掌门人曾任美国公众咨询委员会副主席）与中国新华社下属的中国新闻发展公司联手成立了中国第一家公共关系公司——中国环球公共关系公司，同年还有一家合资公关公司——中法公关公司成立。截至 20 世纪 90 年代初，在中国大陆有影响且有一定规模的外资（含合资）公关公司有三家，他们带来的新思路及新的国际操作规范极大地催发了我国公关公司的出现和成长。

1987 年 6 月，中国公共关系协会在北京正式成立，标志着中国公共关系事业进入了一个全面发展的时期，此后各省相继成立公共关系协会。1991 年 4 月，中国国际公共关系协会在北京成立，标志着中国的公关事业已经逐步普及全国走向世界。

到 20 世纪 80 年代中期，中国的公关事业已遍地开花。行业协会雨后春笋般涌现，职业网络出现；公关出版物丰硕，学术成果推广快；公关培训活跃，教育层次多样化。公共关系科学研究和实践运作空前繁荣。国内外公关市场开始交流，国际公关职业市场正在开辟。众多迹象表明，公关作为"拿来"的事业，经过本土的消化吸收已有了良好的发展势头和热闹的氛围。这样的潮起潮涌有效地促进了公关事业的职业化和公关研究的学科化。

1997 年 11 月 15 日，国家劳动和社会保障部成立了中国公共关系职业审定委员会。还正式确定中国公关职业命名为"公关员"，并于 1999 年 5 月将公共关系职业列入《国家职业分类大典》，这标志着经过近 20 年的发展，公共关系职业终于获得了社会的认可。

1999 年 12 月 29 日，广州举行了中国首次公关员职业资格全国统一的鉴定考试。

2000 年，我国在全国范围内开始推广公共关系人员上岗资格考试，公关员与律师、会计师、医师一样，走上了职业化和专业化的道路。这一切标志着中国公关业的职业化、专业化的地位被正式确认。中国公关业正逐步进入专业化时代。

2003 年，中国国际公关协会宣布，将把每年的 12 月 20 日定为"中国公关节"。

从 1987 年开始，国家教育部把公共关系列入行政管理、工业经济、企业管理、旅游经济、市场营销、广告学、新闻学等专业的必修课。2006 年，教育部批准设置公共关系学为目录外专业（编号 110305W）。2009 年，中华人民共和国学科分类与代码简表（国家标准 GBT 13745-2009）中，公共关系学成为社会学专业下的二级学科，专业代码 84054。中山大学、复旦大学、上海交通大学、华中科技大学、中国传媒大学、厦门大学、中国人民大学等高校不断推进公共关系教育，中国逐渐形成了包括本科、硕士和博士层次的公关专业人才培养体系。

1993 年至今，中国公关业进入相对成熟发展时期。神州大地几乎所有的省、自治区、直辖市都成立了公关协会、学会及研究会。国内涌现出大量的公关组织、专业公关公司、公关事务所，职业公关公司开始发展成熟，公关职能部门渗透各行各业，中国大地上汇集起了一支浩浩荡荡的公关从业者大军。

中国国际公共关系协会（CIPRA）发布的《中国公共关系业 2013 年度行业调查报告》（以下简称报告）显示，2013 年，中国公共关系市场继续保持稳定增长。据调查估算，整个市场的年营业规模约为 341 亿元人民币，年增长率为 12.5% 左右（见图 1-1）。

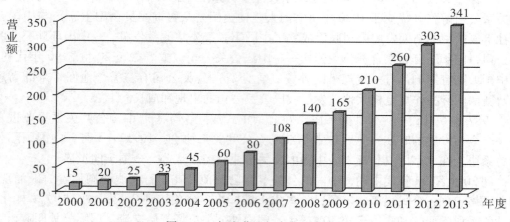

图 1-1　年度营业额变化（亿元）

随着新媒体时代的来临，公共关系业务正在发生结构性变化。传统公关形态业务增速放缓，而新兴公关业务（诸如数字化传播、新媒体营销等）出现了迅猛发展的势头。总体而言，作为新兴产业的公共关系行业，行业的成长速度仍然要高于整体经济发展的增速。

2. 中国公共关系实务发展的四个阶段

现代公共关系起初是作为舶来品引进的，没有形成自己的公共关系思想和操作规范，且模仿和搬抄国外的理论和操作规则占主流。中国公关实务的发展经历了四个主要的发展阶段。

第一阶段是"点子"阶段。也就是所谓的"拍脑门出点子"的阶段，即一个点子救活一个企业。在那个时期，"点子公司"似乎成了咨询公司的代名词，"点子"公关在我国一哄而上，一时之间，似乎人人都可以搞公关，公关的门槛降得很低。经过一段时间的发展，人们才认识到，其实一个好的策划，并不是拍脑门出来的，而一个点子也不能成为企业发展和成功的法宝。所谓的"点子公关"也并不是真正的公关。因此这类公关的出现是短暂的，是和当时社会和企业发展的特定需求相结合的。

第二阶段是"关系"阶段。公关公司只是强调发稿和撰稿能力，以及与媒体的亲密关系。其实这仅仅是一个很低的层面，撰稿和媒体发布仅仅是公关的基础或者说是公关的一种工具。这个阶段的公关公司对更高层面的如企业产品和品牌的促进到底能不能量化、对品牌的哪个方面能得到量化等根本不做分析，更谈不上整体规划了。

第三阶段是公关业更加科学化、专业化、系统化阶段。很多公关咨询公司凭借对品牌的理解和整体战略咨询能力赢得客户，而不是比拼价格。它们在策划项目之前会询问客户想达到什么目的，准备花多少资金，然后与企业沟通，再进行整体规划。同时公关公司与媒体是一种互动的伙伴关系，公关公司会研究媒体，准确地把握不同媒体的脉搏，达到需求吻合。那种靠朋友关系请客吃饭，以求在媒体发表稿子、宣传产品的方式变得次要了。

第四阶段是未来的公关业阶段。中国的企业家们对公关的实质经过冷静思考之后，认识到公共关系是提升企业形象的手段之一。公关不再是卖弄风骚、故作姿态，不再是刻意地"为了留名做好事"，更不是纯粹的宣传与劝服。公共关系成为一门塑造企业形象的艺术，是企业与公众的双向对称传播，是企业对自我声誉的科学管理。在这一阶段，领先的公关公司将形成自己的传播理论，并形成独特的操作模式。

3. 中国公共关系协会和中国国际公共关系协会

从公关传入中国至今，几乎所有的省、自治区、直辖市都成立了公关协会、学会及研究会，其中以下两个协会的影响力是最大的。

(1) 中国公共关系协会。2007年6月23日，中国公共关系协会成立20周年庆典大会在北京人民大会堂隆重举行。中国公共关系协会成立于1987年，由公共关系专业机构、新闻媒体、教育、科研机构、政府有关机构和企业界人士等自愿组成，是经国家民政部批准成立的全国性的、学术性、广泛性的非营利性社会团体组织。

协会成立20年以来，致力于开拓和发展中国的公共关系事业，积极参与国际公共关系活动，弘扬中华民族文化，积极开展行业自律、资源整合、国际交流与合作、人才培训、理论研究等方面的工作，对促进公共关系事业的发展起到了重要的推动作用。协会拥有众多国内外资深教授和业界专家队伍，与国内外相关组织、著名院校合作，举办职业认证和专业培训等；编著业界专业书籍、教材，提供各类国家权威培训，促进行业整体素质提高。协会通过举办各类讲座、论坛，为会员和行业提供及时的信息服务；通过举办各类活动，为不同行业之间、企业之间、国内与国际之间增进相互了解；为中国企业走向世界，为海外信息、人才、技术、资金进入中国提供服务。

(2) 中国国际公共关系协会（CIPRA）。中国国际公共关系协会（以下简称协会）是具有社团法人地位的全国性涉外专业组织，成立于1991年4月，总部设在北京。其宗旨是"让世界了解中国，让中国走向世界"，工作方针是"指导、协调、服务、监督"。

协会的主要任务是：致力于公共关系的理论研究和实践探索，制定中国公共关系业发展战略；提高公共关系业及其从业人员的社会地位，维护公共关系从业人员的合法权益，规范公共关系业及从业人员的行为；提供多种形式、内容丰富的会员服务，密切中国公共关系组织同海内外相关组织的联系，推动中国公共关系业的职业化、规范化和国际化发展；开展民间外交，进行高层联络，通过多渠道、多形式的国际交流与合作，为国内外组织机构提供咨询，为我国的改革开放和经济建设服务。

协会下属的学术工作委员会、专业公司工作委员会和地方组织委员会（筹），分别由国内公关领域的知名学者、著名公关公司的总裁和地方省市公关协会的领导组成，在协会的领导下开展工作。

协会常设机构有协会秘书处，下设会员管理部、国际合作部、研究发展部、信息咨询部、教育培训部、人事处和办公室。国家职业资格工作委员会公共关系专业委员会办公室设在协会秘书处。一批政府有关部门的高层领导、新闻媒体负责人、著名企业家、资深公关学者和专家以及社会各界知名人士担任协会理事，为协会工作提供支持。

4. 中国公共关系的前景与展望

（1）中国公关业的机遇。当今社会是一个公共关系充分渗透和互动的时代，公共关系成功的运作可以改变一个人、一个团体、一个国家的历史和命运。

中国加入世贸组织，对中国的公关业首先是机遇。那些早已进入中国的大公司、大机构会进一步扩大投资，加大宣传，做大市场；而还没进入的正准备进入的，需要借助公关公司的帮助，树立自己的品牌。国内的企业目前与公关公司合作的不多，公关市场空间还很大。随着市场的竞争加剧和社会对公关业认识的提高，将会有更多的企业选择公关公司。同时，公关行业的专业服务进一步细分，市场必将重新划分，变得更加小型化、专业化，中资公司将有机会显示其较强的生命力。总的来说，外资公关公司业务将从简单的项目执行，向高层次的整合策划和战略顾问咨询方面转变，同时中资客户将成为中国公关业市场新一轮竞争的焦点，中外公关公司真正的较量将从此开始。

2008年奥运会的申办成功，让中国人充分感受到公关的魅力，也让本土和国际的公关公司看到了公关业在中国的巨大潜力。据中国国际公共关系协会常务副会长兼秘书长郑砚农介绍："在北京申办2008年奥运会中，协会精心策划、组织了许多配合申奥的公关活动，特别是当国际奥委会评估团的评估报告发表后，协会发挥行业指导机构的优势，召集爱德曼、安可、伟达、宣伟等著名国际公关公司负责人献计献策，就申奥冲刺阶段的对外宣传口径和节奏、陈述报告润色、陈述人培训以及媒体宣传报道等方面问题进行了充分探讨。由于有了在国际上具有广泛的工作渠道和丰富的策划经验的专业公关公司的介入，使申奥决策过程更加科学化、国际化，中国在世界上的形象更具亲和力，更能为世人所接受。"北京申奥成功是中国人的一次国际大公关的实践，也从另一个方面展现出中国公关的长足发展。

申办奥运会的竞争，实际上是一场综合国力、经济实力、科技实力、文化魅力的竞争，是一场国家形象和民族地位的竞争。奥运会是一个国际公关的大舞台，北京申奥成功，可以说这是中国人坚持不懈地努力而取得的一次公关大全胜。它充分吸取了1993年申奥失败的教训，无论从细微的礼仪公关，还是整体的形象塑造，都做了专门的公关整体策划，从点、线、面都进行了公关的全副武装，让世界对北京有个更全面、更深入、更贴切的了解。北京申奥的成功为世界制造了一个极具经典意义的公共关系学案例。

（2）中国公关业的挑战。在国际化进程带来的巨大机遇面前，中国公关业也面临着挑战。《中国公共关系业2013年度行业调查报告》指出，这些挑战是多方面的。

第一，新媒体环境对公共关系市场产生明显影响。随着数字化时代的到来，传统公关业务增长放缓，个别公司此类业务甚至出现停滞或负增长的现象；而快速整合传统公关和数字传播的新型业务则保持了迅猛的增长势头，部分公司此类营业收入比重甚至占到了总收入的一半。这表明，公共关系市场与传播环境的关系越来越紧密，公关公司必须适应传播环境的变化，实现转型并寻找新的机会。大数据时代来临，需要公关行业在业务模式、管理方式、新媒体应用等方面进行创新，进一步提升行业的整体水平。

第二，国际公关公司继续加大在华战略布局。随着中国经济占全球比重的不断增加，2013年国际公关公司继续加大在华拓展力度，它们继续在一线和二线城市尝试开展业务。2013年参与调查的国际公司的营业成本控制较好，个人平均绩效很高。这些公司的年签约客户数及连续签约客户数非常稳定，均在40家以上。这表明，国际公关公司在客户资源和专业化服务水平有其独到的优势，国际公司和本土公司互相竞争的趋势也将更加明显。从行业本身来看，本地公关公司与国际公关公司还存在差距。国际公关公司大多具有国际大财团背景，他们有着国外发展的成功经验、严密的流程，有很高的声誉，丰富的经验，精湛的技术。员工视野比较宽阔，更能深刻理解客户的需求，可以帮助客户制订合适的传播方案，而不是把所有传播的问题都归纳为公关问题。他们不是单纯提供公关服务，还做广告、直效行销、互动传播服务等。

相比之下，目前大多数本土公司还只能单纯做公关，为客户提供包括广告、会议、培训、宣传品制作等在内的公关服务。有些本土公关公司缺乏完整的服务体系，缺乏职业道德的约束，规模普遍偏小，导致整个公关市场仍处于无序状态，影响整个行业的发展，其专业化水平、服务质量、服务手段还有待提高，在规范化这点上，国际公司有着丰富的经验，对行业本身的熟练以及在操作公关活动程序上的规范，都是国内公关公司需要学习的。

国际公关公司也要适应中国国情，进行本土化，了解中国的文化、历史。国际公关公司一直在强调自己的本土化进程，许多国际公司90%的雇员都是本地人，但从总部沿袭的一套固有套路和固有的思维方式却难以转换，导致水土不服。而本土公关企业对市场和人事的熟悉使他们能够灵活行事，凭着和客户打交道锻炼自己的技巧，很多时候更能迎合客户的需要。同时，好的媒体关系与相对低廉的价格也是本土公司的优势所在。

随着行业逐步走向成熟，行业集中度的趋势开始进一步显现。行业强势公司依靠资金优势和规模优势，市场份额进一步加大，体现了强者恒强的竞争格局。行业的兼并整合趋势，未来将会进一步加强。

第三，人才问题仍然是影响中国公关行业发展的瓶颈。人才频繁流动、无序流动、供需脱节等问题依然困扰着公关行业。从从业人员来看，高素质的公共关系人才严重缺乏，没有有效的培训渠道，人才的流动和变化比较大，急需建立一支训练有素、有敬业精神和职业道德的公关从业人员队伍和管理队伍。专业人才紧缺已经严重影响到公司的正常运营和行业的健康发展。

第四，从教育状况来看，当前的公关教育仍以知识教育为主，培养的学生还不能满足专业公关公司在公关技能方面的要求。理论研究还未能与公关实践相结合。建立一套完整的专业公关业务培训机制和培训课程，弥补当前公关教育和研究的不足已是当务之急。中国公共关系需要进一步成熟、完善，黄金时期还没有到来。作为一种科学理论，中国公关必须有自己独到的知识架构和专业领域，而绝不是杂乱无章的大拼盘，更不能成为包罗万象、包治百病的万金油。随着改革开放的深入和新的经济形势的到来，如何建设一种能够反映我国公共关系实践的特殊规律、适合中国具体情况的公共关系理论，这对我们来说仍是一项开创性和探索性的工作。

中国公共关系需要政府的重视与支持，需要对其行业标准、职业道德、学科设立、培训认证进行更进一步的论证、规范和管理。

中国公共关系需要真正融入中国社会，成为大众百姓熟识、认知、喜闻乐见的东西，让广大公众了解公关知识，懂得公关规则，掌握公关技巧，热爱公关事业，应该意识到只有当一种事业成为千百万人的事业时，这种事业才可能发展壮大、走向辉煌。如何正确地理解和应用中国悠久的历史、文化以及形成的理念，如何正确地理解和把握中国13亿消费者以及他们的消费心理和消费趋向，对每一个公关公司来说，都是巨大的挑战。

21世纪，公共关系学科研究正如它所依存的公共关系产业一样，越来越显示出其强大的生命力和美好的发展前景，它将继续在不断的自我跨越、自我完善中走向成熟。

本章小结

公共关系学是一门在市场营销学、企业管理学、消费心理学、广告学等相关学科的基础之上发展起来的综合性的应用学科。它融合了新闻传播学、心理学、语言逻辑学、管理学以及社会学等学科的知识。学科以建立社会组织与社会公众之间良好的沟通关系，在社会公众心目中树立社会组织的良好形象为主线贯穿始终。通过这门课的教学，使学生正确认识公共关系学与市场经济的关系，与其他相关科学之间的关系，树立公共关系为市场经济服务、为社会发展服务的观念，掌握公共关系为社会实践服务的本领。

关键概念

公共关系　揭丑运动　中国国际公共关系学会　古代公共关系　近代公共关系　现代公共关系

思考题

(1) 学习公共关系学的现实意义。
(2) 公共关系思想演变的各个时期的传播特点是什么？
(3) 现代公共关系在不同的发展阶段呈现出什么特点？

● 案例分析

中国两次申奥的国际公关

1993年

1993年9月，国际奥委会在蒙特卡罗举行会议投票决定2000年第27届奥运会的主办城市，经过几轮投票，悉尼最终成为举办城市，一直处于领先地位的北京在最后一轮中以43:45两票之差痛失2000年奥运会的承办权。

由于北京是第一次参与如此重大的国际公关大较量，和西方发达国家相比，还缺乏国际社会的大公关经验，以致在许多申奥的形象公关活动中技不如人。比如土耳其女总理侃侃而谈的温柔战术；悉尼市市长在记者招待会上大送香槟，身穿宣传T恤的悉尼人挥扬着鲜艳的气球穿行于大街小巷，见了行人就送棒球帽和纪念章，各国体育明星纷纷出动签名留念做形象宣传。而北京奥申团只有一支随行的中学生女子合唱团，虽然她们获得过国际童声合唱大奖，清秀漂亮，乖巧可爱，但和别人的声势相比，我们的攻势太单薄了。此外，北京奥申团也带了几屋子的礼品，但被通知只有申办成功才能发送这些礼品，如此重大的时刻却只能让礼品在屋子里睡大觉。同样，随团的十几位中国世界冠军，也在下榻的饭店里待命，以备大用。还有我们的宣传片只是在重复几个固有的视觉形象：打太极拳的老人和手捧鲜花的孩子，既没有悉尼的宣传片那样有冲击力，也没有曼彻斯特的那样追求艺术效果。未公布结果前所有的踌躇满志、志在必得的乐观信心，在一次次的公关失误中一点点的销蚀掉了。

虽然以美国为首的西方国家的阻挠增加了2000年北京申奥的难度，但在申奥过程中的公关失误对申奥失利也负有不可推卸的责任。毕竟是第一次参加奥运公关角逐，无论从细微的礼仪公关，还是整体的形象塑造宣传，都缺乏整体的公关策划方案，尤其是对细节公关的忽视导致外界对北京整体印象的模糊，加上西方国家对发展中国家的另类眼光使悉尼的形象优于北京，最终导致北京申奥的失利。

2001年

1999年9月6日，经党中央、国务院批准，由国家体育总局、北京市政府和国务院相关部门组成的"北京2008年奥运会申办委员会"正式成立。北京争取2008年奥运会举办权的帷幕徐徐拉开。

"绿色奥运、人文奥运、科技奥运"是北京申办2008年奥运会的三大主题。奥运会的筹备工作也紧紧围绕这一主题开展。

在原有基础的前提下，硬件上，北京每年投以数十亿、上百亿美元的基础设施投资，大大改善了北京道路、电信、环境等方面的条件。

在软件上，大力提高精神文明建设的水平，使市民的修养和公共道德、公共卫生习惯达到新的水平；使北京的语言环境有新的改善，服务质量有新的提高，争取到2008年绝大部分北京市民会用简单英语进行交流；大力发展各类体育事业，培养运动员；全民健身活动，提高运动普及率。

北京除了必备的软件和硬件之外，还有香港、台湾、澳门和世界各地华人侨胞的广泛支持。全球华人支持北京申奥联合委员会在德国杜塞尔夫市举办以"全球华人心连心，齐心协力申奥运"为主题的系列活动；美国西部华人举办"奥运龙——大地艺术作品展示活动"；"北京奥运，炎黄之光海峡两岸长跑活动"从台北经高雄、深圳、宁波、杭州、上海、无锡、南京、青岛最后抵达北京；世界三大男高音帕瓦罗蒂、多明戈和卡雷拉斯于奥林匹克日在北京紫禁城广场联袂演唱……这些活动都为北京申奥形象塑造烘托了热烈气氛。

在申办过程中，北京多次聘请外籍专家指导，使北京申奥工作在思维和语言上更接近国际惯例。国际奥委会评估团来北京考察前，北京申奥陈述组进行了多次演练，并聘请了参加过亚特兰大和巴塞罗那奥运会的专业人员当评委，反复修改、演练。还请来了美国和澳大利亚公关公司的专业人员，帮助自己向外宣传北京的崭新形象。

申奥开始实施初始，申奥委确定了由陈绍华、韩美林和靳埭强三位艺术家共同创作了申奥标志图案，这个富有浓烈的现代气息和浪漫活泼的标志深深打动了国内外人士的心。与上届迎奥运口号"开放的中国盼奥运"相比,"新北京,新奥运"更让人备感亲切,更贴近国际潮流。由著名导演张艺谋出任导演的北京申奥电视宣传片是一部"不概念,不卖弄,真实,亲切,自然,让人心动的作品",为北京的形象传播起了重要作用。长达 500 多页的《申办报告》更是凝结了不少人的心血,这份高质量的报告为北京最终获胜立功不小。

北京除了利用体育活动加强宣传,还主动邀请境外记者到北京采访,来者不拒,有问必答。这种面对面的沟通和对话,一方面体现出北京申奥的自信,同时也使北京获得了较好的国际舆论环境。

突出东方文化的独特魅力是北京申奥的另一法宝。在具有五千年文明史的东方古国举办奥运,对奥林匹克大家庭有一种难以抗拒的吸引力。当古老的紫禁城飘荡起世界三大男高音激昂高亢的歌声时,全世界都为这种中西文化合璧之美深深吸引。

最令人难忘的还是那决战的最后一役。当北京申奥团抵达莫斯科后,开展了最后的公关冲刺。他们在会场周围散发纪念品,带有北京申奥标志的徽章、帽子吸引了各国记者和游人,特别是富有东方魅力的中国结更是供不应求。人们可以在各个会场看到老外胸前挂着红色的中国结,别着北京申奥徽章,他们成了北京申奥的义务宣传员。这些都给莫斯科,给国际奥委会的官员留下了美好印象。

在申奥现场的北京宣传展台,以高科技手段和与众不同的大气布局给人留下了深刻印象。北京展台也是人气最旺的地方,申奥官员和体育明星、影视明星在展台前展开强大的最后公关冲刺,吸引了众多媒体的关注。

精彩的陈述是决战的最后一段。北京奥申团是第四个出场,这个排位有利有弊,有利之处是当天下午第一个出场,北京团在上午观看完大阪、巴黎和多伦多 3 个申办城市的陈述后,可以利用中午一个小时的时间进行最后修改和调整,以扬长避短。不利之处是在经过一个上午的讲述后,奥委会官员可能多少有些疲惫,担心他们不一定能继续认真聆听北京的陈述。但事实证明这种担心是多余的,北京的精彩陈述打动了国际奥委会的成员。

首先出场的是中华人民共和国副总理李岚清。李总理英语非常好,发音抑扬顿挫,恰到好处,表明了中国政府对北京申奥的态度和立场,当他读完这份由他亲自撰写的报告后,博得了一片掌声。

接下来是北京市市长刘淇承诺确保北京奥运将成为中国为世界体育留下的独一无二的遗产;北京奥申委主席袁伟民表示坚决做好北京奥运的坚强后盾;北京奥申委体育主任娄大鹏和秘书长王伟分别介绍了北京的体育场馆、交通、电信、住宿、环保等方面情况;运动员代表邓亚萍讲述了一个她在悉尼参加火炬接力时的心事,引发了如果四亿中国年轻人都能体验到这种奥运精神那该有多好的心情;著名主持人杨澜则从一个文化人的角度讲述了中国古老文化的神奇魅力;最后,奥委会委员何振梁富有感性地总结了北京申奥的历史意义:"无论你们今天做出什么选择,都将创造历史,但是只有一个决定有改变历史的力量。你们今天有这个决定将通过运动促进世界和中国的友谊,从而使全人类受益。"

最终的结果是——2001 年 7 月 13 日,在莫斯科召开的国际奥委会第 112 次会议上,中国以56票的优势击败四个竞争对手，获得了第29届奥运会的主办权。

——编选自何春晖主编的《中外公关案例宝典》

【案例思考】

中国是如何吸取1993年在蒙特卡罗申奥失败的教训，调整国际公关的策略，争取到2008年奥运会主办权的？

参考文献

［1］何春晖．中外公关案例宝典［M］．杭州：浙江大学出版社，2006

［2］方宪玕．公共关系学教程［M］．杭州：浙江大学出版社，2004

［3］（美）爱德华·伯内斯．美国公共关系发展史［M］．崔宝瑛，译．中国公共关系协会，1964

［4］（美）爱德华·伯内斯．舆论明鉴［M］．崔宝瑛，译．中国公共关系协会，1964

［5］中国国际公共关系协会．中国公共关系业2013年度行业调查报告［M］．2014

第二章　公共关系的三大要素之社会组织

本章学习目标

通过本章的学习，应掌握社会组织的概念，了解社会组织的类型、公共关系专职机构与日常工作的内容，了解公共关系从业人员的职业道德与基本素质。

公共关系的主体社会组织与公共关系专职机构及从业人员，在公共关系运作过程中均处于主导地位，但彼此之间又有明显区别。公共关系主体相当于美容者，是形象塑造和传播的需求者；公共关系专职机构相当于美容院或美容中心，是形象设计和美化的专业机构或部门；公共关系从业人员则相当于美容师，承担着公共关系主体的形象设计和美化的任务。

第一节　公共关系的主体——社会组织

公共关系主体就是指那些相对独立地存在于社会之中的各种社会组织。公共关系主体处于公共关系的核心地位，其经营理念和行为对公共关系的形成与发展起着至关重要的作用。社会组织不同，其公共关系的对象也会有所不同；处于不同发展时期或公共关系环境下的社会组织，其公共关系的目标、策略和方法也会有所不同。因此，有必要对公共关系主体——社会组织作详细分析。

一、社会组织的概念

人类是有目的、有组织的集合体，人类社会的生活是有组织的生活，每个人都生活在一定社会组织之中。社会组织是人类社会的组合方式，是社会大系统存在的基础。脱离了任何社会组织的个人和没有社会组织的社会大系统都是不可思议的。那么，什么是社会组织呢？

所谓社会组织，是指人们为了有效地达到特定目标，按照一定的宗旨、制度和系统建立起来的共同活动集体。它是一个与"个体"相对应的概念，是人们有意识地为实现某个特定目标，依照一定的结构形式而打造的有机整体。社会组织有明确的目标和确定的职能，内部成员有明确的分工，并确立出旨在协调其成员活动的正式关系结构。社会组织有大有小，功能不一，大到一个国家，小到只有一两个人的个体企业，如政府、部队、企业、学校、医院、社会团体、酒店和商场等。

在现代社会中，各种社会组织的影响已经渗透到了社会的各个角落，其存在与发展构成了我们日常生活的基本部分。如果我们从静态的角度来观察社会组织，就会发觉它是由若干不同的部分适当组合而构成的完整体。各构成部分与整体之间具有不可分离的密切关系，它们之间是一种统属关系。比如，一家公司是由经理室、办公室、人事部、财务部、业务部等组成，每个部门相互之间具有密切的联系，并且由这些部门的有效运行构成了公司这样一个社会组织。

从动态的角度来看，社会组织是处于一定环境条件下的功能活动体，由各部分分别发挥各自的特殊功能，为实现共同目标，连续不断地做出集体努力的活动过程。社会组织的整体功能发挥，与社会组织各部分功能的发挥有密切关系。社会组织往往由很多相关部门构成，这些相关部门之间关系密切，在为树立社会组织的良好形象而努力时，各相关部门需要密切合作。

二、社会组织的特征

（一）目的性

任何社会组织都有一定的目标，社会组织本身是因为社会分工的需要而建立起来的，社会组织所要完成的社会分工的角色任务，就是它的工作目标。目标也是确定组织原则、组织宗旨、组织章程、组织计划的基础，是职能的主体化和具体化，它对组织的全部活动起指导和制约作用，并成为识别组织性质、组织类别、组织功能的基本标志。社会组织目标是社会组织生存和运转的前提，社会组织的生存和发展，其实质就是社会组织目标能否实现的问题。

（二）整体性

社会组织是由承认和实践特定目标、履行相应职能或发挥相应功能的相对稳定的成员按照一定的规则、制度集合而成的群体。组织成员的活动靠合理的协调来实现，并形成一个有机联系的整体，使整体大于个体之和。

（三）变动性

社会组织生存于社会环境之中，社会发展及其相应的社会环境的变化对社会组织的生存与发展必然产生一定的影响。组织的新生与消亡，在某种程度上，也往往取决于社会环境的变化。因此，可以从两个方面理解和把握社会组织的变动性，一是社会环境是不断变化的，要适应这一变化，社会组织就应适时地进行目标、功能、机构及人员的调整；二是社会组织本身也是要不断发展变化的，在不同的发展时期，组织的形象目标也会有所不同。因此，在进行形象目标的设计中，应充分考虑到社会组织的变动性特征。

任何社会组织都有着一定的功能，社会需要构成建立社会组织的必要性，社会环境构成建立社会组织的可能性。社会组织必须适应社会的需要发挥自己的功能，否则就没有成立和存在的必要，更不会具有活力和生命力。社会组织完成工作目标的过程就是社会组织的运行过程，社会组织也只有通过运行才能达到工作目标。社会组织的运行是在一定现实环境中进行的，它必然要涉及许多方面的因素，其运行过程也必然就是它不断地与现实环境诸多因素发生种种关系的过程。

三、社会组织的类型

社会组织是具有特定目标、职能及一定独立性的社会群体，具有多样性。组织的目标、组织的原则、组织利益往往有很大差异，所以必须对社会组织进行科学分类。对社会组织进行分类，从不同的角度出发可以分为不同的类型，本书主要采用两种常用的分类方式，具体分类如下。

（一）从社会功能角度划分

（1）经济组织。经济组织是最基本的社会组织，履行着社会的经济功能，为社会提供各种物质生产资料、生活资料和生活保障性服务等。具体包括生产组织、商业组织、金融保险机构、交通运输组织及宾馆、饭店、旅游等其他服务性组织。

（2）政治组织。政治组织是一定社会阶级为维护自身利益和实现其意志而组织起来的一种社会集团或社会集团系统。其突出特点是具有各种政治职能，包括政治党派组织、司法机关和武装部队等，如政党、政府、公安、监察等政治、行政机关等。

（3）事业性组织。事业性组织具有非物质生产性，是主要从事文化的创造与传承的社会组织，其特点是以文化为其活动的基本内容，以满足人们的各类文化需求为目的，包括教育、科学研究、文化艺术、体育、宗教等各类型的社会团体，如文化艺术团体、各级各类学校团体和科研团体等。

（4）其他组织。除了以上各种组织外，社会上还存在各种自发形成的专业团体，如民间各种协会或学会等。

（二）从社会经济效益角度划分

在西方的理论中，社会组织可以归于三个部门：第一部门是政府部门，主要是以公共服务为主要职能；第二部门是市场部门，主要是以营利为目的的企业组织，也称为营利性组织；第三部门是介于政府与营利组织之间的社会组织，这些社会组织具有非营利性的特征，也可以称为非营利组织。因此，可以将政府部门以外的组织分为两大类型：

（1）营利性组织。营利性组织主要指各种以营利为目的而从事生产经营活动，向社会提供商品或服务的经济组织。

（2）非营利性组织。非营利组织是指那些不以营利为主要目的，而是旨在通过努力，完成某项事业或使命的组织。在我国，非营利组织主要有两大类，一类是群众团体组织，如专业学术团体、业余爱好者协会、消费者协会、个体经济协会、工会、妇女权益保护协会、退休人员协会、退伍军人协会、宗教协会、校友会、同乡会等，这类团体数量多、分布广、社会影响大；另一类是事业性组织，包括学校、医院、图书馆等。非营利组织一般是独立于政府部门之外的自我管理和控制自身活动的组织，不是政府的下属机构，一般不受政府控制，独立地完成组织的使命。

四、社会组织的环境

社会组织存在于复杂的宏观和微观环境之中，其存在和发展必然要受到环境的制约及影响。一方面，社会组织的运作方式要同一定的社会环境相适应，组织成员要通过对既有环境的监测和把握来选择、确定合适的运行方式和管理方法；另一方面，组织也必须设法创造有利的环境以实现组织的目标。因此，对所处环境的调节与控制，也自然成为社会组织公共关系工作的一项内容。

社会组织的环境大致分为两个方面：一是组织内部环境；二是组织外部环境。这两者构成了社会组织的环境系统。

（一）社会组织的内部环境

社会组织的内部环境，包括组织内部的人际关系环境（例如，组织内部公共关系状态）、组织内部管理环境（例如，人流、物流与信息流的管理）及组织外观环境（例如，厂容、厂貌等），其中人际关系环境是社会组织内部最普遍最重要的内部环境。做好组织内部公共关系工作是组织搞好内部环境建设的重点。

在现代社会，一个组织要想生存发展，必须具有较强的竞争力，而健全的运行机制、高效的工作业绩及全体成员的精诚合作乃是一个组织立于不败之地的根本保证。现代社会组织往往是由相互联系、相互依存的若干要素组合而成的一个复杂的系统。组织内部各职能部门之间及员工之间能否密切配合、步调一致，组织成员是否爱岗敬业、士气高昂，反映着这个组织是否具有生存和发展所必须有的生机与活力。一个组织的公共关系目标能否得以顺利实现，首先也要取决于组织内部公众是否真诚接纳、鼎力支持。因此，协调组织内部各个部门、科室之间的关系，以及各不同岗位成员之间的关系，使组织内部上上下下全体成员都为组织目标的实现献计献策，不懈努力，是组织内部环境建设的重要任务。

（二）社会组织的外部环境

社会组织的外部环境，主要是指组织的自然环境、社会文化环境、政治环境、经济环境等。如果组织的内部环境重在影响组织本身的运作过程，那么，组织的外部环境则重在制约组织的运行方向和目标。社会组织生存于确定的社会环境之中，其形象的塑造与传播必须要考虑环境的要求并与之相适应。否则，再好的公共关系方案也不可能取得预期的效果。

自然环境包括土壤、气候、地理位置等。良好的自然环境使企业拥有先天的优势，如地理位置较好的企业在原材料的供应与产品的配送方面就较为便利，从而降低了企业的成本。

社会文化环境主要是由一定社会的信念、习惯、风俗和群体心理等综合构成。自然环境相对稳定，而社会文化环境则处于不断变化之中。社会文化环境影响着社会组织成员的思想、观念和认识方法，同时也决定着对社会组织所开展的公共关系工作的评价。富有创意的公共关系活动，如果得不到外界公众的认可也是徒劳的。

政治环境主要是指对社会组织的活动有制约作用的社会政治制度、政治结构及政治关系等因素。政治制度和政治结构主要为社会组织提供一个外部的政治组织环境，它主要通过组织体系的合理化和有效的权力分配对社会组织产生影响。政治关系则表明一定社会中的各种政治角色在政治体系运行中所形成的关系,这种关系往往影响着社会组织公共关系目标的选择和实现的程度。

经济环境是影响社会组织生存与发展的最基本的因素。经济环境主要是指特定的经济制度和结构、经济实力和发展水平、经济利益等相关因素。这些因素无论对社会组织的形态特征,还是制度特征或行为特征都有着较强的制约作用。

需要指出的是,虽然社会组织离不开具体的政治环境和经济环境,但对不同性质、不同规模的社会组织而言,其影响力和制约作用也会有所不同。同样,组织决策者对不同环境因素的重视程度也有一定的差异。

五、社会组织公共关系的应用

(一) 政府组织及其公共关系

政府作为一种特殊的公共关系主体,使得它与其他社会组织的公共关系有很大的差别,主要表现在公共关系主体与客体双方利益的一致性。政府是全体公众对象的政府,公众的利益也是政府的利益,政府是公众合法权益的维护者和保障者。因此,政府公共关系是在主、客体双方利益一致基础上的特定关系。从某种意义上说,政府并不存有自身的特殊利益,这一点与企业组织有根本的差异。

政府组织公共关系协调工作主要体现在两个方面:其一是主动地、有计划地收集信息。这包括广泛开展各种形式的民意调查,倾听公众呼声,接受群众的监督。因此,这就需要建立规范的信息反馈制度,设立专门的调查统计机构,使信息收集、分析处理工作做到科学化、专业化、定期化。其二是及时准确地传播信息。这主要是指政府应有效地利用各种信息传播媒介和渠道及时向社会公众提供公众舆论普遍关注的信息,宣传政府的工作方针和政策,等等。

(二) 企业组织及其公共关系

企业组织是公共关系运用得最多、最充分且是受益最大、最明显的公共关系主体。

企业组织的公共关系工作具有几个显著特征:

(1) 企业组织是一个独立运作的经济实体,它必须依靠营利来维持自己的生存与发展。因此,企业公共关系工作具有营利性,即全面深入企业的一切行为活动之中,为企业的营利服务。

(2) 企业公共关系的协调,实际上是在保证公众利益不受侵害的前提下,寻求企业本身的最大利益。也就是说,公共关系工作帮助企业达到营利的目的是依靠构建良好的公共关系环境来实现的。公共关系帮助企业寻求公众利益的满足与自身营利之间的最佳结合点:一方面为公众利益着想,使其得到来自企业的最大的利益满足;另一方面又要为企业服务,使其最大限度地实现营利的目的。

(3) 企业组织是所有社会组织中面临公众对象最多,而且需求最复杂,利益矛盾和冲突最为突出的公共关系主体。它不仅存在合作者的利益需求,还存在着竞争者、媒介和政府的种种挑战、监督与制约。企业组织要与诸多的公众对象协调好关系,满足各方面公众的需求，才能得以顺利发展。

（4）企业组织对公众具有强烈的依赖性。在激烈的市场竞争中，企业表面上是在做市场竞争的拼杀，而实质上则是在争夺消费者，争夺自己的顾客，争夺自己的每一个公众对象。没有公众的信任与支持，也就不会得到市场。没有市场，企业也就失去了生存的空间。

为此，企业组织只有认清自身公共关系协调的特征，有效地开展公共关系工作，才能使自己在激烈的市场竞争中，永远立于不败之地。

（三）事业组织与社会团体及其公共关系

事业组织通常是指那些由政府出资设立的满足社会某种需要的专门机构，如学校、图书馆，等等。社会团体是指由具有共同利益需求背景的人们为实现某种社会理想而自愿结合成的一些非营利性组织，如专业学术团体、宗教团体等。

事业组织和社会团体由于其本身的非营利性特点，其公共关系协调除了具有与其他社会组织共有的特征（如树立自身良好形象、积极扩大社会影响）外，还有其自身的特色，表现在以下三个方面。

（1）确立一种良好的社会认识及道德楷模形象。事业组织与社会团体在社会公众中树立的形象目标是：担当着崇高的社会道义责任；具有强烈的献身于社会的奉献精神；表现较高的文化知识水平和社会道德水准。

（2）以自身的行为，积极影响社会舆论。事业组织与社会团体成员在社会利益关系格局中处于较为超脱的位置，对各种社会问题的看法往往容易引起人们的重视，形成一定的社会舆论导向。因此，事业组织与社会团体成员一是通过参政议政来表明立场、影响舆论；二是以身作则，通过在社会各界公众中树立良好的行为模范以促进良好社会风气的形成。

（3）积极参与和组织各种社会活动。事业组织和社会团体应积极组织和参与各种公益性的社会活动，并在其中起领导作用。这样，既可使广大社会公众受益，又可扩大组织自身的影响，并能通过与社会公众的有效沟通得到更多的理解和支持。

以上只介绍了几种主要类型的社会组织及其公共关系的协调。需要说明的是，作为公共关系主体的社会组织是多种多样的，每一个社会组织都有其自身的公共关系协调问题。组织应针对自身的特点和公众的特殊要求，不断总结自己的公共关系协调经验，并上升为理论来指导自己的公共关系实践，切忌照搬其他组织的现成经验。

第二节　公共关系专职机构

随着人类社会的发展，社会分工越来越细，生产经营的社会化、专业化趋向越来越显著，公共关系的职业化特点越来越明显，专门的公共关系组织机构越来越多，其组织形式和运作方式也越来越丰富多彩。从公共关系实践和发展来看，公共关系专职机构可以被分为以下三大类。

一、公共关系部

公共关系部是社会组织根据一定的组织目标，为贯彻本组织公共关系思想、开展公共关系活动而设立的专业职能机构。在我国，星级酒店一般都设有专门的公关部，一些企业也有类似的公关部门，只是在名称上有差异，如公关广告部、公关信息部、公共事务部等。

（一）公共关系部的职能

公共关系部和组织内部的其他职能部门一样，是组织重要的职能部门之一。对内，公共关系部代表领导决策层，协调处理员工关系；对外，它代表本组织向公众发布信息、征询意见、接待来访、处理突发事件、树立组织形象等。

社会组织凡是设立公共关系部的，其公共关系职能主要是由公共关系部承担。公共关系部既是组织的"信息情报部"，又是组织决策的"智囊团"，更是组织内外协调沟通的"联络部"，因此，它在组织运行过程中扮演着非常重要的角色，承担着组织公共关系方面的"职能"。

（二）公共关系部设置的原则

（1）精简。所谓精简，一指部门人员人数不能过多；二指机构内部层次要少，不能因人设事、因人设职。最佳的机构，是既能完成所担负的任务而又最简单的机构。机构要精简，但不等于越精简越好。人浮于事，互相牵制，固然影响工作效率，但过于精简，使人员负担过重，也难以完成任务。

（2）专业化。公共关系部是为实现组织公共关系目标而专门设置的工作机构，因此要保持其专业性。它的专业性体现在：其一，工作内容的专业性。公共关系部门应集中精力做好公共关系领域的工作，努力实现组织的公共关系目标。其二，从业人员的专业化。公共关系人员必须要有强烈的公共关系意识，接受过专门的公共关系教育和培训，具备一定的专业水准和能力，具有良好的沟通能力和协调能力，积极开拓，锐意进取。

（3）服务性。公共关系部是为组织提供公共关系服务的职能机构，而不是权力机构或经济组织，所以，公共关系部门既不可变相地施行某种行政权力，也不能借某种名义从事各类经营活动。只有在思想上明确公共关系部的服务性质，才能使工作不偏离正确的轨道。

（三）公共关系部的组织结构模式

公共关系部的组织结构模式是灵活多样的，常见的有以下几种：

1. 按工作方式分类

（1）按照公共关系工作过程设置公共关系部组织机构（见图2-1）。

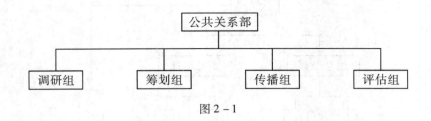

图 2-1

(2) 按照公共关系工作对象设置公共关系部组织机构（见图 2-2）。

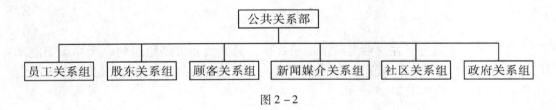

图 2-2

(3) 按照公共关系工作的工作区域设置公共关系部组织机构（见图 2-3）。

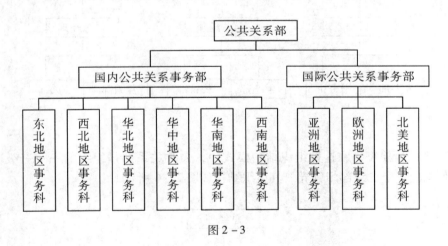

图 2-3

2. 按隶属关系分类

(1) 总经理直接负责型。在这种组织结构模式中，公关经理直接向总经理报告工作，对总经理负责；也有的由最高领导（总经理）直接兼任公关经理。其组织结构如图 2-4 所示。

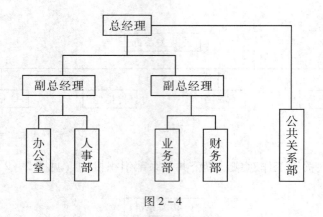

图 2-4

（2）部门并列型。在这种组织结构模式中，公共关系部是组织的一个二级职能部门，与人事部、生产部、财务部等业务部门处于并列地位，公关经理向其主管领导报告工作。其组织结构如图2-5所示。

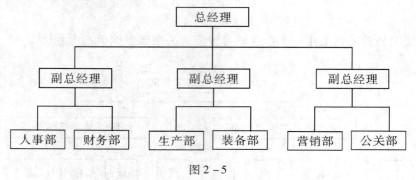

图 2-5

（3）部门所属型。在这种组织结构模式中，公共关系部是组织的一个三级职能部门，由组织的一个二级部门领导。其组织结构如图2-6所示。

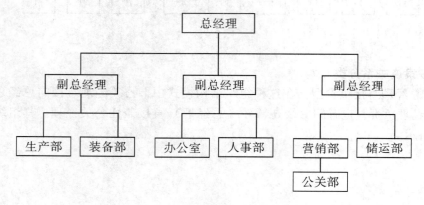

图 2-6

(4) 委员会型。在这种组织结构模式中，专门设置公共关系委员会，负责领导或直接处理（不再设置公共关系部）组织的公共关系事务；或者公共关系委员会下再设置公共关系部，公关部地位与人事部、生产部、财务部等业务部门平等，公关经理向公共关系委员会报告工作。其组织结构如图 2-7 所示。

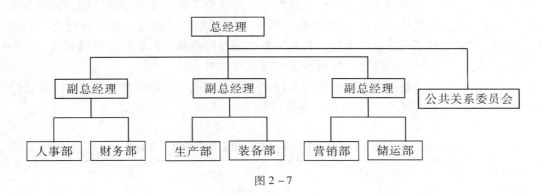

图 2-7

二、公共关系公司

公共关系公司又称公共关系顾问公司或公共关系咨询公司，它是专门从事公共关系咨询，或受政府、企事业单位委托为其开展公共关系工作提供设计方案、决策参考或直接为其策划、运作有关公共关系活动的社会服务机构。

公共关系公司是随着公共关系职业化的发展而发展起来的，它诞生于 20 世纪初的美国。1900 年，在波士顿成立的"宣传"公司是第一家具有公共关系性质的公司。目前国际上已形成了一大批国际性著名的跨国公关公司，如美国的博雅公关公司、爱德曼公关公司、伟达公关公司、奥美公司，英国的宣伟公司等。1984 年，美国伟达公关顾问公司率先进入中国市场，在北京设立了代表机构。进入 20 世纪 90 年代后，中国经济的快速发展所形成的巨大市场，吸引了大批国际公关公司，爱德曼、福莱希曼、宣伟、奥美等属于全球公关业排行前列的公关公司都先后进入了中国市场。同时，由于国内客户专业服务需要的激增，又促进了本土公关公司的大发展。

目前，专业公关公司的营业规模和公司数量逐年递增。为反映 2013 年度公共关系服务市场的运行态势，正确评价中国公共关系业的发展状况，为专业机构提供积极的行业指引，2014 年 2 月 20 日至 3 月 12 日，中国国际公共关系协会（CIPRA）对中国大陆主要公共关系公司进行了为期 21 天的调查活动。据调查估算，2013 年整个市场的营业规模约为 341 亿元人民币，年增长率为 12.5% 左右。调查显示，TOP 25 公司平均年营业收入为 13583 万元，比上年的 12416 万元增长了 9.4%；平均年营业额为 31142 万元，比上年的 28234 万元增长了 10.3%。其中 19 家公司年营业收入超过 1 亿元人民币，比上年增加 5 家。相比上一年度，行业增长速度有所放缓，这表明公共关系行业也受到了整体经济增长放缓的影响。2013 年度中国公共关系服务市场的前四位为汽车、快速消费品、制造业、房地产，市场份额分别为 25%、15.5%、7.5%、6.9%。与 2012 年相比，制造业、房地产市场首次在该年度位列前四位；IT、金融和政府及非营利机构业务呈现明显的下降趋势，分别由8.2%、6.8%、4%下降到6.3%、3.1%、2.2%；通讯、医疗保健、互联网等其他行业均呈现稳步增长趋势。由此可见，2013年度中国公共关系服务市场服务范围越来越广，继续呈现出行业扩散化趋势。调查显示，随着新媒体时代的来临，公共关系业务正在发生结构性变化。传统公关形态业务增速放缓，而新兴公关业务（如数字化传播、新媒体营销等）出现了迅猛发展的势头。部分公司此类营业收入比重甚至占到了一半。这表明，公共关系市场与传播环境的关系越来越紧密，公关公司必须适应传播环境的变化，实现转型并寻找新的机会。

总体而言，作为新兴产业的公共关系行业，行业的成长速度仍然要高于整体经济发展的增速。调查报告显示的最新TOP排名（见表2-1）。

表2-1 2013年度TOP 25公司（按公司品牌英文名排序）

（Across China）	信诺传播	（Hill + Konowlton）	伟达公关
（APR）	注意力	（HRH）	恒瑞行
（Blue Digital）	蓝标数字	（Keypoint）	关键点
（Burson-Marsteller）	博雅公关	（Linksus）	灵思营销
（Chuan）	传智传播	（Marketing Resource）	嘉利恒源
（Cyts Linkage）	中青旅联科	（Msl China）	明思力中国
（D&S）	迪思传媒	（NTI）	新势整合
（Daniel J. Edelman China Group）	爱德曼中国	（Ogilvy）	奥美公共
（Evision）	时空视点	（Ruder Finn）	罗德公关
（Fleishman Hillard）	福莱希乐	（Shunya）	宣亚国际
（Genedigi）	际恒集团	（Weber Shandwick）	万博宣伟
（High Team）	海天网联	（Zenith-Utop）	哲基友拓
（Hightran）	海辰恒业		

资料来源：中国国际公共关系协会. 中国公共关系业2013年度行业调查报告. 中国公关网，2014-04.

（一）公共关系公司的工作内容

公共关系公司的工作内容主要是为客户全面规划、实施公共关系工作。包括为客户提供全方位或单项服务，对客户的公共关系工作进行指导、监督，帮助客户进行公关策划或进行公共关系活动等。具体包括：公共关系调研，搜集、分析信息；联络、沟通与目标公众的关系；公共关系业务培训；策划、组织各种公共关系专题活动；设计公共关系广告、商品广告；为客户编写各种公共关系材料；为客户设计形象；代客户传播有关信息；等等。

（二）公共关系公司的类型

按照不同标准，可以将公共关系公司划分为不同类型。常见的划分标准有服务对象、企业性质、企业规模等。

1. 按服务对象划分

依据服务对象可以划分为综合服务型、专项服务型和顾问型公共关系公司。

（1）综合服务型公共关系公司。这类公司通常可提供多种公共关系服务，一般拥有先进的信息收集系统和信息储存与分析系统，通过多种途径广泛采集世界各国政治、经济、文化、法律、社会政策、风俗习惯及市场动态等多方面信息。公司拥有一大批擅长处理不同方面问题和协调不同方面关系的经验丰富的专家。公司规模较大，联系广泛，实力雄厚，可为不同类型的客户提供多种形式的服务。例如，国内外各地区的市场开发；政府、社区、媒体、顾客乃至雇员关系的处理与协调；客户CI战略的策划与实施；公众调查及人员培训；等等。

中国环球公共关系公司系综合性公关公司，其服务涉及：企业发展战略顾问咨询，长期公关代理，市场沟通计划，员工关系计划、新闻宣传与有效媒介关系，财经传播与投资者关系，公共事务与政府关系，大型活动策划与实施，市场调查，议题管理，危机预警和危机处理，等等。其具体服务项目包括：长期客户服务，新闻发布会，新闻介绍会，新闻专访，媒介培训会，专业研讨会，新闻中心服务，大型晚宴，大型酒会，媒介联谊会，带媒介出访，组织媒介采访企业，新闻稿全国发布，专稿发布，剪报服务，新闻图片发稿，制作并发放企业通讯，制作专题节目，等等。

（2）专项服务型公共关系公司。顾名思义，专项服务型公共关系公司是仅可为客户提供特定项目服务的公司，其服务项目一般仅限于一种，或专门为客户进行市场调查，或专门为客户组织某种公共关系活动。专项服务型公共关系公司的人员通常都是某一领域的专家，在该工作领域有广泛的联系和丰富的经验。这类公司较之综合服务型公司的经营规模和业务范围要小。

（3）顾问型公共关系公司。从某种意义上来讲，顾问型公共关系公司也是一种专项服务型公司。它所开展的服务一般仅限于为客户提供咨询，作为客户的"参谋"，对其公共关系事务提出意见或建议。只不过，它所提供的意见和建议往往是多方面的，并不局限于单一方面，因此，将其单独列出介绍。顾问型公共关系公司的组织成员，基本上都是已有一定名望的某一工作领域的专家，例如，公共关系专家，新闻传播专家，社会心理分析专家，公共关系协调专家，市场分析与预测专家，等等。这些专家阅历广、知识新、头脑灵、眼光远，不仅能为客户作决策咨询，还可进行各种公共关系具体业务的指导。对于那些与公共关系顾问公司建立长期业务关系的组织，可委托其负责代理某些特定的公共关系业务，这样往往更有利于帮助组织取得良好的公共关系效果。

2. 按企业性质划分

依据企业性质可分为外资、中外合资和中资等类型的公共关系公司。外资和中外合资公司一般实力雄厚，客户主要为国内外企业。中资公司一般规模稍小。

3. 按企业规模划分

依据企业规模，可以将公关公司划分为小型公共关系公司、中型公共关系公司、大型公共关系公司。大、小是相对而言，随着公共关系企业的发展，水涨船高，大型公共关系公司的标准也会随之提高。

（三）公共关系公司的收费方式

公共关系公司通过为客户提供服务，满足客户需求，取得一定的利润报酬。实际操作中，常见的收费方式有以下方面。

（1）项目收费。项目收费是将公共关系业务工作进行分解，分成不同的项目，并根据项目的内容及其开支状况确定其费用，最后，对各项费用进行汇总，算出总费用。

项目收费包括：①项目劳务费。包括项目实施期间工作人员的工资以及与项目有关的高级管理人员、专家和文秘人员的报酬。②行政管理费。包括在承揽项目期间的房租、水电费、取暖费、电话费等行政管理办公开支。③项目活动经费。在项目完成的整个过程中，开展一系列公共关系活动所需要的费用金额。这种收费方式的优点是专款专用，有利于保证公共关系项目的质量，便于考核和管理。④咨询服务费。由公共关系公司委托专家提供咨询并给予指导所需的费用。

（2）计时收费。按照一定工资标准和所委托的公关活动项目难易程度，确定单位时间的收费标准，最后按项目完成所需的时间计费。计时收费的标准根据公司声誉、专家本人的声望、工作难易程度等确定。

（3）综合收费。公共关系公司与客户双方根据业务需要而协商确定费用金额。

（4）项目成果分成。这是指公共关系公司和项目委托人共同承担风险，共同受益。一般由委托人负责项目的实际费用，公共关系公司负责项目的调查、计划、决策研究、公关活动等，最后形成项目成果。公关公司按成果的最终收益提取一定比例分成。

（四）选择公共关系公司的标准

社会组织在选择公共关系公司时，可以参照下列标准进行选择：

（1）信誉情况。可以通过调查其已有业绩和开展业务过程中的诚信度，如该公关公司以前获得成功的公关项目、以前客户的评价等，来分析其信誉情况。

（2）业务专长。有些公关公司具有良好的政府关系，有些公关公司擅长媒体关系处理，有些公关公司优势在于新产品推广……因此，要根据自身业务的需要，选择相应的具备某种业务专长的公关公司。

（3）员工综合素质。员工综合素质决定着服务水准。在选择公关公司前，可以做些调查工作，如充分了解该公司从业人员的教育背景、公关工作经验、技术专长等。

（4）客户情况。可以事先调查该公关公司现有客户的规模、社会影响力情况，客户对其服务的满意度，等等。

（5）收费情况。"少花钱，多办事"，"花小钱，办大事"，这是客户选择公关公司的共同要求。因此，那些服务水平高、收费合理的公关公司更易受到客户的青睐。

三、公共关系社团

公共关系社团泛指社会上自发组织起来的、非营利性的从事公共关系理论研究和实务活动的群众组织或群众团体。主要包括公共关系协会、学会、研究会、俱乐部等组织。

（一）公共关系社团的工作内容

（1）联络会员。公共关系社团的组成人员是分散于各地的，其组织上的松散性相当明显。因此，联络会员、发展会员，就成为公共关系社团的一项具体工作。

（2）制定行业规范。制定、宣传公共关系企业或从业人员行业规范以及职业道德准则、行为准则，并检查执行情况，是社团的主要工作。由公共关系社团制定的这些准则往往更具有权威性和约束性。世界各国的公共关系社团十分重视会员的道德行为，现代公共关系发展较为完善的美国、英国等国家的公共关系协会都制定了明确的公共关系人员职业道德准则。中国公共关系协会、中国国际公共关系协会等国内社团在制定规范方面也做出了重要贡献。中国国际公共关系协会自1991年成立以来，制定了《会员行为准则》和《专业公关公司服务规范》等一系列行业规范。该协会于2003年3月正式开始《公关咨询业服务规范》的起草工作。2003年11月25日，公关公司工作委员会2003年度第四次工作会议正式审议通过了《公关咨询业服务规范》（指导意见），2004年中国国际公共关系大会期间正式对外发表，2004年7月1日起正式生效。

（3）研究公共关系理论。研究探讨公共关系理论方面的一些问题，往往是公共关系社团所关注的一个重要方面，通过探讨研究推动公共关系学科的不断发展。2003年中国国际公共关系协会学术工作委员会发布"十大公关研究课题"，促进了国内公关界研究公共关系理论问题的进一步深入。

（4）培训人才。培训公共关系人才，促使社会成员形成自觉的公共关系意识，具备一定的公共关系知识，是公共关系社团的一项经常性工作。公共关系社团在理论上和实践上都具有较高的水平，在公共关系专业教育培训方面也极具权威性，我国各级社团在这一方面做了许多的工作。

（5）投身社会实践。为了使公共关系对经济社会的协调发展发挥更重要的作用，为了在更广泛的领域推广公共关系理念，进入新世纪以来，中国国际公共关系协会组织公关界的专家和学者，先后参与了北京申奥、中国"入世"、上海申博等一系列重大活动，并由于在2003年抗击"非典"中发挥突出作用，被民政部授予"全国先进单位"称号。

（二）公共关系社团的类型

20世纪80年代以来，随着我国改革开放和市场经济的不断发展，出现了各类公共关系社团。大致可分为以下几类：

（1）综合型社团。综合性社团主要是不同地域的公共关系协会。1986年11月，上海公共关系协会成立，成为中国大陆第一家公共关系协会。随后各省、自治区、直辖市陆续成立了公共关系协会。这种类型的社团多为自筹活动经费，有的是民办官助。其职能是八个字："服务、指导、监督、协调。"

（2）学术型社团。主要包括公共关系学会、研究会、研究所等学术团体。该类社团通过举办学术研讨会和交流会，总结、研究公共关系理论问题，把握公共关系发展的趋势和方向，及时为公共关系从业人员提供理论信息，有效地为公共关系实践进行理论指导。

（3）行业型社团。主要是指基于社会上各类行业背景而建立的公共关系组织。建立适应行业特点的公共关系组织，是国际上的一种趋势。如1935年美国成立的美国公立学校公共关系协会，1952年成立的美国铁路公共关系协会，等等。目前，我国一些部门、行业也成立了类似的组织，如北京铁路分局公共关系协会、安徽省商业公共关系协会、浙江省新闻界公共关系协会等。

（4）联谊型社团。这是一种组织比较松散的社团。其特征是没有固定的活动方式，没有严格的会员条例，甚至组织名称也不尽相同，如公共关系俱乐部、公关沙龙、公关联谊会等。其主要作用是沟通信息，联络感情，建立良好的个人关系。1986年1月成立的广东地区公共关系俱乐部是我国大陆第一个联谊型公共关系社团。

（5）媒介型社团。即通过报纸、杂志等传播媒介进行联络，并以此为依托组建公共关系社团。这种社团直接利用媒介，探讨公共关系理论，普及公共关系知识，交流公共关系经验，传播公共关系信息。

第三节　公共关系专业人员

在日常公共关系活动过程中，参与公共关系工作的人员既有公共关系专业人员也有非专业人员。然而，随着公共关系工作所涉及的范围越来越广，工作越来越复杂，只有专业的公共关系人员才能应对。因此，社会上迫切需要培养大量的公共关系专业人员。

一、公共关系专业人员的基本素质

由于公共关系职业化的发展，公共关系活动自身对公共关系从业人员的基本素质提出了越来越高的要求，伴随着这种要求，如何培养和提高公共关系人员的职业素质也就成为一个重要的问题。加之公共关系工作涉及知识面广，公共关系行业竞争日益激烈，这就对公共关系从业人员的素质提出了更高的要求。

公共关系从业人员的基本素质，首先应该是一种现代人的全面发展的综合素质。如现代人的思维方式、现代人的知识结构、现代人的观念意识等。其次应该结合公共关系职业的特点，即应该是以公共关系意识为核心，以良好的心理为基础，以综合的公共关系专业知识结构、技能与职业道德修养为表现形式的一种整体职业素质。

（一）公共关系专业人员的公关意识

所谓公共关系意识就是将公共关系原则内化为内在习惯和行为规范。它是一种现代经营管理思想、观念和原则，它是公共关系实践在人们思维中的反映。公共关系意识是公共关系人员应具备的基本素质的核心。公共关系意识主要包括以下几个方面的内容：

（1）形象意识。形象意识是公共关系意识中的核心意识。公共关系的所有目的和真谛就是树立组织的良好形象，为组织积聚无形资产。虽然国内外学者对公共关系的定义多种多样，但有一点是达成共识的，即公共关系就是塑造形象的艺术。只有具备形象意识的人，才能深刻认识到知名度与美誉度对其组织和发展的价值。

（2）公众意识。公众是公共关系工作的对象，是公共关系的客体。为公众服务是组织的基本方针，组织因公众而存在，因公众而发展，离开了公众，组织也就失去了发展的基础。要自觉为公众服务，必须充分了解、理解和信任公众。同时，必须抱着为公众负责的精神，并把它作为自己的主要职责。美国公关专家爱德华·伯内斯早在1923年就指出：公共关系工作就是为了"赢得公众的赞同"，"公共关系应首先服务于公众利益"。

（3）沟通意识。任何一个社会组织要开展公共关系工作，都必须与公众互相沟通思想，交流信息，这种沟通是双向的，既有传播，又有反馈。沟通是架起组织与公众之间的桥梁。

（4）危机意识。危机意识是对组织的形象和社会公众关系能否保持和谐的忧患意识。在现代社会中，危机无处不在。引起危机的原因各种各样，使社会组织防不胜防。但大体可分为两大类：一类是由于不可控因素造成的危机。例如，人为的破坏、天灾人祸、媒体的不实报道等。另一类是可控因素造成的危机。例如，管理不当、法律意识淡漠、欺骗公众等。对前者，当"山雨欲来风满楼"时，应及时应变，将危机化解；对后者，应加强管理，防患于未然。

（5）创新意识。创新是公共关系活动的活力所在。公共关系工作从来就不是一成不变的，它要求勇于实践，勇于创新，要求公共关系人员具有一定的创新意识。创新意识集中反映和体现了公共关系的创造性这一本质特征。

（二）公共关系专业人员的心理素质

心理素质指的是健全的人格、良好的心态、健康的心理，这是公关人员做好公关工作的必要条件。心理素质是职业素质的基础，根据公关工作的特点，公关人员应该具有以下几个方面的心理素质。

（1）开放的心理。公共关系工作具有开放性的特点，因此要求公关人员以一种开放的心理适应这一工作特点。具有开放心理的人，往往具有旺盛的求知欲与好奇心，能不断接受新事物、新观念和新知识，敢于大胆创新；会以开放的意识，积极传播社会组织的相关信息，树立社会组织的良好形象；会经常主动与公众沟通，协调与公众的关系。

（2）自信的心理。自信就是相信自己。充满自信的公关人员，在工作中会敢于面对挑战，追求卓越。公关人员的自信心来自于自己的实力，在工作中表现得游刃有余。所以这就要求公关人员不断学习、实践，提高自己的工作能力和综合素质。但自信与自负是有区别的，自信反映的是对困难的蔑视，是一种进取的人生态度；而自负是一种盲目自大，对自己经常过高估计，表现出盛气凌人、目空一切。公关人员应该保持自信的心理，切不可盲目自负。

（3）热情的心理。公关工作是一项具有高度挑战性的工作，公关人员又要经常与各类公众打交道，因此，要求公关人员具有热情的心理素质。要对工作充满热情，对公众充满热情，这样才能全身心地投入工作中去，在交往中赢得公众的喜爱。缺乏热情的人，对工作不冷不热，对公众冷冰冰，是很难被公众所接受的。

总之，公关人员最佳的心理表现为：乐于并善于与人交往，心平气和，充满自信而不自负，待人友善热情而不是天真，以魅力吸引公众，展示公关人员的良好形象，以利于公关工作的开展。

（三）公共关系专业人员的知识结构

公共关系工作头绪繁多，涉及面广，要求工作人员具有广博的知识，做一个"通才－专才"型人才和"杂家"。但现代社会科学技术突飞猛进，知识更新速度加快，一个人毕其一生，所学也极为有限，因此，具有怎样合理的知识结构，才能适应实际工作的需要，就成为重要的问题。公共关系人员的知识由以下几方面构成：

（1）基础学科知识。公共关系人员的基础学科知识包括哲学和思想史等。公共关系人员的基础理论知识越深厚扎实，其思维空间就越开阔，创造性也就越强。

（2）背景学科知识。包括政治学、经济学、社会学、心理学、法学等。这为公共关系人员提供了完整的文化知识背景，对提高其理论修养和分析现实问题的能力是十分重要的。

（3）专业学科知识。包括：公共关系学、公关心理学、传播学、公共关系实务等。这些知识有助于公关人员更专业地处理公关领域中的问题。

（4）操作性学科知识。主要指写作、摄影、谈判、演讲、外语、礼仪、编辑等有关知识。

（5）相关学科知识。包括管理学、市场营销学、组织行为学、美学等。

（四）公共关系专业人员的基本技能

知识是能力的基础，但不等于能力。能力是可以胜任某项工作的主观条件。公共关系是一项实际操作能力很强的工作。1999年，国家劳动和社会保障部提出公共关系的职业能力特征是：较强的口头与书面语言表达能力，协调沟通组织内外公众的能力，调查、咨询、策划和组织公关活动的能力。公共关系人员的基本能力，大致可以概括为以下五个方面的能力：

（1）表达能力。包括书面表达能力和口头表达能力，"能说会写"是公共关系从业人员的基本能力。公关人员担负着对内外传播的任务，要撰写新闻稿件、演讲稿、咨询方案、起草活动方案、编写刊物，这些都要求其具有一定的文字功底。口头表达方式是最便捷的沟通手段，古人云："一人之辩，重于九鼎之宝，三寸之舌，强于百万之师。"从事公共关系工作，要与各类公众打交道，要求公关人员能清晰无误地传播信息，和公众进行言语沟通。

（2）交际能力。是指通过人际交往传递信息、增加了解、强化感情的能力。缺乏人际交往能力的人，往往在工作和生活中诸事不顺，困难重重。公共关系人员是社会组织的代言人，是组织形象的体现者，肩负着沟通公众、树立形象的重任，只有具备一定的社交能力，才能立于不败之地。社交能力是各方面能力的综合体现，如推销本组织的能力，与人相处的能力，吸引、改变、影响他人的能力，还包括通晓并遵守社交场合礼仪规范的能力。

（3）组织能力。是指有计划、有步骤、有目的地开展和完成某项具体活动的能力。一项活动的完成包括调查、策划、组织人力、物力以及进程把握等环节，这是对公共关系人员组织能力的检验。公共关系活动往往和组织活动分不开，如各类庆典活动、组织新闻发布会、新产品推广等。公关人员要自始至终合理统筹、合理安排，圆满完成组织活动的任务。

（4）应变能力。是指应付突发情况的能力。世界上任何事物都处在千变万化之中，公关工作莫不如此。公共关系人员会经常遇到一些突发事件，公关人员必须在突发事件中处乱不惊，紧急应变，这就要求公关人员必须具有驾驭环境、坦然应变的能力。

（5）创新能力。是指公关人员在公共关系工作中具有创新的思维，工作内容创新，手段创新。任何一种公共关系工作都要求公关人员充分发挥思维创造能力，设计出具有新意的公共关系活动，吸引公众，激发公众的兴趣，使公关工作富有新意。

（五）公共关系专业人员的职业道德

道德是一种社会意识形态，是人们调整自身及相互关系的思想意识和行为准则。一个社会要有一个社会的基本道德，一个行业也要有一个行业的道德准则。公关工作也必须具有一定的职业道德，以约束公关人员的工作过程，规范其职业行为。

早在1923年，美国公共关系学专家爱德华·伯内斯就在他的第一本公共关系著作中提出了公关从业人员的职业道德问题。此后，各国的公关协会、国际公关协会均制定了公共关系的职业道德和行为准则。在众多的职业准则中，《国际公共关系道德准则》的影响最大。我国也制定了《中国公共关系职业道德准则》（见附件2）。

1. 公共关系专业人员的道德

公关工作的性质决定了公关人员必须具备良好的道德品质，这是因为：一方面，公关工作是塑造良好形象的工作，这就要求塑造形象的人首先自己要有良好的形象。一个道德品质低下的人，是没有资格从事公关工作的。许多国家的公关协会，在会章中都非常强调公关工作人员必须具有优良的品德。另一方面，公关工作的对象是公众，在和公众交往中难免受到不良的影响和金钱的侵蚀，这就要求公关人员自身要有良好的品德。

公关人员的"德"主要包括以下几个方面：

（1）高度的社会责任感。即考虑问题时，不仅要重视所在组织的利益，而且还要重视公众利益，对整个社会负责。

（2）公正。对于自己所服务的社会公众要一视同仁，平等相待，不能厚此薄彼。

（3）与人为善，诚恳待人，守信用，不谋私利，作风正派。

（4）埋头苦干，有奉献精神。公关人员在工作中，要不怕困难，知难而进，有为公关事业献身的精神,这样,才能克服工作中的重重困难,在公关事业上有所建树。

(5) 知法、守法、用法。公关人员要知法、守法,还要懂得运用法律保护组织的权益。除具有法律意识外,还应在遇到有违法乱纪的行为时,能勇敢地站出来予以揭露、控告或制止,决不能听之任之,更不能同流合污、知法犯法。

2. 公共关系职业道德准则

在所有的公关道德准则中,《国际公共关系道德准则》无疑是影响最大的。很多国家直接采用此准则,或以此为范本制定自己的职业道德准则。长期以来,国际公共关系协会就致力于推动各国公共关系工作职业化和规范化。该协会的第一个《国际公共关系道德准则》(《雅典准则》)于1965年5月推出,其后多次进行修订,形成了现在的《国际公共关系道德准则》(见附件1)。1991年5月,我国省市公关组织联席会议通过的《中国公共关系职业道德准则》(见附件2)。

附件1 国际公共关系道德准则

一、国际公共关系协会成员必须竭诚做到以下各条:

第一条,为建设应有的道德、文化条件,保证人类得以享有《联合国人权宣言》所规定的诸种不可剥夺的权利作贡献。

第二条,建立各种传播网络与渠道,以促进基本信息自由流通,使社会的每一成员都有被先知感,从而产生归属感、责任感、与社会合一感。

第三条,牢记由于职业与公众的密切联系,个人的行动——即使是私人方面的也会对事业的声誉产生影响。

第四条,在自己的职业活动中尊重《联合国人权宣言》的道德原则与规定。

第五条,尊重并维护人权的尊严,确认各人均有自己作判断的权利。

第六条,促成为真正进行思想交流所必需的道德、心理、智能条件,确认参与的各方都有申述情况与表述意见的权利。

二、所有成员都应保证:

第七条,在任何时候任何场合,自己的行为都应赢得有关方面的信赖。

第八条,在任何场合,自己均应在行动中表现出对其所服务的机构和公众双方的正当权益的尊重。

第九条,忠于职守,避免使用含糊或可能引起误解的语言,对目前及以往的客户或雇主都始终忠诚如一。

三、所有成员都应力戒:

第十条,因某种需要而违背真理。

第十一条,传播没有确凿依据的信息。

第十二条,参与任何冒险行动或承揽不道德、不忠实、有损于人类尊严与诚实的业务。

第十三条,使用任何操纵性方法与技术来引发对方无法以其意志控制因而也无法对之负责的潜意识动机。

附件2　中国公共关系职业道德准则

（一九九一年五月二十三日第四届全国省市公关组织联席会议通过）

总　则

中国公共关系事业的发展是中国改革开放的必然趋势，它以新型的管理科学协调社会各方面的关系，密切党和广大人民群众的联系，调动各种积极因素，维护安定团结，促进社会主义建设。因此公共关系工作者肩负着时代的使命。公共关系工作者必须具有高尚的职业道德作为完善自身形象的行为准则。

条　款

一、公共关系工作者应当坚持社会主义方向，自觉地遵守我国的宪法、法律和社会道德规范。

二、公共关系工作者开展公关活动首先要注重社会效益，努力维护公关职业的整体形象。

三、公共关系工作者在公共关系活动中，应当力求真实、准确、公正和对公众负责。

四、公共关系工作者应当努力提高自己的政治水平、文化修养和公关的专业技能。

五、公共关系工作者应当将公关理论联系中国的实际，以严肃认真、诚实的态度来从事公共关系学教育。

六、公共关系工作者应当注意传播信息的真实性和准确性，防止和避免使人误解的信息。

七、公共关系工作者不能有意损害其他公关工作者的信誉和公关实务。对不道德、不守法的公关组织及个人予以制止并通过有关组织采取相应的措施。

八、公共关系工作者不得借用公关名义从事任何有损公关信誉的活动。

九、公共关系工作者应当对公关事业具有高度的责任感。不得利用贿赂或其他不正当手段影响传播媒介人员真实、客观的报道。

十、公共关系工作者在国内外公共关系实务中应该严守国家和各自组织的有关机密。

附　则

本准则将根据实际情况予以调整和修改。其解释、修改、终止权属全国省市公关组织联席会议。

二、公共关系专业人员的工作内容

公共关系人员的日常工作主要包括以下内容：

（1）日常文书工作。包括撰写新闻稿件、公共关系策划书、广告用语、宣传手册、简报、通告、技术信息、雇员读物、各种公共关系函件等。

（2）设计与创作。包括小型宣传品、海报、广告、摄影、制作视听宣传资料、企业标识、场地布置等。

（3）调查研究。包括抽样设计、制作问卷、实施调查、统计分析等。

(4)信息处理。包括报刊资料的剪辑、网络信息的检索、其他形式信息的处理等。

(5)咨询与规划。为具体项目和任务提供咨询和计划,进行人、财、物等方面的预算与规划。

(6)演讲与主持。包括新闻发布会、庆典仪式、大型活动上的演讲与主持。

(7)策划与组织活动。包括策划与组织各类会议、专题活动、应急事件、展览活动等。

(8)新闻界联络。保持与各类新闻媒介的日常接触和沟通。

(9)公众交往。对社会名流、社区公众、目标公众等的访问、接待、游说和联系等。

(10)管理与培训。监督、管理公共关系活动的实施过程,训练有关人员的公共关系能力。

三、公共关系专业人员的招聘、培训和考核

招聘、培训和考核公共关系人员,是我国当前开展公共关系工作和发展公共关系事业的一项任务。对公共关系人员的招聘、培训和考核直接关系到公共关系工作的正常开展。

(一)公共关系专业人员的招聘

1. 招聘公共关系人员的原则

目前我国各类大专院校为社会培养了一定数量的公共关系人员,但与社会对公共关系人才的需求相差甚远。因之,公共关系人员的基本来源是从各行各业中招聘选拔的。招聘时应遵循以下原则:

(1)任人唯贤。任人唯贤古已有之,在目前各行业中也应遵守。在招聘公共关系人员时应坚决摒弃走后门、"任人唯亲"的恶习,要根据应聘者的素质、特点、能力来选择。公共关系工作要求应聘者具有一定的职业道德、基本素质、基本能力、综合知识等,还要有一定的公共关系意识,这些都是选择公共关系从业人员的依据。

(2)平等、竞争、择优。凡是符合条件的人员都应有权应聘,可以通过举行公开性竞争考试,采用多种形式全面测验应聘者的综合素质。通过竞争、淘汰,可保证录用公共关系人员的质量。还可按综合打分的方式,为应聘者排列名次,鉴别优劣,选择合格者。

2. 招聘公共关系人员的程序

招聘公共关系人员应符合一定的招聘程序。招聘程序概括如下:

(1)招聘信息发布。可以通过广告、职业介绍中心、大专院校、个人推荐、内部或外部递补等途径和方式发布招聘信息。

(2)求职申请。应聘者提出应聘申请,申请书内容应包括个人信息、教育培训信息以及过去的职业和工作经历等基本信息。

(3)面试。由招聘者选择时间、场所对应聘者进行面试。一般来说,面试中应注意求职者以下几个方面:身体外表仪态、知识水平、智力水平、沟通技巧、应变能力等。

(4)测试选拔。可分为智力测验、能力测验、水平测验和人格测验几类。

(5)录用决定。通过面试和测验,可以获得比较充分的信息,通过对这些信息的

分析，可以做出最后的录用决定。一旦做出录用决定，应尽快通知被录用者本人，并签订劳动合同。

以上介绍的是招聘公共关系人才的一般流程，除此之外还有其他方式方法，如通过大赛形式选拔公关人才。上海首届"公关新星"大赛于2004年7月14日在沪举行，报名者火爆。这是中国首次举行的公关行业专业人才大赛。"公关新星"大赛的目的，就是希望为上海的发展和2010年上海世博会选拔有潜质的公关人才，并向全社会普及和推广公关知识。

（二）公共关系专业人员的培训

公共关系工作绝不是"美女"加"交际"，公共关系工作是一项复杂的、高级的智力劳动。尤其随着改革开放的深入开展，社会上对公关人才，尤其是高层次的公关人员需求越来越多，因此，通过多种途径培养公关人员就显得更加重要。

1. 公共关系人员的培养目标

公共关系人才培养以确定培养目标为前提。根据公共关系工作的需要，对不同的公共关系人员应该有不同的培养目标。一般来说，培养目标大致可以分为：①通才型公共关系人才；②专才型公共关系人才；③"通才－专才"型公共关系人才。

（1）通才型。社会的发展对公共关系人才提出了比过去更高的要求，要适应这种要求，公共关系人员应具有比较全面的知识和技能，成为公共关系通才，在工作中能够独当一面。

（2）专才型。公共关系人员应有针对性地学通、学精某一方面的知识和技能，如新闻写作、市场调研分析、美工制作等，成为公共关系专才。

（3）"通才－专才"型。从公共关系工作的综合性来说，它所培养的人才应是知识面和技能较宽的"通才"，从专业性来说，公共关系领域应当是一门专业性较强的领域，所培养的人才不仅是"通才"，还在公关领域的某一方面具有特长，即"专才"。

在教育上应该注重培养专才还是通才，是一个早已引起广泛争论的话题。公共关系人员要在复杂的环境中处理大量的公共关系事务，没有广博的知识是不行的。就公共关系工作来说，它又是一门专业性较强的领域，因此，必须精通公共关系技术，所以"通才－专才"型的人才是最理想的培养目标。

2. 公共关系人员的培养途径

20世纪20年代，美国人爱德华·伯内斯出版了首部论述公共关系理论的著作《舆论明鉴》，即《舆论之凝结》，系统地提出了公关活动的11个基本程序。自20世纪50年代以来，卡特李普、格鲁尼格相继提出了公共关系的"四步法"和"四种模式"，使得现代公关理论日臻完善。

20世纪80年代以来，一批中国公共关系教育的先行者，把这些现代公共关系理论引入中国内地大学的课堂，开始了高等公共关系学历教育。自中山大学率先在新闻学院设立公关教研室为在校本科生开设公关课程后，内地已有超过百所综合性大学不同程度地实施公关教育。20世纪90年代后期，大批国际著名公关公司进入中国市场，他们为企业引进了专业公共关系全新的理念和运作方式。越来越多的中国企业认识到高素质公关人才的重要性。为此，北京广播学院、上海东华大学、上海师范大学相继设立了公共关系专业系。而后来复旦大学开设的公共关系硕士学位研究生教育，则是中国内地公关高等学位教育提升的又一崭新的标志。

目前，我国公共关系人员的培养途径主要有以下几种形式：

(1) 大专院校的正规培养。这是一条专门培养公关人才的正规途径，具有系统和严格的教学计划、教学大纲、专业师资和专业教材，有明确的培养方向和目标。学制一般两至四年，学生较全面系统地学习和掌握公关理论及有关理论知识，潜心研究公关技巧，掌握信息传播的方式、方法，辅之以一定的实际工作训练、进行公关模拟活动和到公共关系公司实习。大专院校除了设置公共关系专业培养公关专门人才外，还开设公共关系选修课，对非公共关系专业的学生进行公共关系学方面的教育。

(2) 短期培训。短期培训的方式主要有以下几方面：

第一，举办培训班。对大多数公关人员来说，办班培训是一种见效快的好办法。大致可分为三种，即教育单位办的培训班、用人单位办的培训班、教育单位和用人单位联合办的培训班。学员主要学习与公关相关的基本知识，培训提高公关人员的理论水平。如组织学员学习公关学、传播学、管理学、行为科学、市场营销学等，这种短期的培训班时间短，收效快。

第二，见习培训。这种方式主要是从实践中学习，让见习人员在一段时间内充当本组织或外组织公关人员的助手，尽可能让他们有机会进行公关实践，在实践中观察和学习别人怎样处理公关事务，增强感性认识。这种方法特别适宜于培养刚参加工作的初级公关人员。

第三，聘请专家指导。聘请具有公关业务专长的专家到组织指导、咨询，帮助解决公关中的疑难问题，辅导和促进公关人员正确推行公关业务，提高公关人员的业务能力和组织公关工作的质量。这种方法针对性强，解决问题效率高，对公关人员启发帮助大，是一种较好的培训方法。

第四，全员培训。对组织全体人员进行公关的教育，重点是思想教育和意识教育，其次是公关一般知识的普及教育。通过对全体员工的公关培训，增强每一个员工的公关意识，提高全体员工公关水平。

(3) 其他培养途径。可组织学员通过函授、电视、网络等渠道学习公共关系知识，在实践中提高公共关系技能。

(三) 公共关系专业人员的考核

公共关系专业人员的考核是指专门的公共关系组织机构（各类公司）对其成员的考核以及社会组织对本单位公共关系人员的思想品德、职业道德、工作作风、工作态度、业务水平、工作能力、工作业绩等进行的全面评价。以便人尽其才，人尽其职，合理分配报酬，充分调动公共关系人员的积极性。

1. 考核的内容

对公共关系人员的考核，归纳起来可分为德、能、勤、绩四个方面。

(1) 德。是指公共关系人员的思想素质、政策水平、服务态度等。主要包括三个方面的内容：①政治道德，是对党和组织的忠诚，爱国主义精神，民族自豪感，科学而先进的人生观、世界观等。②伦理道德，是指用高尚的思想品质、情操来处理人际关系，在行为中恪守社会公德。③职业道德，是指遵守公关行业特定的职业道德规范和准则。

（2）能。是指公共关系人员的知识技能和处理事务、解决问题的能力。

（3）勤。主要考核出勤率、责任感、积极性、纪律性等。

（4）绩。是指考核其工作的数量及质量，即岗位责任制规定的工作完成情况。

德、能、勤、绩四个方面密切相关，要全面考核，但以突出工作实绩作为重点，因为，德、勤、能三个方面，综合表现在工作效率和成绩上。

2. 考核的方法

对公共关系人员考核的方法有多种，关键取决于考核的目的，没有适合一切目的的通用方法。在考核中要坚持科学性原则，要做到客观、公正。常见的方法有：

（1）分级法。即将公关人员按工作成绩最优至最劣的排序。可设立五个等级，优、良、中、差、劣。排在最"优"的可以给予奖励，对最劣的进行处罚。

（2）量表评定法。即以一种标准化的等级量表为工具，采用组织评、群众评、自己评等多种途径，对公关人员进行全面评定的方法。这种方法是根据各考核要素把所有的被考核者分别按两两一组的方式进行比较，并判断每组的优者和劣者，然后综合其结果得出最终序列和成绩。采用这种方法，应把所有被考核者两两相比。这种方法操作较为烦琐，而且不能真正完整地反映公关人员的全貌。

（3）评语法。即大家最常见的书面鉴定。其特征是采取多种方法征求有关人员对被考核人员的意见，并组织进行分析、讨论，最后做出公平、正确的评价。在评语中全部使用定性描述，不进行定量描述。在评语法中，关键是要事先深入了解公关人员的全面业务工作状况，以避免评议结果的片面性和主观性。

（4）工作标准法。是根据从事各个职务的公共关系人员的各项具体要求（包括工作的质量、数量、时间期限、工作方法等）制定工作标准，并以此标准去衡量公关人员的优劣。这种方法有明确而具体的客观标准，比较公平合理，特别适合考核工作成绩。这一方法适用于调整职务津贴和奖金分配，但不宜直接套用以决定公关人员的晋升和调配。

（5）清单法。即事先拟就一份考核清单，以明确的评语与被考核者的工作实际相对照，让考核者选择。考核者只要打钩或打叉即可填好清单，方便易行。分析统计后得出最终结果，以定优劣。

除上述方法外，公共关系人员的考核方法还有很多，各种方法都有优劣，而且考评的侧重点也不尽相同。因此，要有的放矢、有选择地运用考评方法。

四、公共关系人员的全国统一鉴定

随着社会的发展，公共关系职业活动的领域越来越大，对公关从业人员的要求也越来越高，进入公关行业的门槛也逐步提高。为保证公关行业的规范发展，劳动和社会保障部于2000年12月3日举行了全国首次公关员国家职业资格全统一鉴定。2002年11月24日举行了第4次考试，9000万人报名参加了考试。

2003年6月，国家职业资格工作委员会公关专业委员会在劳动和社会保障部职业技能鉴定中心的指导下，组织专家对《公关员国家职业标准》进行了修订。《公关员国家职业标准》（修订稿）起草组针对公共关系职业发展的现状，结合本职业实务技能和职业顾问的特点，在广泛征求了业内专业人士意见的基础上，形成了较为规范的《公关员国家职业标准》（修订稿）。新版标准共设五个等级，在原有的初级公关员、中级公关员和高级公关员的基础上，增设了"公关师"（国家职业资格二级）和"高级公关师"（国家职业资格一级），对五个等级的申报资格提出了明确的要求，同时，在"公关师"和"高级公关师"的考核办法上做出了新的规定，除技能知识闭卷考试外，还增加了专业技术报告和答辩的专家评审考核。

（一）职业等级

本职业共设五个等级，分别为初级公关员（国家职业资格五级）、中级公关员（国家职业资格四级）、高级公关员（国家职业资格三级）、公关师（国家职业资格二级）和高级公关师（国家职业资格一级）。

（二）适用对象

从事或准备从事公关职业的人员。

（三）职业等级申报条件

1. 初级公关员（具备下列条件之一者）

（1）经本职业初级公关员正规培训达规定标准学时数，并取得合格证书。

（2）连续从事本职业或相关职业（新闻、广告、营销、管理、秘书）2年以上。

（3）取得经劳动保障行政部门审核认定的，中等以上职业学校公共关系或相关专业（新闻、广告、营销、管理、秘书）毕业证书。

2. 中级公关员（具备下列条件之一者）

（1）取得本职业初级公关员职业资格证书后，连续从事本职业或相关工作（新闻、广告、营销、管理、秘书）2年以上，经本职业中级公关员正规培训达规定标准学时数，并取得合格证书。

（2）取得本职业初级公关员职业资格证书后，连续从事本职业或相关工作（新闻、广告、营销、管理、秘书）3年以上。

（3）具有公共关系专业或相关专业（新闻、广告、营销、管理、秘书）大学专科以上学历，并从事本职业工作1年以上。

3. 高级公关员（具备下列条件之一者）

（1）取得本职业中级公关员职业资格证书后，连续从事本职业或相关工作（新闻、广告、营销、管理、秘书）2年以上，经本职业高级公关员正规培训达规定标准学时数，并取得合格证书。

（2）取得本职业中级公关员职业资格证书后，连续从事本职业工作3年以上。

（3）具有大学本科学历，并连续从事本职业或相关工作（新闻、广告、营销、管理、秘书）2年以上。

（4）具有公共关系本科学历，并从事本职业工作1年以上。

4. **公关师（具备下列条件之一者）**

（1）取得本职业高级公关员职业资格证书后，连续从事本职业工作4年以上，经本职业公关师正规培训达规定标准学时数，并取得合格证书。

（2）取得本职业高级公关员职业资格证书后，连续从事本职业工作5年以上。

（3）具有公共关系本科学历并连续从事本职业工作5年以上，或具有大学本科学历并连续从事相关工作（新闻、广告、营销、管理）6年以上。

（4）具有公共关系（方向）硕士以及MBA、MPA学位并从事本职业或相关工作（新闻、广告、营销、管理）1年以上。

5. **高级公关师（具备下列条件之一者）**

（1）取得本职业公关师职业资格证书后，连续从事本职业工作5年以上，经本职业高级公关师正规培训达规定标准学时数，并取得合格证书。

（2）取得本职业公关师职业资格证书后，连续从事本职业工作6年以上。

（3）具有公共关系本科学历并连续从事本职业工作10年以上，或具有相关专业（新闻、广告、营销、管理）本科学历并连续从事本职业工作12年以上。

（4）具有公共关系硕士（方向）及以上学历或MBA、MPA学位并连续从事本职业工作5年以上。

（5）具有大学本科学历，职业表现突出者或担任本职业高级管理职务（总经理或总监以上职务），为职业发展和行业建设做出重大贡献的资深专业人士，须由国家职业资格工作委员会公关专业委员会两名委员推荐。

（四）评审方式

评审方式分为理论知识（含职业道德）和技能操作考核两种方式。理论知识考试采用闭卷笔试方式。技能操作考核：公关员采用闭卷技能笔试方式；公关师、高级公关师采用现场实际操作方式。理论知识考试和技能操作考核均采用百分制，皆达60分以上者为合格。

公关师和高级公关师还须进行专业评审，具体如下：

1. **公关师**

（1）需提交一份专业技术报告（涉及本职业的、能反映专业能力的项目建议书、研究/开发成果或论文等，并需附上由两位公共关系或相关专业副高级专业技术职务任职资格及以上职称或已获得高级公关师资格2年以上的专家意见书）；

（2）由评审委员会对其所提交的专业技术报告和现场答辩进行审核和评判。

2. **高级公关师**

（1）需提交一份专业技术报告（涉及本职业的、能反映专业能力的项目建议书、研究/开发成果或论文等，并需附上由两位公共关系或相关专业正高级专业技术职务任职资格或已获得高级公关师资格3年以上的专家意见书）；

（2）由评审委员会对所提交的专业技术报告和现场答辩进行审核和评判。

（五）评审时间

公关员各等级的理论知识考试（包括职业道德考试）时间为90分钟，各等级技能考核时间为120分钟。公关师理论知识考核（包括职业道德考试）时间为90分钟，技能操作考试时间为90分钟，专业评审时间为30分钟。高级公关师理论考试（包括职业道德考试）时间为90分钟，技能操作考试时间为60分钟，专业评审时间为60分钟。

（六）工作要求

本标准对初、中、高级公关员和公关师、高级公关师的技能要求依次递增，高级别涵盖低级别的要求，详见表2-2至表2-6。

表2-2 对初级公关员的要求

职业功能	工作内容	能力要求	相关知识
沟通协调	（一）接待联络	1. 能按礼仪规范进行接待活动 2. 能答复电话问询 3. 能起草贺信、贺电、请柬	1. 日常礼仪的基本内容和要求 2. 接待来访的程序和基本要求 3. 社交礼仪文书的类型和文体
	（二）演讲介绍	1. 能准备组织演讲材料 2. 能简述组织基本情况	1. 演讲的类型和功能 2. 演讲的基本要求
	（三）公众关系处理	1. 能处理简单问询 2. 能进行事务性联系	1. 公众关系协调原则 2. 公众关系协调的一般方法
信息传播	（一）媒介联络	1. 能准备媒介联络资料 2. 能收集、整理、制作新闻剪报	1. 与媒介交往的原则和方法 2. 新闻剪报的基本要求
	（二）新闻发布	1. 能准备有关新闻资料 2. 能联络新闻发布会场事宜	1. 新闻发布的程序 2. 与新闻发布有关的礼仪要求
调查评估	（一）方案准备	1. 能准备调查和评估所需资料 2. 能承担调查的联络工作	1. 调查的目的和意义 2. 调查的基本程序
	（二）方案实施	1. 能进行一般性文献调查 2. 能进行问卷的发放与收集	文献调查法的步骤与技巧
	（三）数据统计	能对调查数据进行简单的统计和整理	数据统计的简单方法
活动管理	（一）策划准备	1. 能准备策划所需资料 2. 能安排策划会议	1. 专题活动的类型、特点 2. 专题活动策划的一般程序
	（二）活动实施	1. 能联络活动现场 2. 能绘制活动场地布置图 3. 能使用投影仪、幻灯机、照相机和摄像机	1. 会场布置的基本知识 2. 印刷品的一般制作过程 3. 投影仪、幻灯机等设备知识

表2-3 对中级公关员的要求

职业功能	工作内容	能力要求	相关知识
沟通协调	(一) 接待联络	1. 能按礼仪规范进行中外接待 2. 能撰写社交公关文书	1. 中外礼仪的基本内容和要求 2. 社交文书的类型和写作要求
	(二) 演讲介绍	1. 能介绍组织的历史和现状 2. 能组织小型演讲活动	1. 演讲的基本技巧 2. 演讲活动的程序
	(三) 公众关系处理	1. 能处理日常公众问询 2. 能与主要公众进行信息沟通 3. 能安排领导与公众进行沟通	公众关系协调的主要方法和基本要求
信息传播	(一) 媒介联络	1. 能进行媒体联络 2. 能安排记者采访 3. 能追踪监测采访结果	1. 记者职业特点 2. 新闻传播的基本程序 3. 新闻追踪和监测的基本要求
	(二) 新闻发布	1. 能检查发布资料的准备情况 2. 能接待现场媒体采访活动	新闻发布的性质、特点
	(三) 宣传稿编写	1. 能撰写新闻通讯稿 2. 能编写组织内部刊物 3. 能编写组织对外宣传册	1. 新闻稿的类型和撰写要求 2. 新闻编写的基本要求 3. 公众的特点和心理需求
调查评估	(一) 方案准备	1. 能提供与调查相关的背景资料 2. 能起草小型调查方案	1. 小型调查的基本程序 2. 调查方案的写作要求
	(二) 方案设计	1. 能设计小型观察调查提纲 2. 能设计小型访谈提纲 3. 能设计媒介文献调查方案	1. 调查方法的类型与特点 2. 调查方法的运用及其原则 3. 调查问卷文案写作知识
	(三) 方案实施	1. 能用观察法进行调查 2. 能用访谈法进行调查 3. 能进行各种媒介的文献调查	1. 观察调查法的步骤与技巧 2. 访谈调查法的步骤与技巧
	(四) 统计分析	1. 能对调查数据进行统计分析 2. 能编制调查评估图表	1. 常用的数据统计的方法 2. 调查评估分析的原则和方法
专题活动	(一) 活动策划	1. 能制定简单策划方案 2. 能编制行动方案和时间表	1. 专题活动目标和主题的确定 2. 策划构思的方法
	(二) 活动实施	1. 能按要求执行活动方案 2. 能收集活动物品市场信息	1. 音像宣传品制作的有关知识 2. 活动物品的市场信息
危机处理	(一) 舆论监测	1. 能监测媒体负面报道 2. 能监测公众关系中的消极信息	1. 危机管理的基本概念 2. 危机处理的程序和技巧
	(二) 危机传播	1. 能应对日常公众投诉 2. 能准备危机传播材料	1. 危机传播管理的原则 2. 危机处理中的新闻发布要点

表2-4 对高级公关员的要求

职业功能	工作内容	能力要求	相关知识
沟通协调	（一）接待联络	1. 能制定接待计划 2. 能负责业务谈判接待工作	1. 接待程序、特点和基本要求 2. 谈判知识和技巧
	（二）演讲介绍	1. 能介绍组织政策和远景情况 2. 能组织演讲活动，充当主持人	1. 演讲类型、功能和基本要求 2. 主持人的功能和基本要求
	（三）公众关系处理	1. 能制定外部公众沟通计划 2. 能制定内部公众沟通计划	1. 公众关系沟通的原则和策略 2. 公众关系沟通的主要方法和基本技巧
信息传播	（一）媒介联络	1. 能规划媒介数据库的建设 2. 能安排记者采访组织或代表组织接受记者采访 3. 能制定简单媒介传播计划	1. 信息传播的基本原则 2. 中国媒介特点 3. 媒介传播组合及传播技巧
	（二）新闻发布	1. 能制定新闻发布计划 2. 能组织新闻发布活动	新闻发言人制度的内容和要求
	（三）宣传稿编写	1. 能编写各种新闻稿件 2. 能起草组织内部刊物及音像资料的编写方案	1. 内部沟通的原理和方法 2. 内部通讯的设计原则
调查评估	（一）方案准备	1. 能洽谈和承接调查项目 2. 能撰写调查项目方案 3. 能撰写评估项目方案	1. 调查项目的要求和技巧 2. 各种调查的基本程序 3. 评估的原理及其应用
	（二）方案设计	1. 能设计观察调查方案 2. 能设计各种调查问卷 3. 能设计实验调查方案	1. 各种调查方法的取舍原则 2. 各种调查方法的原则及技巧
	（三）方案实施	1. 能执行调查方案的实施工作 2. 能执行评估方案的实施工作	1. 实施调查的知识与技巧 2. 实施评估的知识与技巧
	（四）报告编写	1. 能对调查数据进行分析 2. 能撰写小型调查报告 3. 能撰写小型评估报告	1. 数据统计类型、方法与技巧 2. 调查报告的类型和写作技巧 3. 评估报告的类型、写作技巧
活动管理	（一）活动策划	1. 能组织小型活动的策划工作 2. 能起草简单的策划建议书 3. 能对活动效果进行基本预测	1. 主题构思的技巧 2. 策划创意的技巧 3. 大型活动相关的政策法规
	（二）活动实施	1. 能对中型活动进行管理 2. 能制定具体的行动方案 3. 能编制活动预算 4. 能对中型活动进行现场监控	1. 可行性研究的方法 2. 专题活动的流程管理 3. 预算的基本常识和技巧

续表2-4

职业功能	工作内容	能力要求	相关知识
危机处理	（一）舆论监测	1. 能对媒介负面报道进行分析 2. 能提出危机处理意见	1. 危机的处理程序 2. 危机预警的基本原则
危机处理	（二）危机处理	1. 能根据危机管理计划进行危机处理工作 2. 能根据危机管理计划进行危机传播管理	1. 危机管理工作要点 2. 危机期间媒介关系的协调与沟通
公关咨询	（一）一般性咨询	能处理日常工作中的咨询工作	1. 公关咨询的工作原理 2. 咨询业务的一般工作流程
公关咨询	（二）咨询建议	能起草日常服务公关建议书	公关建议书的写作技巧

表2-5 对公关师的要求

职业功能	工作内容	能力要求	相关知识
传播沟通	（一）业务沟通	1. 能制定和审定业务洽谈策略 2. 能进行高层次的业务谈判	1. 业务沟通的特点和基本要求 2. 业务洽谈的工作流程及技巧
传播沟通	（二）公众协调	1. 能负责制定全年公众沟通计划 2. 能单独承担主要公众关系（政府、行业、社区等）的协调工作 3. 能有效地进行客户关系管理	1. 长期沟通规划的原则 2. 政府、行业、社区等重要对象的工作特点和沟通渠道 3. 客户关系管理的原则与方法
传播沟通	（三）公关传播	1. 能制定并执行媒介传播计划 2. 能运用传播工具进行公关传播 3. 能撰写各种专题性新闻稿件 4. 能有效地进行媒介关系管理	1. 媒介概况和新闻报道原则 2. 新闻传播的方式方法 3. 媒介沟通与投放技巧 4. 媒介关系管理知识
创意策划	（一）客户需求测评	1. 能准确把握客户的市场环境并做出符合实际的判断 2. 能客观分析客户公关工作中需改进的环节	1. 市场信息和数据分析的知识 2. 组织竞争战略的有关知识
创意策划	（二）公关策划	1. 能根据客户需求制定有效的公共关系战略和计划 2. 能起草大型公关策划建议书，并提出创意性计划和行动方案 3. 能进行一般性的案例研究分析	1. 公关创意策划的基本方法 2. 决策过程及其理论 3. 创造性思维的有关知识 4. 客户所属行业的市场状况 5. 案例研究的原则和方法

续表 2-5

职业功能	工作内容	能力要求	相关知识
策略管理	（一）公关调查	能运用各种调查研究方法与工具发现一个组织面临的各种公关问题	1. 市场调查的一般知识、方法和步骤 2. 定性与定量的分析方法 3. 调查工作涉及的有关法规
	（二）媒介管理	1. 能规划媒介关系工作框架 2. 能建立并维护媒介数据库 3. 能开展积极的、形式多样的媒介关系活动	1. 媒介关系的工作内容 2. 媒介关系的工作技巧 3. 媒介数据库的有关知识
	（三）市场传播	1. 能运用发布、巡展、论坛、培训等传播工具进行市场传播 2. 能实施全年市场传播计划和行动方案 3. 能帮助组织规划市场传播战略和策略	1. 产品发布、巡展、研讨、论坛、培训等工作的程序、内容和技巧 2. 市场营销的知识和工作原理 3. 整合营销传播的基本理论和技术原理
	（四）企业传播	1. 能利用媒介传播、事件策划、品牌战略等工具进行形象传播 2. 能实施全年形象传播计划和行动方案 3. 能帮助组织规划品牌战略	1. 媒介传播、事件策划、品牌战略的工作原理和工作技巧 2. 组织战略、组织文化、组织运作与管理的基本内容
	（五）公共管理	1. 能制定政府关系工作计划 2. 能建立与政府、行业、社区之间良好的工作渠道 3. 善于并保持经常性的沟通	1. 政府关系、社区关系的工作原理和工作技巧 2. 最新政策动向和产业动向 3. 组织赞助的程序和应用
	（六）公关评估	1. 能结合组织的目标，对公关工作的中长期效果进行评估 2. 能从公关活动的效果出发，鉴别日常公关工作的薄弱环节	1. 组织管理与绩效评估的有关知识、方法和工具 2. 数理统计与分析的基本知识
	（七）网络公关	1. 能运用互联网技术，加强与各类公众的交流与沟通 2. 能及时更新组织网站上的内容资料，构建网上的沟通平台	1. 网页设计的有关知识 2. 网络营销的有关知识

续表 2-5

职业功能	工作内容	能力要求	相关知识
项目管理	（一）项目确认	1. 能有效地进行项目沟通 2. 能快速对公关需求进行鉴别 3. 能进行商业合同谈判	1. 市场环境的有关知识 2. 高级商务谈判的策略与手段 3. 跨文化传播的有关知识
	（二）项目竞标	1. 能客观分析客户工作中存在的薄弱环节 2. 能有效进行项目沟通 3. 能把握项目竞标的各种变化	1. 公关市场预测的基本知识 2. 客户关系管理知识 3. 项目竞标的工作内容和工作流程
	（三）项目执行	1. 能独立承担项目小组的管理工作，并进行全案跟踪和监控 2. 能进行现场的有效管理和监控，并灵活处理各种变化	1. 流程管理的原则与方法 2. 目标管理知识 3. 时间管理知识 4. 财务管理知识
	（四）项目评估	1. 能有效统筹项目实施的有序性与完整性 2. 能在项目结束后与客户保持积极的沟通并总结实施经验	1. 项目管理的核心原则 2. 项目评估方法与手段
危机管理	（一）计划制定	1. 能制定危机管理计划 2. 能协调危机中相关方面的关系	危机管理计划的撰写要求
	（二）危机处理	1. 能及时处理危机事件 2. 能主持危机管理计划的实施 3. 能监控危机事件信息传播	1. 危机管理的工作程序和技巧 2. 危机传播中的新闻发布要点
	（三）危机传播	1. 能起草危机管理预警方案 2. 能承担危机传播管理工作	1. 危机管理预警方案的要点 2. 危机传播管理工作内容
管理咨询	（一）公关公司管理	1. 能开展公司的业务管理 2. 能对公司业务、财务、人力资源、客户服务等进行有效的管理	1. 企业管理的主要内容 2. 企业财务、税法、劳动法、合同法等有关的法律知识 3. 人力资源管理知识
	（二）公关部门管理	1. 能协调公关部门的各项工作 2. 能对公关部门业务、人力资源和组织战略决策进行管理 3. 能为组织管理层提出公共关系的策略建议 4. 能协调公关部门与其他部门以及外部公关公司的合作	1. 服务营销与品牌管理知识 2. 组织形象识别系统（CIS）知识

续表 2-5

职业功能	工作内容	能力要求	相关知识
管理咨询	（三）专业咨询	1. 能对组织公共关系的状态进行策略分析 2. 能对组织的公关战略提出建设性建议和成熟的实施方案 3. 能对组织的中长期公关计划提出指导性的策略建议	管理咨询的原则、程序和方法的专门知识
培训指导	（一）培训	1. 能对中级专业人员进行培训 2. 能对非专业人员进行日常培训 3. 能编写专业培训讲义	培训的有关知识
	（二）指导	能对公关员进行业务指导	案例教学法

表 2-6 对高级公关师的要求

职业功能	工作内容	能力要求	相关知识
传播沟通	（一）舆论监测	1. 能及时掌握公众舆论动向，并指导组织建立相应的资料库 2. 能对组织与各主要公众间的关系状态进行整体定位	1. 舆论调查的有关知识 2. 舆论分析的原理和技巧 3. 公共关系状态定位研究
	（二）传播沟通	1. 能审定全年公关传播计划，指导公关传播计划的执行 2. 能制定中长期公关传播战略和规划	1. 长期传播计划的基本内容及其特点 2. 公共关系战略与规划
	（三）关系协调	1. 能监控与各主要公众关系，维持良好的沟通渠道 2. 能指导客户关系管理	1. 公众关系的沟通原则和策略 2. 主要公众对象的特征和工作环境
策划研究	（一）创意策划	1. 能主持大型公关活动策划 2. 能对公关建议书提出专家意见 3. 能审定大型公关活动方案 4. 能评判公关活动效果	1. 大型活动的有关政策法规 2. 创新思维的工作原理 3. 策划的基本理论和原则 4. 创新管理的基本知识
	（二）公关研究	1. 能综合进行公众舆论研究与分析，并提出科学建议 2. 能独立进行公关案例研究 3. 能主持开发公关工作工具	1. 舆论及传播研究的有关知识 2. 案例研究与分析 3. 各种研究手段的有关知识 4. 专业发展趋势

续表 2-6

职业功能	工作内容	能力要求	相关知识
危机管理	（一）预案策划	1. 能审定危机管理预警方案 2. 能主持或审定危机管理计划	主持或审定危机管理计划的要点
	（二）预防与规避	1. 能主持危机管理工作 2. 能提供危机管理建议 3. 能独立提供危机管理顾问服务	2. 公关咨询工作原理和流程 3. 各种应急技巧训练知识
	（三）危机管理培训	1. 能进行危机管理训练 2. 能根据情况的变化对危机管理预案进行不断更新	1. 专业培训的基本要领 2. 培训工具的有关知识
网络公关	（一）网络舆论调研与评估	1. 能运用现代传播技术把握组织与公众的关系状态 2. 能对互联网不同公众反应进行整理，建立数据库并及时更新	1. 现代通讯科技的有关知识 2. 网络传播的形式、特点和功能等方面的有关知识
	（二）网络工具使用	1. 能使用网络工具，建立组织与公众的互动平台 2. 能规划并审定网络公关计划	与网络传播有关的法律与法规
	（三）网络监测与维护	1. 能监测网上公众的反应 2. 能采取多种互联网沟通手段，保持与公众间日常的积极互动	1. 网络监测的有关知识 2. 网络设计与网络安全方面的有关知识
组织管理	（一）公关公司管理	1. 能独立承担专业公司的运营 2. 能对公司业务、财务、人力资源、客户服务等进行有效监督 3. 能开拓公司新业务和新客户 4. 能规划公司企业文化建设	1. 企业战略、管理等有关知识 2. 营销、质量管理等有关知识 3. 企业使命和社会责任的有关知识
	（二）公关部门管理	1. 能主持公共关系部门工作 2. 能对公关部门的业务、人力资源和公关战略进行有效的监督	1. 卓越公共关系标准 2. 项目预算知识
战略咨询	（一）环境监测	1. 能组织和指导对组织的各类公众进行分门别类的分析，并分别建立相应的资料库 2. 能负责对组织与各主要公众间的关系状态进行整体定位与把握	1. 消费者权益保护法和组织社团法规等方面的法律知识 2. 相关行业的有关知识

续表 2-6

职业功能	工作内容	能力要求	相关知识
战略咨询	（二）问题诊断	1. 根据组织目标，能指导对组织公关整体运作效果进行评估 2. 能对影响组织环境的因素进行分析和研究	管理决策的有关知识
	（三）战略建议	1. 能负责对组织与各主要公众间的关系进行调整和改善提出建设性建议 2. 能指导撰写并审定组织与公众间关系的咨询报告和建议案	1. 战略管理的有关知识 2. 组织文化建设的有关知识
	（四）趋势预测	1. 能从组织环境的视角把握组织的公关特征 2. 能提出组织公关运作应注意的主要问题清单 3. 能对组织的中长期公关计划提出指导性的策略建议	战略公关和国际公共关系知识
培训指导	（一）培训	1. 能对高级专业人员进行培训 2. 能对组织领导人进行高级培训 3. 能编写专业课件	1. 培训方案的编制方法 2. 专业课件开发的有关知识
	（二）指导	能对公关师进行业务指导和专业指导	1. 公关职业的前沿知识 2. 专业指导的有关知识

本章小结

作为公共关系主体的社会组织，有其自身的特点和类型，与其所处的社会环境有着密不可分的联系。现代社会中，组织为了树立自身的良好形象，通过公共关系工作来协调组织与公众之间的关系。

公共关系机构在组织中需承担起收集信息、辅助决策、传播推广、协调沟通、提供服务的职责。组织内公共关系部的设置，因组织性质、规模、工作内容、沟通对象的差异具有不同的模式。公共关系公司是为社会提供公共关系咨询服务的专门机构，它是公共关系不断深入和发展的产物。与组织内设置的公共关系部相比，公共关系公司更专业、知识更全面、社会联系更广泛，观察及处理问题较客观公正、工作质量较高。

公共关系专业人员素质的高低决定着公共关系工作的质量，成功的公共关系活动无不凝聚着公关人员的辛勤劳动和聪明才智。公共关系工作人员不仅需要强烈的公关意识，还需在掌握公关理论的基础上，具备一定的专业知识及团队合作精神，并遵守相应的职业道德和自律规则。成功地开展公共关系人员的招聘、培训与考核，有利于各组织更有效地开展公共关系工作。

关键概念

社会组织　公共关系部　公共关系公司　公关意识

思考题

（1）什么是社会组织？社会组织有哪些特点？它是如何分类的？
（2）试比较组织内部公共关系部和公共关系公司在开展公共关系工作时的优劣。
（3）公共关系公司分为哪些类型？
（4）公共关系从业人员应具备哪些公关意识？
（5）你认为公共关系从业人员应具备怎样的道德？
（6）如果你打算从事公共关系职业，根据公共关系从业人员的素质要求，你准备怎样提高自己的公关能力与水平？

●案例分析

三一集团起诉奥巴马

2012年9月28日，美国总统奥巴马签署行政命令，以危及国家安全为由，禁止三一集团关联公司Ralls（罗尔斯）公司在美国俄勒冈州一军事基地附近兴建4座风力发电厂，并要求罗尔斯公司在两星期之内从上述场地撤走全部财产和装置，并且在90天之内从这个风力发电项目中撤出全部投资。奥巴马在签署的行政命令中宣称，依美国特拉华州法律建立的罗尔斯公司，为中国机械设备制造业企业三一集团两位高管共同所有。

资料显示，Ralls（罗尔斯公司）是三一集团有限公司的关联公司，于2010年8月由三一集团在美注册成立，开展风电投资与建设。Ralls公司的股东分别为三一集团（以下简称三一）副总裁、财务总监段大为和三一集团副总裁、三一电气有限公司总经理吴佳梁。该公司在2012年3月收购了四个美国俄勒冈州的风电场，希望通过建设风电场并装备三一生产的风电机，以此为其风电机产品进军美国市场探路。

该项目此前曾遭到CFIUS（美国海外投资委员会）的禁令。为此，罗尔斯公司在2012年9月12日把CFIUS告上法庭，由于9月28日美国总统奥巴马签署行政命令禁止该项目，因而在10月1日，三一集团与罗尔斯公司又向美国哥伦比亚特区联邦地方分区法院递交诉状，将奥巴马追加为被告，并向法院递交要求法院加快审理此案的动议。

三一集团一共罗列被告五大"罪状"：①上述命令在没有提供任何事实证据的情况下做出，违犯了美国行政程序法702、704、706等相关条款。②上述命令超越了宪法和相关法规赋予的权限，属于违法操作。③突出三一集团的中国属性，即三一子公司

Ralls 控制人为三一高管、中国公民，而对 Ralls 拥有的 Butter Creek 项目做出选择性执法，侵犯了 Ralls 享有的平等保护的宪法权利。④命令在没有提供任何事实证据、给出任何理由的前提下做出该项目威胁美国国家安全的结论，采取极为严厉的强制性停工，违反了美国行政法规 50 U. S. C. app§2170（b）（1）（A）（iI），（f）。⑤未经合法程序剥夺三一子公司 Ralls 的私有财产权，违反美国宪法第五修正案。

2012 年 10 月 18 日，三一集团召开新闻发布会，就风力发电项目在美受阻一事起诉奥巴马政府事件进行说明。三一集团董事向文波在发布会上表示："不起诉解决不了问题。大家知道我们在美国受到不公正待遇，这个命令是奥巴马总统下的，不起诉他起诉谁呢。我们这次开新闻发布会，是要告诉公众，三一集团在美国到底干了什么事，我觉得我们是依照美国的法律在美国进行了一项非常正常的投资，我们没有干什么伤天害理的事，更没有干什么危害美国国家安全的事，我们不开这次会议不足以解释这个事情的真相。"向文波还表示，通过起诉奥巴马，也想提醒中国政府，要注意自身的国家安全。向文波说："我们买了美国多少东西了，我们国家领导人坐的专机是美国的飞机，我们要不要担心一下国家安全问题啊？我们几十座核电站用的都是美国的核电设备甚至控制系统，我们是不是可以认为美国人已经在我们中国埋下了几十颗原子弹。但是我们老百姓想过这个问题吗？当我们向别人敞开我们的市场的时候，我们考虑过这可能对我们国家安全造成影响吗？"向文波认为中国政府和中国企业在国际交往中最基本的原则应该是，别人把我看成朋友我也把别人看成朋友，别人把我看成敌人我也要把别人看成敌人。

三一集团副总经理、美国 Ralls 公司首席执行官吴佳梁表示，之所以在美国土地上起诉 CFIUS 与奥巴马总统，表明他们对美国的法制抱有充分的信心。同时，也因为三一集团过去没有将来也不会做任何有损美国国家安全的事情。如果能够赢得这场诉讼，首先是美国法制的胜利，也将向世界昭示美国是一个只要是合法投资就能够得到美国宪法保护的国家，是一个可以让投资者放心投资的国家。吴佳梁说："我们在一个完全陌生的国度，起诉美国总统、起诉 CFIUS 完全是无路可走，被逼无奈。不到万不得已、万般无奈，中国人是不会选择走打官司这条道路的，尤其是在一个陌生的国度，当我们万般无奈对奥巴马总统的命令提起诉讼的时候，我们确定通过司法的途径能够还我们公平正义，能够洗脱我们的冤屈，能够恢复我们的荣誉，以挽回我们的损失，最根本的原因是我们对美国的法制有充分的信心。"

中国跨国诉讼专家郝俊波认为，由于美国的诉讼程序，一个案件在进入实体的审理之前会在程序上先有一些双方的往来，被告也可以提起申请解散的动议。在这个过程中原告和被告之间按程序可以调节，这种情况下案子可能时间会更短一些，但是如果最终法院决定审理这个案子，时间可能会比较长。郝俊波表示，其实这个案子的诉讼时间并不是关键，它的意义在于"走出去"的中国企业已经变得成熟、自信，已经学会了拿起法律武器，用国际手段来解决国际争端。这个案件不仅关系到每个走出中国的中国企业的切身利益，而且对美国公民、美国公正，甚至是美国的法制，都会有一个非常重大的意义。据郝俊波透露，美国官方财政部有关发言人认为三一集团肯定会败诉，因为 CFIUS 本身有一个规定，即他们总统的有关行政命令不受宪法的司法审查，不受违宪的司法审查。不过，郝俊波认为，从法理来讲，这个案子的确还是存在胜诉的希望，美国是一个三权分立的国家，如果法院最终认定总统的行政命令违反了宪法，或者说某些国会通过的法律违反了宪法，从理论上来讲美国的法院是有权利做出改正的，也就是在理论上还是有可能来判决三一集团在这个案件上取得胜利的。

据三一集团美国风电项目诉讼案律师夏廷康透露：这是美国外资审查委员会成立以来的历史上第一次有相关的公司或者是被审查一方通过美国法院提出诉讼来维护自己的权益。

对于奥巴马针对三一集团做出的总统令，商务部国际贸易经济合作研究院研究员梅新育表示，美国政府对三一集团风电的项目是赤裸裸的征收措施，这比美国众议院情报委员会主张封杀华为、中兴更为恶劣。梅新育认为这将给中美两国双边直接投资发展投下非常浓重的阴影，给有意到美国开展直接投资的中国企业家心理上投下非常大的阴影。美国的行为不仅仅是违反了自己的法律，也违反了中美两国20世纪80年代签署的双边投资保护协定。中国政府方面已经有必要就此与美国方面展开外交交涉。

2012年11月28日，美国首都华盛顿地方法院举行首场听证会，就本案涉及的法律问题听取双方辩论。这是罗尔斯公司对奥巴马发起诉讼后举行的首场听证会。当天上午，三一集团关联公司罗尔斯公司的辩护律师与美国外国投资委员会的辩护律师来到法院，就相关法律问题接受主审法官问询。听证会持续近两个小时，最后主审法官称案件较为复杂，并未当庭做出裁决。据罗尔斯公司负责人三一集团副总吴佳梁介绍，他们的诉求主要有二：一是还他们清白，澄清罗尔斯公司投资的风电项目只是普通商业行为，没有也不会威胁美国国家安全；二是寻求适当合理的经济补偿。吴佳梁称项目被叫停后，公司直接经济损失达2000多万美元。吴佳梁称，他们静候主审法官对相关法律问题做出的裁决，期望美国司法系统给出公平公正的解决办法，而一旦在华盛顿地方法院败诉，他们决心向美国上一级法院上诉。

2013年2月22日，该案件在美国被法院决定正式受理。尽管三一集团方面的大部分诉求被美国法院驳回，但美国法院就程序正义认定，认为对三一集团方面"总统未经过应有合法程序判决导致剥夺私有财产"的诉求有司法审查权。美国东部时间2013年10月9日下午5时许，美国哥伦比亚特区联邦地方分区法院驳回三一集团对奥巴马的所有指控内容。理由是，三一集团风电项目在被奥巴马叫停之前已经经过了足够的程序，而且，该公司在收购这些风电场之前并没有寻求得到美国的批准，奥巴马叫停罗尔斯项目的决定，是听取了美国海外投资委员会的建议。因此，法院判决批准政府的撤案动议。美国东部时间2013年10月16日，三一集团在美关联公司罗尔斯公司就罗尔斯公司起诉奥巴马总统一案依法向美国哥伦比亚特区上诉法庭递交了上诉通知，誓要将维权进行到底。

"按照美国的法律，再次上诉的话，美国方面还有一个再审查程序，法院会据此认为是否接受上诉。按照以往经验，这样的官司接受上诉的话，也要打很长时间。"郝俊波说。

商务部国际贸易经济合作研究院研究员梅新育曾公开表示，不管此案法庭判决胜负如何，都已经产生了有利于在美中资企业的正面效果，因为美国即使最终还是判决三一集团败诉，也会汲取教训，以后会更尊重中国企业合法权益。这是日渐国际化的中国企业必须具备的态度、应该拥有的胸襟。在国内，他们拥有对政府的强大影响力，而在国外，则必须举起共识武器与对手博弈，不管这个对手如何强大。无共识，无博弈，也就无未来。

当中国企业遭遇不公平待遇时，不是一味忍让拱手失去利益，就是以不入流的行贿等方式私下疏通，结果必然是形象败坏，路越走越窄，并且越来越不符合国际主流的共同价值。虽然三一集团历史不长，进入国际的时间也不多，但此次回击，值得尊重。三一集团等企业在国际上的博弈，让我们看到后起的制造企业，如何逐渐学会市场规则、在市场上纵横驰骋。三一集团这次诉讼案件意义重大，能促使中国在美投资受到不公正待遇时"不再沉默"。三一集团重工总裁向文波称，美国法官在他的判决书里等于画出了一条"路线图"，外国企业怎么通过法律维权，以后的中兴、华为等其他中国企业可以参考。跨国诉讼专家郝俊波认为，将来类似案件再起诉时就可借鉴三一集团案例，所有在美国投资的外国投资者都可搭便车。

中国作为全球GDP第二和出口第一、进口第二的国家，预计未来10年面临此类投资安全事件只会越来越多，如何保护我国海外资产安全就成为一个越来越紧迫的问题。而作为一个"守成"的老牌国家，此举对美国的司法理论和实践将产生深远影响。此案的最终判决将有可能大大限制CFIUS以往"无边"的权力外界，迫使其更加慎重地使用手中的权力，迫使其更加透明公正地处理外国赴美投资问题。

尽管三一集团最终胜诉的可能性极小，但从公关角度来讲，却有许多值得企业学习的地方。三一集团在危机中反其道而行之，巧借起诉美国总统奥巴马，以危为机，大大提升了企业的知名度与美誉度。一方面，借助与政治明星奥巴马的关联，三一集团知名度得到快速提高；另一方面，三一集团的勇敢诉讼行为，大大提振了国内企业的士气，成为中国企业的榜样。向文波总裁在2012年10月19日晚上发布的微博中写道："有人问我起诉奥巴马总统会赢吗？我说过程比结果重要。有人问我要花多少钱？我说尊严比金钱重要。有人问我不担心三一集团在美国的发展吗？我说三一做事向来取义不取利！"这样的宣传无疑有助于树立三一集团民族英雄的形象，使其获得广大中国民众的支持。

（资料来源：本案例根据百度文库、凤凰财经、每日经济新闻等媒体资料改编）

【案例思考】

（1）本案例中危机公关的主体是什么组织？
（2）三一集团在本案例中出现了哪些危机？它是如何应对的？
（3）中国企业在跨国投资时如何防范危机？

参考文献

［1］李付庆. 公共关系学（第二版）［M］. 南京：南京大学出版社，2012
［2］郝树人，刘菊. 公共关系学［M］. 大连：东北财经大学出版社，2011
［3］余永跃. 公共关系学通识教程［M］. 武汉：武汉大学出版社，2007

［4］洪瑾，吕建文．现代公共关系学［M］．北京：北京理工大学出版社，2005
［5］陈红川．公共关系学［M］．广州：广东高等教育出版社，2006
［6］居延安．公共关系学［M］．上海：复旦大学出版社，2008
［7］张克非．公共关系学［M］．北京：高等教育出版社，2007
［8］赵宏中．公共关系学［M］．武汉：武汉理工大学出版社，2005
［9］熊源伟．公共关系学［M］．（修订本）．合肥：安徽人民出版社，2008
［10］刘崇林，邢淑清．公共关系学［M］．北京：北京大学出版社，2012
［11］中国国际公共关系协会．中国公共关系业2013年度行业调查报告．中国公关网，http：//www.chinapr.com.cn/templates/T_Second/index.aspx？nodeid=25&page=ContentPage&contentid=6995，2014
［12］中国环球公共关系公司．http：//service2.xinhuanet.com/F-hqgggx.htm．

第三章 公共关系的三大要素之公众

本章学习目标

通过本章的学习，了解公众的概念与公众的特征，掌握公众的分类方法，了解公共关系工作中常见的公众对象，了解与公众行为关系比较密切的若干社会心理现象，包括知觉、需要、性格、态度、流行、从众心理与逆反心理等。

公众是公共关系工作的对象，他们构成了组织公共关系中必不可少的一方。公众的数量及其态度，决定着组织无形资产的质与量，也决定着组织环境的优劣。正确地认识和分析公众，积极地影响公众，争取不同类型公众对组织的理解和支持，是公共关系工作的核心。

第一节 公共关系的客体——公众

公众是公共关系的客体，是社会组织开展公共关系进行信息传播与沟通的对象。它对社会组织确定目标、实现目标、扩展目标，以至对社会组织的生存和发展，具有实际的或潜在的利益关系和影响力。

一、公众的概念

公众是公共关系学中的一个基本概念。随着公共关系学在西方国家的兴起，公众一词也日益引起人们的注意。公众的英文为 Public，泛指公众、民众，也指具有"合群意识"的社会群体。公共关系学中的公众，与人民、群众、人群等概念相近，但区别还是比较明显的。人民，属于政治哲学及社会历史范畴，指以劳动群众为基础的社会基本成员，包括各个历史阶段推动社会发展的阶级、阶层或集团。而群众则泛指人民中从事物质资料和精神资料生产的劳动者。而人群，作为社会学用语，与人民、群众有着比较大的区别，它指成群的人，但不一定需要合群的整体意识和相互联结的牢固纽带。

公共关系学中所说的公众，并不是广泛意义上的公众、民众，而是针对公共关系主体社会组织而言的公众。在公共关系中，所谓公众，特指公共关系工作对象的总和，即那些与公共关系主体有直接或潜在关系，相互影响、有互动关系的个人、群体或组织的总和。就某一社会组织来说，它的公众既包括与它有关系（涵盖组织内部和组织外部）的个人，也包括与它有关系的其他社会组织。

二、公众的基本特征

（一）整体性

公众不是指单一的某个群体，而是与某一社会组织运行有关的整体环境，也就是公众环境。任何社会组织的生存和发展都离不开一定的公众环境。公众环境是指社会组织运行过程中必须面对的社会关系与社会舆论的总和，以营利性社会组织中的某个企业为例，它面临的公众既有内部公众，又有外部公众。内部公众包括职工、股东，外部公众包括客户、消费者、供货商，以及政府、银行、媒体、社区等社会公众，这些社会关系与社会舆论范围很广，涉及组织内部和外部，从而构成复杂的整体，使社会公众具有整体性特征。社会组织处理与公众的关系时，一定要照顾到各种公众，以免一不留意，造成某个环节的缺失，从而使整个公众环境恶化。

（二）共同性

社会公众是由个人或组织组成的群体，是与公共关系主体发生联系并以特定的角色出现的。它的形成是由社会组织的性质决定的，正是由于某个共同的问题把一些人或一些组织联结在一起形成了公众，公众的成员具有某种内在的共同性。因为面临着共同的问题，使一群人或一些团体有着相同或相似的态度或行为，成为某一社会组织的公众，并由于涉及利益的互动关系使该组织和这些公众联系紧密。例如，同是快餐店的消费者，本来相互之间并没有联系，但是，因为共同消费同一快餐店的食品，因而对快餐店的食品就有了相应的要求。如果快餐店在食品生产中不够规范，那么，快餐店的消费者就会联合起来共同捍卫自己的权益。所以，社会组织在开展公共关系工作时，要注意找出公众的共同点，有的放矢地开展公共关系活动，以取得最好的公关效果。

（三）多样性

公众是由不同的个人、群体和组织所构成的，可以划分为多种类型。对于组织来说，不同类型的公众有不同的利益需求，与组织形成不同的关系。即便是同一类型的公众，彼此间也有较大的差异，具有不同的行为方式。公众绝不是一个空洞、抽象的概念，而是许许多多与组织有联系的、相互结合起来的具体的人。他们既有利益上的共同性，同时又有各自的特殊性。公众的多样性，造成了公共关系的多样性，也决定了公共关系工作的复杂性。

（四）可变性

公众的可变性主要体现在公众对象的多变和公众态度的多变方面。公共关系要处理的公众群体是一个开放的系统，始终处于变化之中。任何组织面临的公众，其性质、形式、范围等均会随着主体条件、客观环境的变化而变化。公众群体随着问题的产生而形成，随着问题的解决而自然消失。例如，某超市中有部分顾客发现自己购买的商品质量有问题，回到这家商店来交涉，则彼此毫无关联的顾客因商品的质量、赔付问题联结起来，形成了这家超市的公众群体；等超市解决了顾客的问题，保障了他们的利益，随着他们的满意而归，这一公众群体也随之解体。

（五）可导性

一个社会组织的公众，总是与这个组织存在着某种利益关系。公众的意见、观点、态度和行为对组织有一定影响，而该组织的决策和行为也对这些公众具有实际的或潜在的影响力和作用力，制约着他们利益的实现、需求的满足，等等。由于公众的态度、动机和行动受到个体和环境两个因素的影响，所以公共关系主体经常可借助对环境因素的改变来达到逐渐影响公众态度和行为的目的，所以，公众具有可导性，这也是公共关系能够不断取得成功的原因。

三、公众的分类

从公众的定义和特点可以知道，公众有着广泛的含义和复杂的结构，一个社会组织要想有效开展公共关系工作，必须区别和选择公众，根据公众的内在规律性进行分类，使公关人员对各类公众进行了解、分析和判断，进而针对不同类型的公众，采取行之有效的策略，以取得较好的公关效果。

对于公众的分类，可以根据不同的标准从不同的角度来进行划分。常见的公众分类有以下几种：

（一）根据公众在社会组织环境中的分布划分

（1）内部公众。即组织内部的成员群体，主要包括组织员工、股东、董事会、顾问、员工家属等，社会组织与这些内部公众所发生的关系，便被称之为员工关系、股东关系等。

（2）外部公众。是指社会组织外部环境中所面临的公众，即除内部公众以外的其他公众。

在现代社会中，社会组织的生存和发展越来越依赖于其外部的公众环境，因此社会组织除了要处理好内部公众关系，同时还要处理好与外部公众的关系，以争取外部公众对组织的理解，建立良好的外部公众环境。外部公众主要包括消费者、社区、政府、媒体、同行组织、供货商、经销商以及突发事件公众等。社会组织与这些外部公众发生的关系，称之为顾客关系、社区关系、政府关系、媒介关系和协作者关系等。

对内部公众的公共关系工作，应视作组织公共关系的基础和重点。

（二）根据公众对组织的重要程度划分

（1）重要公众。是指对社会组织的生存和发展具有决定性影响和制约力的公众，如对于工厂来说，用户是重要公众；对于医院来说，病人是重要的公众；对于学校来说，学生是重要的公众。他们对于组织的生存、发展具有极其重要的影响力。从大的方面来讲，内部公众、顾客公众都是企业的重要公众；但具体而言，关键性的科技、管理人才又是企业内部公众中的重要公众。

(2) 次要公众。是指与社会组织不发生直接利益关系，但对组织的生存和发展有影响的公众，如对于企业来说，社区、政府、新闻媒体等，都是次要公众。

组织的公共关系工作必须突出重点，量入为出，合理地分配力量，以相对多的人力、物力和时间，尽可能地同首要公众搞好关系。同时，亦应兼顾次要公众，千万不可冷落、忽视他们。

（三）根据公众的稳定程度划分

(1) 稳定公众。是指具有稳定结构，与组织保持较为稳定关系的公众对象，如组织的员工、老客户、社区民众等。对于稳定公众，组织应尽可能地采取各种措施扩大其规模。

(2) 周期公众。是指那些遵循一定规律和周期而出现的公众对象，如旅游旺季出现的众多旅游者，春节前后许多地方的民工潮，每年暑假各类学校毕业的学生和招收的新生，等等。对于周期性公众，组织需要掌握他们出现的规律，未雨绸缪，提前采取措施，做好各项准备工作，确保对周期公众的接待和服务有条不紊、顺利进行。

(3) 临时公众。指因某些临时因素和突发事件而出现的公众对象，如地震、洪水等自然灾荒造成的受灾民众，突发的国际事件引起的抗议群众，等等。对于临时性公众，组织中的公关人员要随机应变、沉着冷静，妥善解决临时公众带来的问题，尽快控制局面，使其朝着组织所希望的方向发展。

（四）根据公众对组织的态度划分

(1) 顺意公众。是指对组织抱有好感，持肯定态度的那部分公众。
(2) 逆意公众。是指那些对组织缺乏好感，持否定态度的公众。
(3) 边缘公众。是指居于顺意、逆意之间，对组织的态度意向不明确的公众。

对持不同态度的公众，组织应在稳定、维系顺意公众的前提下，努力做好边缘公众的工作，使他们进一步掌握组织的有关信息，增进对组织的了解，促使他们逐步向顺意公众转化，增加顺意公众的数量。这是最有意义的工作，也是公共关系工作取得成效的关键。公共关系工作中最困难的是转变逆意公众的态度。对他们，我们应遵循"冤仇宜解不易结"的古训，耐心细致地做好矛盾的转化工作，努力化干戈为玉帛。

（五）根据公众的需求和价值取向划分

(1) 受欢迎的公众。是指那些所持态度符合组织的需要，正在或将会对组织产生积极影响的公众，如各类投资者、新老客户，关心、帮助组织的政府部门、新闻记者等。对于受欢迎的公众，组织适当开展一些公共关系工作，往往能起锦上添花，使双方关系更加协调和融洽的作用。

(2) 不受欢迎的公众。是指那些其行为和态度不符合组织的需要，正在或将会对组织造成消极影响的公众，如那些利用职权增加组织额外负担的行政机构和人员，对组织怀有敌意的新闻记者，等等。对于那些不受欢迎的公众，组织必须与他们保持一定的距离，并在必要时运用法律、行政和舆论的武器与之进行有理、有利、有节的斗争来维护自身的权益，调整双方的关系，避免使组织在各方面受到侵害。

（3）被追求的公众。是指那些组织需要，但他们自己却对组织缺乏了解，态度相对冷淡的公众，如社会名流等。对于那些被追求的公众，组织要抓住一切机会，精心策划特殊的公共关系活动，避免有太多的功利色彩，突出其社会和文化意蕴，引起此类公众的关注，逐渐与他们建立联系。

（六）根据公众的形成及其发展过程划分

（1）非公众。是指与组织不发生关系，也没有相互影响的个人、群体或其他组织。

（2）潜在公众。是指那些由于组织的行为有可能对之产生影响的公众。

（3）知晓公众。是指那些已了解组织的有关信息，并意识到自己与组织关系的公众。

（4）行动公众。是指那些已采取行动，对组织产生实际影响的公众。

明确非公众与公众的区别，可加强公共关系工作的针对性，避免使公共关系人员做无用功，造成不必要的浪费。掌握公众从潜在到知晓、再到行动的阶段性转变过程，可以使公共关系人员更准确地把握工作的时机、节奏，采取不同的对策，大大提高公共关系工作的有效性。

总之，上述公众分类的方法是相对的，可根据不同情况下公共关系工作的具体需要而灵活应用。

四、公众对象举要

任何一个组织都有自己特定的公众对象。不同的组织，其公众对象也是不完全相同的。在一般组织众多的公众对象中，有一些是特别重要的，他们对组织的生存与发展有着密切的关系和巨大的影响。组织应重视并努力搞好与这些公众的关系，以此为基础，才有可能构建和谐的公众关系网络与良好的组织环境。

（一）内部公众

内部公众既是组织内部公共关系工作的对象，又在组织的外部公共关系工作中充当主体。内部公众与组织的联系最为紧密，他们的利益与组织的利益有非常多的共同性，他们的态度与行为对组织各方面的工作有着最直接的影响，组织对他们也保持着较强的可控性和影响力。

组织加强同内部公众的沟通，可以增强自身的凝聚力、竞争力，进一步调动全体成员的工作积极性、创造性，为组织的对外公共关系和整体工作奠定稳固的基础。搞好内部公共关系，是组织强体固本的关键性工作，也是组织人力资源开发与管理的重要内容，具有极其重要的意义。

首先，做好内部公众的工作，创造良好的内部环境，有利于吸引和留住人才，形成相对稳定的员工队伍，使他们充分发挥自己的聪明才智和创造能力。

其次，有效的内部公共关系工作，可以在组织内部上下、左右之间建立更好的信息沟通，加强组织成员的协作意识、全局意识，有助于提高组织的管理水平和工作效率。

再次，使内部公众树立公共关系意识，开展全员公共关系，是组织对外做好公共关系工作的根本保证。

最后，成功的内部公共关系工作，要在创造组织良好内部环境的基础上，倡导平等、合理、亲密、富有活力的组织文化和精神，并使之逐步完善、稳定，形成组织的风格、特色和优良传统，以此来影响、熏陶和造就一批又一批优秀的组织成员，为组织的长盛不衰提供内在的动力。

（二）顾客公众

顾客公众是指购买、消费某一组织的产品或服务的个人、群体或组织，如某企业产品的用户、某商场的顾客、某宾馆的宾客等。消费者与生产经营者的关系是现代社会中最为普遍，也最为常见的关系，它们构成了无比丰富、广阔的现代市场。对于绝大多数组织而言，顾客都是自己最为重要的公众，同时，也是最不稳定的公众，顾客的有无和多少，决定着组织的存亡和兴衰。

良好的顾客公众关系具有多方面的重要作用：

（1）增进组织与公众之间的相互了解。当代社会的信息轰炸，使得信息的数量与其传播效果已越来越不成比例，过剩的信息不仅淹没了公众，也淹没了企业，使双方都无所适从、难以选择。因此，企业、组织需要通过公共关系，找到自己的顾客对象，培养更多的潜在顾客，让他们在认识和了解企业的产品或服务的同时，也进一步认识和了解企业员工、风格、特征、经营宗旨，企业的规模、环境、经营状况、业绩，等等，尽可能使顾客对企业产生比较深刻的印象，加深企业与公众之间的相互了解。

（2）加深顾客对组织的信任与好感。现在的顾客花钱购买的绝不仅是有形的商品，而是更需要得到某种精神上的满足、心理上的愉悦，甚至是情感上的慰藉。后者往往在很大程度上影响、支配着前者。所以，单纯的"我要你买"式的促销活动和营销策略已越来越不起作用。相反，平等、对话和朋友式的公共关系活动却能逐渐培养顾客对企业的信任与好感，使企业通过自己的员工与顾客建立情感上的交流，用一种无形的精神纽带来巩固和保持双方的联系。这是企业所做的最有价值的投入，必定可以得到顾客及其他公众最为丰厚的回报。

（3）有助于积极地影响和引导顾客，形成健康、合理的消费意识和行为，培育成熟的消费者群体和市场。"市场的成熟和消费者的成熟是同步发展的，没有成熟的消费者就没有成熟的市场，没有成熟的市场就没有成熟的企业。"可以说，是企业与成熟的消费者之间的相互作用，构成了成熟的市场。

企业在做顾客公众关系时，尤其要注意的是对顾客公众利益的积极维护，这不仅表现在对公众物质利益的主动捍卫上，也表现在对公众精神需求的满足上。

（三）媒介公众

媒介公众也称为新闻界公众，即指报刊、广播、电视等大众传播媒体，报社、杂志社、广播电台、电视台等新闻传播机构和记者、编辑、撰稿人、主持人等新闻界人士。有人认为，近年来异军突起的手机已成为"第五媒体"。

媒介公众具有最广泛的社会性,他们是现代社会舆论监督的代表和体现,任何组织都难免受到媒介公众的监督和关注。媒介对组织的态度和宣传报道的倾向性,对广大公众的舆论具有巨大的导向作用,能够对组织舆论环境的变化产生重要的影响。对于任何组织来说,媒介公众都具有特别重要的意义。所以,许多组织把与媒介公众搞好关系作为公共关系工作的首要任务。

好的媒介公众对企业有着十分重要的意义:

(1) 有利于形成良好的舆论环境。大众传媒的性质、功能和作用,决定了它们对任何一个组织舆论环境的变化都起着"成也萧何,败也萧何"的关键性作用。每一个组织都必须重视并努力改善、长期保持与媒介公众的关系,尽量使他们能以客观、友好的态度对待自己,使组织的有关信息能通过这些公正、善意的"把关人"之手,出现在大众传媒中,引导和影响公众,形成对组织有利的舆论环境。

(2) 好的媒介公众有助于有效地进行大众传播。组织要经常与分散于各地的公众进行沟通,必须借助各种现代传媒进行大众传播,但报刊的版面、广播、电视的播出时间等,都有严格的限制,属于相对稀缺的资源。所以,与媒介公众的关系直接影响到组织能否以比较低的成本,有效地通过报刊、广播、电视等大众传媒,进行最广泛、便捷的信息传播,与公众建立和保持必要的信息联系。

(四) 政府公众

政府公众即各级政府和职能部门及其官员、公务员。这是对组织最具影响力和社会权威性的一类首要公众。由于各级政府及其相关的职能部门代表国家进行社会管理,制定各项政策,运用不同手段来协调社会利益,保障社会的正常秩序,所以必然会对各类组织、企业都产生直接或间接的影响。

根据我国社会和政府行政管理体制的特点,组织要建立同政府公众的良好关系,应在努力做好自身工作,认真遵守国家法律、法规和政策,严格履行自身社会责任和义务的前提下,注意做好以下四个方面的公共关系工作:

(1) 积极主动地做好与政府公众,尤其是主管职能部门的联系和沟通。组织的领导者和公共关系人员应尽可能地利用各种会议、工作汇报、联谊活动等,经常与政府公众保持接触,进行联系,增进相互的了解。一方面使对方对组织有较深刻的印象和好感;另一方面使组织能够熟悉对方的工作职责、权限、需要、程序和个人情况,更有针对性地为之提供信息、安排一定的联谊活动,以便准确、适度地争取对方的理解、帮助。

(2) 积极参与社区和地方的建设事业。组织积极参与社区和地方的建设、发展各项公益事业,实际上也是对政府工作的支持和尊重,有助于政府社会管理功能更好地发挥和其政绩的形成,这对于改善政府公众与组织的关系同样具有重要的意义。

(3) 重视和加强对组织的宣传报道工作。组织重视自身的对外宣传报道工作,可以使政府公众更加经常地通过新闻媒介接触到关于组织的信息,及时了解组织对社会、国家和地方做出的贡献,在工作中取得的突出成就,涌现的先进人物,等等,使之对组织加深了解,产生好感,重视和关心组织的发展。

（4）组织应发挥自身优势，在政府工作遇到困难时，主动援之以手，为政府排忧解难。由于受经济发展水平和地方财力的制约，加之各种自然灾害、社会因素的影响，常常会使政府的工作面临各种难题。这时候，就需要发动社会力量，有更多的组织来扶危济困、替政府分忧。如2008年的雪灾和地震灾害中的抢险和灾后恢复重建工作，就离不开各类社会组织的积极参与。而一个组织在这种关键时刻，如果能雪中送炭、挺身而出，勇于承担责任，主动做出自己的贡献，就能够在社会上树立自身的良好形象，也有利于密切同政府公众的关系。

（五）社区公众

社区公众，简单地说，即一个组织的左邻右舍。凡是生活在同一个社区内的个人、群体或其他组织都是社区公众。尽管社区公众在身份、角色和工作性质上具有很大的差异和多样性，但是生活的地域空间上的同一性，又决定了大家彼此之间在关系上的密切性、相互影响的直接性。例如，一个企业的正常活动、合理举措，可能使社区公众普遍受益；而一旦其在工作中发生事故，出现异常行为，则不免使社区公众遭受"池鱼之殃"，直接影响甚至危及他们的生活和安全。

要建立和保持与社区公众的良好关系，组织一方面要自觉地关心、维护社区公众的利益，另一方面要努力为社区公众服务，做社区建设的模范，还要加强沟通，使社区公众增强对组织的了解与认同。

组织还可通过各种公共关系活动，以赢得社区公众对组织的理解和支持。国内外许多组织在这方面取得了不少成功的经验。

公共关系的目标公众并不只是包括以上几种，还有名流公众、国际公众等。各类不同的组织需要根据自身的特点具体分析研究。

第二节　公众的心理分析

心理，是感觉、知觉、记忆、思维、情感、意志及气质、能力、性格等心理现象的总称，是动物进化到一定阶段，出现了神经系统对周围环境变化的长期适应才产生的。最早出现的心理现象是感觉。后来，外界环境的急剧变化促使动物神经系统不断发展，继而出现了知觉、记忆、思维的萌芽。从某种意义上说，公共关系就是"公众关系"，分析公共关系心理要从分析公众心理入手。

一、公众心理与公众行为

影响公众行为的心理因素较多，包括感觉、知觉、需要、兴趣、价值观、性格、态度等。本章着重对以下几个心理因素进行分析。

(一) 知觉、社会知觉与公众行为

1. 知觉

（1）知觉的概念。知觉是人脑对直接作用于感觉器官的客观事物的各个部分和属性的整体反映。虽然，感觉器官以感觉的形式对物体的个别属性进行直接的反应，但是在现实之中，物体的个别属性并不能够脱离具体物体而单独存在。因此，物体的个别属性总是与整个物体结合在一起被反映的。刺激物以光、声等形式作用于人的眼、耳等感官。眼、耳等感官便将外界对象的个别属性的信息传递到大脑，于是，便产生了视、听等感觉。但是，这些原始的各种感觉属性是不足以说明人们实际上形成的那种有意义的和连贯的现实映像的，因为大脑是在经过对来自各器官所获得的信息进行加工之后，才形成知觉的。

（2）知觉的分类。①根据在知觉中起主导作用的感觉器官的特性，可把知觉分成：视知觉、听知觉、触知觉、嗅知觉等。观看一幅广告画，在用眼睛观察的同时，还伴随着眼肌的运动，但是以视觉分析器为主，因此属于视知觉。一般知觉都是对复合刺激的反映，往往有两种以上感受器起主导作用。例如，观看电视中播放的广告，视觉和听觉同时起主导作用，称为视-听知觉。②根据知觉所反应的事物的主观特性，又可分为空间知觉、时间知觉、运动知觉和社会知觉，以及错觉，等等。空间知觉反映物体的空间特性，如物体的大小、距离等。时间知觉反映事物的延续性和顺序性，常以某种客观现象作为参照物，如四季变化、钟表等。运动知觉反映物体在空间的移动。社会知觉是关于个体对客观事物社会性特征的知觉。错觉是指人们对外界事物不正确的映像，人们在知觉某个客观事物时，由于对象受背景的干扰或其他因素的影响，会产生对于该对象的错误知觉，这就是错觉。实际上，错觉是在特定条件下产生的歪曲的知觉。

2. 社会知觉

（1）社会知觉的概念。作用于人的信息有两大类：一类是自然界中的机械、物理、化学和生物方面的信息；另一类是由人的实践所构成的社会现象的信息，这包括担任社会角色并具有人性的人、人际关系和群体，以及各种社会结构和社会事件，等等。如果说后者是社会性信息，则前者为非社会性信息。对非社会性信息所形成的知觉，通常被称作物知觉，而对社会性信息所形成的知觉就叫作社会知觉。所以，社会知觉就是指个人在社会环境中对他人（某个个体或某个群体）的心理状态、行为动机和意向（社会特征和社会现象）做出推测与判断的过程。社会知觉包括三个方面的内容：对人的知觉（包括对他人和自我的知觉），对社会事件因果关系的知觉，对人际关系的知觉。

（2）社会知觉的特性。与对物的知觉相比，社会知觉有以下一些独特性：①认知对象的独特性。人能体验其内部世界，而物不能，所以社会知觉的主体可能同时还是社会知觉的对象。换句话说，社会知觉的对象是有意识的人、复杂的社会环境和人际关系，而人们对这些对象的知觉又是通过一些特殊的介质进行的。例如，通过他人的言行、表情、态度等来认识、判断。但是，无论是知觉的主体，还是知觉的对象，都会掩饰自己的内在动机，所以，人们的社会知觉判断常常是不准确的。②对他人行为的期望会影响社会知觉过程。社会知觉的主客体能够理解彼此间的行为对对方的利害关系，于是知觉者和被知觉者都可以有意识地操纵和利用彼此。当个体能够预测他人可能做出的行动时，他自己便可以预先计划自己的行动。因此相互间的期望会影响彼此的知觉。③社会知觉加工过程的特殊性。进行社会知觉也需要对知觉对象的各种信息加以组织和分类，但社会知觉往往根据他人的外表和行为进行概括和判断，而且在加工过程中，对信息的处理也更容易采用以点代面的策略。所以，个人的经验会严重影响社会知觉的过程。另外，人总是在不断地变化，人与人之间的差异很大。因此，获得对人的知觉要比对物的知觉更为困难。

（3）常见的心理定势。在现实生活中，人们往往容易受到各种偏见的影响而造成歪曲的社会知觉。常见的心理定势有：①首因效应。是指个体接触某事物后第一次留下的深刻印象。它既可能是在第一次接触中形成的，也可能是在后来的某次接触中形成的。但总的来讲，和从来没有接触过的人和事第一次打交道，人们总是给予更多的注意，印象一般都比较深刻。所以，第一印象大多是在第一次接触中形成的，但又不等于第一次接触。第一印象形成后，往往会造成"先入为主"的局面，除非有"近因效应"产生，否则将固执地影响着当事人今后的认知和行为。②近因效应。指在总体印象形成过程中，新近获得的信息比原来获得的信息影响更大的现象。如关系很一般的两个人突然遇到了相同的困难，于是通过一起努力，终于把困难解决了，这时，就算首因效应的影响再大，在这样的前提下，初次见面的印象也会被后来的好感所代替。③晕轮效应。是指个体根据不完全的信息而形成的对被知觉对象的整体印象和评价。通常是从对象的某种特征推及对象的整体特征，进而形成全盘美化或丑化对象的印象。其实质是以点概面，是一种逻辑性推理的错误，在公关活动中和首因效应一样普遍，带有强烈的主观色彩，往往导致一叶障目、只见树木不见森林。④经验效应。是指个体依据以往的经验进行认知、判断、决策和行动的心理活动方式。它在公共关系领域中最典型的表现是怀疑。因为过去吃过亏、上过当，再遇到类似事情时就迟疑不决，且喜欢用"吃一堑，长一智"来告诫自己，防止再次上当。在公关活动中，有时花费了大量的人力、物力、财力，但公众反映冷淡，得不到理想的效果，原因往往在于事前没有做好消除公众疑虑的工作，自己的意图没有被公众理解，结果是好心没有好报，甚至被误解，招来不必要的麻烦。可见，忽视公众的经验效应，仅凭良好的愿望是达不到公共关系活动的预期目的的。⑤移情效应。是把对特定对象的情感迁移到与该对象相关的人或事物上来的心理活动现象。表现为人情效应和物情效应两种形式。前者指以人为情感对象而迁移到相关的人或事物上的效应，如因喜欢某个明星，就连带喜欢和他长相相似的人或他推荐的商品。后者是指以物为情感对象而迁移到相关人的身上的效应，如因十分喜欢某人送的东西而连带喜欢送礼的人、因闻不得香烟的味道而讨厌所有吸烟的人等。

（二）需要与公众行为

需要是指人们在生理或心理上的匮乏状态，即感到缺少些什么，从而想获得它们的状态。需要和人的活动紧密联系在一起。人们购买产品，接受服务，都是为了满足一定的需要。一种需要满足后，又会产生新的需要。因此，人的需要决不会有被完全满足和终结的时候。正是需要的无限发展性，决定了人类活动的长久性和永恒性。

美国人本主义心理学家马斯洛将人类需要按由低级到高级的顺序分成五个层次或五种基本类型：①生理需要。即维持个体和人类繁衍而产生的需要，如对食物、氧气、水、睡眠等的需要。②安全需要。即在生理或心理方面免受伤害，获得保护、照顾和安全感的需要，如要求人身健康、安全、有序的环境，稳定的职业和有保障的生活，等等。③归属和爱的需要。即希望给予或接受他人的友谊、关怀和爱护，得到某些群体的承认、接纳和重视的需要，如乐于结识朋友、交流情感，表达和接受爱情，融入某些社会团体，并参加他们的互动，等等。④自尊的需要。即希望获得荣誉，受到尊重和尊敬，博得好评，得到一定的社会地位的需要。自尊的需要是与个人的荣辱感紧密联系在一起的，它涉及独立、自信、自由、地位、名誉、被人尊重等多方面内容。⑤自我实现的需要。即希望充分发挥自己的潜能，实现自己的理想和抱负的需要。自我实现是人类最高级的需要，它涉及求知、审美、创造、成就等内容。

在公共关系中，公关人员分析公众的需要，了解不同公众的不同需要，可以为顺利开展公共关系活动创造条件。作为公关人员，要搞好对公众的管理，发挥其积极因素，必须关心公众的需要，在调查研究和综合分析的基础上，做到逐步、合理地解决，这样才能激发起公众的自觉行动。

组织与公众的联系，最频繁、最重要、最广泛的莫过于在市场上与消费者的接触。从产品投入销售乃至售后服务，每个环节都与组织的声誉息息相关。要使公众了解组织并对其产生信任，实现相互支持合作，组织就必须根据消费者的心理特点，认准不同消费者的不同优势需要。在销售的不同阶段，有所侧重地运用各种公共关系手段来促进销售工作。另外，社区公众也是组织十分重要的公众。组织要与社区进行沟通，建立良好的关系，就必须清楚地了解社区公众的需要，尤其要了解那些占主导地位的优势需要。例如，在环境保护的需要方面，由于组织所在的社区同时是成千上万公众居住、生活的区域，所以社区的环境如何，将直接关系到社区公众的生活和健康。社区公众最基本的心理需要就是能够有一个洁净、安全的环境，他们最大的愿望是社区内的组织不要污染社区环境。如果社区内的组织能满足公众的这一心理需要，社区公众就会较容易接受这些组织，不会对这些组织产生厌恶情绪。同样，一个社会组织在处理与员工的关系时，既要满足员工物质层面的需要，又要满足员工自我发展的精神需要，才能最大限度地调动员工的积极性。

（三）性格与公众行为

性格是对客观现实稳固的态度以及与之相适应的习惯化的行为方式，是个性中最核心的心理特征。与气质相比，性格主要是在后天环境的影响下形成的，是社会实践的产物，且会随着环境的改变发生一定的变化。

性格具有多种成分，这些成分的不同组合，形成了不同的性格类型，如活泼型、平和型、完美型和力量型。

（1）活泼型。属于此类性格的人，善于自我表现，喜欢与人交往，注重人际关系的协调。缺点是由于过分注重自我表现，容易忽视他人的感受，没有耐心倾听，也不善于倾听。这种性格的人是优秀的演讲者，但却不是合格的听众。

（2）平和型。这种性格的人对人生总是有一种满足感，既不苛求自己，也不苛求他人，因而不会对周围人构成威胁。加上善于倾听和帮助别人，常常有良好的人际关系。不足之处是不愿主动表达自己的观点，不善"纳谏"，行为表现有时显得比较固执。

（3）完美型。属于完美型性格的人，在生活中事事追求完美，做人做事都不愿留下任何遗憾。但过分追求完美，有时会变成对别人的一种苛求，对自我信心的一种伤害，结果是好心办坏事，对人对己都不利。要知道，在这个世界上，完美无缺是难之又难的，而且，从某种意义上说，缺陷本身也是一种"美"。

（4）力量型。此类性格的人以追求成功为人生第一目标，不重视人际关系的协调。其行为方式往往给周围人造成巨大的心理压力，使人敬而远之，因而容易成为"孤家寡人"。

一个组织的公共关系人员对待公众，特别是对待内部公众，不能仅仅满足于了解他们的性格，而且应该积极创造条件，让他们的性格向着积极、健康的方向发展，努力在组织内部营造一个良好的、有利于其成长的公关环境。

（四）态度与公众行为

（1）态度的概念。态度是人对某因素（人、物、事）的全面而稳定的评价。态度是人们在认识和行为上相对固定的倾向，是个人对某一对象所持有的评价与行为倾向，是心理向行为过渡的临界点，是行为的准备状态。

（2）态度的构成。态度由以下三个成分构成：①认知成分。认知是指一个人对态度标的物的知觉、信念与知识。这些认知往往来自于对态度标的物的直接经验或其他相关的信息来源。认知一般常以信念的方式出现，也就是公众会认为态度标的物具有某些属性，因而若采取特定的行为则会导致某一特定的结果。②情感成分。情感是指一个人对态度标的物的整体感觉与情绪。通常情感具有整体评估性，也就是情感能表达出一个人对于态度标度物的直接与整体评估。这样的情感描述往往是"有利的"、"不利的"；"好的"、"不好的"；"愉快的"、"不愉快的"。研究指出这种情感成分可以强化与扩大正面或负面的经验，而这些经验会进一步影响消费者心中的想法与其行为。③行为成分。行为是指一个人对态度标的物的行动意图。行为意图一般指的是一个人针对某一态度标的物，采取某一方式来行动的可能性与倾向。

（3）影响和改变态度的因素。态度的改变包括态度的一致性改变（指改变原有态度的强度，是态度"量"的改变）和态度的不一致性改变（是态度"质"的改变）。态度的形成与改变主要受到如下因素的制约：①社会因素。社会因素的作用是强有力的，只要新出现的事物有利于社会和个人身心的发展，它就迟早会被接受。②团体因素。团体因素大小取决于个人与团体的关系。③宣传因素。宣传因素影响着被宣传者态度的形成和改变。④个性因素。个性因素包括个性倾向性因素和个性心理特征两个因素。如外倾性的公众较内倾性的公众容易改变态度，反之不易改变。

霍夫兰的说服模式认为人的态度改变主要取决于以下几个因素：

第一，说服者的条件。这是指说服者的品行修养、人格魅力、说服水准以及说服者的立场观点。一个品德高尚、普遍受人尊崇、有很高的思维转化和语言感应能力、并且能站在客观、公正立场上的人，比声誉威望一般、说服能力平平、光为己方利益考虑的人，更能引起更多人对某一问题的态度改变。

第二，信息的说服力。这是指信息本身是否具有被大众所接受的功力。一般来说，正面的、明确的信息容易被大众接受；负面的、隐晦的信息则很难被大众所接受。但对那些有争议的信息，尤其要做好"公共关系"工作。霍夫兰认为，如果被说服方本来就赞同说服者的意见，只讲正面理由可以坚定其原有的态度，如果被说服者原来反对说服者的主张，这时把正反两方面的理由都说出来，效果会更好。如果对方受教育程度高，说出正反两方面更为有效；如果对方受教育程度低，则应该多讲正面的好处，而不宜讲反面的坏处，如果坏处讲多了，他们非但不能接受，反而会拒绝你的宣传观点。因此，"公关"能否到位，除了信息本身的说服力外，还要讲究说服过程中的说服方法。

第三，问题的排列技巧。问题的排列秩序在改变公众的态度时也显得很重要，哪些问题先说，哪些问题后讲，其顺序的安排得讲究技巧。例如，在农村纠纷调解中，应该先将调解各方认为正确的问题提出来，而不是一开始就将双方的错误问题摆出来。这样做的目的在于使各方都认为调解者与自己有共同观点，为进一步的达成共识打下基础。

（五）从众与公众行为

从众是个人在群体压力下，放弃自己的意见，转变原有的态度，采取与大多数人一致的行为，俗称"随大流"，是公共关系活动中常见的一种公众心理现象。社会心理学家认为，它是个体试图寻求解除自身与群体之间冲突、增强安全感的手段。在群体内部，当个人的意见和行为与多数成员不一致时，就会产生一种心理上的压迫感。这种实际存在的或头脑中想象的压力会促使个人产生符合群体要求的行为和态度，个体不仅在行动上表现出来，而且在信念上也改变了原来的观点，放弃了原有的意见，从而产生了从众行为。

从众行为在怎样的心理状态下容易出现呢？美国学者 C. A. 基斯勒从个体的角度提出了从众行为产生的四种需求或愿望：与大家保持一致以实现团体目标；为取得团体中其他成员的好感；维持良好人际关系的现状；不愿意感受到与众不同的压力。

群体压力主要指社会舆论、集体心理气氛和群体意识。群体中的任何人都不愿意让别人视自己为异端，心理上更难以忍受大多数成员对自己的疏远和孤立。这种无所归属、无所依附的失落感，是群体压力对个体施加的最直接、最强悍的威胁。而随大流、人云亦云总是安全的、不担风险的。所以，不少人在现实生活中喜欢采取这种行为，以求得心理上的平衡，减少内心的冲突与不安。从这个意义上讲，群体压力对改变个体行为的作用，有时比权威命令还要大。这就提醒公关主体要认真研究公众的从众行为，在组织内部营造一个良好的集体心理气氛和群体意识。

（六）逆反心理与公众行为

逆反心理是一种背离群体心理的个体心理。由于逆反心理所引起的社会现象在现实生活中比比皆是，公共关系人员经常会在工作中碰到这样的状况，所以有必要在日常公关工作中加强对公众逆反心理的分析。公共关系是要与各类公众处理好关系，引导不利于组织的行为和行为趋势。因此，任何一个组织必须分析并掌握公众的逆反心理，以便消除这种心理对组织的不利影响。

（七）流行心理与公众行为

流行心理，是指短期内在人群中相互感染、不久即自然消失的一类心理现象。最典型的表现形式是时尚、流言、骚乱。

1. 时尚

时尚是指一定时期内在社会上迅速传播或风行一时的生活样式，是一种群众性的社会心理现象，具有新奇性、短暂性和循环性等特点。

时尚法则是同中求异、异中求同。同中求异，指的是人们不满足已有的生活样式，想在某个方面有所突破，这是时尚形成的心理上的起始原因；异中求同，指的是当一种时尚和原有的处于疲软状态的时尚出现差异时，人们生怕成为落伍者，生怕被人轻视而向新的时尚趋同。同中求异和异中求同都显示了人们对新生活的向往和追求，但前者带有创造性，后者带有盲从性。

在公共关系活动中，时尚往往为人关注，但这种关注常常是在时尚形成之后，而不是在时尚将起之前，所以还是被动的，老跟在时尚背后转。要想创造和保持良好的公共关系主体的形象，就要了解同中求异、异中求同的深刻含义，开拓创新，把握公众时尚心理特点，做到"人无我有，人有我好，人好我新"。

2. 流言

流言是指提不出任何信得过的确切的依据，而在一定社会成员中广为传播的一种特定的消息。流言的产生主要是由于人们认识上的偏差所致，其广为传播则是基于人的一种心理需求，有时并无主观恶意。即便如此，流言仍具有巨大的煽动性和杀伤力。由于流言传播的途径主要是口耳相传，所以它往往会扩张和变形，使之越来越离奇；反过来，离奇的内容又更吸引人。因而它能使本来被关心的问题更加被关心，使本来不被关心的问题成为被关心的问题。若流言的内容指向公关主体，则可能使其在一夜之间身败名裂。

流言的形成和传播主要是基于心理上的原因：人们平时观察事物、记忆事物，往往不够细致，总会有所遗漏、颠倒，甚至张冠李戴；在与他人交往过程中，也可能对于对方的某些含糊、曲解之言词，凭自己的经验来理解、自圆其说，致使外界信息失真、失实、遗漏。再加上受自己愿望、恐惧、忧虑、怨愤等情绪作用，所以当他把自己耳闻目睹的事件转告他人时，就有可能不知不觉地对信息进行了歪曲。于是无根据的流言也就随之而起。听流言的人，由于对其中有些内容比较容易引起注意和兴趣，留下了较为深刻的印象，经他再次传播时，就会强调其印象深刻的部分。就这样，流言在传播过程中，经过众人的添油加醋，遗漏掉了许多具体的细节，流失了许多信息，内容越传越离奇、越传越变形，当达到一定程度——人人皆知时，逐渐自然消失。

关于流言的成因，美国心理学家 G. 奥尔波特用公式 $R = i \times a$ 来说明。i 表示公众对事件的关注程度，a 表示事件本身的暧昧程度。流言是由两者的合力决定的。只要其中的任何一个因素不存在，流言都不会产生。对公关主体而言，在绝大多数情况下，都无法控制公众对事件的关注程度，但却可以通过自身的努力降低事件本身的暧昧程度，增加透明度。所以，制止流言最有效的手段是澄清事实，使真相大白于天下。

3. 骚乱

骚乱是指在某一特定场合或局部范围内发生的扰乱和冲击社会正常秩序的群体行为，是一种暂时的无政府状态。具有突发性、发泄性、交互感染性、破坏性和短暂性的特点。

一般来说，骚乱发生和发展的心理过程包括躁动、激动、疲惫、平静等几个阶段。躁动是心理上的浮躁不安，是自我表现的欲望受挫时的一种心理表现。它犹如被关在笼子里的兔子，随时都在寻找突破的机会。所以躁动是心理上的准备状态，是潜藏在骚乱背后的心理定势。激动是因某种外部刺激而激发出来的强烈的情感反应和兴奋状态，如愤怒、不平。躁动心理遇到外部刺激特别敏锐，此时骚乱已处于一触即发之际。激情是强烈的、短暂的、爆发式的情感状态。处于激情状态中的人理智受到障碍，自我控制能力减弱，加之由于群体间的激烈互动而产生的交互感染作用，使得个体原来受到挫折的自我表现欲望得到尽情发泄。此时骚乱行为发生并迅速达到高潮。随着发泄高潮的到来，激情开始消退，心理上开始疲惫，骚乱接近尾声。最后躁动能量发泄完毕，欲望得到满足，心理变得轻松，开始恢复平静，骚乱结束。

很明显，骚乱作为冲击或扰乱社会正常秩序的群体行为，其破坏性相当大。如何防止骚乱和给予疏导，不仅是政府的责任，也是组织团体的责任。无论是内部公众的骚乱还是外部公众的骚乱，都对公共关系工作、对组织的社会形象产生严重的后果。特别是当前我国社会正处在转型期，现实中不合理、不公正的现象大量存在，公众内心积存着一定的躁动能量，公关主体若无视这一社会现实，随时都有可能引发骚乱，成为公众发泄心理能量的"替罪羊"。

二、认知公众心理的方法

对公众心理的认知是指对公众的心理状况、行为动机和意向做出推测与判断的过程。它是公关主体与公众进行心理沟通、对公众心理施加影响的前提，具有十分重要的意义。

（一）认知公众心理的一般方法

1. 从静态的角度认知公众心理

人的认知遵循由表及里、由外而内这一规律，对公众心理的认知也不例外。公众的相貌、体形、肤色、发型、服饰等外观上的差异构成了公众的外部特征，这些特征虽然是静态的，但却在某种程度上反映了公众个体之间的心理差异，是认知公众心理不可忽视的因素。

相貌是由五官构成的，它既具生物性，又具社会性。一看相貌，就知道有的人老练，有的人幼稚；有的人不怒自威，有的人怒而无威。当然，相貌更多具有生物学特性，仅仅是认知公众心理的一个外在因素，若过分夸大其作用，就会犯"以貌取人"

的错误。

体形、肤色同人的相貌一样，也在某种程度上反映个体的心理特点。人们常说"心宽体胖"、"奶油书生"、"黑脸大汉"等，就形象地说明了体形、肤色与个体心理特点之间的关系。国外有人把人的体形分为三类：肥胖型、健壮型和瘦弱型。认为肥胖型的人是"内胚"发达者，即消化器官和其他内脏器官发达，所以体形浑圆、为人随和、喜欢享受；健壮型的人是"中胚"发达者，即骨骼、肌肉及结缔组织发达，一般精力充沛、冲动好斗、喜欢冒险；瘦弱型的人是"外胚"发达者，即神经系统和皮肤组织发达，一般个性内向、多思善虑、行动谨慎。上述观点虽然值得探讨，并且有些明显失之偏颇，但仍可证明人们力图揭示体形与人的个体心理之间的某种联系。当然，如果把体型与肤色看作人的个体心理的一种标志，排斥诸如疾病等其他因素，那也未免失之偏颇。

发型和服饰是现代生活中表现公众个体心理的主要手段，是对自身容貌、体形进行加工修饰的最简单最常见的方法。一个人是不修边幅还是重视仪容，是善于修饰妆扮还是不施脂粉不善梳妆，这与他的心理特征、心理倾向性直接有关。所以说，发型和服饰是认知公众个体心理最直观，且最容易做出判断的一个因素。俗话说，"头发是人的第二面孔"，发型的变更能在一定程度上改变人的容貌，尤其是女子发型的变换有时更能使容貌几乎判若两人。"服装是人性格的显示剂"，性格内向的人，一般情况下不会穿个性张扬的服装；内心伤感、忧郁的人，也不会穿颜色太绚丽的衣服。

总之，相貌、体形、肤色、发型、服饰等因素构成了公众的外部特征，它们相互联系、互为补充，共同揭示公众个体的心理特征。在公关活动中，对这些因素进行全面观察、综合分析是十分必要的。

2．从动态的角度认知公众心理

人是社会动物，其心理的产生和变化更多的是通过言语、动作、表情等动态要素表现出来。

（1）言语是说出来的话，它能够反映说话者当时的心理状态，即平时所说的"言为心声"。因此，公众的言语为组织认知他们的个性心理提供了更可靠的凭据。

一般说来，公众的言语表达方式有三种：①直陈式。有什么说什么，这是最直接地表现自己的兴趣、需要、价值观等心理倾向性的方式。②婉言式。由于某种原因而不愿坦率直言，而采取委婉的言词，这是间接地表达自己心理倾向的方式。③反话式。明明反对却说不反对，明明同意却说不同意，这是从反面表达自己的心理倾向性的方式。一般来讲，胆汁质的人说话不会拐弯抹角，多用直陈式；多血质的人比较灵活，说话善用婉言式；抑郁质的人敏感、心细，说话往往习惯用反语的方式。此外，现实社会的复杂性以及人的自保本能，也是公众在说话时不愿直抒己见的原因。因此，不仅说话是一门艺术，听话更是一门艺术。听话不仅意味着要听懂说出来的话，而且意味着要听懂没有说出来或不便说出来的话，即所谓的"弦外之音"。也许正是由于"学会听话"比"学会说话"更难，大自然才造就了人类有两只耳朵，但却只有一张嘴。

（2）动作是构成行为的基本单元，所有的行为都是由一连串动作组成的。作为一种无声语言，动作所表达的信息和所显示的意义要比有声语言多得多，而且也深刻得多，能更具体、更生动、更真实地反映公众当时的心理状态和内在素质。动作主要包括手势、表情、体姿等。手势是通过手和手指活动所传递的公众个体心理信息，手势语包括握手、招手、摇手、搓手、握拳、击掌以及指点、数数等手指动作。手势作为反映心理活动信息的传递方式，先于有声言语而发生，所以手势语在日常生活中使用频繁自如，范围广泛。人们常以握手以示友好与欢迎；以不停搓手表示为难和着急；以紧握拳头表示意志的坚定或愤怒一类强烈情绪；以频频捶胸表示悲伤；以拍桌捶腿表示高兴。手势在揭示公众的个体心理特征时，能增强情感色彩。

（3）表情是通过面部器官、肌肉的运动所传递的公众个体心理信息，它包括目光、微笑、皱眉、蹙额、张嘴、吐舌等眼、眉、鼻、额、腮、唇、嘴、舌等各面部器官的动作。目光是交际上通过视线接触所传递的信息，又称眼神。俗话说，"眼睛是心灵的窗户"，目光是人类深层心理活动的一种自然表现。科学研究发现，眼睛实际上是大脑在眼眶的延伸，眼球底部有三级神经元，就像大脑皮质细胞一样具有分析综合的能力，瞳孔的变化（放大或缩小）、眼球的活动（活动次数的增减）和眼睑肌运动（睁眼和闭眼）等又直接受脑神经支配。因此大脑发生的心理活动会很自然地反映在眼中。眼睛是人类五感（视觉、听觉、嗅觉、味觉、肤觉）之中最敏感的，它可概括大约70%的感觉领域。此外，眼睛的肌肉是极其纤细的，所以每一种目光都具有与其他目光不同的区别特征。

目光主要包括视线接触的长度，即视线与事物或人接触时停留的时间；视线接触的向变，即视线与事物或人接触的方向，它形成视线停留的部位；视线接触中瞳孔的变化，即瞳孔的放大或缩小。交际上人们常常会以注视、凝视以示态度的真诚，以眼神的闪烁不定或故意回避视线接触来表示不愿作深度交往或不愿交往。总之，公众的个体心理特征、喜怒哀乐等都会从目光中微妙地表现出来。

心理学家告诫人们不要为表情、手势、体姿的假象所迷惑，因为当有人不愿让对方察觉自己的内心时，也会故意显示某些表情、动作。因此他们提出如下四条区别真伪的原则：离脸部越远发生的动作越真实；越不自觉的动作越真实；越不明确的动作越真实；越不自然的动作越真实。用这四条原则来检验人们的言语和动作的真实性，一般而言能达到准确地认知公众心理的目的。

此外，一个人的起、坐、走等姿势，也可以反映其性格、心理、心情、态度等方面的信息，反映出与他人的关系。一个人站立时两手后背、挺胸昂首，可反映其习惯于发号施令，信心十足，有较优越的身份地位；一个人站立时，两臂放在身前，两手相握，反映出这个人谦恭、谨慎；站立时身体弯弯曲曲，倚靠在墙上或门框上，手插进衣袋里，表明这个人生活比较随便、闲散。一个人的坐姿也可以反映其心态。身体斜靠在椅子背上，跷起二郎腿，有一种居高临下的优越感；身正直，稍向前倾，双手放在膝上，反映出这个人谦恭；坐的时候两腿紧贴，双手紧握，反映出紧张不安的心情；等等。一个人走路总是急匆匆的，说明他性情比较急躁，性格开朗热情；走路总慢吞吞的，说明他性情内向消沉，或悠闲缓慢；走路又蹦又跳，轻快急促，说明心情愉快。

(二) 认知公众心理的具体方法

1. 调查研究法

通过调查研究法认知公众心理，指应用多种调查手段收集公众的心理行为信息，然后通过对这些信息的分析、比较、归纳、演绎、综合等方法处理，探知公众的心理特性。具体的方法包括访问调查、问卷调查、观察调查、实验调查等。

2. 社会角色分析法

社会角色分析法即从社会角色的角度划分公众类型并研究其心理特性。比如，从性别角度可以把女子的心理特征从总体上概括为心细、温柔、善记、固执、感情丰富、自制力弱等；而男子的总体心理特征则可以概括为粗率、刚强、独立、务实、好表现、善于推理等。再比如，青年人的心理特征总体上是开放、好强、偏激、易变，而老年人则相对保守，且过分关注年龄，因而容易产生孤独、寂寞和怀旧心理。

3. 心理定势推断法

一定范围内的人群由于社会历史、文化、政治、经济等因素的综合作用，会形成独特的心理特性并表现出相应的稳固性。例如，北京人讲"面子"，上海人求实惠，山东人直爽，浙江人机灵。由于这些群体在文化价值取向、审美标准等方面都有各自不同的习惯心理，因此他们的行为方式也表现出极大的差异。通过研究这些心理定势，可以推出不同地域文化背景下具体目标群体的心理特征。

4. 行为观察法

行为是一个人长期在社会生活中形成的习惯和在具体事态中的表现。认知公众不仅要视其貌、听其言，更要观其行。公众的行为往往是在不同的社会背景、不同的交际对象、不同的行为目的、不同的情感状态、不同的文化习惯条件下发生的，因而对公众行为的认知要比对其相貌、言语的认知更加复杂，需要具体问题具体分析。但一般来讲，一种气质类型或一种性格类型在现实生活中所表现出来的行为模式是比较固定的，只要认真观察，还是能够弄清楚它们之间的区别。例如，属于胆汁质类型的公众，其行为容易冲动，对自己说的话不会动摇，不易改变自己的决定。和这类公众打交道，要十分注意自己的言语和态度，语言要和善友好，不要刺激他们。属于多血质类型的公众，其性情活跃，动作灵敏，行为多表现为乐于和别人打招呼、话多，善于与人沟通，形成决定快，主意改变也快。属于粘液质类型的公众，其行事动作比较缓慢，慎重仔细，沉默寡言，不到万不得已，决不向别人开口。属于抑郁质类型的公众，表现为千思万虑，一丝不苟，对人的需求富有同情心。

(三) 影响认知公众心理的因素

公众的心理是可以认知的，但又有一定的难度，这就成为衡量公关主体及公关从业人员能力的分水岭。影响认知公众心理的障碍有主观因素，也有客观因素。

1. 主观因素

（1）认知者缺乏认知公众心理的愿望和积极性。有些社会组织和公关从业人员还没有彻底从"关系社会"中解放出来，错误地认为公关就是"攻官"，只要把少数几个官员摆平，什么事情都不难办。因而把公关视为走过场、作秀，根本没有把公众放在眼里，当然也就没有认知公众心理的积极性。

(2) 认知者的认知能力有限。由于兴趣、需要、价值取向和自我意识等心理倾向不同，气质、性格等心理特征不同，情绪、情感不同，文化和知识掌握的程度不同，经验、期望不同，等等，认知者的认知能力都是不一样的。有的视觉特别灵敏，能通过一棵小草轻微的抖动识别出风向，有的则比较迟钝，听到雷鸣闪电方知天要下雨。在公共关系活动中，前者会创设一定的情境让公众露出"庐山真面目"，后者只会让特定的情境和公众设置的障碍蒙蔽，等到真相大白才知道自己上当。所以即使有认知公众心理的良好愿望和积极性，没有相应的认知洞察能力也是不行的。这也是对组织团体知人善任能力的一种考验。

(3) 认知者的认知偏差。个体在认知他人时，常常是推己及人，以为他人也具备了与自己相似的特征（心理学将这种现象称为投射效应）。尤其当对方的某些身份特征如年龄、职业、籍贯、性别、社会地位与自己相同时更加如此。富于攻击性的人，认为别人也生性好斗；疑心重重的人，认为别人也不怀好意；想当官的人，总是认为自己周围的人个个都是削尖了脑袋往上爬，从而为自己树立了无数想象中的对手。由于投射效应，个体认知他人往往会发生人格歪曲，发生偏见。美国学者A. 希芬鲍尔在1974年做了一个试验：通过放映喜剧或令人讨厌的录像来赋予被试者一定的情绪，然后再让被试者判断一些照片上的人的面部表情，被试者往往会根据自己当时的情绪状态来判定他人照片上的面部表情。此外，心理定势的普遍存在及其作用，也会导致认知偏差。由于某种心理定势过强，造成了自我设置的障碍，犹如戴上了有色眼镜，使自己的辨别分析系统失灵。所以，公共关系人员在认知公众时要特别注意消除投射作用及心理定势的影响，以便真正以客观、公正的态度认知公众，了解公众的渴望与需求，以免导致认知过程的重大偏差及由此造成的公共关系活动决策的失误。

2. 客观因素

(1) 公众心理的复杂性。俗话说，"知人知面不知心，画虎画皮难画骨"。公众的心理是内在的，受意识、意志的控制，表现十分复杂。虽然可以从静态、动态的角度去认知，但仍然存在一定的难度。特别是认知那些相对比较内倾、控制心理外露阈值较高的公众，难度更大。事实上，在现实生活中，人或多或少都有自我防御的心理，除非是对特别熟悉的对象，一般不愿袒露自己的心胸。公关活动中的主客体双方熟悉程度有限，公众的防御心理会更强，这也为认知增加了难度。

(2) 公众心理的多变性。公众心理虽然有一定的稳定性，但由于受舆论、情境等因素的影响，又呈现出多变性，有时就像"七月的天、小孩的脸"，说变就变。认知者若没有足够的心理学知识和应变能力，就很难认识和把握这种变化，常常会因此感到不知所措。

(3) 公关事件的突发性。在公共关系工作中，需要应对和及时处理的问题，有相当一部分是由突发性事件引起的。这些问题很可能是公关主体和从业人员以前从未遇到过的，缺乏相应的经验和心理准备。这也是造成认知难的一个客观原因。

总之，认知公众心理的过程充满了各种障碍，其中既有来自主观方面的，又有来自客观方面的，但大多通过努力都是能够克服的，关键是认知者要有认知公众心理的强烈愿望，要有克服各种困难和障碍的勇气和毅力。

三、影响公众心理的方法

从心理学的角度讲，公共关系活动的最终目的是为了对公众的心理施加影响，从而巩固、改变公众的某些态度。

（一）影响公众心理的意义

对公众心理的影响是指公关主体运用各种公关方式影响公众心理，促使公众形成或改变一定的态度。是公共关系活动的最高层次和最终目的。

1. 通过一定心理影响方法巩固公众原有态度

公众接受来自公关主体的影响，一般并非希望通过它来改变自己的原有态度，相反，是希望获得它的支持或证实自己原有态度的正确性。而公关主体对公众施加影响的着眼点是自身的利益，并非总能满足公众的这种愿望和动机，因而往往给公众带来不快的信息，造成他们心理的冲突与压力。这时，公众有可能拒绝接受公关主体传递的信息，甚至在选择性理解的作用下曲解这些信息，造成误解与麻烦。所以，影响并非一味强调改变公众态度，而更多的是通过提供新的事实来证实公众原有态度的正确性，以巩固其原有态度。

2. 通过一定心理影响方法改变公众原有态度

如前所述，公关主体期望的公众态度和公众实际态度往往会产生不一致，公关主体和客体关系本身就是既对立又统一的矛盾关系。从心理学意义上说，公关活动就是要通过影响公众心理，让公众认同组织观点和态度，改变其原有观点和态度，以创造组织发展的良好环境和氛围。从这个意义上说，通过影响改变公众态度比之于巩固原有态度更为重要。公关通过传播沟通塑造组织形象，实质上就是通过对公众心理施加影响，从而达到组织目标。

（二）影响公众心理的方法

由于公共关系活动中面对的大多是群体公众，无论是巩固其原有的态度还是改变其原有的态度，对公关主体而言，都不是一件容易的事情，需要讲究方法。

1. 劝导法

劝导是指劝导者通过有意识地发出一定的信息，使对象理解和接受自己观点的过程。它是影响公众心理最主要、最直接的方式。

劝导有三个基本要素：劝导者、劝导过程、劝导对象。公关主体要想获得良好的劝导效果，首先要提高自身（劝导者）的可信度。可信度是受者对劝导者的信任程度。劝导者的可信度越高，对受者的劝导效果就越好，二者成正比关系。其次要把握劝导对象的特征。一是应该对具有不同人格特点的对象加以区别，以采取不同的劝导方式和方法；二是分析确定对象现有态度与宣传目标的差距。每个人都有能够接受的意见范围和不能承认的意见范围，前者称接受范围，后者称拒斥范围。因而对接受者进行和其立场过于背离的劝导，是难以期望其发生态度变化的。要使劝导取得效果，需了解对象原有态度，并制定相应的劝导策略。再次要重视劝导过程，切忌急功近利。社会心理学的"对抗理论"指出，人们都喜欢自由地支配自身的活动，不愿听从指挥、受人摆布。当他们感到自主权受到损害时，就会激起对立情绪，甚至采取对抗的形式争取恢复自由。而劝导本身就带有"干涉他人"的嫌疑，其过程大多充满矛盾和曲折。当人们觉察到他人在有意识地说服自己，往往在心理上产生警觉和抵制，特别是当被说服对象存在心理或情感障碍时，劝导的过程将更加复杂和艰难。若劝导者急功近利，不做好劝导前的充分准备，不认真研究劝导的艺术，其结果必然以失败告终。

劝导的方法有许多，下面主要介绍四种：

（1）流泻式劝导。指以告知为主的宣传形式，一般没有严格的对象范围，没有特别针对性，只具有一般宣传意图，即广而告之、广而导之。

（2）冲击式劝导。指以说服为主要形式的专门性劝导方法。有明确的宣传对象和具体宣传意图，针对性强，冲击力大。在公关宣传中，这种劝导形式多用来转变公众态度、化解具体矛盾。

（3）浸润式劝导。指通过影响具体目标公众的周围舆论，在潜移默化中对公众的心理产生影响。这种劝导方法不易形成表面对抗，作用较缓和、持久。

（4）逆行式劝导。指少数人对多数人或下级对上级进行的劝导方法。公关工作中经常会有这种情况，比如因误解或其他因素导致组织处于不利的舆论中，这时劝导公众转变态度就像逆水行舟一样不易；公关部门有时也需要劝导决策者改变主意，这也是不易的。

2. 暗示法

暗示是指在无对抗的条件下，以间接、含蓄的方式向公众传递思想、观念、意见、情感等广义信息，对公众心理和行为产生影响，使之自然接受暗示者的意见、观点或按暗示的方式去行动。

暗示是一种含蓄、委婉的提示，它引而不发、含而不露，比劝导法更易为对象所接受。卡耐基说："不论意见多么中肯，被别人强迫而接受的意见，总不如自己想出的精辟。"所以，懂得这层道理后，硬要别人接受你的意见，将是很不聪明的做法。最好的办法是给他一点暗示，由他自己思考并得出结论。

暗示具有启迪思维、缓解气氛、调节情绪、治疗疾病等功效，但暗示要发挥作用必须具备两个基本条件：

（1）暗示信息的含义尤其是表面含义要能够被暗示对象理解。若暗示对象连暗示信息的表面含义都不能理解，那暗示只能是"对牛弹琴"；但若暗示对象仅仅接受了暗示信息的表面含义，而不能理解其真正含义，那只能是南辕北辙。为了避免上述情况的发生，暗示者在暗示时需要掌握一定的强度，强度过小容易被忽略，过大则又可能引起反感。暗示的强度，既包括暗示者的身份、地位、作用，也包括暗示的方式、暗示的内容。心理学研究表明，暗示者的身份、地位愈高，名气越大，愈能引起受暗示者的信赖，对他们的影响也就愈大。但凡事都要掌握一定的度，过分追求暗示者的身份、地位，会给公众以狐假虎威的感觉，反而会激发他们的逆反心理，结果只能使暗示适得其反。此外，暗示的内容和方式也有一个强度问题，暗示者须针对不同的对象、不同的地点、不同的时间、不同的事件做出合适的选择。

（2）暗示信息的含义要和暗示对象的心理相容。如果暗示信息的含义和暗示对象的心理不相容甚或相抵触，那么暗示对象一般来说就会抵制或不接受这种暗示。暗示信息的含义和暗示对象心理的相容往往表现为"暗合"，即暗示信息唤起了暗示对象某些"沉睡"着的理念、情感、需要等，有了这种"暗合"使暗示对象有意无意地接受暗示的影响。这种"相容"、"暗合"，也就是平时人们所说的"无对抗状态"。在理解和无对抗状态下自然地接受影响，是暗示这种方法影响公众心理的特点。

3．感染法

感染是指通过语言、动作、表情等方式引起他人和自己相同的或相似的感情共鸣。感染是情绪、情感的传递和传染，以作为者的无强加性和介入者的自愿性为特征，是一种非常普遍的人际影响现象。表现为人与人之间的相互感染和某种情景对人的情绪的感染。

那么，人为什么会受情绪和情感的传染？从心理学的角度来说，主要有以下两个因素：

（1）人的模仿心理。模仿是人的一种本能。近代心理学家麦道孤认为，人类有一种天然的冲动去模仿其他人的行为。因为在社会中生活，要适应社会，人总是有意或无意地把自己同别人作比较，有意或无意地模仿别人。模仿只能模仿别人外在的行为，无法模仿别人内在的情绪和情感，但是带有情绪和情感色彩的行为更能引起注意，所以在模仿这样行为的同时，别人的情绪和情感也会悄悄地传递和传染给有意无意的模仿者。

（2）人的参与心理。参与是人的主体能动性的体现，参与心理是人的主体能动性的反映。参与分为直接参与和间接参与。不论是哪一种，参与者都是有意无意地把自己放到特定的情境中，有意无意地使自己站在"作为者"一边，因而必然受到"作为者"的感染，产生情绪和情感上的共鸣。

在公共关系活动中，由于受诸多因素的制约，感染的效果各不相同，具体讲，影响感染效果的因素主要有以下几方面：首先是感染者的素质。主要包括感染者的知识、才能和品行等。感染者知识渊博、才能出众、品行高尚，无疑能使人产生信任感和崇拜感，从而提高感染的效果；反之则降低感染的效果，甚至根本不能引起感染的发生。其次是感染者和受感染者的相似程度。这里的相似包括情境的相似、态度和价值观的相似、社会地位的相似以及性格、心境的相似。感染实际上是个体对群体的一种认同，因而双方的相似程度愈高，感染愈易发生，感染的强度也愈大。最后是受感染者的理智水平及心理成熟度。一个人的智商及心理成熟度愈高，其辨别是非的能力和自我控制的能力就愈强，这样的人一般较少接受感染，反之则易受感染。当然，遇上大规模或激烈的群体性的心理感染，理智感再强的人也会丧失理智，无法自控。

4．诱引法

诱引是指通过某种适度的外部刺激，促使对象产生或加强内部需要、兴趣等，诱发其实施主体期望的行为。诱引具有行为主动、目标明确、针对性强等特征，是一种有意向对象施加影响的方法。

在公共关系活动中，公关主体要想很好地利用诱引，首先必须找到合适的诱因。在心理学中，诱因是一种外部刺激。但并非所有的外部刺激都是诱因，只有那些真正能够对对象产生刺激作用的，才称为诱因。公关活动中常见的诱因有无偿赠送、免费品尝、知识竞赛、专家现场指导、奖励等。何时何地运用何种诱因最为合适，需要公关主体认真加以研究。

本章小结

公众分析是公共关系理论的重要内容之一。公共关系政策的制定和公共关系方法、技巧的运用都有赖于对公众构成进行科学的分析。不同的组织有不同的公众，同一类组织也有不同的公众。每个组织都有特定的目标公众对象，组织的性质、类型不同，具体的目标公众对象也不完全相同。

内部公众与组织的联系最为紧密，他们的利益与组织的利益有非常多的共同性，他们的态度与行为对组织各方面的工作有着最直接的影响，组织对他们也保持着较强的可控性和影响力。组织加强同内部公众的沟通，可以增强自身的凝聚力、竞争力，进一步调动全体成员的工作积极性、创造性，为组织的对外公共关系和整体工作奠定稳固的基础。搞好内部公共关系，是组织强体固本的关键性工作，也是公共关系工作的重要内容。

顾客公众与生产经营者的关系是现代社会中最为普遍也最为常见的关系，它们构成了无比丰富、广阔的现代市场。对于绝大多数组织而言，顾客都是自己最为重要的公众，同时也是最不稳定的公众，顾客的有无和多少，决定着组织的存亡和兴衰。良好的顾客公众关系具有多方面的重要作用，可以增进组织与公众之间的相互了解，加深顾客对组织的信任与好感，有助于积极地影响和引导顾客，形成健康、合理的消费意识和行为，培育成熟的消费者群体和市场。

媒介公众具有最广泛的社会性，他们是现代社会舆论监督的代表和体现，任何组织都难免受到媒介公众的监督和关注。媒介公众对组织的态度和宣传报道的倾向性，对广大公众的舆论具有巨大的导向作用，能够对组织舆论环境的变化产生重要的影响。

政府公众是对组织最具影响力和社会权威性的一类首要公众。由于各级政府及其相关的职能部门代表国家进行社会管理，制定各项政策，运用不同手段来协调社会利益，保障社会的正常秩序，所以必然会对各类组织、企业都产生直接或间接的影响。

社区公众指组织所在地区的区域关系对象。发展良好的社区关系是为了争取社区公众对组织的了解、理解和支持，为组织创造一个稳定的生存环境，同时体现组织对社区的责任和义务，通过社区关系扩大组织的区域性影响。社区关系直接影响着组织的生存环境，影响着组织的公众形象。

研究公众对象的另外一个重要内容是分析公众的心理和行为，以便使传播沟通工作具有较强的针对性和科学性。研究公众心理首先从知觉开始，知觉是大脑对当前直接作用于感觉器官的客观事物的整体反映。社会知觉就是指个人在社会环境中对他人（某个个体或某个群体）的心理状态、行为动机和意向（社会特征和社会现象）做出推测与判断的过程。有时社会知觉容易出现偏差，表现为首因效应、近因效应、晕轮效应、经验效应、移情效应等。除了知觉外，其他很多心理因素都会影响公众行为，如需要、性格、态度、流行、从众心理、逆反心理等。

关键概念

公众　内部公众　重要公众　次要公众　周期性公众　临时公众　顺意公众　逆意公众　知晓公众　行动公众　边缘性公众　社会知觉

思考题

(1) 公众的概念是什么？
(2) 公众具有哪些基本特点？
(3) 根据公众在社会组织环境中的分布，可以将公众划分为哪几类？
(4) 根据公众对组织的重要程度，可以将公众划分为哪几类？
(5) 根据公众与组织关系的稳定程度，公众可被划分为哪几类？
(6) 根据公众对组织的态度，公众可被划分为哪几类？
(7) 根据组织的需求和价值取向，公众可被划分为哪几类？
(8) 根据公众的形成及其发展过程，公众可划分为哪几类？
(9) 什么是社会知觉？与知觉有什么差异？
(10) 常见的心理定势包括哪些？

● 案例分析

尼康"黑斑门"事件

2014年3月15日，尼康D600数码相机在3·15晚会上被曝"黑斑门"，号称是高画质、全画幅、价值上万元的尼康D600相机，竟被用户发现该相机拍出的照片有很多黑色斑点。在反复修理后，黑点依旧如影随形。律师质疑，这根本就是产品缺陷！但尼康公司拒绝退换，并把责任推给了雾霾。可是在美国，消费者是可以直接免费更换为D610的。晚会更是披露尼康售后服务问题，多种雷人回复"因为雾霾"、"镜头不要朝上拍"等让消费者哭笑不得。作为日本最负盛名的相机制造商，尼康为何会出现如此严重的质量问题？此次风波会对这家"百年老字号"产生怎样的负面影响？

事件回放

2013年2月22日，针对尼康D600数码相机被用户投诉出现黑斑的问题，尼康公司在官方网站上发出公告，指出照片上出现这些颗粒状影像是尘埃造成的，用户可以去尼康售后做检查和清洁。

按照尼康公司的要求，有些用户在尼康官方维修站对相机进行了清洗。可是没过多久，黑点却再次出现！江西省南昌市某尼康用户就反映了这一情况，"大概拍了两百多张吧又有了。"北京市某尼康用户也有同样遭遇，"又拍了没多少张照片，又出现了这样的问题，而且甚至比第一次还要严重。"北京的另一用户已经是第五次去尼康公司售后服务中心了。没完没了的清洗，让用户们失去了耐心。

这款专业单反相机，为什么总是进灰呢？

尼康公司上海售后服务中心工作人员解释道："因为雾霾嘛，可能灰尘更多一点嘛，现在空气质量很差的啊，没办法的。""你看上海都没有蓝色的天了，整天灰蒙蒙的，前段时间还雾霾，对吧，这个没办法的。"

这样的解释让用户们感到匪夷所思。当初尼康公司在宣传册中特别强调：全面的密封设计令尼康 D 600 相机能防尘、防潮；密封性能不受天气影响；允许您在严苛的环境下进行拍摄；具有卓越的耐候性和防尘性能。济南市某用户感慨道："别的机器也同样在这样环境下操作，没有出现这个问题，为什么尼康这款相机问题突出呢？"

会不会是相机本身出了问题呢？

一些用户找到了尼康公司中国总部，工作人员坚称，尼康 D 600 相机没有任何问题。"我确认过，没有问题。我们公司给我的消息说这个机器是没有问题的。"尼康×××销售（中国）有限公司工作人员回复道。

就在尼康公司一再强调尼康该款相机没有任何问题的时候，越来越多的用户却一再遭到这些黑色斑点的困扰，他们自发地在网络上聚集起来，表达对尼康公司的不满。江西省南昌市某用户说："我不谈你的相机品质多么多么好，那么拍出一张完好无损的照片，这是最基本的一个要求！"

在一片质疑声中，尼康公司悄悄地改变了做法，对上门来清洗尼康 D 600 相机的用户，免费更换快门组件。记者问尼康×××销售（中国）有限公司客户服务部高级经理江滨，"换快门的话这已经算是质量问题了吧？"江滨承认是质量问题，一般单反机不会进灰。简单地清洁还不能解决问题，还需要更换零件。

然而，尼康公司偷偷摸摸更换快门的做法，并没有彻底解决黑色斑点问题。上海某用户在更换完快门组件 2 天后，黑色斑点又出现了。无奈之下，他再次来到了尼康公司上海×××中心。在清洁完相机之后，该用户现场进行了测试。仅仅拍了 10 张照片，黑点又出现了。现场测试的结果让工作人员也感到有些不可思议，只好再次清灰处理。令用户没想到的是，又拍了 10 张后，黑色斑点还是出现了。工作人员解释说："我不是对你说嘛，你不要这样子（向上）对着拍，这样子（向上）一按快门的话，很容易掉灰进去的。"该工作人员的解释，让用户哭笑不得。

跟上海的用户一样，广州、北京、江西、江苏、山东、浙江、安徽等地的尼康相机用户也在更换了快门组件后，黑色斑点问题依旧存在。然而，尼康公司上海×××中心工作人员却说："有些客人要求高，那就来擦吧，他觉得有耐心嘛就擦嘛，我们无所谓的，对吧！"

顾客无法接受反反复复地清洗，要求尼康公司更换相机或者退机。但是，尼康公司售后服务高级经理唐音之却表示不可能换机。按照国家"三包"规定，数码照相机在保修期内出现性能故障，经两次修理，仍不能正常使用的，可以要求退换货。记者在调查中发现，因为出现黑色斑点，很多用户都把相机拿给尼康售后清洗过，少的两次，多的达到六次。唐音之又说："两次修理，清灰不算修理，你到外面随便哪个地方去看，你到4s店去做保养，做 100 次保养能给你换辆新车，谁给你换呀？清灰的话不算修理。"

尼康公司以清灰不算修理为由,拒绝用户们的要求。然而,用户们发现,在尼康公司对外公示的数码产品维修工费表上,只有三个选项——"轻修理"、"普通修理"和"重修理"。尼康售后也承认,在正常修理的时候,清洗相机属于轻修理的范围。"我们就是说尼康某款相机的清洁属于轻修理。"尼康公司武汉特约维修店工作人员说道。

尼康公司不仅认为清灰不算修理,对更换快门组件的做法,同样认为这不算修理。记者看到,各地用户的该款相机维修单上,都写着同样一句话——"预防性更换"。

原来,尼康公司早有准备。"所以说是预防措施更换快门吧,对不对。然后按厂家的话,它厂家不属于质量上的维修,而是机器上的保养之类的。"尼康公司济南×××店工作人员表示。同样,尼康公司上海×××中心工作人员也认为,预防掉渣!换快门的组件是预防快门掉渣。

清灰不算修理、更换叫预防性更换,这样的解释让不少用户对尼康公司失去了信任。

距离上次公告发布整整过去一年时间,2014年2月26日,用户们等来了尼康公司发布的第二份公告。然而,这份公告里还是没有解释黑色斑点产生的原因,只是依然让用户把相机拿给尼康公司做免费清洁或者更换快门等相关零部件。尼康用户也对此举动有不同的感受,北京某用户说:"给人感觉他们要很轻松地把这件事情淡化掉。"上海某用户无奈地说:"反反复复这样清理清理再清理,一是会损坏这个相机。二是我不可能有那么多的时间为了一个相机跑来跑去。"

记者了解到,不仅在中国,欧洲和美国的不少尼康该款相机用户也遭遇了同样的问题。

美国一家知名律师事务所律师安妮卡表示,已经收集了一千多名尼康该款用户信息。尼康该款相机出现的"污点"并非常规问题,而属于产品缺陷。依据美国消费者权益保护法等法律,他们正准备正式向尼康提起集体诉讼。美国尼康案主理律师安妮卡向记者说道:"我们希望尼康为人们更换没有缺陷的相机。集体维权机制让消费者能够运用法律武器,让相关公司付出代价。如果有问题的产品对消费者造成了影响,他们就应该得到补偿,应该得到退款,或者换货。"相关法律人士和美国专业摄影网站都表示,已有部分美国消费者获得了免费将尼康D 600更换为尼康D 610的服务。也有外媒报道,欧洲部分用户把机身内部进灰的D 600相机送到服务站除尘后收到了全新的D 610相机。在法国,进灰的D 600换全新D 610的代价也仅需支付很少的一笔费用。但在中国,同样遭受D 600进灰困扰的用户,却没能享受到如此待遇。

危机爆发,尼康仓促应对

尼康的"看人下菜碟"让中国用户极为不满,舆论的大潮席卷尼康。2014年,央视"3·15"晚会详尽地曝光了部分尼康D 600相机出现的黑斑问题,并指出尼康中国用户在售后服务方面受到不公平对待。央视曝光后,尼康D 600随即被上海市工商行政管理局责令在全国范围内下架,尼康这才低下了"高傲的头",于3月17日向中国各地销售点发出下架要求,并且当日在其官方网站上发布了一条向中国用户致歉的声明。在声明中,尼康对部分D 600存在的问题给消费者带来的不便表示了道歉,并提出了三点应对措施：①自己按照用户手册对相机进行清洁；②找尼康售后免费进行检查、清洁、更换快门或相关零件等，超过保修期的也能免费检修；③若仍然不能完全消除黑斑，尼康会依据中国"三包"法律规定为用户更换新产品。尽管在第一时间做出反应，尼康仍然受到不小的影响。3月17日，在东京证券交易所挂牌的尼康（7731.JT）股价盘中最高下挫4.2%至1686日元，创下五周来低位。日本共同社的评论认为，此次曝光恐会影响尼康在中国的市场业务。尼康在中国除照相机外，还销售半导体生产设备，在2012财年的公司销售额中，中国市场占比11.7%。尼康此前预期中国市场份额仍将增长，但若这次"黑斑门"影响持续，或对公司是一大损失。

"黑斑门"对尼康的影响仍在继续，记者获悉，作为国内知名互联网法律云服务平台的律云，已于3月20日在京举行了"尼康D600用户集体维权签约仪式"。与会用户明确表示，要求尼康做出赔偿。据悉，目前尼康D600集体维权已进入证据收集阶段，之后，律师团队将统一对尼康进行维权行动。到目前为止，已有来自全国各地的300多名D600用户通过上述渠道准备委托律云代理维权，报名人数还在持续增长中。

专家解读

专家指出，尼康急于抢占市场而推出D600相机，导致部分技术不完善，是该款产品问题频出的最主要原因。与此同时，尼康在出现问题之后的处理上也显得厚此薄彼。首先，停产D600并且推出D610的举措其实就是默认产品有质量问题，但尼康并没有采取召回D600的做法，反而继续销售D600以清空存货。其次，D600在欧美地区的售后服务更到位，部分欧美用户发现这款相机有掉漆问题，可以更换一台新的D600或者直接升级D610，而中国区消费者并无此待遇。如果尼康处理不好中国市场，则会给自身设置"绊脚石"。

（资料来源：根据CNET科技资讯网、前瞻网、中国经济网、《中国证券报》等资料改编）

【案例思考】

（1）试分析尼康公司出现此次危机的原因。
（2）尼康公司在中国这次危机中面对的公众对象有哪些？
（3）如果你是尼康公司的负责人，如何处理这次危机？针对不同的公众对象，具体该做那些公关工作？

参考文献

[1] 李付庆. 公共关系学（第二版）[M]. 南京：南京大学出版社，2012
[2] 郝树人，刘菊. 公共关系学 [M]. 大连：东北财经大学出版社，2011
[3] 余永跃. 公共关系学通识教程 [M]. 武汉：武汉大学出版社，2007
[4] 洪瑾，吕建文. 现代公共关系学 [M]. 北京：北京理工大学出版社，2005
[5] 陈红川. 公共关系学 [M]. 广州：广东高等教育出版社，2006
[6] 居延安. 公共关系学 [M]. 上海：复旦大学出版社，2008
[7] 张克非. 公共关系学 [M]. 北京：高等教育出版社，2007

[8] 赵宏中. 公共关系学 [M]. 武汉：武汉理工大学出版社，2005
[9] 熊源伟. 公共关系学（修订本）[M]. 合肥：安徽人民出版社，2008
[10] 刘崇林，邢淑清. 公共关系学 [M]. 北京：北京大学出版社，2012

第四章　公共关系的三大要素之传播

本章学习目标

通过对本章的学习，重点掌握传播的要素及类型，了解公共关系传播的原则及传播的主要媒体选择，掌握有效公共关系传播的实施技巧。

"传播"一词源自拉丁语，原意为通讯、传达、交流、交换、沟通等，人类是在传播活动过程中不断发展的。公共关系与传播的关系十分密切。传播是公共关系工作的重要手段，是公共关系的基本要素，"高手做势，中手做市，低手做事"。任何社会组织都必须运用传播这一手段与社会公众相互沟通，增进相互了解、理解，运用巧妙的信息传播去影响公众，引发公众行为。可以说，要做好公共关系工作，就必须了解信息传播的基本原理，掌握科学的信息传播方法和手段，使公共关系工作取得成功。

第一节　公共关系传播概述

传播是伴随着人类的诞生、发展而发展的，但是人们对于传播的认识却经常处于一种忽略或忽视的状态。正如媒介评论家马歇尔·麦克卢汉经常提到的一个问题："鱼是否知道自己是湿的？"对于这个问题，他的回答是："不知道。"鱼的生存是由水来决定的，只有在没有水的情况下，鱼才会感觉到它的处境。

一、公共关系传播的概念

（一）传播的概念

"传播"一词有着长久的历史，按中国古代文言文的构词及解释："传"示纵向的传递，"播"示横向的散播；"传播"一词是近义并列构造的词。在国际范围内，英语中与传播相对的是"Communication"一词，源自拉丁语的 Communicatus 和 Communis。按照《牛津高阶词典》的解释，Communication 包含了多种的含义：表达、交流、交际、传递；通信、联络；信息、书信、电话；等等。可见，Communication 远比"传播"一词要丰富得多，它涵盖了诸多与传播相关的领域，广泛地诠释了传播的意义，并强调了传播过程中双向与交互的关系。

关于"传播"的内涵，到目前为止，国内外学者对其所作的定义不下 200 余种，较有权威的也有六七种说法。从普遍意义上来说，传播就是信息借助一定的媒介所完成的流动过程。表现在社会生活领域中即为某种事物的传递与散播。具体而言，传播是一种信息的共享、一种双向的社会互动，借助于一定的传播媒介存在并反映着一定的社会关系。用最简单的说法，传播就是一个把信息从信源传递给受者的过程。

（二）公共关系传播的概念

公共关系传播就是组织通过一定的媒介或载体将传播的信息准确地传递给公众，同时获得信息反馈的过程。公共关系传播是联系公共关系主体（社会组织）与公共关系客体（公众）的纽带和中介，因而也被称为公共关系媒体。没有中介，主体和客体就无法联系起来而形成公共关系，因而公共关系传播是构成公共关系的三大要素之一。在公共关系活动中，广泛存在着运用传播手段，进行传播活动，塑造组织形象，提高社会组织知名度和美誉度的行为。公共关系组织和从业人员既要广泛收集公众、组织信息，为组织决策提供信息来源，又要多从正面传播有利于组织的信息，树立组织在公众心目中的良好印象，获得广泛支持。因此，传播的内容、传播内容的载体是研究公共关系传播的主要内容。

二、公共关系传播的特征

公共关系传播和一般传播一样，具有社会性、普遍性、工具性、互动性、符号性、共享性等特性。

（一）社会性

传播是一种社会性交流信息的行为，传播的社会性就在于人类能够运用语言或非语言符号进行交流，传递感情、交换意见、沟通思想、调节行为，结成一个有机的整体，去从事生产或其他社会活动。因此，传播是人类建立相互联系、维持社会活动的一种社会行为，同时也依赖于人类社会而存在。公共关系正是现代社会组织同各界公众进行信息双向交流的行为。

（二）普遍性

传播行为无处不在，无时不有。传播存在于个体到群体的所有活动之中，小至日常生活琐事，大至报道信息、宣传政策、传授知识、国际交往等，都需要进行传播。公共关系工作的开展，要运用不同的传播方式，巧妙地传播信息。

（三）工具性

传播是一种人类行为，是个人在指向目标的进程中利用环境所提供的途径或手段之一，传播不是目的，传播的很多个人功能是属于工具性的，即使是最明显的自我意识的传播也往往具有作为工具使用的目的。公共关系工作中利用传播作为工具监测环境、适应环境进而改造环境，利用传播原理、传播手段为社会组织服务。

（四）互动性

传播活动是在人与人之间进行的，是双向对称的、互动的行动。传播是人们之间进行的行为过程,这一过程是连续的、难以主观分割的复杂活动,它既受此前行为的影响,也受即时主客观环境因素的制约,同时还要对此后的行为产生持续性作用。这一过程中,信息发出者同时也是信息接收者,而信息接收者也是信息发出者。

(五) 符号性

纵观近百种传播定义,尽管学科视角所侧重的内涵各有不同,但是几乎都涉及传播的符号化特征。符号之所以被人们所看重,是因为它能代表某一事物而人们又借助其来象征某种意义。人们就是在符号象征意义的创造性发挥中完成信息传播行为的。信息的表现形式——符号,包括语言、文字、音响、图画、形象、表情、动作等,在传播过程中,传播的一方制作、传递符号,另一方接收、还原符号。传播主体必须善于运用各种符号的特征来传递特定信息。

(六) 共享性

即通过传播,传受双方共同分享信息内容,并分享立场、观点、思想或态度,建立彼此之间的共同性,这是传播的目的。传播学的权威学者施拉姆主张把双方传播过程看作一种关系,"它意味着共享那些代表情息和导致一种彼此了解会聚到一起的符号"。公共关系就是希望通过科学的、有效的双向信息交流,同公众和社会达到相互了解和相互支持的效果。

三、公共关系传播的过程和要素

(一) 公共关系传播的过程

公共关系的活动过程就是信息的传播、交流和沟通的过程。传播学关于传播过程的模式研究十分丰富,各种模式均力图勾画出传播活动的主要因素、各因素之间的关系,以及这些关系所形成的过程。如果将复杂的传播过程简化,可以归纳成如图4-1所描述的模式。

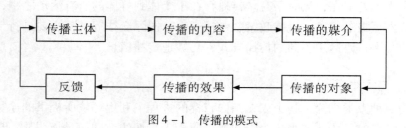

图4-1 传播的模式

虽然不能说这个模式非常准确地反映了现实的传播过程,但它包含了传播过程中最重要的因素,并揭示出这些传播因素之间的最基本的顺序关系和因果关系:"传播主体"(如某公司公共关系部)制作出"传播内容"(如关于企业新产品上市的新闻稿),提供给"传播的媒介"(如报纸和电台)发表,告知和影响了"传播对象"(如消费者），引起了"传播的效果"（如消费者的关注），再"反馈"给"传播主体"。在这个过程中，缺了任何一个要素，都会影响到传播过程的完整性，导致传播过程或不能发生，或传播受阻，或达不到效果等。

（二）公共关系传播的要素

图 4-1 中的模式是在著名的美国传播学者拉斯维尔（Harold Lasswell）所提的 5W 公式的基础上稍加修改而成的。5W 模式浓缩为一句话就是：Who says what in which channel to whom with what effects。即：谁，说了什么，通过何种通道，对谁说，带来什么效果。如图 4-2 所示。

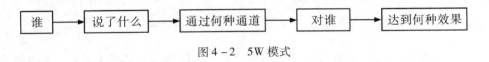

图 4-2　5W 模式

拉斯维尔通过 5W 模式举出传播的五项要素，从而得出传播研究的五大领域，如表 4-1 所示。图 4-1 中的传播模式与 5W 模式基本上是一致的，只是增加了"反馈（Feedback）"一项。5W 模式忽略了"反馈"，使该模式下信息流向为单向，难以体现"双向交流"、"传务求通"的传播含义。所以，我们在 5W 的基础上增加了"反馈"一项，以求接通该模式，从而概括出传播过程的六大要素：

(1) 传播主体（也就是"谁"的问题），即信息的来源和制作者。
(2) 传播内容（也就是"说了什么"的问题），即信息内容的制作。
(3) 传播媒介（也就是"通过何种通道"的问题），即媒介的类型、功能、特点等。
(4) 传播对象（也就是"对谁"的问题），即公众的分类分析等。
(5) 传播效果（也就是 5W 最后一项），即传播主体对公众的意见、态度、行为的改变程度等。
(6) 传播反馈，研究传播的效果如何反馈给传播者，包括传播对象对传播主体的影响，以及这种影响对整个传播过程的调整（如信息内容的调整、传播渠道的调整等）。

表 4-1　传播的五项要素和传播研究的五大领域

传播的要素	研究的领域
谁（Who）	控制分析（control analysis）
说了什么（Says What）	内容分析（content analysis）
通过何种通道（In Which Channel）	媒介分析（media analysis）
对谁（To Whom）	阅听人分析（audience analysis）
产生了什么效果（With What Effects）	效果分析（effect analysis）

四、公共关系传播的类型

根据传播方式和内容的不同，公共关系传播可以分为自我传播、人际传播、组织传播、大众传播四种类型。

（一）自我传播

自我传播，又称体内传播或内向传播，它是指个体受到外界信息刺激后，在头脑中进行的传播活动，也称人的内向交流或个人的自我沟通。例如，扪心自问、自言自语、自我反省、沉思默想、自我发泄是自我传播，认知、印象、态度、思考、判断、回忆等也是自我传播。自我传播是人类最基本的传播方式，是一切传播活动的前提和基础。

（二）人际传播

人际传播指人与人之间直接的信息沟通交流。人际传播有两种形式：一种是面对面的无媒介的沟通交流，另一种是通过媒介的非面对面的直接沟通与交流。人际传播的优点是交流充分、注重情感、反馈及时、易形成共识，缺点是传播范围小和扩散速度慢。因此，人际传播主要适用于小范围内改变接受者的态度。

（三）组织传播

组织传播也称团体传播，是一种组织内部以及组织与外部环境之间的信息沟通交流。它是组织为沟通、疏导内部上下之间、成员之间的关系，建立发展组织与组织之间的联系，为应付环境的不确定性而进行的传达思想、交流情报和信息的过程。其特点是：传播者以组织或团体的名义讲话；信息大多是指令性、教导性和劝服性的内容；具体活动是在有组织有领导的情况下进行的；传播活动有一定的规模。

根据组织传播内外对象的不同，可以分为两种类型。

1. 组织内部传播

组织内部传播是指发生于组织内部，组织与其成员、团体及其成员、团体之间的信息交流过程。根据是否通过组织正式规定渠道，可划分为正式传播和非正式传播。从组织的构成看，正式传播又可以分为下行传播、上行传播和平行传播三种形式。下行传播是指上级将组织目标、规章制度、工作程序等信息向下级传达的一种信息传播方式，其常用的方法有文件、指令、公告、通知、会议等，它是组织传播中占主导地位的传播；上行传播是指下级将工作进展、任务完成的障碍以及自己的意见、要求和愿望、批评和建议等信息向上级汇报和提出的一种信息传播方式，其常用的方法有定期汇报、口头请示、对话会、员工接待日、民意测验、意见箱、建议箱等；平行传播是指组织内部同级或同层次成员和部门之间的横向信息交流，其常用的渠道有班组会、部门协调会等。除了正式传播外，还应当注意组织内部传播中的非正式传播，即在正式传播渠道以外的一种没有计划和系统、不受时间和地点限制、自发形成的信息交流。它建立在组织内部成员的人际关系基础之上，如组织员工的私下交谈、议论、传播小道消息等。对于非正式传播，应善于利用和引导，用它作为正式传播的补充，以达到正式传播所达不到的效果，常用的方法如聚餐、郊游、聊天、联谊等，否则，对组织可能会造成不利的影响。

2. 组织外部传播

组织外部传播是指发生于组织外部，组织以及组织成员、团体与其外部环境之间的信息交流过程。根据信息的传递方向可以分为内源外向传播和外源内向传播两种形式。内源外向传播是指组织将有关信息向外部环境传递的一种信息传播方式，其常用的方法有组织刊物、展览会、新闻发布会、影片、赞助等。外源内向传播是指外部环境各类信息向组织反馈或输送的一种信息传播方式，其常用的方法有市场调查、民意测验、免费电话、公众投诉和来信来访等。

(四) 大众传播

大众传播是专业化组织运用印刷或电子媒介，有目的的面向大众的信息交流行为。具体来说，大众传播是指职业传播者通过报纸、广播、电视、电影、杂志、书籍等现代化的印刷或电子手段向分布极其广泛的、为数众多而又各不相同的组织、群体和个人等受众进行的一种信息传播过程。大众传播的信息源可以是社会组织也可以是个体，大多受过一定的专门训练；传播媒介是一个社会组织机构，如报社、电台、电视台、互联网等；传播者与受众是间接的交流，受众一般面广量大且不相联系。传播的渠道一般是单向的，由媒介到受众，即使有反馈也是迟缓和有限的。大众传播是影响力巨大的信息传播，是公共关系工作中最常见的、最现代化的传播类型。我们一般将大众传播媒介作为公共关系传播的主要渠道。大众传播与人际传播最重要的区别在于，大众传播是通过大众传播媒介进行传播的。比如，两个人的书信往来不算大众传播，公共关系人员在集会上演讲亦不算大众传播；但如果书信、演讲稿通过报纸、杂志、电视、广播、互联网登载播出，那就是大众传播了。

以上几种传播类型是一种相互补充、相互渗透的关系，不能相互替代，它们在信息传播的数量、质量、速度、范围、效果等方面相互补充和渗透。在公共关系工作中，应根据实际情况，选择不同的传播类型，有时也可综合运用各种传播类型，目的就是为了取得最佳的传播效果。

五、公共关系传播的原则

公共关系传播是组织与其公众之间相互影响、相互作用的过程。根据系统论和组织与公众心理活动的规律和原则，由此延伸出的公共关系传播的原则有如下几点。

(一) 目的明确原则

公关传播是带有明确目的性的传播。这一点在公关专家弗兰克·杰夫金斯的公共关系定义中也表述得很清楚："公共关系是一组织为了达到与公众之间相互理解的特定目标，而有计划地采用的对内、对外传播方式的总和。"公共关系的总目标是树立、改善组织形象，形成有利的舆论环境，获得各界的支持。

在总目标指导下，公关传播每一次具体活动也要有具体的目的，如果目的不明确，随便组织传播活动，有时是花了钱无效果，有时反而会造成负效果。所以，目的明确是公关传播工作首要的原则。

这种目的明确的传播在很多情况下，要求目标公众也要明确，这是传播目的中的重要内容。每组织一次传播活动，接收者是谁，他们的情况如何、兴趣在哪儿，公关人员必须心中有数，有针对性地组织活动。根据传播效果四层次理论，公关传播的一般性目的可以分为以下四种。

（1）引起公众注意。在现实生活中，组织关注的焦点与公众所关心的问题往往是不一致的，公关传播的重要目的就是要使公众注意组织，在此基础上，才有可能使公众对组织产生认同、肯定的积极态度与行为。

（2）诱发公众兴趣。公关传播要充分利用传播的内容及方式使公众产生兴趣。成功诱发公众兴趣的根本点在于了解公众兴趣所在，使公关传播的内容与方式同公众兴趣相结合。这是使公众对传播内容发生兴趣的首要条件。

（3）取得公众的肯定态度。公关传播不仅要使公众产生注意、发生兴趣，而且要使之产生肯定、认可的态度，或者是努力实现社会公众由负态度向正态度的转变。由于态度是人们在社会生活中的经验长期积累形成的，它与主体的情感、信念、立场、需要有关，并常以利益与势力为转移。态度是人们心理活动的内在动力，它一经形成便具有相对的稳定性。因此，传播要想改变公众的态度，必须做长期、大量、深入细致的工作。而在大多数情况下，公关传播要从公众的利益出发，照顾公众的需要，适应他们的已有态度，非在必要时，不要去做改变这些态度的努力。

（4）促发公众的支持行为。公众的支持行为就是让公众参与公关活动，购买宣传产品，实施组织提倡的原则，等等，这是公关传播所能达到的最高目标，达到此目标，组织无疑就是非常成功的了。

多力葵花油是隶属于佳格集团的旗舰品牌，佳格集团源于美国著名的食品品牌——佳格，是国际著名的专业食品制造商。集团成立20年来，不断为全球消费者提供安全、健康、营养的食品。而据2006年世界心脏联盟统计，中国40岁以上的人群中，62%的人不同程度地存在心血管病或危险因素，80%的人尚未充分了解如何保持心脏健康。针对公众对心脑血管疾病认识的不足，2007年多力联手世界心脏协会在全国范围内发起一场大规模的"护心行动"。作为世界心脏日的战略合作伙伴，多力葵花油将不仅为世界心脏日的推广提供经费物资，还将通过自身的营销渠道和人员为本届世界心脏日提供大量的宣传、推广和服务支持。"护心行动"确定"多力葵花油所倡导的健康饮食理念，葵花油对心脑血管疾病的预防作用"为核心信息，倡导"健康才是冠军"的品牌主张，通过启动造势阶段、密集传播阶段、后续提升阶段，分阶段、分主题的公关活动和主题传播层层递进，邀请主流媒体参加，激起媒体的报道热情。活动涉及全国近百座城市，这是历届世界心脏日中规模最大、涉及城市最多、推广最深入的宣传活动。推广内容包括多力活力护心操、世界心脏日全国城市心脏健康大调查、健康知识普及和摄影比赛、绘画大赛及征文比赛等一系列活动。同时，世界心脏联盟和多力葵花油邀请前奥运跳水冠军田亮作为该次活动的"护心大使"，利用其阳光、健康形象为世界心脏日宣传。目前，多力葵花油系列产品远销东南亚、欧美等国家，已经发展成为华人世界葵花油产品第一品牌。

（二）双向传播原则

双向传播原则是指传播双方互相传递、互相理解的信息互助原则。这一原则具体包含以下内容：一是沟通必须由两人以上进行；二是沟通双方互为角色，任何一方都可传递信息，也可反馈信息；三是沟通双方相互理解并有所交流。通常情况下，组织与公众的传播沟通应注意以下两个方面。

1. 创造沟通的共识区域

这里的共识区域是指信息各方在知识、经验、兴趣、爱好、文化传统等方面有相近似之处。一般来说，传播者与受者的类似经验越多，沟通的语言就越多，信息分享的程度也越高。不少企业在实施传播活动中，都把企业的产品同企业与公众的共识区域相结合，从而形成彼此的有效沟通。百威啤酒（以下简称百威）自1995年正式进入中国市场之来，以其卓越的品质在超高端啤酒市场占据了绝对的主导地位，成为当之无愧的"啤酒之王"。2009年隆重推出主题音乐活动——"百威音乐王国"，其目标消费群体锁定18～35岁的男性、大专以上文化程度、拥有中高收入，是各自领域的领导者；契合于百威"皇者风范"的品牌精神，其三大特征是爱好音乐、个性时尚、热衷网络。百威共赞助了16场明星演唱会、125场音乐爱好者活动，人数逾千万。而纵贯17个城市的"我爱IN乐寻找百威K歌之王"比赛，吸引了260000多名消费者，百威中文官方网站www.bud.cn与新浪活动专区联手，线上投票超过2亿人次。该活动成功激发目标受众的参与，让所有的歌迷和乐迷能够展现自我，很好地达成了让消费者在享受音乐的同时品味百威美酒的目的。

在公共关系传播活动中，组织要善于挖掘与传播对象之间的共同之处，创建良好的信息共享平台，顺利树立组织形象。

2. 具备反馈意识

公关传播追求有效沟通，传播者与受者必须具备反馈意识。所谓反馈意识，一方面是指沟通双方在互相理解后要有反应，它包括信息反馈的主动、及时、对路和适量等；另一方面是指沟通双方应根据反馈来作自我调节，它实际是用结果（输出信息的实践结果）对原因的反作用来调节沟通，使沟通的双方轮流充当施控者与受控者，彼此都对对方的行为产生制约力。

在组织发展的各个阶段，都需要及时收集反馈意见，消除或减少组织发展过程中的障碍，逐步树立或确定组织的社会形象，尤其是在组织遇到困难时，更要重视反馈，对出现的意外情况要高度重视。2006年8月14日，戴尔突然宣布，将召回410万块可能引起着火事故的笔记本电池（该电池由索尼公司生产）。十天之后，苹果宣布召回180万块索尼公司生产的笔记本电池。中国的媒体和公众对"召回制度"存在不同程度的理解，多数媒体对锂电池的原理和电池起火的原因并不了解，个别媒体的夸张报道，在一些地区引发了公众对锂电池的恐慌。事实上，锂电电池是业内公认的最安全的电池技术，而索尼是锂电池技术的发明者，是业界领先的制造厂商。加之中国民众对日本企业的复杂民族情绪，2006年9月下旬，索尼高层果断做出一项重大决定，即"针对使用了索尼制造的锂离子电池芯的特定笔记本电脑电池组，在全球范围内启动更换的计划，以消除最近由于电池过热事故而引发的担忧"。索尼公司宣布，此次涉及更换的电池范围达 960 万块，公司为此预留约 510 亿日元的费用。之后，包括联想、东芝、富士通、日立、夏普等全球知名笔记本品牌均加入了索尼的"自主更换"计划。最终，索尼为全球范围召回大约 1000 万块笔记本电脑电池，为此多支付 4.44 亿美元。其气度、实力和魄力，以及面对危机时对外统一发布信息，对各种信息的流向进行仔细的分析和把握，对不同的媒体进行具体分类并进行一对一的沟通，最终换得的是成功保留了所有的大客户，并成为索尼更为紧密的业务伙伴。

（三）有效传播原则

有效传播原则是指通过沟通活动要取得预期效果的原则。任何一种沟通都可能存在有效、无效两种后果。公共传播追求的是有效沟通。公众是复杂的群体，他们对组织的实际了解、态度差别很大，所以对于沟通活动，从设计时起就要充分考虑它对于受者可能产生的效果，要尽量争取使受者中的多数出现对组织从无知到知晓、从漠然到喜爱、从偏见到认同、从敌对到合作的转变。在实践中，信息的真实性与信息量的大小，传播者的方式与态度，传播内容的制作技巧与传播渠道的畅通，都会影响到信息的有效传播。

（四）传播的 7C 原则

美国著名的公关学者卡特李普和森特在其《有效公共关系》一书中，提出了 7C 原则，作为有效传播的基本要素：

（1）可信性（Creditability）。传播应该从彼此信任的气氛中开始。这种气氛应该由作为传播者的组织创造，这反映了其是否有真诚的、满足被传播者愿望的要求。

（2）一致性（Context）。传播过程中计划必须与现实环境一致、协调，必须建立在对环境充分调查的基础上。

（3）内容性（Content）。传播的内容须与受众有关，其所代表的价值观念要同受众的价值观念相一致，至少是相近的，而且必须能引起他们的兴趣，满足他们的需要。

（4）明确性（Clarity）。在传播过程中，信息应该简洁明了，易于接受，将出现的偏差和误解的可能性降低到最少的程度。复杂的内容要列出标题或采用分类的方法，使其明确与简化。组织对公众讲话的口径要保持一致，不能有多种口径。

（5）持续性和连贯性（Continuity & Consistency）。传播是一个树立、强化或改变公众意识的没有终点的过程。它要求不断循环，反复地传播某一些内容，但又必须在重复中不断补充新的内容，进而把事实、态度和情感传递给公众，使传播的内容及其观念在公众心中牢牢地扎下根，或成为他们习以为常的行为价值取向。

（6）渠道性（Channels）。即正确选择传播媒介。传播应针对不同受众、不同阶段选择不同渠道，以便尽可能扩大受众面，充分发挥每一种传播方式和传播渠道的作用，使传播的内容及所倡导的观念在受众的头脑中产生更深的印象。

（7）受众的接受能力性（Capability of audience）。即对传播对象的研究。任何传播行为都必须考虑受众的条件和能力，实际中不同的受众的接受能力相差很大，如接受信息的习惯、阅读能力与知识水平等。只有当受众能以最少的精力和时间清晰地接受传播的信息，这项传播活动才会有效。因此，要想使传播快速且有成效，就必须针对不同能力的受众，分别采用不同的方法加以传播。

第二节　传播媒体的选择

公共关系工作是一种针对各类公众的全方位的沟通、说服工作，因此需要利用一切媒介来达到传播目的。公共关系工作人员对各种媒介的特点应有一个清楚的认识，以便在工作中能够通过合适的媒介达到最佳的传播效果。公共关系传播借助的媒介大体上可以分为两大类，即大众传播媒介和以人际传播为主的各类媒介。

一、大众传播媒介

大众传播媒介可分为印刷品媒介、电子媒介、户外媒介和网络媒介。印刷媒介主要指报纸、杂志、书籍等；电子媒介主要指广播、电视、电影、互联网及新兴媒介等；户外媒介主要指广告标语、印刷招贴、广告牌板、霓虹灯、广告塔、广告柱、广告造型物等；网络媒介主要指互联网、新兴媒体等。

（一）印刷媒介

1. 报纸

报纸作为一种大众传播媒介，出现于广播、电视、电影之前。它是以客观事实报道和评论为主要内容，利用印刷文字，以比较短的间隔定期发行的媒体。

报纸作为公共关系的传播媒介具有以下优点：其一，报纸造价低廉，而且制作简便，这是电影、电视、广播等无法相比的。其二，报纸能给予受传者更大的主动权，可以让读者自己控制阅读速度和选择阅读时间、地点。人们可以根据自身的习惯、兴趣、能力来选择报纸阅读，可以一目十行，也可以逐字推敲。其三，报纸的信息量大大超过广播电视。因为广播电视的"黄金时间"（即受传者收听、收看人数最多的最佳时间）总是有限的，但报纸可以根据需要增加版面，增加信息的总容量。其四，报纸便于保存信息。报纸能把各种事实、数字信息有效保存起来。其五，报纸可以适应受传者的特殊需要。报纸可以变换自身的内容以适应不同受传者的特殊需要和兴趣，而且它可以办成各种特殊性质的专门报纸，而不像其他媒介那样要求标准化。例如，《计算机报》满足不同层次计算机爱好者的需要，《足球报》可以适应不同层次足球爱好者的兴趣。

报纸也有其本身不足之处：其一，即时性感染力差。文字比之于口语，因其诉诸视觉和思维，因而具有冷静的理性特征。这就使报纸虽然附有图片和表格，仍不及电影、电视那般形象、生动、直观，也不及广播那样有直接对话般的亲切感，因此导致其即时感染力相对差一些。其二，制约报纸发行的因素较多，如地域、交通、气候、灾难、战争等，它们均会影响报纸传递信息的速度，使其传播不如广播、电视及时。其三，读者层次的限制影响了它的传播范围。阅读比观看、收听更要求受传者具有一定的文化水平和理解能力,这就造成文化程度低的人和文盲无法充分使用和享有这种媒介。

2. 杂志

杂志是报纸向深度和广度发展的印刷品媒介,当人们对报纸所发布的信息力求作更深更广的了解,或者对某类信息有浓厚的兴趣时,杂志便应运而生。杂志按发行周期划分,可分为周刊、半月刊、月刊、双月刊、季刊;按性质划分,可分为专业性杂志(如《公共关系》)和非专业杂志(如《青年文摘》)。专业性杂志侧重于某个领域,并在其领域内可以形成权威。如很多杂志都可能刊载公共关系的文章,但《公共关系》杂志在这个领域是最具权威性的。

杂志具有以下优点:其一,突破报纸的地域性限制。杂志可以在全国公开发行,不受地域的限制,甚至还可冲破国界的限制。其二,传播信息比报纸更全面、准确。由于杂志发行期较长,因此有充分的时间采集信息、收取资料,版面的制作也有更多的时间准备,因此能给读者留下完整、深刻的印象。其三,便于贮存。其四,在特定范围内,传播效果明显。大部分专业性杂志读者群比较固定,而且对该专业很有兴趣,深有研究,因而阅读时精力集中,领悟力较强,较易对传播的信息留下深刻的印象。

杂志具有以下缺点:因出版周期太长,而导致传播速度慢;因专业性太强,无法照顾一般读者的阅读水平,而限制了读者群。这就使得公共关系人员在选择杂志做传播媒介时不得不思虑再三。

(二) 电子媒介

电子媒介是使用电子技术,通过无线电波或导线发出声音、图像节目,受众需要借助接收机接收的大众传播媒介。电子媒介使用多样的符号来传播,有文字、声音、图像。声像符号具有形象性,形式变化多样,使电子媒介具有更强的纪实性、生动性与感染力,对受者没有文化水平的限制。电子媒介由于电波的传播速度很快,以及发射手段的不断改进,因而传播迅速。电子媒介包括广播、电视、电影等多种形式。

1. 广播

广播以声音作为传播的符号。声音有语言、音乐、音响三种形式,声音形式的不同组合可以构成多种多样、多姿多彩的节目,并具有较强的写实性与表现力。首先,广播具有极快的传递信息速度,可以超越时间、地域上的局限,其传播之迅速、覆盖面之广,是任何大众媒介所无法比拟的。其次,广播以口语化的语言和音响作为传播的主要手段,辅之以抑扬顿挫的音调来打动听众,表达亲切感人,较报纸、杂志具有更强的感染力。广播对广大受传者来说有较强的接近性,传播者的传播与受传者的收听同步进行,使受传者获得了相当程度的参与感,更接近面对面的人际传播。此外,广播不用文字作为传递信息的载体,也就比较适合不同文化程度的广大受众。再次,收听广播时,不受工作限制,仍可以从事某些机械性的、无需多加思索的工作。最后,费用较低。广播节目制作方便,广播设备简单。在进行现场直播时,电视要携带各种录像、录音设备,还要考虑灯光、音响等条件,而广播直播却要简便得多。而且,同一则广告在中央人民广播电台播出,所需费用相当于中央电视台的1/10。

广播存在的缺点:一是信息难以贮存。广播传播信息,稍纵即逝,如不及时录音,信息便无法留存。纵然已经录下，靠磁带储存信息，经济上不太合算而且也不很方便。二是形象感不强。广播通过语言、音响影响受传者，没有图像，也不能展现图片、图表。因此，在形象感方面比不上电视、电影，甚至比不上报纸。三是受传者不能很主动地选择信息。电波频道有限，而频道相互之间又会发生干扰，影响传播效果；自由选择节目的范围有限，一次只能收听一个频道，收听某一节目又受节目播出时间的限制，一旦错过就再难收听到；收听广播必须按播音顺序来听，不能加速、减速或更换。总之，听众完全受广播预先排定的节目顺序、时间、速度的支配，处于被动接受的地位。

2. 电视

电视是将声响、文字与活动画面等视听符号结合起来，主要供家庭或小群体使用的大众媒介。它视听兼备、声画并茂，具有最强的写实性与表现力。如今现代生活离不开电视，电视节目是人们获取信息的主要渠道。公共关系人员要利用电视传播的种种优点来实现树立良好形象的目标。

电视作为一种最主要、最有效的传播媒介，其优点表现为：其一，受传者能获得较强的真实感。电视是文字、声音、图像三者的奇妙组合，观看电视，更接近面对面的人际传播，能给受传者以更真实的感受，电视经常采取现场直播的方式传播信息，时间与被播放事件有同时性，空间上有同位性，使人如临其境、如闻其声、如见其人，增加了信息的可靠性。其二，传播效果持久。电视节目的制作往往融多种艺术手法为一体，综合广播、报纸的长处，主题鲜明，重点突出，形象生动，能加深受传者的印象，给受传者更强烈的刺激，因而传播效果较为持久。其三，即时感染力很强。聚集在电视屏幕前的是千百万个家庭和各种小群体，他们在同一时间共享同一信息，彼此进行交流与互动，因此情绪容易相互感染，并可能对传播的信息产生共鸣。其四，适合多层次的受传者，对受传者的文化水平没有太高的要求。

电视的缺点：一是传播的声像信息瞬间即逝，保存性差。二是受经济发展水平的制约，电视传播的范围受限制，如贫困地区的公众收看电视的可能性较小。此外，有线电视未开通的地区，电视频道较少，且收看时只能选择一个频道，受传者常常只能被动地选择节目，播什么看什么。

3. 电影

和电视一样，电影也是一种综合性的大众传播工具，也是文字、图像、声音三者的巧妙组合。组织可以以纪录片的形式展现自己的发展历程，介绍目前的状况，勾勒美好的前景；可以通过提供拍摄环境、提供道具赞助，甚至让员工参与拍摄这样一些方式来增加上镜率，吸引观众的注意，获得更多观众的认知和了解。电影超过电视的地方在于它的内容高度凝练集中，画面十分清晰，善于表现宏大场面和纵深场景，音质也比电视更好，并且大家聚集在一起观看电影，受众的情绪更易相互感染。它有助于人们之间联络感情，交流思想，因此在帮助组织赢得公众好感的程度上往往超过了电视。

2012 年 7 月 7 日，全新的社交电影 *I Know U* 上线。三星结合 galaxy 的品牌概念，携手周迅、井柏然及导演彭浩翔，推出了这部具有现实主义色彩的科幻文艺微电影，以全新的角度阐释简单纯粹的爱情主题。影片中周迅饰演的三人一面的外星人来到地球，与井柏然饰演的小厨师之间擦出爱的火花，而三星新款手机则在剧情中承载了重要

"使命"。两人通过手机交流分享，逐渐发现彼此心灵相通，最终走到一起。三星手机的广告植入显而易见，从周迅遇到井柏然后，影片便开始非常集中地出现三星手机的身影，至少不下 4 次，两人情感的推进以手机为"见证"。但由于手机在现代谈情说爱中再常见不过，所以手机广告在此片中的植入也算合情合理。很多网友并没有对片中的不断植入感到反感，而被这场奇幻的跨星球爱恋深深吸引。这部微电影作品以娴熟精致的拍摄手法、明星精彩的演出、新颖互动的题材成为人气与口碑双丰收的品质之作。该片开启了"社交电影"的概念，将电影与社会化媒体相结合，网友可以根据自己的想法对影片进行全新的改编，在影片出品方三星的官网上，开辟了专门的页面（http：//t.cn/zW5QAdp）用于网友自行 DIY 作品的呈现。这种高度的参与体验感激发了网友强烈的再创作热情，能让大牌明星"参演"自己设定的剧本，这样的创新的确吸引人。

（三）户外媒介

常见户外宣传集成是一种整合多种户外宣传媒介形式，用于某一特定公关宣传活动中的宣传媒介组合系统，它常常在大型的户外公关传播活动中使用。

户外宣传集成可以有很多种组合资源与方式，但一般以下述媒介为主：

1. 街头（悬挂）横幅

各种自上而下地悬挂在街头高大建筑物上的巨幅横幅，各种质地不同，字体、颜色不同的横幅常常被许多单位用来烘托气氛、渲染环境，常常在某些大型集会、庆典、主题活动中使用。

2. 彩旗

各种彩旗也常常被用来形成某种主办者所希望的氛围，在前往大型公众活动的主体会场的沿路和周边地区插列。特别是许多社会组织有自己的 CI 系列组织标示图案，经常印制在彩旗上，醒目地插列在沿线，吸引街头公众的"眼球"。

3. 气球与空中飘浮物

各种各样的彩色气球也是大型户外公关宣传活动中经常使用的一种宣传媒介。气球有在地面拖弋的，也有在空中飘浮的，它们或者身上写着文字图案，或拖带着横幅标语，组合成为一道醒目的"风景线"。

4. 单页宣传印刷品

在许多户外宣传活动中还经常散发印刷精美的单元宣传品以方便对象公众带回家去仔细阅读，这些单页印刷宣传品有时还刊印着图片，内容都是有关本组织的重要公告信息。

（四）网络媒介

网络的出现，极大地改变了人们的生活，具有划时代的意义。在现代的公关传媒中，网络传播已经成长为一个成熟的媒体，它的多种特性——交互性、实时性、海量性、多媒体性、大众与小众混同性等特质使其成为最受公众欢迎的社会媒体。公关组织与人员必须了解网络媒体的诸种特性，把它灵活大量地运用到公关信息的传播过程中来。主要的网络媒介有如下几种：

1. 网站与网页

在网络化时代的公关传播中,利用网站与网页,可以为公共关系传播提供如下功能:

(1) 展示组织社会形象。通过网站宣传组织相关信息,是与各类社会公众保持快速便捷联系的第一项重要工作。作为一种新型的复合性传播媒介,网络既可以被社会组织用来进行大众传媒,也可以被用作效率极高的组织内部群体传媒使用,还可以作为与单个消费者进行个别沟通的个体传播媒介,是一种效果突出、"全能"性质的新型信息传播媒介。作为一种大众传媒,组织可以建立自己的网站,迅速全面地向不特定的社会大众发布有关组织各方面的信息——就像 IBM 一样,也可以通过内部的因特网,供组织内部的各级员工查询组织的新闻、政策、雇员情况、内部信息通报、财务报表等,进行信息的交流与分享。通过 BBS 公告版和"聊天空"、个人电子邮件等方式,组织还可以方便地与分散各地的消费者、不同种类的单个公众进行信息沟通。

(2) 为组织的后续公关传播活动提供第一手的资料。网络为公关人员调查研究社会公众对本组织各方面的印象、反映、意见与建议提供了一个稳固便捷的信息双向沟通渠道,从而能准确系统地掌握组织的相关信息,发现潜在的诸种问题。

(3) 便于搜索。利用网络上的各种网站发布有关组织的新闻与信息也成为公关人员的一项重要工作。网络新闻的便捷性、众多性和专题性,特别是搜索功能给网民们带来了极大的方便,使它逐渐在大城市中代替了传统大众传媒的信息发布地位。在网络媒体上,新闻报道、通讯特写、专栏评论、读者跟帖、网民帖子(自行发布消息)、图片、网络视听系统等,几乎可以囊括传统报纸杂志、广播电视的全部功能。所以,网络传媒在社会组织的公共传播中占据了越来越重要的作用。

2. 新兴媒体

对于新兴媒体概念的界定,学者们可谓众说纷纭,至今没有定论。广义的新兴媒体是指形成于"二战"以后,依托于数字化、网络化信息处理技术和通信网络的新型信息媒介的总称。狭义的新兴媒体是指形成于"二战"以后,依托于数字化、网络化、平民化信息处理技术和通信网络,由专业信息网络机构主导,以各种数字化信息处理终端为输出装置,通过向大量用户大规模提供交互式信息和娱乐服务以获取经济利益的各种新型传媒形态的总称。例如,电视媒体与手机结合构成手机影院,网络与手机结合构成移动网络,公文与电视结合构成移动电视,电视与楼宇结合构成楼宇视频、电视 + 网络 + 通讯构成 IPTV,等等。在中国,新兴媒体主要有楼宇视频、公交车/列车视频、手机媒体、IPTV 等几种主流形式。新兴媒体伴随着媒体的产生和发展在不断变化。

较之于传统媒体,新兴媒体在公共关系传播中有其自身的特点:

(1) 具有消解力量,消解传统媒体(电视、广播、报纸、通信)之间的边界,消解国家之间、社群之间、产业之间的边界,消解信息发送者与接收者之间的边界,等等。它更多的是一种个性化的传播,受众并不是作为同质的对象而是作为有不同需求的个体。

(2) 具有交互性和跨时空的特点。新兴媒体给媒体行业带来了许多新的理念和模式,如节目专业化越来越强、卖方市场转向买方市场等,它在某种程度上颠覆了传统的话语权分布状况。

（3）传播状态发生改变，即由一点对多点变为多点对多点。一种多向对等型的公关模式出现了，这种模式的描述是基于受众的分众化趋势，针对不同的受众用不同的媒介进行的公共活动必须在公关的形式上采取整合性的手段，即应用多种媒体的不同优势来进行设计。

有研究者从另一个角度提出："新兴媒体近乎于零费用信息发布，对受众多为免费，这对传统媒体的新闻产品制作成本造成挑战。"传统的广告是我播你看，而 Web 广告则是我告诉你，你告诉他，品牌迅速地在人际网络里扩张。2007 年百事可乐的年度大型网上活动，名称叫做"百事我创，我要上罐"。参加网上活动者只要提交自己照片报名参赛让别人投票，得票数最高的前几名，就能把自己的照片印在百事可乐的罐子上。活动分为初赛及决赛两个阶段。百事可乐分别与五家大型网站合作站内初选，五个赛区选出的再参加总决选。其中，初赛的 51.com 赛区，其参赛者高达 130 万人，比其他四个赛区全部参赛人数总和的两倍还多。最有趣的事情是 51.com 的用户群体有许多自发性的行为是超乎想象的，比如：①没有参赛的人，在自己的博客上帮参赛的朋友拉票，再次提高活动曝光度；②由于用户自己就可以开设群组，有的用户因为平日经营得当，群组人数高达数万人，俨然成为"一方之霸"。当该用户参加本次比赛时，即鼓动他所经营的群组会员帮他投票、拉票；③许多群组之间彼此形成联盟，如最大的 51.com 第一联盟，其所属的会员人数高达 200 万人。这些群组自己先举办群组内初选，推派代表参赛，之后联盟内 200 万人倾全力支持自己派出的代表。该活动吸引到 130 万人报名参加，总投票数达到 1.2 亿票，活动期间用户留言数量达到 680 万则。令人意外的是，51.com 赛区的票选第一名，居然是个外号"糊涂山人"的和尚。新媒体的运用，改变了原有传播的特征和策略。

（4）具有二次传播效应。当一个公关行为通过传统的媒体例如报纸、电视或广播等对受众产生影响后，继续的影响会通过新兴媒体比如博客、手机、网络广播、网络电视等在受众中进行第二次传播，加强公关行为的影响力，而这种影响力不是一次性的巨大影响，而是通过新兴媒体的方式在人际传播、群体传播和大众传播中产生的多次影响的总和。就博客而言，全球每五个月博客量就翻一番的现实正在强化这种效应。

从长远来看，随着通讯技术的飞速发展，还有更多更好的基于网络的传媒出现，这既可以给组织的公关人员提供新的信息传播手段，也可能给组织的社会形象塑造带来困难。只要社会组织一方面全力做好自己的工作，另一方面适应时代发展，使用更为便捷的传媒与公众进行善意交流，就会与时俱进，取得良好的公关传播成绩。

二、人际传播媒介

人际传播虽然是指人与人之间的信息交流，不需要各种中间环节，其方式方法也是多种多样的。一次工作午餐、一场交谊舞会，都是一种人际传播方式。在人际传播中，公共关系人员应该根据工作的内容、对象和本组织的具体条件，选择适当的传播媒介。在公共关系人际传播中，除去面对面直接交谈这一简单的形式以外，常见的实施媒介有以下几种：

（一）电话

电话在发达国家几乎已经普及到每个家庭，不但同一城市电话网络十分发达，全国甚至国际间的直拨电话也十分普遍。近年来，随着我国通讯事业的发展，我国城市电话的普及率迅速提高，许多家庭都安装了电话。使用电话的突出优点是快捷、省事、节约时间和经济。它的缺点是打电话的双方无法察言观色，信息反馈也不全面。此外，在电话中讨论重要问题需要辅以必要的记录。尽管如此，电话在重大公共关系活动的准备阶段常充当重要角色；在通知、预约面谈、前期业务交流等人际传播中，电话的使用频率是很高的。

（二）会议

会议在组织传播中是一种重要的宣传方式。会议都有中心内容和主题，所以信息集中，与会者可以得到综合的信息，并且交流和反馈都是双向的、直接的。会议本身并不一定都是公共关系活动，但公共关系人员可以利用会议这种人际传播媒介进行大量的工作，如收集与会者及组织代表的各种情况、与重点对象建立良好关系等。由于需要相应的场地和经费，因此在是否选用会议这个媒介时，需要视条件而定并作综合考虑。

（三）专题活动

专题活动范围极广，是重要的人际传播媒介。例如，各种庆典（开业仪式、开幕典礼、落成典礼、周年庆典等），各种比赛、招待会和赞助，等等。专题活动气氛浓厚，具有很强的感染力和娱乐性，因此是发展友谊、建立密切关系的重要手段。专题活动的范围确定和对象选择很重要，在组织实施的过程中，也有许多技术和技巧问题，需要有较为周密的准备，对组织实施专题活动的公共关系人员的素质要求较高，否则不易收到预期的效果。

（四）馈赠纪念品

纪念品一般是通过各种专题活动和访问活动散发的实物，如书籍、画册、纪念章、工艺品等。纪念品作为一种人际传播中的宣传性媒介，能起到宣传、介绍专题活动主办者的作用，它有利于密切人际关系和组织间的关系，增强彼此间的联系和感情。因此，纪念品首先应具有纪念性，它应和专题活动的主题相一致，这样才能使纪念品的受赠者产生一种荣誉感和亲切感，从而去珍视它、爱惜它。其次，纪念品本身应具有保存价值，失去了保存价值，也就失去了纪念意义。

三、公共关系传播媒介的选择

了解各种传播媒体的特点并不是公共关系工作人员的目的，真正的目的是为更好地进行媒体选择，做好公共关系传播。公共关系媒介的选择，要依据所传播的对象、内容和传播者本身的一些具体条件而定。要想取得最好的选择效果，应当从以下三个方面来考虑。

（一）传播对象的特点

1. 公众文化层次的高低

公众的受教育程度高低与媒介选择存在密切关系。一般来说，受教育程度高者多选用印刷媒介进行阅读分析，获取信息；相反，受教育程度较低者多选用电子媒介来获取信息。

2. 公众年龄结构

一般而言，年龄、知识水平较高者多选用印刷媒介，而年龄、知识水平较低者喜欢电子媒介。

3. 公众生活、工作习惯

不同的公众，生活规律、工作习惯也不同，接受信息的时间和采用的方式都不同。生活习惯不规律的公众无法在规定时间内收听或收看，印刷媒介更适合他们。

4. 公众经济状况

公众经济生活水平高，有可能利用费用较高的媒介获取信息；反之则只能接触费用较低廉的媒介。

（二）传播信息的内容

1. 传播信息内容的复杂程度

如果要传播的信息是难以理解的，需要公众深入分析，反复思考、研究和理解的，适用印刷媒介；相反，传播信息简单、易于理解的，使用电子媒介更合适。

2. 传播信息内容的保存价值的大小

如果传播的信息有较大参考价值，需要保存，宜用印刷媒介；相反，对没有收藏价值、不需要记录和保存的，则使用电子媒介。

3. 传播信息内容的详细程度和趣味性

传播信息要求较详细但趣味性较小的，宜用印刷媒介；相反，如需图文并茂、声情并举，易于理解，直观性强，能引起兴趣的，宜采用电子媒介。

4. 传播信息内容的性质

传播信息内容不同，会吸引不同的公众。总的来看，随着年龄增长，公众更愿接受知识性、政治性、公共事务性较强的信息，宜较多使用印刷媒介；而年龄较小、接受能力低者更喜欢接受趣味性较强的信息，多使用电子媒介。

（三）经济合理的原则

运用各种大众传播媒介传递信息都需支付一定费用，费用与效果大小成正比例。例如，电视效果较好，但费用高，通常以秒来计算费用。其他媒介效果较差，费用也低。因此，公共关系工作人员在选择传播媒介时，还应考虑组织自身的经济负担能力，精打细算，充分利用现有的人力、物力、财力，以最少的费用来争取最大最好的传播效果。

以香港电灯有限公司（以下简称港灯）为例，百多年来，港灯为香港提供了可靠的电力。针对公众电力能源认识的误区，港灯于 2003 年起，推出"智'惜'用电计划"，结合关心社会及社区教育的工作，积极推广新能源效益，教育市民特别是年轻人善用能源。该计划务实而有针对性地进行宣传，以"线下宣传媒介"为主。例如，制作宣传海报并直接发到全港一千多家中小学校，或通过电脑作为参与的平台；对于一些以普罗大众为目标对象的活动，会适当地配合"线上宣传媒介"（如电台广播及深受教育界欢迎的《明报》和《星岛日报》）等主要报刊进行宣传；在进行公众教育时，选择在人流量多的地铁站（现称港铁站）举办展览，确保以有限的资源获得最大的成本效益。该计划善用港灯本身拥有的资源和优势，打造独一无二的活动，如利用港灯总部大楼内偌大的综合活动室及训练室举办开展礼和工作坊，以节省场地费用支出。整个活动历时 4 年，分阶段举行，成本不高但社会效益巨大。

需要认识到的是媒体本身是一个有机整体，不同媒介之间不再泾渭分明，而是进入了混合媒介的时代，在选择媒体时，也要注意多种媒体的配合使用。

第三节　公共关系传播效果

一、公共关系传播效果理论

公共关系传播效果涉及范围很广，对传播效果的研究也相当复杂。传播的目的在于让信息影响公众，使受众产生反响和共鸣，最终采取行动，这就是公共关系传播效果的问题，也是公共关系必须研究和解决的重要工作目标和实务。

（一）"枪弹论"

"枪弹论"是 20 世纪 20 年代至 30 年代风行一时的传播效果理论，又被称为"皮下注射理论"。该理论认为，传播具有极其强大的威力，受传者就像是射击手面对的固定不变的靶子或是躺在病床上接受治疗的病人一样，只要枪口瞄准靶子，或者针头准确扎入病人身体的某部位，子弹或药水就会产生种种强大而神奇的效果。传播者只要使信息对准受传者，就可以把自己的思想、情感和动机灌注到受传者的脑海中，迅速使受传者的态度和行为发生改变。

1938 年 10 月美国万圣节前夕，美国哥伦比亚广播公司的电台广播了由《世界之间的战争》改编的同名广播剧。它描写了火星人入侵美国，虽然播送时间仅为 1 小时，而且在广播过程中不断说明这是演戏，但是，当播送到"火星人进攻地球"，其中心在新泽西州时，当地数以万计的听众惊惶失措，夺门而出。据统计，在两小时内，有关部门收到报警、查询电话 10 万多个。在收听到该广播剧的 600 万人中，信以为真的竟达 100 万人。这个事件，似乎证明了"枪弹论"神奇的传播效果。

由于该理论过分强调传播强烈的主观意志而忽视其他传播要素（尤其是蔑视受传者的主观能动性），因而深陷于"泥沼"之中。时至今日，这种理论已基本被人们抛弃。

（二）有限效果论

这种理论认为，传播效果是有限的，根本原因在受传者本身，在于人们是带着其固有观念基础的选择性接受、选择性理解和选择性记忆来对待信息传播的。传播对象的能动性主要表现在三个方面：

1. 对信息的选择性接受

传播对象在对信息的接受上总是因为其固有观念和环境的影响，而自觉不自觉地接受那些与已有观念相近或自己需要的信息。例如，炒股的人关注财经信息，失业工人则比较留意招聘消息，等等。

2. 对信息的选择性理解

传播对象因为社会经历、思维方法、意识观念等不同，对同一信息的意义产生不同的理解，很难与别人完全相同，也很难完全按照传播者原意去解释，完全相同的理解是不可能的，正所谓"仁者见仁，智者见智"。

3. 对信息的选择性记忆

传播对象总是愿意记住那些自己喜欢、自己需要或较易记住的信息，对于自己不需要的信息往往充耳不闻、视而不见，更不会对传播者所传播的信息完全接受。

传播效果与受众关系极大，要认真研究受传者的情况，有针对性地选择传播内容、方式，采取有效办法减少受传者的选择性因素干扰，就可以达到预期的传播效果。

二、公共关系的传播效果

传播效果是指受传者对于信息刺激的反应程度。任何传播活动都是有目的的，都要达到不同的传播效果。传播对于受众的影响可以达到四种程度，也就是四层次传播效果。

（一）信息层次

这是指将所要传递的信息完整、清晰地传到受传者处，这是简单的传到、知晓层次，也是传播活动的最基本的层次。在这一层次上进行的公共关系传播的目的就是进行信息交流。公关系人员或者向组织领导报告有关公众最新信息，或者向公众报告有关组织的最新情况。只要信息比较及时、准确地传递出去，并为接受者所理解，传播目的就算达到了。

（二）情感层次

这是指传播者传出的信息从知晓进而触动受者情感，使受者在感情上与传播内容接近、认同，对这一传播活动感兴趣，从而与传播者接近。情感传播着眼于联络感情、建立亲密的合作关系。这种关系既可以是组织内部的，也可以是组织与外部公众的。如公司举行一次舞会、一次游园活动、一次郊外踏青、一次周末聚餐，看起来似乎是在消磨时光，实际上起到了联络感情的作用。就组织与外部公众的关系来看，组织的每个成员都是兼职的公共关系人员，他们以组织名义进行的活动都可以起到联络公众与组织的感情的作用。有时由于一个人的疏忽，会引起公众对整个组织的反感，例如，顾客遭到一个工作人员的冷眼相待，会认为整个组织的服务态度都不好。因此，在传播的情感层次上更需要组织具有全员公关的思想。

（三）态度层次

这是指围绕着改变公众态度而展开的公共关系传播活动。态度是人对事物或现象认识的程度、情感表达和行为倾向的总和，是在感性认识基础上经过分析判断、理性思考而产生的，一经形成就非常难以改变。传播如果能达到这一层次，对受传者的影响就非常深入了。态度除有正负、肯定与否定之外，也不一定与情感有必然的同方向联系。有些人和事，人们在感情上同情，而在理智上则不赞成。

（四）行为层次

这是指公共关系传播活动的最高层次。即指受者在感性、理性认识之后，行为发生改变，做出与传播者要求目标一致的行为，从而完成从知到行的认识、实践全过程，使传播者的目标不仅有了同情者、肯定者，而且有了具体实施者、执行者。实验研究证明，态度对行为的改变有着较为密切的相关关系。此种效果是以前面几种传播效果为基础产生的。如通过座谈、小型集会使组织和公众达成共识或使公众对组织的某些做法达成谅解，或者通过各种广告宣传使受传者信任、接受和选择公司产品，等等，这都是公共关系传播所取得的深层效果。

应该看到传播效果是一个比较复杂的问题。这几种传播效果不是直线相连、必然上升的，它们之间的相互影响是复杂的，关系是辩证的。从表面上看，传播效果各方面的表现是相对独立存在的结果，而实质上这些表现是一个不断深化、内化，最终通过行为外化的过程。因此，对于公共关系传播效果的测定和评价，要根据公关传播的不同阶段的目标和长远系统的目标进行综合评价。

三、影响公共关系传播效果的障碍分析

公共关系传播是一个动态的复杂过程，从众多的传播学者的论述中可看出，从组织发出的信息含义和接收的信息含义的完全一致性是罕见的，其原因便是传播障碍的问题。现代社会高科技的发展，人与人、群体与社会的关系，不仅是面对面、直接接触的关系，而且也是通过媒介建立起来的间接关系。现代社会的信息传播越来越多地通过媒介及机械来进行。因此，研究公共关系传播规律，分析公共关系传播障碍，既要考虑人与社会系统，也要考虑人与机械系统。

（一）人与机械系统的障碍

人与机械系统的障碍主要是指不能维持传播通道畅通无阻的因素。例如，印刷媒介中最常见的机械障碍包括字迹模糊不清、套色不准、纸张不好、装订有误等，这些都会影响读者的阅读，从而影响传播效果。电子媒介中最常见的障碍是广播电台与电台之间所使用的频率极为接近而产生干扰，造成听众收听的困难。另外，电视台、发射台、接收天线的设备故障、高楼阻碍电波的传递等，都会导致电视影像不清、画面清晰度不够

等现象，从而影响传播效果。个人对团体的面对面传播也会遇到机械障碍，如演讲者使用的话筒发生故障或有杂音等都会使听众厌烦，从而影响传播效果。

（二）人与社会系统的障碍

人与社会系统的障碍主要是指个体之间的不同的经验范围造成的障碍。不同的经验范围所造成的传播障碍主要有以下几个方面：

1. 语言障碍

语言是由语音、词汇、语法等构成的符号体系。人类必须借助语言表情达意、协调关系，语言与思维是人类所独有的，是人类重要的沟通工具，语言出现障碍，会影响传播效果。所以语言障碍是重要的传播障碍。语言障碍主要表现在三方面：首先，不同国家、不同民族的传播沟通会遇到语言障碍；其次，同一国家的同一民族因地区的不同而造成的语音不同，也会造成严重的传播障碍；最后，同一国家、同一民族、同一地区的人的信息传播会遇到语义障碍。另外，双关语、成语或典故等都会产生语义障碍。

2. 符号障碍

符号是指语言文字、表情、动作、图案等。对于符号意义的认知，是以学习的积累成为经验，没有经验，对符号便无从理解。如手势语、标志语等，除非曾经学习认知过这些符号，否则无法理解，即使大量传播，对公众而言也是无效传播。

另外，由符号与本体之间的距离、对符号的概括性认识和推论也会产生错误。因许多符号都是象征性的、笼统的，在数量形状与质量上绝不完全相同于本体。同时，世界是多变而复杂的，而符号是僵硬不变的，新事物、新发明、新学科、新理论、新的科研成果不断涌现，现代的符号难以完全代表世界的每一新事物，创造新的符号，一时间又难以使人适应。所有这些都会造成传播障碍，影响传播效果。

3. 观念障碍

人在生存过程中，都要经过社会化过程，家庭、学校、职业、宗教等常会给人植入根深蒂固的各种观念。如果传播内容与人们固有的观念相违背，就会造成各种误解、曲解或拒绝。老式的、经过亲自试验的、就近的总是保险的；而新的、遥远的总是不可靠的。现代社会同样存在着这种思想观念，故需要更多的沟通传播。

4. 心理障碍

心理障碍是指人的认知、情感、态度等心理因素对传播沟通造成的障碍。心理障碍的种类大约有以下几种：首先是感情失控导致传播障碍。如感情冲动、心情压抑等情境对信息产生厌恶情绪，不愿交流。其次是迷信权威的心理会导致传播障碍。再次是不调和的心理会造成传播障碍。许多人对于自己所拥有的经验、学识都有强烈的优越感，往往要排斥与自身的观念思想不相符合的传播内容，这样传播就会失败。最后是两极化心理也会造成传播障碍。人们评价或者判断事物，常会呈现非此即彼的心理倾向，如不是成功就是失败，不是聪明便是愚笨，常会忽略中间性。然而事物往往是复杂的、多层面的，因此，要多发掘事物的各个层面，认识展现事物的多层面，才能减少传播障碍。

总而言之，传播过程中产生一定的障碍是不可避免的，传播障碍产生的原因是复杂的。分析传播障碍，目的是为了尽可能地减少传播障碍，获得和增强传播效果。

四、改善公共关系传播效果的途径

社会组织开展公关传播，效果好坏则由公众感受并体现出来，公关传播效果对公关活动的成败至关重要。因此，有必要在工作中探寻改善公关传播效果的途径。

（一）寻找共同语言

这是指在开展公共关系工作的时候，组织与受众之间要用相同的语言来传播，以便受众能准确地理解传播者的意图，只有双方的共同经验越多，传播的有效性就越高。在传播的过程中，传媒只是操作的工具，语言才是操作的实质，组织不仅要选择合适的媒体，更要掌握恰当的传播语言；如果语言上无法沟通，说得再好也很难获得公众的认同。

（二）塑造有效传播者形象

1. 利用权威人士担任传播者角色

对于所传播的信息，由享有声誉的专家来发表意见，比由平庸者发表意见更能得到受传者的信任，因为人们乐于相信权威们讲的话。权威的意见可以给受传者一种暗示：这是可信的。一般说来，越是在某一方面具有渊博知识的人，他在这方面的权威性往往也越高，说的话也越容易使人信服。

2. 利用"自己人"担任传播者角色

这在传播学中被称作"认同策略"。如果受传者认为传播者与自己不相上下，并把传播者看作"自己人"，就比较容易接受传播者的意见。这与人们在日常生活中比较喜欢听朋友的忠告的道理是相同的，公关传播活动应有意识地对这一点加以利用。例如，作为冷饮行业的老大，伊利冷饮连续12年产销量居全国冷饮行业第一，其主推产品巧乐滋在2003年一上市就创造了2亿多元的业绩。伊利冷饮启用台湾人气偶像张韶涵诠释"喜欢你，没道理"的品牌主张，在2007年4月9日，伊利冷饮与TOM玩乐吧联合开启"伊利巧乐滋＆TOM玩乐吧2007年城市集结赛"全国高校巡演活动，将健康和时尚带给广大消费者，掀起一场"喜欢你，没道理"的酷炫城市风暴，说出了年青一代的心声，有力地支撑了巧乐滋系列产品时尚、甜美、健康的产品特点。

3. 利用名流公众担任传播者角色

名流公众是指那些对社会舆论和社会生活具有较大的感召力和影响力的有名望人士。例如，政界、工商界、金融界的首脑人物，文化、艺术、影视、体育等方面的明星，新闻出版界的舆论领袖，等等。它主要借助名流已取得的知名度和美誉度以及在社会上的巨大影响，来扩大本组织的知名度和美誉度。这类传播者的数量有限，但其传播的作用很大，能在舆论中迅速"聚焦"，影响力很强，往往能达到事半功倍的效果。

近80年来，可口可乐不仅成为历届奥运会的唯一指定饮料，还与奥运会共同谱写了一段人类奋斗进取的佳话。从北京申奥成功的那一刻开始，可口可乐北京2008年奥运会的营销战役就正式打响了。2007年7月3日，可口可乐在清华大学体育馆举行可口可乐奥运星阵容新闻发布会，姚明、郭晶晶、王励勤、赵蕊蕊等奥运名星阵容成员分别以自己独特的个性造型逐一亮相现场，表示可口可乐释放的冰爽、自信、能量和激情一直鼓舞着他们，将更加努力投入奥运备战。在新闻发布会现场，可口可乐公司特别展示了为奥运明星阵容量身设计的限量版纪念章组合。同时，现场模拟了奥运火炬传递场景，奥运明星阵容成员在现场率先提名心中的奥运火炬首选人，并讲述了感人的推荐故事；正式开启了"谁点燃我心中圣火"可口可乐奥运火炬手提名活动，倡导公众推举那些曾经激励过自己、点燃自己心中圣火的普通人成为可口可乐奥运火炬手，将公众的热情推向高潮。

（三）完善传播效果的技巧

传播效果与传播技巧的高低直接相关，这是不言而喻的。传播者要善于运用各种语言的、非语言的沟通手段，个人的、组织的、大众的传播技术，以增强信息刺激的强度、对比度、重复率等，或追求不同层次的传播效果，交流信息、联络感情、影响态度、引起行为等，以增强传播效果。传播效果的研究涉及传播要素的综合分析研究。任何一个传播要素不理想都会影响传播效果。

（四）选择正确的传播时机

传播时机对公关活动的效果有极大的影响。时机恰当，活动就会收到事半功倍之效；否则，不仅效果降低，有时还会产生费力不讨好的结果。时机转瞬即逝，如果没有敏锐的洞察力，往往会错失良机。就一般情况而言，选择正确的传播时机要遵循"三抓"、"三避"的原则。

1."三抓"

所谓"三抓"，就是抓大事、抓巧事、抓空当。

抓大事，是指社会活动中经常会有一些重大的事情发生，如大型纪念活动、大型体育活动、大型事件等。这些事情社会吸引力强、影响面大，是传播的最佳时机。

抓巧事，是指一种异于常规的事情，它有可能是一件很小的事情，但由于它异于常规，所以它不仅能够吸引人们的注意力，而且往往易成为新闻媒介注意的焦点。所以，抓巧事能够产生有特色的传播。

抓空当，是指本身有利用价值但人们又没有充分注意的事情。在实际生活中常常会有一些被忽视的盲点，这些盲点一经发现，就会有爆冷门的潜力，故社会组织应充分利用这些空当，进行有效的传播。

2."三避"

所谓"三避"，就是避热点、避活动、避繁忙。

避热点，是指避开社会上各种各样的热点问题。因为这些热点问题吸引了人们的注意力，使之无法再接受其他的信息。

避活动，是指避开社会上各种类型的社会活动。如果组织在传播自己的信息时没有与其他的活动错开，就会失去一批公众；即使没有丢失公众，也会使一些公众不能全身心参与活动。

避繁忙，是指避开公众比较繁忙的时间。故而社会组织在选择传播时机时，一定要特别注意调查清楚目标公众闲忙规律，避开繁忙时间。

美国金融危机导致汽车行业受到严重冲击，美国时间2009年4月29日，也是中国"五一"黄金周到来的前一天，美国总统奥巴马宣布克莱斯勒将于美国时间4月30日（周四）正式进入破产重组程序。一时间，克莱斯勒即将掀起一场关于"破产"与"生存"的舆论风暴，克莱斯勒高层意识到，一旦引导不力，会让其在中国的形象彻底坠入谷底，一场危机传播迫在眉睫。企业将公关的目标定为：普及"破产重组"的正确概念，削弱由此引起的负面舆论；传递"克莱斯勒中国业务不受影响"，以保持各界人士对克莱斯勒中国的信心；展现克菲联盟的积极意义，提升克莱斯勒正面企业形象。克莱斯勒亚太业务首席执行官柯安哲先生巧妙地利用"类比"法则，将"破产重组"与"电脑重启"进行了语义关联，使公众感知到"破产重组"的积极层面。此外，克莱斯勒提前进行对中国媒体24小时舆情监测，发现任何不利动向，立即予以处理；提前与中国主流媒体沟通，为危机开始后的工作梳理好脉络，如对引领中国媒体舆论走向的新华社，提前准备全面的破产重组资料，并向新华社详细沟通破产重组流程；对"五一"期间的主流媒体《法制晚报》、《北京日报》、《北京晨报》、《北京青年报》分别进行有针对性的沟通。通过一系列的媒体公关活动，使"五一"期间"克莱斯勒中国业务不受影响"成为中国媒体的主流声音，截至2009年5月31日，国内媒体有关克莱斯勒破产重组的报道共计1477篇，其中1437篇为正面、客观报道。

（五）"诉诸理性"与"诉诸感情"

开展公关传播活动，以什么方式"打动"公众也是影响传播效果的重要因素。社会组织通常有两种做法：一种是通过冷静地摆事实、讲道理，运用理性或逻辑的力量来达到说服的目的；另一种是通过营造某种气氛或使用感情色彩强烈的言辞来感染对方，以谋求特定的效果。征服消费者最为高明的公关谋略往往并不需要强硬的手段，只需要对消费者坦诚，示以善意、责任心，真心为消费者着想、真正做到让消费者满意，就可以化干戈为玉帛，妥善地建立和维护良好的公共关系。

例如，2009年，功能性高端奶市场竞争进一步加剧，伊利公司通过市场分析，发现消费者对功能性高端奶的需求，首先是功能利益驱动，其次才是情感利益驱动。因此，2009年伊利舒化奶的品牌策略更注重于理性层面，并且充分借助代言人郭晶晶在2009参加世锦赛这一体育事件，结合世锦赛创造体坛六连冠神话的新闻话题，将"冠军奶"和"冠军运动员"结合起来；锁定以"理性层面"为诉求，以感性层面（冠军奶+冠军运动员+爱国心）辅助理性层面做专题报道，强调产品的科学技术含量及增强体质、健康、平衡的功能。伊利公司有关功能性高端奶的应对策略是通过对产品理性层面的深入传播，对产品及品牌起到强化作用，收到很好的效果。

以上介绍了公共关系传播的一些技巧，实际上远远不止上述几项。要真正掌握公关传播的方法和技巧并运用自如，必须不断学习、不断实践。

本章小结

公共关系传播，是信息交流的过程，也是社会组织开展公共关系工作的重要手段。

离开了传播，公众无从了解组织，组织也无从了解公众。如果我们把社会组织看作公共关系工作的主体，把公众看作公共关系工作的客体，传播就是二者之间相互联系的纽带和桥梁。组织与公众的沟通，在很大程度上依靠信息传播，组织与公众之间的误解，也往往是由于信息不畅造成的。传播包括自身传播、人际传播、组织传播和大众传播四种类型。公共关系传播借助的媒介大体上分为两类，即大众传播媒介和以人际传播为主的各类媒介。传播效果有"枪弹论"和有限效果论，现代社会的公共关系传播越来越多地通过媒介及机械进行。总之，一个社会组织不但要有明确的目标、符合公众利益的政策和措施，还要充分利用传播手段开展公关活动，赢得公众的好感和舆论的支持，获得良好的经济效益和社会效益。

关键概念

公共关系传播　媒体　大众传播媒介　人际传播媒介　传播效果

思考题

(1) 什么是传播？它有哪些类型？
(2) 简述公共关系传播的原则。
(3) 说明各种大众传播媒介的特点。
(4) 试区分传播效果的"枪弹论"和有限效果论这两种观点。
(5) 分析公共关系传播过程中的障碍。
(6) 分析如何改善公共关系的传播效果。

●案例分析

华帝"十运火炬"公关传播

经国务院批准，中华人民共和国第十届全国运动会（以下简称十运）于2005年10月在江苏举行。第十届全国运动会是中国内地规模最大的一次综合性体育盛会，也是2008年奥运会前的一次大演练。火炬传递是历届大型综合性运动会不可或缺的重要组成部分，也是大型综合性运动会一个亮点，可谓万众瞩目。继独家研制并捐赠九运会火炬后，2004年11月，华帝股份（以下简称华帝）凭借其雄厚的企业综合实力，再次承担了十运会火炬接力活动所需的火炬、火种盒、点火器等器材的研发和生产任务，并以火炬等产品折合人民币200万元捐赠十运会组委会。因此，华帝股份也获得了十运会特殊标志使用权，成为十运会特殊标志使用许可企业。

2005年6月23日，华帝在南京召开"独家研制及捐赠十运火炬、火种盒新闻发布会"，新闻稿重点传播了华帝低氮燃烧、计算机仿真技术、智能控制、防熄火保护等行业高端技术，借此塑造自身品牌形象，树立企业文化，在企业与消费者之间建立情感关系，以赢得更广泛的支持。在会上，华帝向十运会组委会倾情捐赠其独家研制的火炬器材，包括价值200万元人民币的高科技火炬、火种盒与采火器等火炬器材。

2005年8月16日，华帝在北京召开了十运火炬纪念珍藏版上市新闻发布会。在发布会上，华帝隆重推出零售标价达10000元的十运火炬珍藏版纪念灶。此灶一出，立即在厨卫行业内部以及媒体中间引起了极大的轰动。

2005年8月17日，十运会江苏体育代表团合作伙伴（华帝）新闻发布会暨金火炬捐赠仪式在南京举行。华帝此次除了赞助江苏体育代表团60万元外，还精细打造了24K纯金火炬100枚用于奖励江苏代表团在十运会上获得金牌的选手。

同时，华帝整合多种传播渠道，围绕华帝十运有奖竞猜专题，在新浪网、中华网、搜狐网等门户，发布"华帝创意科技，点燃十运火炬"的广告信息。在与新浪网的合作中，主要采取了以下合作方式：①硬广告和新浪十运会专题赞助合作；②有奖竞猜活动，参加"华帝十运会有奖竞猜"的网民，就有机会获得由华帝股份送出的丰富奖品；③投放频道均是新浪网的强势频道，如新浪首页、新闻中心、体育频道、女性频道等，广告形式有通栏、擎天柱广告、专栏赞助、Button、文字链接等。

据第三方数据显示，华帝在新浪投放的广告平均每天至少有1000万次的曝光数量，5000多人次主动点击了解广告内容。华帝品牌的受众和十运会关注人群网上互动，在推广期间，通过硬广告投放，同时配合十运会专栏的赞助、有奖竞猜等广告形式吸引了20万人次的关注。minisite的设计采用专题的版式，给网民一种真实性和新闻性，并在内容上提供大量的资讯，以吸引网民长时间的停留。并以有奖活动的形式吸引了6万多人注册，提供了网民自身的数据资料，收集了有效的名单，为华帝与网民的沟通平台建立了良好的基础。据统计，华帝品牌在本次项目推广中，总体曝光机会达到1.6亿个，总点击数达到215347次。

华帝在与中华网的合作中，大量运用了流媒体、画中画、超级通栏、业内通栏等广告形式，在新闻、军事、体育、十运会等频道投放广告。至推广项目结束止，华帝在中华网投放的广告总印象数为322770359，总点击数量为324511次。同时，除了部分网站首发的全篇幅新闻通稿外，所有在平面媒介投放的相关新闻也均在网络上转载，覆盖网络有新浪网、搜狐、网易、中华网、TOM、21CN等综合性门户网站；有新华网、中国新闻网、人民网等新闻类网站；有慧聪网、中国电子信息网等行业专业网站。

平面媒介的利用，主要体现在硬广告及相关新闻的传播上。项目推广期间，华帝分别在《数字家电》、《广州日报》、《信息时报》等主流媒体发布了公益广告。同时，相关华帝十运会火炬新闻传播覆盖面为：《光明日报》、《科技日报》、《中国青年报》、《中国证券报》等中央区媒体，《北京青年报》、《山西日报》、《京华时报》、《包头日报》等华北区媒体，《上海证券报》、《东方早报》、《杭州日报》等华东区媒体，《广州日报》、《羊城晚报》、《南方日报》、《南方都市报》等华南区媒体；西北区、西南区、华中区、华北区媒体对华帝的报道也较多。此外，在华帝金火炬重奖东道主江苏代表团十运会冠军活动中，与《南京晨报》合作，独家赞助了《江苏金牌选手专访》栏目；与《扬子体育报》合作，独家赞助江苏十运军团金牌榜。

华帝销售终端的宣传主要有十运会火炬传递及展示、万元灶陈列、主题海报张贴、大型路演等方式。其中，在珠三角的"华帝圣火南粤激情传递"、汕头的十运会火炬展示仪式、湖南的"传炎帝圣火、燃万家欢乐"、湖北襄樊的"火炬义卖助学子"等宣传活动影响力巨大。以在广州人民北路广东电台广场启动的十运会火炬传递为例，活动吸引了包括广东卫视、广州电视台、南方电视台、广东电视台体育频道、《南方日报》、《羊城晚报》、羊城交通广播电台在内的十多家媒体对此次活动进行了采访报道，羊城交通广播电台还对启动仪式进行了同步直播。同时，奥运冠军王军霞和葛菲亲自领跑，在珠三角乃至广东全省掀起了一股全民运动的热潮。

广播电视的传播也较为活跃。2005年11月2日，中央电视台《新闻联播》报道了十运会火炬的特点，还播报了华帝竞标2008年北京奥运火炬研制权的消息。2005年7月1日、7月15日、8月1日分别在南京、河南商丘、北京三地举行的采火活动，中央电视台《新闻30分》等新闻栏目也作了报道。8月12日的全国火炬传递启动仪式，从中央到地方的各类电视台均对此作了报道。国庆期间，汕头电视台制作的专题片播放后，在当地也引起较大反响；在江苏电台投放的四个版本广告也获得了良好的传播效果。

华帝在户外、公交等传播媒介方面的工作也做得很好，华帝在位于深圳华强路牌户外广告面积达30多平方米，江苏南京100多辆的公交车拉手广告也很好地传达了华帝独家研制捐赠十运会火炬的信息。

华帝从独家成功研制火炬到捐献火炬，从火种的采集到火炬接力，从科普新闻、体育新闻到经济营销等新闻报道，选择独特的切入点，通过频繁的新闻发布会，不断制造新闻亮点；发布不同类型的新闻，满足了媒介对十运会的宣传需求。同时，华帝也达到了宣传企业形象的目的。

【案例思考】

运用公共关系传播原理分析，华帝是如何吸引公众的关注并获得成功的？

参考文献

［1］（美）巴伦. 大众传播概论［M］. 3版. 北京：中国人民大学出版社，2005

［2］中国公共关系协会. 最佳公共关系案例［M］. 北京：清华大学出版社，2007

［3］蒋宏. 新兴媒体导论［M］. 上海：上海交通大学出版社，2000

［4］（美）玛西雅·雷登·特纳. 新兴媒体教父［M］. 北京：机械工业出版社，2002

第五章 公共关系的职能和作用

学习目标

通过本章的学习,了解公共关系的管理职能,了解公共关系在组织的经营管理中的职责范围,知道公共关系特定的功能和作用;了解这些职能和作用的发挥,对组织的生存和发展创造了怎样的外部环境和内部条件,以及对公共关系从业人员观念更新、素质的提高能起到的重要作用。

第一节 公共关系的职能

在现代社会中,公共关系之所以能迅速地发展起来,其根本的原因在于公共关系自身的职能对组织的生存、发展有着不可替代的极为重要的作用。公共关系的职能是公共关系在组织中所应发挥的作用和应承担的职责。公共关系的职能广泛而复杂,国内外学者对它的看法和概括也不尽一致,国内外公共关系职能部门的职责范围也有很大差别。我们认为,公共关系的职能从广义上讲,就是调动一切可以调动的力量,运用各种手段,塑造良好的组织形象,赢得良好的生存环境,促进组织的生存与发展,使组织在激烈的竞争中取胜。从狭义上说来,公共关系应该具有采集信息、管理信息、咨询建议、参与决策、协调商量、传播沟通、树立形象等职能。

本节从狭义上叙述公共关系的职能。

一、信息的采集与传播

(一)信息采集

采集信息是公共关系工作的必要前提,在信息社会中,信息已成为公认的巨大资源。公共关系是信息产业。不采集信息,公共关系就成了无米之炊。因此,无论是内部公关还是外部公关,任何策划都应从采集信息开始,这样才能做到知己知彼、百战不殆。采集信息的职能要求公关人员具备信息意识,注意随时采集有关组织的信息。

1. 采集信息的种类

信息是客观存在的各种事物特征和变化的反映,是信号和消息的统一体。信息从不同的角度,有着不同的分类。

(1)按组织的生存环境分类,可分为内源信息和外源信息。制约和影响组织生存和发展的公众环境包括内部公众和外部公众两个方面,因此,公共关系工作所需要的信息就包括内源信息和外源信息两个部分。

第一,内源信息。内源信息主要指来自组织内部各方面的信息和动态。一个组织的发展首先受到其内部公众对象的制约和影响，包括组织各部门的管理人员、技术人员、全体职员，他们处在组织日常运转的第一线，对组织内部的人、财、事、物的状况和动态的了解与评价，是重要的内源信息。

第二，外源信息。外源信息指组织所处的外部环境的信息动态。组织有关的外部公众对象非常广泛、复杂，公共关系需要建立广泛的社会信息网络，密切注视外部公众的各种信息和动态，既要关注已经发生联系的公众对象的信息，也要预测可能发生关系的潜在公众对象的动向；既要重视具有直接利害关系的公众对象，也不能忽略那些只有间接关系的公众对象。例如，客户的需求、合作者的看法、投资者的意向、竞争者的动态、政府官员的看法、新闻界的评价、意见领袖的观点等。公共关系需要大量汇集外部公众的信息资料。

（2）根据信息的来源，可把信息分成一级信息和二级信息。

第一，一级信息。一级信息是从信息源来的未经处理的事实。信息源可能是能得到第一手信息的人或某个政府部门。来自这些信息源的信息是没有经过变动、调整或根据有关人员的观点选择处理过的。

除非信息源故意说谎，一级信息源应被视为是绝对准确的。但调查人员还得随时提防信口开河或数据弄错了等诸如此类的问题。尽管这些问题并不经常发生，但不是没有。

自己观察到的资料也是一级信息。如果为了弄清某公司上夜班人数的多少，就要统计进出公司大门的上下班人员的数量；在商品展销会上看到的东西、在产品文献上读到的信息都是一级信息。照片、未加剪辑的录像带也是一级信息；政府信息也可被视为一级信息，政府信息搜集人员通常从产业部门获取信息，常用的方法是统计调查和问卷调查。这些信息大多数是可靠的。政府各机构的档案、法庭的文件、记录也是极好的来自基本来源的信息。一级信息源是原始信息的最重要源泉，获得第一手资料应是最终目标。

第二，二级信息。二级信息提供的是变动过的信息。二级信息比一级信息更容易找到，有时它可能是唯一能得到的信息。二级信息包括报纸、杂志、电视、电台提供的信息。在商业名录或行业协会出版物中描写公司的信息也是二级信息。有关公司的学术论文、分析员的报告等也是二级信息。

二级信息与一级信息的不同在于，一级信息是原始的、没有变动的并且通常是完整的，而二级信息是从更大的信息源中有选择地剪裁过的（如电视讲话的剪辑），或按一定思想倾向改动过的（如分析员的报告）。

但这并不意味着二级信息不如一级信息重要或不如一级信息准确。区分它们的差别只是为了在搜集信息时要根据其来源和经过的渠道，给予它们不同的权重。二级信息有时比一级信息更好，因为经过一定的加工，也许可以使重点突出，或更容易理解。例如，来自专家的信息常因分析员或记者的观点而使人受到启发，这些人常能看到整个产业提供的一些资料，他们能看到他人没注意到的趋势，常能得到产业的一些保密信息。

当搜集二级信息时，会对信息源的差异增加了解。哪些信息更准确、更完整，哪些信息过于简单或带有偏见，等等。信息收集者逐渐地会学会根据信息发表的地方以及发表信息的人而给予不同的二级信息不同的权重。

(3) 按信息收集分类,可把信息分为基本信息和创造性信息。

第一,基本信息。基本信息是指搜集时可以比较直接地得到的信息。基本信息包括来自一级信息源的信息(如一家公司的年度报告)和来自二级信息源的信息(如杂志上的文章)。

第二,创造性信息。创造性信息是指要通过一些间接的方法或非常规的方法才能得到的信息,比如通过逆向工程分解对方的产品获取的信息。如果要发现有关公司的资料,可能需要考察所有可能的信息来源,包括基本的信息来源和创造性信息源,有时需要两者的结合。

创造性信息和基本信息有互补性,很难说谁比谁好,这是由调查工作难易程度决定的。在一些情况下,调查工作非常简单,只需为该问题找到答案就行。这时翻翻报纸,查阅一些文献便能完成任务。但在另外的情况下,需要提供的信息不是这么容易得到的。例如,可能是因为时效性,需要信息的时间非常紧迫;或因为针对性,调查的问题非常具体,涉及某一部分工作的十分详细的答案。这时要满足要求,必须要有很大的创造性,常常需要利用掌握的有关企业、产业、政府的广泛信息以及具体产业部门的专门知识去发现那些非常规的信息源。不可能从报刊杂志上获取所需要的信息,因为报刊杂志得满足大多数读者的爱好,有时报纸杂志也可能刊登需要的东西,但时间太晚。政府机构的档案至少比它们编制的日期迟半年至一年才可能出版,杂志上的文章一般比实际发生的时间晚 3～6 个月。在这种情况下,不得不考虑利用创造性信息源作为补充。

(4) 按采集信息的内容分类,可分为以下四类。

第一,组织形象信息。组织形象信息的内容包括:①公众对于组织领导机构的评价。例如,领导能力、创新意识、用人眼光、办事效率、威望与可信任程度以及组织机构设置是否合理等。②公众对于组织管理水平的评价。主要包括经营方针是否正确、组织发展目标是否合理、市场预测是否准确、生产节奏是否紧凑、内外分工是否合理等。公众对这些方面的评价反映出他们对组织的信心和态度。③公众对组织人员素质和服务质量的评价。人员素质包括工作能力、道德修养、文化程度等。服务质量包括组织提供的服务及项目,最主要的是服务态度、对客户的责任感等。

第二,组织产品形象信息。它包括产品的质量、性能、品种、价格、包装。产品只有被社会公众所接受,组织存在的价值才会得到社会的认可,产品形象与社会组织命运直接相关。因此,这类信息是公共关系工作必须优先注意采集的。

第三,公众需求信息和竞争者信息。公众需求既是组织生存发展的依据和动力,又是公众利益和兴趣的具体体现。组织只有了解公众需求,重视公众需求,满足公众的合理需求,才能赢得公众。

第四,社会环境信息。这类信息主要包括政府决策信息、立法信息、社区信息、协作单位信息等。这些都可能在一定程度上给组织的决策和发展造成影响。

2. 采集信息的方法

(1) 查询政府公开信息。查询政府部门的资料有时可能是一种最简单的调查方式。各级政府部门正逐渐成为重要的信息资源。要进行公开的信息进行调查,第一步可查看各级政府部门的资料,各级政府一般都掌握有大量个人的和企业的资料。例如,成立公司需要在各级工商行政管理局注册并领取营业执照,因此,各级工商行政管理局保存有注册公司的名称、住所、法定代表人、注册资本、分公司的名称、营业场所、负责人、经营范围诸多方面的资料,这些都是公开的资料。

政府统计部门的资料中有有关产业的统计数据,包括详尽的库存情况、生产情况、需求情况。虽然这些资料并没有提具体公司的名称,但它们提供了市场上竞争公司的数量、产量、总销售等诸多信息。如果能利用这些资料做进一步分析研究,就可能获得有关的一些数据,根据信息的情况推测有关产业的市场占有额。以上要强调的是,需要的许多信息都可以很容易地得到。

大多数全国性的文件具有行业特征。怎样知道哪些机构管理哪些产业?怎样知道哪些产业要求提交哪些文件?可以根据上面提到的情形推断,也可以做调查,或者到有关产业从事咨询工作的专家那里咨询。同时,还要设想获取档案的方法,了解哪些档案是公开的哪些是非公开的。

(2)查询媒体信息。新闻媒体是二级信息源,它不仅包含了原始信息的内容,并且通常都有一些分析,媒体在报道一些产业、公司和政府机构时往往带有一定的倾向性。有的公司对报纸的利用超过了对其他任何单独一种信息资源的利用,因为专业性报纸比其他报纸有更多的、更深入的信息报道。但应该要注意的是,许多报纸并不报道事件的全文,因为发布信息前,编辑要根据版面需要进行裁剪;新闻事件与专题报道不同,对新闻报道的裁剪通常从信息的最后部分开始。

有时,最好的信息源是行业杂志。在这些刊物上发表的文章总是比一般的报纸杂志发表的东西重点更突出,因为许多文章是由企业管理者写的;工业出版物上工程师的文章不会有意泄露行业秘密,但他可能讲述一些别人不知道的他公司的现行项目或产品。信息采集者可能从中发现一些报纸上没有的有价值的东西,由于文章的作者对公司十分了解,信息常常是准确可靠的。

电视讲话、新闻访谈也是重要的情报来源,这些信息资源转瞬即逝,应注意跟踪;不要指望通过一两个渠道就可以获得所有资料。调查工作就是通过各种渠道搜集信息线索,然后在信息线索上面补充、加强和扩展。

(3)查询科研结构的信息。知识经济时代,科研机构在各领域的重要性正在迅速提高。大学科研机构已成为文化、信息交流的中心,它们举办国际会议,得到各种商业、技术研究资助;它们到国外的公司或咨询机构从事研究,建立翻译中心,是高科技信息的集散地。

(4)查询图书馆的信息。去图书馆查询是收集调查资料的方法之一,它也许只能回答10%的问题或更少,但图书馆可以提供文章或目录索引,凭借这些,可以发现更多新的信息源。因此,做情报搜集工作时,到图书馆应是第一站。大多数图书馆都有专业目录,目录上的条目可进入某一行业,图书馆有下列资源可供利用:①专业词典。这些词典可迅速接触职业行话和专业术语。②行业杂志。一些不出名的期刊,可以在图书馆的专柜中找到。③案例研究和论文。每年产出大量的案例和论文,其中很多包含了大量的信息,某些可能有助于了解调查目标。④统计资料。上规模的图书馆收藏了大量的政府统计出版物，比如全国的、地区的统计文献。几乎所有的大型行业协会都有年度统计报告，其中很多都在图书馆内。⑤文献索引。许多文献都有专门的索引，比如全国报纸杂志、全国论文索引等。⑥计算机检索服务。几乎所有的重要的图书馆都有计算机检索服务。数据库检索目前是最快、最有效的检索手段。⑦图书馆综合目录。每一家图书馆都有综合目录，通过主题、标题、作者的方法列出图书馆收藏的文献。很多图书馆的图书目录还上了网。⑧图书馆管理员。有些图书馆管理员业务精通，对图书馆的收藏十分了解，许多找不到的东西他们可以帮助找到。

（5）注意搜集行业协会信息。行业协会是很好的有关特定行业部门的调查信息源，行业协会提供的有些信息有助于了解该行业的一般情况，尤其是该行业面临的问题，有助于帮助了解具体公司的情况。如果该行业协会由几家大公司所主宰，那么，任何有关产业的信息都会主要反映这几家大公司的情况。行业协会还能够提供其会员名单，从而为获得新的信息源提供线索。

（6）查询证券交易所资料。有关上市公司的资料可以到证券交易所查询。公开上市公司都必须向证券监督管理部门和有关证券交易所提供其大量的文件，提交年度报告和中期报告并予以公告。年度报告的内容包括以下方面：公司介绍，公司财务会计报告和经营情况，董事，监事，经理及有关高级管理人员简介及其持股情况，已发行的股票数额，公司债券情况，持有公司股份最多的前十名股东名单和持股数额，公司的经营方针和经营范围的重大变更，公司大规模的投资行为和重大的购置财产的决定，公司订立的重要合同，公司发生重大债务和未能清偿到期重大债务的违约情况，公司董事会成员的重大变化，经理发生变动，涉及公司的重大诉讼事项，提交股东大会审议的重要事项，等等。

从上市公司年度报告中可以了解其财务状况及变化、战略规划（根据管理层的评论）和营销策略。公司报告真正的价值在于将当年的年度报告同前几年的年度报告比较，可发现该公司在朝什么方向发展，其重点目标在过去几年里发生了哪些变化。从中看出调查对象长期存在的弱点。

上市公司还必须提供其他报告，通过审计员可以帮助了解这些报告。研究首次上市的公司时可以通过阅读它们的招股章程和其他有关文件，可以了解新的调查对象。

（7）利用剪报服务。剪报是搜集公司信息或其他重要主题的有效方法。剪报通过从报纸、杂志、专业期刊或其他定期发布的信息源剪辑文章，有些剪报的覆盖范围遍及全世界。有关美国的剪报信息来源包括了美国和加拿大所有的报纸、杂志和行业期刊，对其他地区报纸、杂志的覆盖率也有80%～90%。

剪报服务有以下特点：一是方便。只需提供关键词或术语，剪报公司每天、每周或每月会向你发送有关文章的传真。二是覆盖面广。剪报机构连发行量很小的报纸、杂志或新闻稿都要阅读，这些东西在一般的数据库是找不到的。三是针对性强。剪报可以针对一个调查对象、某个部门、一种产品或其他目标。

剪报比单独订报要便宜得多。如果把订报纸杂志的成本和请报剪报人员的费用相比较，请剪报公司提供剪报则要便宜许多。剪报能提供的内容非常全面，它甚至包括调查对象所在城镇的地方报纸，其中一些最有价值的剪报就可能来自这些报纸，在全国性报纸上仅值得刊登一小段甚至不值得刊登的新闻，地方报纸可能要刊登一整版，这些报道一般涉及对总经理、董事长等企业高级人员的采访，这些人员常对公司的未来规划和发展战略提供非常详细的说明。

剪报服务除了提供产业报道之外，也提供职能性报道，它们从行政管理、工业设计、机械工程等期刊上剪裁文章。这些期刊订阅的人数很少，但常能提供非常有价值的情报。文章常刊登对公司人员的采访，公司的这些人常常意识不到公司有关保密的规定。

（8）商品展销会信息发布。最近十多年来，商品展销会的性质已发生了很大变化，展销会已不再仅是闲谈、与同行交往和促销的地方了，而是成为获取情报活动的重要场所。商品展销会提供了直接观察的机会，以及同被调节查员工交谈的机会，这在其他场合是不易达到的，商品展销会获得的信息一般是及时和准确的。

一般来说，生产商都要等到开展销会时才公开推出最新产品。平时都努力不让外界了解其产品的细节和关键之处，但在展销会上，公司使劲把这些东西拿出来宣传，并提供大量的相关资料和真实产品供别人观看、检查和试用，销售人员都喜欢喋喋不休地介绍其商品。一位调查人员说，在一次展销会上，销售员告诉他，他们公司计划在下一季度搞一个大型的广告宣传活动，并很高兴地向他介绍了许多有关的细节。

为了充分利用展销会调查情报，搜集人员必须事先进行周密的安排。例如，要确定派多少人参加、主要了解哪些内容。必须根据调查情况提出具体问题，派几类不同的人参加展销会，如策划人员、销售员、工程师等，每个人都专注他的专长领域并搜集相关的信息。

应搜集所有能得到的宣传小册子、名片和说明书，供以后参考使用。这些资料在未来编制调查报告时可能会派上用场。

（9）人际关系信息收集。人际关系信息是指通过人际交往获取的情报或别人告知的信息。获取人际关系信息的方法包括交谈、询问、采访等方式。获取有关情况的最直接的方法就是询问，询问的对象包括一切对调查内容知情的人员。

第一，询问关键客户。许多公司的客户买本公司的产品，也买其他公司的产品。同行业里的公司都拼命向他们展示新产品，结果他们对行业内的竞争都非常了解，成为公司重要的情报源。为什么客户愿意如实告诉你有关同行业的产品、服务及定价等情况？主要是因为这有利于他今后以更好的价格得到最好的产品。

了解情况的方法，可采用密切参与客户的活动而从中获取有价值信息。向客户提供免费的工程师服务，希望通过这种合作使客户在其产品设计中使用公司的零部件。由于派出的工程师同客户逐渐建立起紧密的合作关系，公司就能够经常较容易地获悉同行对手的信息。

第二，让客户替你询问。有时，一个企业可以让一家忠诚的客户向互相竞争的零部件厂商招标，要他们提供现有产品目录中没有的较先进的零部件。零部件供应商报价时通常会同时提供有关零部件的技术规范和产品使用说明书，从而使公司能够得到保密情报。为什么该客户会与企业合作而去得罪其他供应商呢？这取决于这家零部件供应商同公司的关系或对客户的相对重要性。在公司同客户关系非常紧密的情况下或对客户非常重要的情况下，客户愿意为公司效力。

第三，询问供应商。如果调查某家公司的生产产量或生产计划的安排，可通过企业的采购部门询问供应商向该公司供货的数量，从而直接推算对方的生产量。也可向供应商询问它的生产总额及其采用的生产程序或其他提高生产率的方法和计划。根据供应商的生产效率和能力以及本公司的需求数量，也能够间接地推算对方的需求量和生产规模。

第四，询问调查对象。可以给调查对象打电话或索要他们的销售宣传资料、产品价格表、产品介绍等资料，这没有任何不合道德、不合法的地方。打电话询问销售人员，了解他们销售部的规模、供货时间、现有库存等情况也没有什么不妥之处。这些问题是一般顾客都会询问的内容，公司没有将其保密的必要。

有时并不直接询问调查对象正在做什么，而是聘用管理顾问来完成任务。这些管理顾问要求对方提供某些信息，说他们正在从事某项研究，研究成果会同信息提供者分享。在一般情况下，这些管理顾问会给信息提供者一些回报，但这些回报可能不是最有价值的。

第五，利用招聘会询问调查对象的前雇员。为获得新的工作机会，这些前雇员往往会提供其曾为之工作的公司的许多关键信息，尤其是在他们同以前的公司不欢而散的情况下。只要公司不明确探问行业秘密，从前雇员处获取的信息就是合法的。某位权威人士指出："工作候选人并没有故意泄密，也没有受贿。但是许多机密还是泄露出来了。"这种询问最好让受过专门训练的技术专家进行，这样可获取更多的有用信息。

第六，询问设计顾问。在一些产业之间聘用相同的设计顾问能获取有用信息。例如，某电脑公司聘用另一电脑公司顾问为其新产品提供帮助，调查人员与这位顾问交谈，有时便能够获知有关该公司正在开发的产品的一些秘密信息。

第七，参加学术交流会。调查公司可派专业人员参加学术交流会议，通过仔细倾听技术专家的发言，了解调查对象新产品开发情况和总体战略的定位。当被调查公司的同行在讨论某一项技术时就可以从中了解技术的用途和可能产生的冲击。通过同技术人员交谈，更可以获得许多有价值的情报信息。交谈可以从一般话题开始，比如与秘密不相关的技术程序或技术难题，或捕捉对方工程师为了显示自己的本事禁不住大谈其克服技术难关的经历所透露出来的一些敏感信息。

第八，朋友之间的交流。各公司人员之间经常互相交流，因为他们知道信息的交流对大家都有益处，在展销会吃午餐、喝咖啡时，同一行业部门的人员常有机会凑在一起，这样就有机会与调查对象的同行交谈。交谈一般不要涉及商业秘密，但如果双方彼此信任，这时便出现了信息交换，交换各方都向对方提供信息，同时也得到信息。

第九，通过招聘调查对象的骨干获取情报。从调查对象那里招聘关键性的骨干人员，也是调查人员获取情报的一种方法。例如，中国青年旅行社（以下简称中青社）诉中国旅行社侵犯商业秘密一案中，中青社欧美部的 10 名业务骨干在短短的 1 个月内先后以探亲、出国留学、陪读等虚假事实为由离职，把中青旅的业务客户档案带到了中国旅行社。

一般来说，"非故意但不可避免地"利用新雇员带来的信息不算违法。如果是非故意地聘用了调查对象的一位高级管理人员，那么不管对方如何诉诸法律，法律上也不能证明调查人员有违法行为。如果要在法律上对这种聘用提起诉讼，那么调查对象必须要证明调查人员是故意聘用以获得其所了解的商业秘密。

第十，通过废弃物获取情报。深圳某科技公司雇佣调查人员专门搜集它的三家竞争对手的工业垃圾。调查人员每天用自行车把这些"垃圾"驮到指定地点换取酬金。在短短的两年时间里，收集到300多份有价值的资料和工业废品，使这家科技公司在竞争中保持了显著优势。虽然进入工厂或建筑物搜集废弃物是不被允许的，但从公共场地的垃圾桶和离开了竞争对手场地的垃圾车中搜集资料则是合法的。

垃圾伴随着人类生活和生产而产生，世界各国的经济学家对研究垃圾产生了极大的兴趣，对垃圾进行分析研究，可以使垃圾成为获取经济情报信息的重要来源。

3. 信息的集中与组合

调查工作有些像印象派画家的画，贴得很近看，只看到不同色彩的斑点，没有规则，没有整体感；但如果站远一点看，会看到整个图画、形状、阴影和光线。调查工作也与此类似，在搜集零星的资料时，常不知道它们如何组成一个整体，只有看到了所有的零星资料有机地排在一起的时候，才会看到整个形象。换言之，信息调查是通过大量零散信息的集中和组合产生的。最近几年一种叫作"顾客信息集合商"的公司在美国的迅速发展，就是利用其信息集中和组合技术的结果。这些公司广泛搜集企业信用、采购、地区人口统计等不同来源的信息，通过组合加工做出预测模型。它们对现有的市场机会的发现、对未来机会的预测是一般组织没法与之相比的。

（二）信息的传播

1. 信息传播的特点

（1）真实性，科学性。在公共关系活动中，事实具有十分重要的意义，而在这里我们所说的事实也就是信息。没有客观存在的事实也就没有与之俱生的信息，所以在传播信息的过程中，要全面地、客观地也就是真实地把握信息，力求实事求是。在获取信息之后，就信息的可靠性、可行性、适用性进行周密的论证，以保证信息传播的真实性和科学性。

（2）及时性，适应性。公共关系信息传播必须灵敏地反映外界的信息，同时将自身的信息及时地向外界传播。为了使传播取得预期效果，必须讲究传播的技巧，选择适当的传播工具，采取适当的传播方式，传递适当的信息内容。

（3）双向性，全面性。公共关系信息传播，不仅单方面向外界发布信息，而且期待对方做出某种反应。因此，就整个传播过程而言，是一种双向信息交流，双方共享信息内容，从而在一定程度上取得了相互的了解、认识、理解和信任。在信息的传递、反馈等一系列活动中通过分享信息而建立某种共同性，传播就是双方沟通的过程。

（4）社会性，普遍性。信息传播是人类最常见、最主要的社会行为之一，是伴随着人类的诞生和发展而发生与发展的。自有人类以来就有了基本的传播活动，诸如绳结、烽火、令牌、书信等直至今天的报刊、杂志、广播、电视。正是人类掌握了这种制作、传递信息并使之不断积累的本领，才使人类文明不断向新的层次发展。人类社会的每一个成员正是靠信息传播建立起广泛的社会联系，构成了群体的社会，并以此适应环境。

传播的行为是与人俱在，与生俱在的。小至日常生活，大至报道消息、宣传政策、传授知识、推广技术、销售产品、国际交往等，无一不需要传播，无一不进行传播，只是传播的方式不同罢了。

2．信息传播的内容

公共关系信息传播的内容随着组织发展的不同阶段而有所不同。传播沟通要围绕组织形象这个目标，在组织发展的不同阶段，有针对性地进行信息传播，为组织推销形象。

在组织创建的初级阶段，传播的主要任务是为组织造声势，吸引公众的注意力，培植公众对组织的善意和信任，争取在公众中树立良好的第一形象。

在组织发展的兴盛阶段，信息传播工作应居安思危，从实际出发，从长远着眼，通过持久的努力扩大组织的社会影响，巩固和完善良好的组织形象，推动组织事业的发展。

在组织发展的危难时期，信息传播工作应对内稳定民心、处变不惊，查找原因；对外设法尽快消除公众对组织的疑虑、猜忌、误解或怨恨，澄清事实真相，尽快扭转局势。

二、咨询与建议

（一）咨询与建议的概念

公共关系咨询与建议是指公共关系部门及人员向社会组织的决策层和管理部门提供有关公共关系方面的情况和建议。

在纷繁复杂的社会环境中，社会组织要在竞争中站稳脚跟，就要结合组织的具体情况，及时地、科学地做好组织的重大决策。要做到这一点，就要认真听取公共关系人员的咨询和建议。例如，雀巢公司通过向公关部门进行咨询建议，求得解决问题的办法，缓解组织与公众的矛盾，重新树立了组织的良好形象，获得了巨大的经济效益。

（二）咨询与建议的内容

1．组织形象的咨询与建议

在广泛收集信息的基础上，公共关系部门对组织在公众心目中的形象、地位应做出客观评估，做出定性的结论和定量的说明，找出组织的自我期望形象和实际社会形象的差距。对这种差距的具体表现方面，以及属于哪个部门、哪个环节的问题都应有分析介绍。在说明组织形象在知名度上有多大影响范围、在美誉度上究竟如何时，还应对造成这种情况的原因作分析介绍，为组织决策层或有关部门提供"组织形象"等有关方面的咨询并指出改善组织形象的切实可行的具体建议。

2．组织发展的咨询与建议

社会组织如何发展，公共关系人员要及时客观地审议和评论社会组织的经营方针和经营计划,依据对政策、法令和政治、经济、文化形势的了解和分析,提供有关的信息咨询和建议,从而使本组织的经营方针、经营计划能与公众利益、社会利益相一致。为组织发展提供咨询还应包括对市场状况、竞争对手状况等的及时准确的信息,以及对市场动态的预测,以提高和维护组织自身的形象。

3. 社会舆论的分析咨询与建议

舆论是一种社会现象,它对于社会组织的业务活动起着重要的作用。社会组织形象的完善,知名度和美誉度的提高,都需要借助舆论力量。一方面,舆论可声张公众的意愿,使社会组织能体察民意,掌握公众的需要;另一方面,舆论又能扩大社会组织的知名度、美誉度、可信度,增强公众对社会组织的依赖程度。可见,公共关系人员通过对社会舆论的调查、分析和研究,可以为组织决策层和有关部门提供社会舆论等有关方面的咨询和建议。

4. 公众心理的预测、咨询与建议

社会组织业务活动的对象是公众。组织与公众关系的重要性决定了组织随时考虑到公众利益和了解公众的心理,并预测其发展趋势,揭示公众心理的发生、发展及其变化规律。公共关系部门及时敦请有关部门注意公众利益和公众心理,并为他们提供公众的需求意向和态度要求方面的信息,分析公众的热点和敏感问题,建议采取既不损坏组织利益,又能赢得公众拥护和好感的措施,避免采取激怒和失去公众最终危害组织利益的措施。

(三) 咨询与建议的形式

1. 成立咨询服务部

咨询服务部是组织的智囊团,其主要任务是向组织提供各种咨询建议,为领导科学决策发挥参谋作用。如广东对外经济贸易总公司曾为广州人民造纸厂引进一套造纸设备进行咨询,通过认真比较,分析国际行情价格,结果使这一项目为国家节约外汇100万美元。

2. 帮助组织选择决策方案和活动的时机

公关的咨询作用表现在运用公关手段,为决策者评价、选择和实施有关的决策方案,特别应关注决策方案在经济效益和社会效益方面的统一和协调,敦促决策者重视决策行为的社会影响和社会效果。同时,调动公关手段,广泛征询各类公众对象的意见,促进决策过程的民主化和科学化。

组织要提高知名度,就必须多参加和举办各种各样的公关活动,如举办记者招待会、商品展销会、博览会、策划新闻稿件等。公关人员可根据自己的实践经验,为组织选择恰当的时间、地点和方式参与这些活动。通过活动,使组织广结良缘,提高声誉。

3. 参与决策

公关人员不仅要向组织提出一般的咨询建议,而且要尽可能参与决策,为领导决策提供必要的信息建议,直接影响决策过程,这才是公关咨询建议的最高形式。公关人员要努力开展工作,在决策之前,要广泛咨询内外公众意见,获取全面信息,以供决策者参考,使决策方案具有较强的社会适应性和应变弹性,并争取以决策方案中较完整地反

映出公关人员的工作成绩及其思想而引起领导层的重视，为公关人员更多地参与决策活动提供机会。

三、引导和沟通

（一）引导

社会组织在外界公众中的良好形象不是自发的，而是要经过公共关系人员、管理者及组织的全体成员共同和持久的努力才能达到。同样，组织内部和谐统一、有利于实现组织目标的气氛也不是自然而然地形成的，它的取得需要领导者和公共关系人员进行一系列的教育引导。因此，教育引导内部公众的行为是内部公共关系活动的最终目标，也是公关实务工作的一项重要任务，其引导的内容是：

1. 良好组织形象的教育引导

公共关系的任务是要教育引导组织中每一个人重视组织形象的声誉，要使广大组织成员懂得公共关系与组织生存发展密切相关，而良好的组织形象的建立决不是少数领导者和公关人员的事情，它必须经过大家的努力。因此，组织中每一个人都应当关心和重视组织形象问题。广大组织成员在本职工作中要处处考虑到公众利益，树立为公众服务的信念，保证产品质量，提供优质服务；在对外的交往中，应自觉地把自己作为组织的一名代表，言、行、举、止都代表组织形象，要主动介绍本组织的成就。总之，要教育引导全员树立组织形象意识。

2. 公共关系意识的教育引导

要教育引导每一个组织成员都具有公关意识，前提是培养全体组织成员的主人翁精神，对组织产生归属感和责任感。要做到这一点，就必须搞好内部公共关系工作，在组织内创造一种民主、和谐、使人心情舒畅的人际环境。

3. 日常公共关系能力的培养和引导

公共关系部门还应配合组织领导和其他有关部门开展公共关系常识和公共关系技术的引导和教育，使全体职工掌握日常的公共关系本领和技巧。例如人际交往常识的能力等，这对于开展公共关系工作，树立组织形象是有很大益处的。

（二）沟通

沟通是指传者与受者之间的联络、通讯和意见交流。公共关系工作的开展强调双向沟通，只有双向沟通才能实现互相了解、理解、支持与合作。

公共关系沟通主要是通过语言交流来进行的双向沟通。组织向其相关公众提供它将要实施或正在实施的政策、行为等方面的信息。同时，组织又要接受来自公众方面的信息反馈。社会组织的沟通可分为组织内部沟通与组织外部沟通。

1. 组织内部关系沟通

一个组织要生存和发展，要在同行业竞争中立于不败之地，除了有组织领导的正确决策之外，更重要的是要有全体职工团结一致、齐心协力的奋斗。

组织内部的各种关系，概括起来无非是在健全内部的沟通渠道上，上情下达，下情上传，组织内部各部门之间为了达到共同的目的，就要进行能动的、有序的交流，使全体员工在思想上、认识上、行动上与组织保持高度一致，提高组织的凝聚力。组织内部沟通工作包括有关组织运行情况以及有关组织内部员工状况。一方面，公关人员通过各种形式让组织成员了解组织形象信息、组织产品信息、组织环境信息、组织经营方针，以及组织对社会的贡献和组织目前存在的问题，使之与组织同呼吸共命运，增强对组织的归属感和献身精神，自觉配合管理者搞好各方面工作。另一方面，公关人员要让管理者经常听取下层职工的建议和呼声，了解员工的情绪、意见、要求，掌握组织员工的思想动态，促使领导制定切实改进工作的措施并付诸实践。

此外，还应沟通其各部门、各个机构之间的关系，使之相互了解、相互理解，配合默契，产生最优管理效果。

2. 组织外部关系沟通

社会组织在其运行中，要与许多外部因素发生关系，并与各种公众发生联系，其中包括政府关系、新闻界关系、社区关系、竞争对手关系、消费者关系等，而公共关系的外部沟通工作要把与组织目标直接相关的公众作为协调沟通的重点。因为这类公众是组织产品的消费者、生产的协作者、资金的供给者、原材料的供应者。公关人员要经常把组织的决策、计划执行情况告诉这部分公众，并向组织反馈公众的反响，使组织及时根据反馈信息来调整自己的行为，使组织与外部公众之间建立起一种互相了解、互相信赖、利益一致的公共关系。

四、联络和协调

（一）联络

联络是指社会组织通过各种手段和方式与其公众联系交往，为组织广结人缘、交结朋友，建立广泛的纵横联系，从而在各个方面产生互相影响的过程。

联络是社会组织生存发展的需要，是组织获得和交流信息、联络感情、增进了解、开拓业务的重要社会活动。公关人员在社会交往中扮演着重要角色，是桥梁，是纽带，沟通各种复杂的关系，扫除障碍，变不通为通，变不顺为顺。从这一意义上说，公共关系人员还应是社会活动家和外交家。

组织在社会联络中有物质联络，也有精神联络。物质联络指生产活动与产品活动的交换，没有这种交换，组织就无法存在。精神联络是感情、思想观念的交流，缺乏这种交往联络，组织和公众就无法互相理解。

组织的社会联络有直接联络，也有间接联络。直接联络是指组织的代表与公众面对面的接触与联系。间接联络指通过一定的媒介与社会公众的交往，如通过电话、广播、报刊等。

组织的社会联络还有横向联络和纵向联络，横向联络交往是与组织同一层次的社会公众的交往，如工商企业之间、协作单位之间、相关社会组织之间、组织与消费者之间等。纵向联络是与组织不同层次之间的社会交往，如组织与国家行政主管部门、与组织业务主管部门、领导与职工之间等。

上述社会联络对组织经济活动的正常运行都是必要的，其中大部分工作是通过公共关系活动进行的。

由于社会联络交往关系是异常复杂的，应该掌握社会联络交往的要素及其相互关系。联络可分为联络的主体、联络的对象和联络的手段。

1. 联络的主体

联络的主体是指社会联络交往的发起者，也是社会活动的受益者。这里主要指社会组织。公共关系部门所进行的联络交往要根据组织的性质、目的、需要选择联络交往的对象。

2. 联络的对象

联络的对象是指社会联络交往的客体，它决定和影响着组织与社会交往的手段与方式。社会组织公关部门所进行的社会联络交往面是极其宽广的，可以涉及社会各界。它需要与政府部门及有关部门保持联系，以了解政府的方针、政策，向它们通报组织情况，寻求政府的理解和支持；它需要和金融、信贷部门密切交往联络，以便得到资金的保证；它需要参加社区活动，争取公众的理解、合作、支持，减少摩擦；它需要和材料供应、产品销售部门联络感情，以便建立长期合作关系；它需要与新闻界、广告界加强联络，互通信息，以便扩大组织的知名度和美誉度；等等。

3. 联络的手段

联络的手段是社会联络交往的主体为实现联络的目的，将自己的联络活动实施于联络交往对象的一切中间环节。组织的性质和联络的对象又决定和影响着交往的手段。如社会联络交往的手段中有记者招待会、产品展览会、参加社会活动、各种庆祝活动、消费者座谈会、洽谈会等。总之，联络采取什么手段和方式，是由组织的目的和联络对象而定的。

无论采取何种方式手段，都应尊重国格、不失人格、不卑不亢，既灵活又有原则。那种拉关系、走后门、行贿、受贿等卑劣手法，与公共关系的社会交往联络的职能是风马牛不相及的。

（二）协调

公共关系中的协调是指在沟通的基础上，经过调整，达到组织与公众互惠互利的和谐发展。协调的重要作用在于保持组织管理系统的整体平衡，使各个局部能步调一致，以利于发挥总体优势，确保计划的落实和目标的实现。协调关系分为广义协调和狭义协调。广义协调不仅包括组织内部的协调，而且包括组织对外的协调，如组织部门之间的协调活动。狭义协调主要是指组织内部的协调，如组织内部上下级之间的协调，组织内部同一层次中的各部门、各单位之间的关系协调。内求团结，外求和谐，是公关协调工作的宗旨。

马克思说过，人们奋斗的一切都同他们的利益有关。公共关系也是以利益为基础的。社会进入市场经济以后，许多过去用武力、由行政手段调节的关系，现在需要按经济规律来调节。组织作为一个开放系统，面对各类公众和各类公众各自的利益要求，组织公关要想为组织创造一个良好的内外部环境、协调各种关系，就必须本着真诚互惠的原则首先承认这些利益，按公共关系双向对称原则来尽量满足这些利益；当各种利益发生矛盾时，应本着公平对等的原则加以协调、平衡，既不能无视正当要求，也不能厚此薄彼。

1. 公共关系的协调职能

（1）努力协调组织领导和员工的关系。在一个社会组织中，如果领导和职工的关系搞不好，就会破坏组织的凝聚力，影响组织的正常运行，进而影响组织的发展。因此，公关人员要努力做好这方面的协调工作，创造团结和谐的组织条件和气氛，使整个组织的领导、员工互相协作、共同奋斗。①应力求将组织的信条和原则灌输给每个员工，使人人具有较为一致的价值观。②应注意在组织内培养正直和公正的气氛。强调了正气就能平息怨气、消除矛盾，这是营造团结一致气氛的重要保证。③应建立和疏通协调渠道。因为许多矛盾和摩擦起源于误解和了解不够，因此，建立通畅的沟通渠道尤为重要。④注意培养协作意识和谅解的气氛，帮助员工树立全局一盘棋的整体意识，克服本位主义思想的做法，形成相互谅解支持的组织气氛。⑤鼓励组织内正当合理的竞争，只要竞争是公平合理的，就有利于组织的团结协作。

（2）协调组织内各部门之间的关系。组织的各管理部门，如计划部门、生产部门、销售部门、人事部门、财会部门等，只有互相支持、互相配合，才能产生最佳的管理效果。

（3）协调处理矛盾纠纷。组织常见的公共关系矛盾纠纷有：① 组织与消费者的纠纷。当消费者买到质量不过关的产品或者认为企业刊登与事实不符的广告，以及组织未能履行产品质量"三包"的义务，使消费者的利益受到了损害，蒙受了经济损失时，消费者或投诉企业，或在新闻媒介上向企业提出批评，或诉诸法律，于是产生了组织与消费者之间的纠纷。② 法人之间的纠纷。这是发生在组织与组织之间的矛盾与冲突，如生产任务完不成、交货不及时、原材料和零部件供应不及时或质量不合要求、违约、不履行合同等，上述因素就会造成组织与组织之间的矛盾与纠纷。③ 组织与政府部门之间的纠纷。在市场经济逐渐代替计划经济的过程中，由于新的体制刚刚建立，许多政策、法规还不健全、不配套。政策与法规有时发生矛盾，这就引起执行政策方面的差异。政府部门认为组织存在违反政策、违法乱纪行为，要求纠正，而企业对此处理不当，就会产生相应的纠纷。④ 社区关系的纠纷。这种矛盾纠纷一般发生在组织所在地区公众和该组织间的矛盾与纠纷。如组织生产中排放的废水、废渣、废气、粉尘、噪音等对环境造成污染，影响了周围公众的身心健康，破坏了社区良好的生活环境。⑤ 组织内部的纠纷。由于分配不合理、福利条件跟不上和不落实、领导办事不公正、股东与组织的某些问题意见不一致，都会给社会组织带来纠纷。

2. 协调关系的方法

（1）反馈调节法。反馈调节法即根据信息的反馈来适当调整组织的行动，以协调关系。在反馈调节过程中，公关人员要把组织的政策、计划情况以及其他信息告之内外公众，同时还要把执行情况以及内外公众的看法及时反馈给组织的决策层，以填补漏洞或进一步修正计划。

（2）自律法。组织与公众之间有时因关系处理不当而引起种种矛盾，如组织内的干群矛盾、部门之间的矛盾，组织外部的社区矛盾、与消费者的矛盾、与政府有关部门的矛盾，等等。这时，组织要善于自律，实行自我检查、自我监督，严于律己，发现问题主动纠正。

（3）感情疏通法。人是有感情的，组织与公众之间有情感关系。如果双方感情好，任何事情都好办；感情不和，就会造成阻力。因此，公关人员要重视心理情感的协调，善于运用感情疏通法拉近公众与组织的心理距离。周到的服务，情感的协调，是建立组织与公众良好关系的好办法。

（4）信息分享法。信息分享法即通过建立和完善组织内部的各种传播沟通渠道和协调机制，促进组织内部的信息交流，上情下达，下情上传，横向联络，分享信息，使全体成员在思想上认同和行为上一致，提高组织的向心力、凝聚力。可见，内部关系的协调有赖于良好的内部信息沟通，信息的分享度越高，关系就越和谐。

（5）协商法。协商法就是通过协商的方式来避免或减轻组织与员工之间、组织与组织之间的矛盾和冲突，以及由此造成的损失。这也是常用的一种方法。

五、科学预警，危机管理

组织危机是组织生存发展的大敌，处理不好往往给组织造成重大损失，甚至断送组织的"生命"，因而组织公共关系将危机处理作为公共关系的主要职能和工作重点之一。随着公关理论和实践的发展，科学预测管理危机已成为公共关系对待危机的主流方法，这是组织公共关系的新发展。

（一）危机的概念

美国著名危机管理专家劳伦斯·巴顿（Laurence Barton）博士将危机定义为："一个会引起潜在负面影响的具有不确定性的大事件，这种事件及其后果可能对组织及其成员、产品、服务、资产和声誉造成巨大的损害。"

（二）危机的特点

在一般情况下，危机具有四个特点：

（1）突发性。危机往往都是不期而至，令人措手不及。

（2）威胁性。危机的出现威胁到组织基本目标的实现，甚至危及组织的生存与发展。

（3）紧迫性。当危机出现时，组织对危机做出的反应和处理的时间十分紧迫，任何延迟都会带来更大的损失。

（4）公开性。信息传播渠道的多元化、速度的高速化，使危机迅速公开化，组织一点点的失误都会酿成轩然大波。

危机的这些特点，使得对危机的认识与处理显得十分重要。正确认识和及时处理危机，不仅可以化解危机，而且可以利用其中的潜在机遇；反之，则会削弱组织的竞争能力，损害组织的利益。

（三）危机管理

1. 危机管理的概念

美国著名咨询顾问史蒂文·芬克（Steven Fink）在《危机管理》一书中指出：危机管理是指组织对所有危机发生因素的预测、分析、化解、防范等而采取的行动，包括组织面临的政治的、经济的、法律的、技术的、自然的、人为的、管理的、文化的、环境的和不可确定的等所有相关因素的管理。危机管理成为一门专门的科学，在西方有几十年的研究历史。

在史蒂文·芬克看来，不管组织的准备如何充分，危机的发生是难以完全避免的，但危机之中也孕育着机会，而危机管理的关键就是抓住这些机会，将危机变为契机。事实上，并不存在绝对糟糕的危机，只有绝对糟糕的危机管理。

2. 危机管理的程序

在管理学上，"危机管理"划分为危机的避免、危机的准备、危机的确认、危机的控制、危机的解决、从危机中获利等六个阶段。因此，危机管理从根本目标上说，是要"把危机转化为获取成功的机会"，能够做到这一点的前提就是组织需要有整套的危机管理方法和系统。

每一个组织机构都应制订一个备用的危机管理计划，以备急需使用。组织机构应该在危机发生前就成立一支危机管理团队，它既要利用重要的内部资源（如组织内部的各种人才），也要利用外部资源（如医疗机构和其他方面的专业人员）。危机管理人员需要了解组织行为、组织沟通、道德伦理、战略方针以及公共关系方面的理论与实践知识，这些都需要平时就加以培养。在危机处理的过程中，危机管理团队的成员首先要以有关危险程度的准确信息作为基础，想到最糟糕的结果，例如人员伤亡、经济状况受损或组织声誉受到影响的情况，再根据最糟糕的结果来确定这些意外事故的可能危害程度，根据预定计划，通过与专家们的协作，调动各方面资源，将危机带来的损失减少到最小程度。

危机管理制度化是实现危机管理的一个关键因素。一个制度化的处理流程在业务正常时看不到它的存在，但是危机发生时会及时启动并有效运转，对危机的处理发挥重要作用。使危机出现时，各部门、机构、员工知道做什么、说什么，而不至于陷入混乱之中，或是依靠某一个关键人物的来救急。因此，在危机前就有明确的危机管理制度化的企业，往往对危机问题处理得最好。

在西方国家的教科书中，通常把"危机管理"（Crisis Management）称为"危机沟通管理"（Crisis Communication Management），原因在于，加强信息的披露和与公众的沟通，争取公众的谅解与支持是危机管理的基本对策。

有效解决危机的另一个关键是组织高层的重视与直接参与。危机管理的工作通常是跨部门、跨地域，涉及对组织正常业务、流程的影响和对组织资源的合理调配。这时就要求组建一个专职从事危机的控制工作，并由高层直接统一指挥协调，这样就可以做到诸多部门均步调一致、协作支持并快速行动。

如果说危机管理制度化、加强沟通和推动组织高层重视与直接参与危机管理是有效的危机处理的三个关键因素,那么,总结危机处理的经验就是对危机的善后。因为,如果一个公司在危机管理的过程中处理得不是很好的话,对危机的总结至少还可以提供一个能弥补部分损失和纠正造成的错误的机会。而且,危机解决方案的达成和实施,并不意味着危机管理的结束,组织层应抓住机会,总结处理过程中的得失,发现管理中的不足,预防和防止危机的再次发生,保证组织的健康持续发展。

总结危机处理的经验是整个危机管理的最后环节,危机造成的损失在给组织带来教训的同时,也给组织带来了宝贵的经验。因此,对危机管理进行认真而系统的总结是不可忽视的,总结危机的经验一般分为三个步骤:

(1)调查。对危机发生的原因和相关预防和处理的全部措施进行系统的调查。

(2)评估。对危机管理工作进行全面的评估,包括对预警系统的组织和工作内容、危机应变计划、危机决策和处理等各方面的评估,详尽列出危机管理工作中存在的各种问题。

(3)改进。对危机管理中存在的各种问题综合归类,分别提出改进措施,并责成有关部门逐项落实。

"大风起于青萍之末",随时具备危机意识,制定危机管理策略,提高危机管理水平,形成一整套的制度和体系,当危机来临时就能镇定从容,赢得危机下竞争的第一步。

第二节　公共关系的作用

一、公共关系对社会组织的作用

(一)采集信息,监测环境

公共关系首先要发挥收集信息、监测环境的作用,即作为组织的预警系统,通过各种调查研究的方法,收集信息、监视环境、反馈舆论、预测趋势、评估效果,以帮助组织对复杂多变的公众环境保持高度的敏感性,维持组织与整个社会环境之间的动态平衡。采集信息并不是公共关系的最终目的,信息只有在经过加工、整理后,分析形势、预测趋势时,才能真正发挥其作用。

要实现这种预警功能,就要求组织的公关部门做好以下几方面工作。

1. 采集信息

信息是预测和决策的基础,要发挥预警功能,首先要充分地掌握环境信息。公共关系采集的信息主要是有关组织信誉和形象方面的,包括以下几类:

(1)产品形象信息。产品既可以指工商企业提供给顾客的有形物品,如衣服、电脑等,也可以指无形的劳务支出或服务,如律师服务、歌星演唱等。

在某种制度上,我们甚至可以从广义的角度,把政府公共关系原理与实务政府部门的政令通告、慈善机构的慈善活动也看作这些组织的产品。

成功的组织都非常重视公众（消费者）对该组织产品的意见和评价。产品形象主要通过产品的质量、性能、品种、款式、价格、包装、服务（特别是售后服务）等来反映，因此公共关系人员应认真收集这方面信息。

（2）组织形象信息。与产品形象相比，组织形象对组织而言可能更重要。因为产品形象是公众对产品这一因素的评价，而组织形象则是公众对组织的整体印象，它更能反映组织的公关状态，对组织公共关系工作的效果的反映也更全面。组织形象信息包括公众对组织机构、管理能力、人员素质、服务水平等方面的看法和态度。

（3）其他社会信息。对于一个成功组织或一次成功的公关活动而言，除了要掌握自身的信息和组织形象信息以外，还必须对国内外的政治、经济、文化科技等方面的状况和变化，对社会时尚潮流的更替，对人们普遍关注的舆论热点随时进行跟踪。只有这样，才能做到通观全局，立于不败之地。

2．监测环境

所谓监测环境，是指观察和预测影响组织目标实现的公众情况和各种社会环境的情况，使组织对环境的发展变化保持清醒的头脑和敏锐的感觉以及灵敏的反应，从而保证科学地塑造组织形象，实现组织目标。

（1）监测政府决策趋势。在现代社会，任何组织或个人都不得不和政府部门打交道，受到政府部门的直接或间接影响，都必然受到政府的法律、法令、法规以及政治、经济、文化、外交等方面政策的影响，受到党派势力力量消长的影响，还会受到政局稳定性的影响。

因此，组织的现实行动必须符合政府的现行政策，未来行动则必须符合政府的未来政策走向。这就要求公关部门密切关注政策环境，随时掌握政府决策动态和方向，及早预测与组织有关的各种现行政策可能发生的变化，以及这种变化可能带来的机遇和挑战，以使组织提前准备应对之策。

（2）监测社会环境变化趋势。社会文化是人们在长期的社会实践中积累起来的全部精神财富，包括民族传统、风俗习惯、伦理道德、价值观念、文化水准和宗教信仰等相对比较稳定的因素，也包括自然环境、经济环境、科技环境等变化相对较快的因素。这些因素都可能对组织的公关工作产生或强或弱的影响。例如，社会需求和市场环境的变化，会从整体上影响组织的经营；公众需求、公众心理的变化将很快给产品开发提出挑战；社区内的重大问题可能引起公关纠纷，也可能使组织在不经意中形象变得更好；日益兴起的环境主义和绿色主义则将对组织的未来发展带来持久的长远影响；等等。因此，组织必须密切注视社会环境的发展动态，以使组织能根据环境变化主动出击，获得更大的发展空间。

（3）监测竞争对手的发展动态。孙子兵法云：知己知彼，百战不殆。尽管很多公关专家在正式场合都会说，在公关学者眼中没有竞争对手，只有合作伙伴；但为了更好地和这些伙伴合作，你必须了解他们，了解其长处，清楚其弱点，然后才能在相互合作中取长补短、各取所需。因此，洞察竞争对手的公关状态，借鉴竞争对手的成功经验和失败教训，分析竞争对手的优劣所在，预测竞争对手的未来走向，同样是公共关系的重要工作。

（二）引导舆论，塑造形象

1. 通过公关活动，引导公众理解并接受组织

（1）当公众对组织缺乏认识和了解时，组织应主动地宣传自己、介绍自己，促进公众的认知和了解。

（2）当一个组织及产品有了基本的公众印象及良好的评价之后，组织应继续努力、强化这种良好的舆论态势，使组织形象深入公众心中。

（3）当公众对组织的评价游离不定、好坏莫辨时，组织应谨慎地发挥引导作用，使舆论尽可能向有利于组织的方向发展。

（4）当组织形象受损时，组织应该根据不同情形采取相应措施。如果是因组织自身失误危害了公众利益，就应该本着实事求是、有错即改的态度，坦率认错，尽快采取补救措施，将损失减少到最低限度，并把组织处理事故的过程以及整改措施及时告知公众，求得公众谅解，以期重获支持和信赖。如果是因为公众误解，应及时向公众澄清事实真相，消除误会；对于他人陷害则应尽快揭露其阴谋，并将本组织采取的预防措施向公众宣布，以防事态扩大，然后再逐步恢复公众对组织的信心。

2. 通过社会交往，塑造组织的良好形象

公共关系的对象——公众，是指特定的人群而不是单个的人，但是任何公关工作总是要落实到个人身上。因此，除了通过大众传播引导舆论从而影响大量公众外，借助各种社交活动即人际交往，为组织建立广泛的社会联系、广结良缘，也是公共关系的重要功能。

当然，我们在理解这种社会交往（人际交往）的作用时，特别要注意：人际交往只是公共关系的一种手段，绝不是唯一的手段；不能把公共关系看作人际应酬，更不要把它和庸俗关系即所谓的"关系学"混同起来。

（三）沟通内外，协调关系

1. 减少摩擦

由于作为公关主体的组织和公关对象的公众处于不同地位，它们之间必然会存在利益的种种差异和矛盾。又由于他们在信息的掌握上总是不对称的，因此，摩擦在所难免。这就要求组织充分运用公共关系，努力减少摩擦，协调内外关系。

2. 化解冲突

摩擦是小的冲突，冲突是大的摩擦。对于社会组织来说，有冲突并不是什么丑事，只是有了冲突而不思化解、不求改进才是不可原谅的。发生了冲突，公共关系便可充分发挥其协调功能，运用各种有效的交际手段和沟通方式，化干戈为玉帛，解决冲突于无形。

3. 平衡关系

在公共关系发展过程中，不平衡模式一直占据主要地位，最初是组织完全以己为主，根本不考虑公众利益。后来人们提出公众是上帝，一切为了公众，这种思想仍是一种不平衡观。现代公关理论认为，组织和公众都是公共关系的主体，双方都有自己的利

益，两者同样重要。当双方利益出现分歧和矛盾时，组织既不能牺牲公众利益，也不要一味地牺牲自身利益，而应通过平等的对话、协商，使双方能达成共识，双方都应该做出必要的让步和妥协。因此，公关的任务便是在双方利益得到维护的前提下，实现利益平衡下的新的合作。

二、公共关系对个人的作用

（一）公共关系推动个人观念不断更新

1. 注重个人形象的观念

尽管我们常常说，爱美之心，人皆有之。但事实上，总有些人对自己的形象并不是很在意，在言谈举止、姿态动作及穿着打扮方面表现得漫不经心。组织会通过公关活动向人们灌输形象意识，甚至会要求个人在公共场合和社交场合要尽量地修饰自己的外表和仪容，保持得体的形象和风度。例如，很多组织要求它们的员工上班时西装革履、衣冠整洁；在营业性场所，要求其员工仪态大方，保持职业微笑；等等。

2. 尊重他人的观念

在公关活动特别是与人交往和沟通的过程中，我们特别强调要尊重他人。在企业看来，消费者是衣食父母、是上帝，当然要尊重。

在党派领袖看来，选民是水，他们是舟，水能载舟也能覆舟，不尊重选民，自己就得下台。其实从人际交往的角度来看，尊重他人就是尊重自己，你尊重别人，别人才会尊重你。所以，在公共关系活动中，应该培养人们学会尊重他人的观念。

3. 合作观念

社会分工和专业化不仅需要人们交往、沟通，更需要人们进行合作。企业与企业之间的合作日益加强，如麦当劳、可口可乐和迪斯尼就因为共同的利益走到了一起，国家和国家之间的关系也应日益紧密。在一项工作中，人与人的合作也正变成一种社会要求，是否具备合作精神或合作观念，甚至成了某些组织录取新员工的一个重要标准；而在提倡合作观念方面，公共关系可以说是不遗余力的。因此，公共关系确实有助于人们树立合作观念。

（二）公共关系促使个人能力得到提高

1. 交际能力

在从事公关活动时，公关人员的交际能力和水平往往会对公关活动效果产生很大影响，有时甚至是决定性的。例如，在新中国成立之初，周恩来总理就以其卓越的交际能力在国际政治舞台上纵横捭阖，为新生的人民共和国创造了良好的外部环境。交际能力在公关活动中的这种极端重要性，使得公关人员必须努力学习和掌握各种交际礼仪和规范，不断提高自己的交际能力和水平。

2. 自我调节能力

在公共关系活动中，公关人员常常要和不同的组织和个人打交道，经常会面临各种突发事件，其自身的心理状态也会随时发生变化；但工作不能不做，而且必须要做好，这就促使公关人员随时调整自己的心态，摆正自己的位置，不管在何种情况下都能以职业态度和乐观心情去面对工作和生活。这样，当然会对提高自我调节能力有所帮助。

3. 应变能力

公共关系是一门实践性很强的工作，而现实中的公众和环境都是比较复杂的，并且会时刻发生变化，根据变化的环境做出正确决策就是公关人员的必修课。因此，公关人员在从事这些公关工作中，应变能力自然而然地得到锻炼而且逐步提高。

三、公共关系对社会的作用

（一）净化社会风气，调控社会行为

以追求交流、协作、互惠互利为特色的公关意识和以运用公平、公正、公开的手段为特征的公关活动，在20世纪逐渐得到了社会的认同，进而成为现代占主导地位的社会观念和价值标准的一个非常重要的方面。由此，使得人际交往和社会经济生活中那种你死我活的生存斗争、势不两立的激烈对抗逐渐趋于缓和，也使得暗箱操作、权钱交易、权色交易、钱色交易等丑恶行为越来越受到社会舆论的谴责。通过公平、公开、互惠互利的公共关系活动，组织已经完全可以达到目标，人们当然没有必要再去用那些不正当的手段和有违法律、道德的手段。这样，公共关系就在无形中起到了净化社会风气、调控社会行为的作用。

（二）消除心理障碍，优化心理环境

现代社会的一个突出现象是人们在享受高度物质文明的同时，精神方面的失落感却越来越强。有了汽车、火车、飞机、高速公路、高速铁路等，人们的地理距离越来越近了，但人们之间的心理距离没有缩短反而拉大；很多人天天见面，却熟视无睹，形同路人；很多人心情苦闷、精神压抑，却无处倾诉。所以，一些有识之士不无忧虑地说，现代特别是当今社会，对人类威胁最大的不是战争、不是原子弹，而是越来越严重的心理障碍和心理疾病。

按照心理学理论，每个人都有合群的需要、情感的需要、交往的需要。如果这些需要得不到满足，就会导致人的心理失衡；这样的人多了，就会形成社会问题。而公共关系恰好可以提供给社会一种良好的关系氛围，它可以用真诚广泛的社会交往、双向交流的沟通，帮助人们摆脱孤独、恐惧、忧虑和隔阂，帮助人们提高心理适应能力和心理承受能力，从而营造一种良好的社会心理环境。正如美国黑人运动领袖马丁·路德·金所说，人之所以会互相仇视，是因为他们之间害怕；他们之所以害怕，是因为他们互相不了解；他们之所以互相不了解，是因为他们互相不能交流；他们之所以互相不能交流，是因为彼此隔离。因此，接触、对话、交流这些公共关系的基本观念，是优化社会心理环境的绝妙良药。

（三）繁荣社会经济，增进整体效益

首先，公共关系有助于营利性组织获得更好的经济效益，从而促进整个社会发展。

其次，公共关系有助于建立和维护地区、国家良好的经济环境，为该地区、国家内的企业提供良好的发展条件，也有利于吸引更多的外部资源（如投资、技术、人才）进入该地区，从而促进该地区整体经济的发展。最后，公共关系活动的进行还可促进现代社会中信息的共享和交流，大大降低市场交易成本，使经济活动变得更为规范和有序，使社会资源得到更为有效的利用。

（四）促进民主政治，倡导社会文明

公共关系是民主政治的产物，公共关系的不断发展又会反过来促进民主政治的发展。

公共关系强调"公众至上"，主张社会组织的一切行为都应立足于满足社会成员的各种需要，热忱为他们提供各种优质服务。这种观念的培养和树立及其在整个社会的不断普及，会使管理人员和政府公务员形成公仆意识，使他们自觉深入民众之中，关心公众欲望，倾听公众声音，解决他们的实际问题。另一方面，当社会成员看到自己的意见得到重视、自己的权利得到尊重时，又会唤起他们对社会事务、国家事务的主动参与意识，这样就会在社会形成一种积极、健康的政治环境，将大大有利于民主政治的健全和发展。

本章小结

公共关系作为一种管理职能，在组织的经营管理中具有明确的职责范围，发挥着特定的功能和作用。而这些职能和作用的发挥，不仅为组织的生存和发展创造了良好的外部环境和内部条件，而且渗透社会生活的每一方面，对社会产生了积极影响。公共关系职能和作用的发挥，还能使公共关系从业人员观念不断更新、素质逐渐提高。因此，了解公共关系的职能作用，对进一步了解公共关系，了解公共关系在现代社会中的重要地位，有着十分重要的意义。

关键概念

信息　内源信息　外源信息　公共关系咨询与建议　联络　协调　危机管理

思考题

（1）公共关系对社会组织有何作用？
（2）试述公共关系对现代社会发展的意义。
（3）什么是信息？信息的作用有哪些？
（4）如何协调组织与内部公众的关系？
（5）试举例说明如何搞好与顾客公众的关系。

●案例分析

农夫山泉事件始末：由质量追问到媒企混战

2013年3月14日，21世纪网发表了《农夫山泉有点悬：水中现黑色不明物 5年来屡被投诉》，打响了维权第一枪。之后奔赴其主要水源地之一——丹江口市胡家岭见证其水源地垃圾围城，并质疑其自定产品标准允许霉菌存在。

媒体的追问：农夫山泉事件本身并不复杂

持续时间长达近两个月的农夫山泉事件，大致分为两个阶段：第一个阶段为21世纪网3月14日开始对农夫山泉瓶中黑色不明悬浮物的报道以及由此引发的对其水源地的调查，并质疑其自定产品标准允许霉菌存在，但农夫山泉对其自身问题选择无视。第二个阶段为4月10日起其他媒体延续21世纪网报道，对农夫山泉产品标准追问。3月8日下午，李女士把一箱（24瓶）未开瓶的农夫山泉380ml装的饮用天然水送到21世纪网办公室。24瓶中多多少少都能够看到黑色的悬浮不明物，其中有13瓶非常明显，这些水来自农夫山泉湖北丹江口有限公司，生产日期为2012年10月30日。由于农夫山泉仍未能够就黑色悬浮物问题给出权威有效的解释，21世纪网认为有必要对其水源地进行调查。于是在3月17日，21世纪网于奔赴农夫山泉问题水生产地湖北丹江口市胡家岭，此举发现其水源地垃圾遍地。3月25日上午，21世纪网发布题为《农夫山泉丹江口水源地上演"垃圾围城"水质堪忧》的报道。

随后，农夫山泉发布《关于丹江口岸边杂物的说明》的公告。3月28日，21世纪网发布调查稿件《农夫山泉水源地调查二：藏污纳垢或因选址不佳》。4月8日，21世纪网在《农夫山泉自订产品标准允许霉菌存在》披露了该问题。21世纪网指出，在许多水质指标上，浙江标准都大大宽松于广东标准，甚至包含不少有害物质。如不久前湖南毒大米事件的"主角"——镉，以及剧毒物品砒霜的主要成分——砷，浙江标准的容忍含量都比广东标准高出一倍。而霉菌、酵母菌等真菌类，浙江标准容忍其存在，而广东标准则是"不得检出"。由此，农夫山泉事件由"水源门"发展到"标准门"。而事情也在此时开始变调，《京华时报》据此开始对农夫山泉使用的标准进行连续质疑，并指出其标准不如自来水，"标准门"进一步发酵。

不过，也正是因为《京华时报》连续对农夫山泉的质疑，让农夫山泉的支持者和反对者形成鲜明的两派力量，混战局势形成。

农夫山泉的沦陷

农夫山泉由无视、否认的强硬态度到指责竞争对手幕后策划到在媒体刊登检测报告、放狠话，再到5月6日的发布会宣布退出北京市场打出苦情牌，农夫山泉因不正视自身问题一步步陷入更大的危机。其实，只要农夫山泉在媒体披露产品质量有问题之后能正视其问题存在，并积极解决存在问题，或许就不会有今日的沦陷。从3月15日上午，农夫山泉在官方微博的第一次回应就回避问题所在。195个字的《就农夫山泉瓶装水含细小沉淀物的说明》明显敷衍，因为在农夫山泉给出的检测报告中，其肉眼可见物一项是"未检出",但是21世纪网所见的农夫山泉却有大量肉眼可见黑色物质。同时这些黑色不明物为悬浮状态,本身并不呈现沉淀状态。

在这之后,在与《京华时报》的对战中,农夫山泉在媒体中投放大量广告刊登其强硬言辞以及检测报告,《京华时报》也不甘示弱紧追不放。4月15日,农夫山泉高调回复《京华时报》:"你跑不掉,也别想跑!"4月16日,《京华时报》发布上海检测报告佐证农夫山泉不如自来水为内容的报道,农夫山泉指责《京华时报》指鹿为马、混淆概念。5月6日,农夫山泉显然意识到自身面临的巨大危机,在北京召开发布会,除了陈述自身水质高于国家标准外,农夫山泉董事长大打苦情牌,称北京环境不好,为了尊严要撤出拥有10万消费者的北京桶装水市场。而实际上农夫山泉归根结底面对的是自身产品质量问题,质量问题、食品安全问题才是消费者关注的问题,退出北京桶装水市场亦不能解决其质量问题。

【案例思考】

根据案例,结合本章内容,谈谈"农夫山泉事件"中的公共关系作用。如果你是农夫山泉的公关经理,如何处理好企业企业发展与媒体之间的关系问题?

参考文献

[1] 赵晓兰. 最新公共关系学教程 [M]. 北京:经济管理出版社,2001
[2] 郝树人. 公共关系学 [M]. 大连:东北财经大学出版社,2006
[3] 张岩松,孙顺华. 公共关系学 [M]. 青岛:青岛出版社,2002
[4] 栗玉香. 公共关系 [M]. 大连:东北财经大学出版社,2001
[5] 李健荣,邱伟光. 现代公共关系 [M]. 北京:东方出版社,2003
[6] 周安华,苗晋平. 公共关系理论、实物与技巧 [M]. 北京:中国人民大学出版社,2004
[7] 邓丽明. 公共关系学 [M]. 北京:科学出版社,2004
[8] 彭奏平,谢伟光. 公共关系实务 [M]. 北京:清华大学出版社,2004
[9] 吴丽兵. 公共关系原理与实务 [M]. 合肥:合肥工业大学出版社,2004

第六章 公共关系四步工作法

本章学习目标

通过本章的学习，了解公共关系管理过程的模式和意义；了解公共关系的工作过程及公共关系四步工作法的步骤与内容（公共关系调查、公共关系策划、公共关系实施、公共关系效果评估）；认识公共关系本身是一个完整的管理过程。

1952年，被人誉为美国"公关圣经"的《有效公共关系》出版发行。在这本著作里，斯科特·卡特李普和森特提出两大理论要点：一是"双向对称"的公共关系模式，二是公共关系的"四步工作法"。"四步工作法"说明公共关系运作的程序，它包括四个基本步骤：①公共关系调查研究；②公共关系策划；③公共关系实施；④公共关系效果评估。一般来说，组织公关工作必须遵循四步工作法，才能取得较好的效果。也就是说，组织的公关工作应以公关调查为起点，按照公关调查—公关策划—公关实施—效果评估的循环程序来进行，才能逐步积累成果，实现预定公关目标。在公关工作的四步循环程序中，公关调查是起点、是基础；公关策划是关键，是公关实施的指南和效果评估的标准，离开了公关策划，公关工作就不得要领，难以协调统一，成效甚微；公关实施是核心，是执行公关策划、取得公关成效的具体行动，离开了公关实施，再好的策划也只是纸上谈兵；公关效果评估是重要的反馈环节，也是下一轮公关活动的起点。

第一节 公共关系调查和策划

一、公共关系调查

公共关系调查研究是"公关四步工作法"的第一步，是组织卓有成效的公关活动的前提和基础。而正确地进行公关调查并取得最佳效果，则需要较高的公关调查技巧，并按照科学的原则、程序和方法去进行。

（一）公共关系调查的概念

公共关系调查，是指公共关系工作人员对自己或服务的组织（公共关系专业公司受特定组织的委托为其进行公共关系调查）的公共关系状态进行的情报搜集与研究工作。即运用一定的理论、方法和技巧，以组织内外部公众为对象，通过收集资料和分析资料，了解组织的公共关系状态，揭示其发展趋势并提出改进措施或意见的一种调查研究活动。很明显，公关调查有两个主要的功能：一是收集资料、反馈信息，客观真实地反映组织的公关状态；二是分析资料，透过现象看本质，从而揭示组织公关状态的发展趋势，并据此提出加强和改进组织公关的策略、方法和措施。公共关系调查是公共关系的基础性工作，发挥着情报功能。国外成功的大企业，一般都十分重视公共关系调查研究。

（二）公共关系调查的意义

1. 公共关系调查是组织卓有成效地开展公关活动的前提和基础

公共关系调查是开展一项公关活动的首要环节，它为公关活动的其他环节提供前提条件。只有搞好了调查研究，探明事实真相，掌握与组织的活动和政策相关联并受其影响的公众认知、观点、态度和行为，确定组织所面临的问题，其他诸环节才有可能卓有成效地进行下去；否则，情况不明，乱抓瞎，其他环节根本无法进行。公共关系调查研究是一项基础性工作，它贯穿于整个公关活动的全过程，是开展公关活动其他环节的基础。

2. 公共关系调查具有沟通信息的作用

公共关系调查是反映公众意见、希望和要求的过程，也是调查人员向公众介绍组织情况，使公众进一步了解组织的过程。因此，它本身就是一项沟通公众关系、塑造组织形象的重要公关工作。公共关系工作中信息交流的重要特点，是注重双向信息交流，即在信息传播的同时，又有信息的搜集和反馈。为了准确、及时、有效地搜集和传递组织内部外部的信息，公共关系人员必须掌握和运用公共关系调查方法，预测未来；采取恰当的对策，防患于未然，使组织保持良好的信誉和形象。

3. 公共关系调查能准确定位组织的形象，提升组织的美誉度

组织形象定位是指组织在其公众中形象的定量化描述。公共关系活动的目的在于塑造组织良好的形象，从某种意义上说，公共关系可视作一种取得公众对组织好感的技术。通过形象定位，可以测量出组织自我期望形象和其在公众心目中实际形象的差距，从而组织可以针对这个差距策划行之有效的公共关系活动方案，并加强策划的目的性。

4. 公共关系调查能为组织决策提供科学依据

公共关系调研的主要任务是及时地为组织提供决策依据，并能有效地预测和检验决策的正确性。要保证组织的决策正确，调研是最好的办法。因为只有通过调研，才能做出符合公众要求和愿望的行动，进而才能做出符合公众要求和愿望的决策并认真实施，使组织在公众心目中树立起良好的形象。

5. 公共关系调查能及时掌握公众舆论，促使组织与公众形成良性互动

公众舆论是指公众的意见或看法，是社会全体成员或大多数人的一致意见或共同信念，或者说是信息沟通后的一种共鸣。公众舆论处于一种不断扩大或者缩小的动态变化之中，当少数人的观点、态度扩展为多数人的观点和态度时，分散、彼此孤立的意见集合成彼此呼应的公众整体意见；当声势尚小、影响尚微的局部意见变成声势浩大的公众共同反响时，对组织的形象就会产生很大的影响。积极的公众舆论有利于组织塑造良好的形象，消极的公众舆论则有损于组织的形象。因此，促使组织及时扩大积极舆论，缩小消极舆论是十分重要的。

公共关系人员必须掌握和运用公共关系调查方法，预测未来；采取恰当的对策，防患于未然，使组织保持良好的信誉和形象。

（三）公共关系调查的对象

公共关系调查的对象是社会组织相关公众对主体的评价状况。组织确定调查对象时应根据不同的调查目的和任务，选择不同的调查对象，即调查对象必须适合调查目的和任务的需要。调查对象对调查目的和任务来说必须是最典型、最富有代表性。调查对象确定后，应对调查对象进行了解，尽可能多地掌握材料，如政治情况、经济情况、历史沿革等，使调查者胸中有数，更科学合理地制定调查总体方案。

（四）公共关系调查的特点

公共关系调查的特点主要体现在调查方法和调查报告两个主要方面。

1. 公共关系调查方法的特点

公共关系调查与一般的调查方法相比较，公共关系调查方法有两个显著的特点：一是统计分析的特点，即对于数量巨大，分布广泛，兴趣各异的公众，一般的调查方法难以概括全面，需要采取抽样调查的方法，进行定量、定性的分析，揭示出一般的规律，准确地概括出公众的认识和态度的共同因素，而这一抽样必须是科学的、客观的、有代表性的。二是日常的公共关系调查，围绕一定的专题，需要进行长期的跟踪分析，积累资料；这是一种系统的研究工作，必须在调查计划、目标、时间、经费等方面进行统筹安排、精心组织，并按照一定的规划和步骤进行。

公共关系调查报告依据不同的划分标准可以区分为多种类型：①依据调查对象的范围和内容的不同，可以分为综合型公共关系调查报告和专题型公共关系调查报告。②依据调查客体的性质不同，可以分为叙述性调查报告和分析型调查报告。③依据调查表达的方式不同，可以分为文字报告和口头报告。

这里主要介绍前两类调查报告。综合型公共关系调查报告主要是用于整体的调查和全面调查，涉及面比较广泛，引用的材料也比较多，而且报告内在的层次性和系统性要求比较高，报告的整体份量比较重。专题型调查报告是围绕某一个具体的公关问题进行调查之后所写的报告，它涉及的问题较为单一，针对性强。每个报告所涉及的内容范围相对集中，报告具有显著的实用性。专题型调查报告按内容划分，主要有概述基本情况的专题报告、透视热点情况的专题报告、经验总结性的专题报告、查找教训原因的专题报告、建议性的专题报告。

2. 公共关系调查报告的特点

（1）较强的针对性和实用价值。针对性和实用价值是调查报告的灵魂，对任何一个组织而言，需要了解和掌握的各种信息十分广泛，应该说内容越多越好，但是，每项公共关系调查都有相应的目的，公共关系调查报告要围绕本次调查目的和要求，针对所要解决的问题来展开报告的写作，以体现调查报告的实用价值。

（2）数据准确，真实客观。公共关系调查报告另一个突出的特点，是要通过大量的调查材料和确凿的数据、典型事例，来说明社会环境的变化和发展，反映组织形象的变化和现状，找到组织存在的问题，寻求公众的社会需求。

（3）有一定的时效性。公共关系调查报告与市场调查报告有相类似之处，有些报告的时效性特点也比较突出。当今已经进入了信息时代，经济组织在市场上的竞争愈加激烈，在生产经营活动中企业需要掌握准确及时的市场信息，对消费者的需求变化及市场变化迅速做出反应，及时调整和开发产品，以适应社会和市场需求，唯此才能在竞争中稳固地位赢得发展的先机。特别是在危机公共关系中，其调查报告的时效性特点更为突出。

（4）新颖性。公共关系调查报告应紧紧抓住市场活动的新动向、新问题，引用一些人们未知的、通过调查研究得到的新发现，提出新的看法，形成新观点。只有这样的调查报告，才有使用价值，达到指导企业市场经营活动的目的，不要把众所周知的、常识性的或陈旧的观点和结论写进去。

（五）公共关系调查的原则

要正确地认识组织形象就必须进行高质量的调查研究，即通过信息的有效获得"减少事物的不确定性状态"。为此，公共关系调查要求具有客观性、准确性、全面性和预见性。

1. 客观性

客观性主要指科学的调查研究方法与非正规的调查研究方法相结合。所谓科学的调查研究方法，是指诸如抽样调查、典型调查等高度发展的社会科学研究方法，它的结论具有较高的可靠性，而且是组织与公众双向沟通的一种重要的方式。所谓非正规的调查研究方法，是指诸如一些日常的个人接触、听取意见、来函处理等获得信息的途径。通过此类方法获得的信息质量虽然因其方法的特有弱点而相对不稳定，但是，如果我们能充分注意到此类因素，仍不失为简便易行的手段。

2. 准确性

组织的形象差距源于组织所存在的公共关系问题。通过公共关系调查研究，应该对问题有准确的认识。譬如，问题发生的时间、地点，产生问题的原因，受问题影响的公众有哪些，怎么受影响，以及问题对于组织的利害关系程度，等等。如果有一系列的问题，还应排列出问题等级并说明缘由（虽然本身不必提出解决措施），以便为下一步的工作创造尽可能好的条件。

3. 全面性

公共关系目标的确立和活动的有效实施，其前提还在于对组织所面临的公众有详细了解和深入研究。

（1）对于公众的全面了解。公共关系调查研究，既要把重点放在那些具有代表性的公众和组织面临的严重问题所涉及的公众身上，也要关注一般公众的态度与反应，如此方能有的放矢，目标明确。了解公众还要注意组织内部公众与外部公众的统一。了解组织内部公众，是对组织形象的自我认识；了解组织外部公众，是了解在公众心目中组织是什么样的，两相比较才能看到差距。

不仅要了解公众的观点和反应，还需要了解公众的其他一系列相关材料：①背景资料。如被调查者的姓名、年龄、性别、籍贯、住址、文化程度、职业、收入情况、家庭情况等。②知晓度资料。被调查者对于问题的知晓程度。③态度资料。被调查者对某事物所持价值观念和即时性的态度反应。④行为资料。被调查者就某个问题正在或已经采取的行为。

（2）了解公众与信息的关系。从信息传播的角度分析，对于公众的了解还应为组织传播沟通的战略抉择及具体传播媒介的选择提供明确的参考数据。这将有助于组织确定公众对于信息的具体需要，因而可以借此选择最合适的信息和确定信息传播的最有效的工具。

4．预见性

调查研究一般都会收集到大量的信息，这些信息还可能预示出组织将面临的环境变化、市场变化、科技变化，也可能包括有关社会、政治、经济、文化发展趋势的信息。因此，我们不仅要对组织作静态分析，还应把组织放在未来的环境中作动态分析，以预见到未来形势的变化和即将面临的问题。

（六）公共关系调查的内容

1．组织情况的调查

组织情况的调查包括以下方面：

（1）组织的总目标、总的发展战略和方向。

（2）组织领导层的情况，如组织辅导班子在组织中受信任的程度，领导人的基本素质、经营思想、个性心理特征等。

（3）组织经营情况，如组织建立的时间、历史上的重大事件及社会反映、社会影响、对社会的贡献、市场分布、市场占有率、市场竞争对手及其主要情况、组织的产品、服务、价格特点、经营管理特点、商标特点等。

（4）员工基本情况，如员工的思想素质、技术文化素质、员工队伍动态、员工的劳动态度、价值观念、家庭情况等。

2．公众意见的调查

公众意见的调查即调查公众对该组织的认识、态度和印象。一般分为外部公众意见的调查和内部公众意见的调查。

（1）外部公众意见的调查：①知名度的调查，包括公众对本组织的名称、标记及其社会作用了解的程度和范围如何、公众对本组织经营商品的知晓程度、公众对本组织的法人代表是否认识等。②美誉度的调查，包括公众是否喜欢本组织的商品或劳务项目及喜欢的程度如何、公众是否喜欢本组织的广告和其他各种宣传材料及喜欢的程度如何、公众是否愿意参加本组织举办的各种公共关系活动、公众是否踊跃购买本组织的股票或者本组织发放的债券、当组织陷入意外事故困境时公众是否会自愿地为组织说话等。

（2）内部公众意见的调查包括：①公众对组织管理人员素质给予何种评价；②对本组织制定的总体目标、经营策略的评价；③对本组织现状的评价；④员工对执行本组织规章制度的态度；⑤所获得的报酬与其他组织做同类工作的相比较，其满意程度如何；⑥组织内部凝聚力调查；等等。

3. 社会环境的调查

社会环境的调查包括政治环境、经济环境和社会文化环境。

（1）政治环境。包括：①国家政府颁布对内、对外的政策、法律、法规对本组织的影响；②国家有关部门和地方政府制定的新政策、新措施对组织发展前途的影响；③组织适应政策变化的能力等；④社会风气对组织执行国家政策法令的影响。

（2）经济环境（主要指市场环境）。包括：①组织的经营活动状况如何；②本组织商品在市场上的竞争能力；③消费者的消费水平变化对组织更新产品的影响程度；④组织在市场中的应变能力和承担风险能力。

（3）社会文化环境。包括：①环境文化心理对本组织公共关系活动方式的承受能力如何；②区域性文化积习对组织经济行为的影响；③社会风气和时尚、道德水准、文化程度对组织精神面貌的影响；④生活方式的变化对组织人员及其生产经营行业的影响；等等。

（七）公共关系调查的两种分类法

常见的公关调查主要有如下两种分类法。

1. 根据调查对象的范围不同进行分类

（1）全面调查。全面调查又叫普查，是对调查对象的全体所作的无一遗漏的逐个调查。普查是一种重要的调查方法，能够取得调查总体全面的原始资料和可靠数据，全面而准确地反映客观事物。因此，当某一组织需要全面而准确地了解某一现象的基本情况，从而进行重大决策的时候，就可以进行普查。例如，一个企业产品有几个或几十个定点大用户时，企业要了解用户对产品的意见，就可以组织普查。

普查的特点决定它一般在较小规模的公关调查中运用，较大规模的公关调查一般不采用普查方法。

（2）非全面调查。非全面调查包括重点调查、典型调查和抽样调查。

第一，重点调查。重点调查，是指从调查总体中选出少数重点单位进行的调查。所谓重点单位，是指在总体中处于十分重要地位的单位，或者在总体某项标志总量中占较大比重的那些单位。

重点调查的主要优点是：调查单位少，能够用较少的人力、物力、财力进行深入调查，从而能够较快地掌握调查对象的基本情况。因此，重点调查是人们常用的一种调查方法。

第二，典型调查。典型调查，是指在调查总体中有意识地选择一些具有代表性的单位进行的专门调查。它的目的是通过对少数有代表性单位的调查，借以揭示调查总体的特征和发展变化规律。如可按调查对象工作的好坏将典型单位划为先进、一般和后进典型，各选出几个样本进行深入研究，探究事物发展的方向和规律。

典型调查由于所选择的调查单位是具有代表性的单位，由典型单位的情况可推断调查总体的情况，一般都比较接近实际；典型调查所选取的单位较少，能够用较少的人力、物力和财力进行深入了解。因此，典型调查是一种比较科学又比较省时、省力、省钱的非全面调查方法，它在公关调查中得到广泛运用。

第三，抽样调查。抽样调查，是指遵循一定的原则从调查总体中抽取一部分样本进行的调查，以此推断总体特征的一种调查方法。

抽样调查与其他调查相比，具有以下优点：①准确性较高。随机抽样调查尤其如此。因为随机抽样调查是按随机原则抽取样本的，其样本具有充分代表性，能够用样本数据来推断总体特征，只要样本足够大，其推断的情况就比较接近实际。②节省时间和费用。在总体较大时，抽样调查往往只要从总体中抽取几十分之一甚至几万分之一的样本，就可以得到具有一定精确度的结果。由于它调查的样本较少，因而不仅能节省大量的人力、物力、财力，而且可以较快地取得调查结果。③灵活性较大。抽样调查的具体方法较多，各种调查方法还可以根据不同调查目的和要求选取不同的样本，因而适用范围广，各种情况的调查都能适用。

正是由于抽样调查具有以上优点，所以，抽样调查，尤其是随机抽样调查，已成为公关调查中运用广泛的主要调查方法，进行公关民意测验，更离不开抽样调查。

2．根据取得调查资料的具体方式不同进行分类

（1）第一手资料取得的方式。

第一，观察法。这是指调查人员深入现场对调查对象的情况直接观察记录，取得第一手资料的调查方法。这种方法的特点是调查人员不直接与被调查者进行问答活动，而是凭借自己的感官和有关辅助工具来收集资料。采用这种方法时，调查者既可以直接参加他所观察的活动，以一个参与者的身份来观察，也可以作为一个旁观者置身于他所观察的情景之外进行观察。但不论何种方式，研究人员在观察前一定要有严格的设计，观察后要进行认真的检查。

第二，访谈法。是指调查人员同被调查者直接接触，通过有目的的谈话来收集资料的一种调查方法。谈话方式一般多样，既可采取个别访问的形式进行交谈，也可以采用座谈会的形式进行交谈，还可以采用电话采访的形式进行交谈。交谈时，既可以用登记式谈话形式，即按照调查者事先拟好的调查表的具体项目让被调查者一一作答，也可以采用自由谈话形式，即让被调查者随意自由谈话。一般来说，登记式谈话内容明确，调查者易于掌握；自由交谈使被调查者有充分发表意见的机会，还可以了解到未列于调查提纲的某些重要情况；个别访谈灵活方便，彼此容易沟通，情况了解深入，可多方面收集资料；集体访谈（即座谈会）能集思广益。运用访谈法调查时，究竟采用何种形式，要根据主客观情况而定。

第三，信函调查。是指将预先设计好的调查表邮寄给被调查者，由被调查者根据要求逐项填写调查表后寄还的一种调查方法。运用这种方法调查的区域广、成本较低。它目前广泛用于民意测验之中，是公关调查的主要方法之一。

（2）第二手资料取得的方式。

第二手资料取得方式主要指文献研究，这是一种收集、分析、整理现成文献资料的调查研究方法。运用这种方法主要抓文献资料的收集、文献资料可行性的论证。优点在于利用现成的资料，节省人力、物力、财力。

普查、重点调查、典型调查和抽样调查只是调查方法，主要用来确定调查对象的范围。收集资料的具体形式是观察法、访谈法、信函调查和文献研究。调查方法与方式是相互交叉的。各种调查方法均可在某种具体形式的调查中运用;一种具体调查方式可以运用多种调查方法。同时,就各种调查方法与调查方式来看,各自都有自己的特点,也有自己的长处和不足;因此,在调查时往往需要综合运用,相互补充。例如,在普查时,还可以用典型调查来补充;进行民意测验时,可以以信函调查为主,辅之以访谈法及其他方法;有时可根据调查要求,以几种方法同时使用而不分主次;等等。至于究竟如何综合运用,这取决于调查的要求和目的,以及当时的具体情况。不过,总的原则是要取得比较准确而真实的反映客观实际的资料,尽量简便易行,节省人力、物力和财力。

(八) 公共关系调查的程序

公共关系调查的程序,是指具有一定规模的某项公关调查,从调查准备到调查结束全过程的先后次序和具体步骤。公共关系调查是一项完整的系统过程,由确定调查任务、制定调查方案、收集调查资料、处理调查结果等四个步骤组成(如图6-1所示)。

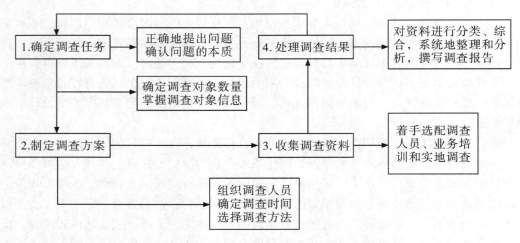

图6-1 公共关系调查程序示意

在公关调查中建立一套系统的科学程序,有助于提高调查工作的效率和调查质量。在实践中,各项公关调查的具体步骤和先后次序会因目的、要求、范围等不同而呈现出差异性;一般地讲,一项规模较大的公关调查可按以下几步进行。

1. 确定调查课题

确定调查课题是整个调查的第一步。这一步的主要任务是明确调查目的,解决"调查什么"的问题。为了有针对性、有目的地进行公关调查,避免盲目行动导致的工作失误,必须切实做好调查的第一步工作。

(1) 调查课题的分类。按照课题的性质来划分,公关调查课题可分为状态性选题、开发性选题和研究性选题三种。状态性选题是以了解社会组织所面临的公共关系状态(如知名度、美誉度等)为宗旨的选题,需要回答的是"怎么样"之类的描述性的问题；开发性选题是指以寻找开发方向为主题的选题，需要回答的是"怎么办"之类的措施性问题，调查成果往往是形成一套相关的措施；研究性选题是以研究、分析公关现象之间的本质联系为主旨的选题，目的是通过资料的收集与分析，建立关于某种公关现象的理论模型，其最终成果主要是理论学说。由于这三种选题性质上的差异，公关调查计划在人员安排、调查途径、时间布置以及资料整理诸方面均有所不同。

（2）确定调查课题的程序。确定调查课题一般分两个阶段进行。

第一阶段，明确调查目的，提出调查课题设想。重大的公关调查一般都是在组织内外部出现了新情况或新问题的条件下进行的。在这一阶段，要尽量掌握组织内外部出现的新情况和新问题，了解组织领导人进行公关调查的真实意图，弄清"为什么要调查"的问题，然后，在此基础上提出比较抽象的、可能是多个的或不成熟的调查课题。

第二阶段，分析论证，筛选调查课题。对多个的或不成熟的课题，经过必要的分析论证，必要时还可以组织非正式的试探性调查，以明确问题的症结所在，从而筛选出针对性强的、恰当的课题。一般来说，所确定的调查课题越具体越明确越好。例如，新产品上市之初，早期接受者对产品的态度调查，比组织形象调查更具体明确、更具有现实性。

2．制定调查计划

为了使整个调查工作有计划有步骤地进行，保证整个活动的科学性，在确定了调查课题以后，调查者必须根据调查的课题制定调查计划。调查计划的内容一般包括两部分：第一部分是对调查本身的设计，包括调查的目的和内容、调查的具体对象和范围、取得资料的方法及调查表格等。第二部分是对调查工作的具体安排，包括调查的组织、领导和人员配备、经费估算、调查日程安排等，调查计划是调查安排的依据，调查安排是调查计划的具体化。

从程序上看，制定调查计划要注意以下两个问题：

（1）调查计划要做可行性论证。调查的规模、范围多大才合适，人力、物力、财力能否承受得了，时间上是否来得及，经费估算和工作进度、日程安排是否合理，等等，这些问题都应进行比较充分的可行性论证，以保证调查计划的科学性和可行性。

（2）调查计划既要全面又要简单明了。调查计划中，凡应包括的主要内容都应简明扼要地写清，既不能丢三落四，也不能繁琐冗长。

3．收集调查资料

收集资料是整个公关调查工作的重点，它的主要任务就是按计划的要求与安排，系统地收集各种资料（包括数据和被调查者意见）。

调查资料一般分为两类：一类是原始资料，也称第一手资料，这是调查人员通过各种调查方法进行实地调查所取得的资料；另一类是现成资料，也称第二手资料，这是由他人收集的现有的资料。一般来说，现成资料容易取得，花费较少；而原始资料取得难度较大，花费较多。因此，在收集资料时，要充分利用现成资料，能够取到真实可靠现成资料的，就尽量不再费力去搜集原始资料。就一项较大规模的调查来说，仅有现成资料是不够的，它的主要资料还是来源于实地调查。可以说，原始资料的收集是收集的重点。至于原始资料与现成资料的收集次序，一般以先收集现成资料、再收集原始资料为宜；在现成资料的来源比较清楚的情况下，两种资料的收集可以同时进行。

由于民意测验大量使用调查问卷，问卷资料的搜集就是资料搜集的主要工作。最普通的方法有受试者自行答卷和调查人员访谈两种。

受试者自行答卷，顾名思义，就是由被试者自己动笔答卷。根据我国的实际情况，它的具体做法也可以有所不同：可以征求受试者所在工作单位或地区的支持，组织受试者集中起来答卷；可以一一走访受试者，将问卷留于该处，过一段时间收回；也可通过邮寄、附上回单（贴足邮资），让受试者自行答毕寄回。

问卷回收数目与发放的总数之比称为回收率。对于回收率，调查人员应有足够的估计，100%的可能性是很小的。美国社会学家肯尼迪·贝利认为，50%的回收率是可以令人满意的，60%是相当成功的，而70%以上则可以说是非常成功的了。贝利的观点可以在我们进行问卷回收统计时做参考。

访谈，就是由经过专门训练的调查人员走访受试者，由调查人员根据问卷向受试者口头提问，再记下答案。相对受试者自行答卷，问卷回收率高，但访谈要求调查人员必须严格遵守操作规定。例如，不得以任何形式暗示受试、以受试者为主、保持气氛融洽等。国外的访谈很多是利用电话进行的。随着电话在我国的普及，这种方式也可适当采用。

4. 整理分析资料

整理分析资料是公关调查过程中极为重要的一环。一般来说，通过调查所得到的资料还比较零乱、分散，不能系统而集中地说明问题；某些资料还可能有片面性与谬误；等等。因此，在取得资料后，必须对资料进行系统科学的整理和分析，去粗取精，去伪存真，分析综合，严加筛选，并合乎理性地推理。只有这样、才可能客观地揭示事物的内在联系，得出正确的调查结果。

资料的整理分析，主要包括以下工作：

（1）检查核实。在资料整理中，要检查资料是否齐全而无遗漏，是否有重复与矛盾或与事实不相符合的情况。一旦发现上述情况，要及时复查核实，并剔除错误的资料，删除重复的资料，修改订正差错的资料，补充遗漏的资料。调查中检查核实的部分工作是在收集资料时就要完成的，一边收集，一边检查核实，便于及时进行订正和补充。

（2）分类汇编。资料经过检查核实后，为了便于归档查找和统计方便，还应按照调查的要求进行分类汇编。汇编时要进行分类登录，然后按类摘抄、剪贴、装订、归档，以备查阅，还要将整理后的信息输入电脑。整理资料数据要做到准确、清楚、及时，这是衡量信息资料价值的重要标准。

（3）分析论证。对分类汇编的资料进行分析，作出结论，并依据资料所得出的结论进行论证。分析一般包括定性分析和定量分析。所谓定性分析，是以资料或经验为依据，主要运用演绎、归纳、比较、分类和矛盾分析的方法找出事物本质特征或属性的过程。所谓定量分析，是运用概率论和数理统计的测量、计算及分析技术，对社会现象的数量、特征、数学关系和事物发展过程中的数量变化等方面进行的描述。为了取得比较符合实际的结论，不仅要进行定性分析，而且要进行定量分析，要在定性的基础上尽量根据不同要求把资料量化，制成统计表、统计图或计算百分比、平均值等，然后运用这些量化资料进行分析，力求对调查的事物有较深刻的认识，并把有关材料迅速提供给领导部门，作为策划的依据。

5. 撰写调查报告

撰写调查报告是公关调查的最后程序。撰写调查报告的目的，是为制订科学的公共关系计划方案提供依据，为领导者决策提供参考，寻求领导的支持和帮助。撰写出一份具有说服力的质量好的调查报告，是卓有成效地进行公关调查的一个不可忽视的方面。如果调查报告的撰写不得要领，即使前面的工作做得再好，整个调查也不会令人满意。

一般来说，一篇调查报告是对调查过程的回顾和调查成果的总结，它包括以下内容：①调查题目，调查委托人，调查主持人，调查日期；②调查的原因和目的；③调查的总体对象；④调查所采用的基本方法；⑤调查的结果及有关数据、各种答案的比例；⑥问卷回收率及抽样误差；⑦分析结果；⑧调查者提出的建议；⑨附件，包括问卷样本、统计数据、背景资料等。

调查报告不同于纯理论文章，也不同于一般的工作总结。它注意用调查资料来说明问题，用资料来支撑结论。因此，在撰写调查报告时，要坚持实事求是，资料的取舍要合理，推理要合乎逻辑，还要在结构、主题、语言上下功夫。同时，调查报告写好后要及时送交上级管理部门备案，供决策者决策时参考。

二、公共关系策划

（一）公共关系策划的概念

所谓公共关系策划，是指公共关系人员根据组织形象的现状和目标要求，分析现有条件，设计最佳行动方案的过程。

从公共关系策划的概念可以看出，公共关系策划实际上就是一个设计行动方案的过程。在这个过程中，公共关系人员首先要依据公共关系调查中所确定的组织形象的现状，提出组织新的形象目标和要求，并据此设计公共关系活动的主题；然后，通过分析组织内外的人、财、物等具体条件，提出若干可行的行动方案，并对这些行动方案进行比较、择优；最后，确定出能够达到目标要求的最适当、最有效的行动方案。

（二）公共关系策划的特征

公共关系策划的特征主要有五个方面：

1. 目的性

公共关系策划要有明确目的，不可无的放矢，目标越明确、越清晰，公共关系策划就越容易，整体目标就越容易实现。要想明确目标，首先要调查研究，"没有调查研究就没有发言权"；只有在调查研究过程中发现和确定目标后，才能确立公共关系目标。

2. 整体性

公共关系策划本身是一项花费大量人力、财力的系统工程。在策划时，既要考虑社会效益，又要考虑组织利益；既要考虑近期效益，又要考虑长远利益；既要考虑战术，又要考虑战略；既要考虑局部利益，又要考虑整体利益。因此，在公共关系策划时，必须深谋远虑、纵观全局。

3．创新性

现代公共关系学从产生到现在已有上百年的历史，在漫长的公共关系实践中，公共关系的先辈和大师们进行了一系列杰出的公共关系策划，设计了数不清的优秀的公共关系方案，这些经验是公共关系学科的宝贵财富，值得我们认真研究、学习和借鉴。但创新是公共关系策划的灵魂，公共关系离不开创造性的思维，作为一名优秀的公共关系人员，应在认真总结前人经验与教训的基础上"古为今用"、"洋为中用"，不为前人所限，体现时代精神，敢于开拓，敢于创新，充分发挥想像力，根据本国的国情和公众习惯，设计出新颖独特和别具一格的方案。

4．可行性

公共关系人员在策划过程中，既要考虑外部环境，也要根据组织的内部条件，以本组织的实际情况为依据，以组织的经济实力为依托，以自己掌握的信息和情报为导向，来确定策划方案，确立竞争对手。策划的方案必须有可操作性，据此方案才能有效地开展公关活动。如果不考虑经济实力，策划出的方案再好，因花钱太多，组织无力承担，计划也只能搁浅，成为中看不可用的方案，浪费人力与财力。例如，某县办啤酒厂，每年的利税不过几百万元，若策划出一个花钱上千万元与青岛啤酒厂竞争的方案，就只能是自不量力的笑料。若策划与毗邻的同类行业竞争，花钱几十万元就能击败对手，开辟新的市场，这种本身能承受的方案，才是切实可行的方案。

5．灵活性

世界上任何事物都处于不断变化的状态中，变是绝对的，不变是相对的。环境变了，公共关系的策略也要随之变化，切不可认为计划周密就不顾外界环境的变化。一个好的策划方案，应在战略上保证既定目标的同时，在战术上也有一定的弹性，根据变化了的情况适时调整策划方案，以达到比预定目标更好的效果。

（三）公共关系策划的原则

公共关系策划是组织公共关系工作的中心环节，组织形象管理工作是否有效，在很大程度上取决于策划的成败。因此，公共关系人员在进行公共关系策划时，不可随心所欲，应遵守下述各项原则。

1．公众利益优先的原则

公共利益优先的原则，是公共关系策划的首要原则。公众利益优先，不仅是公共关系工作的指导思想，同时也是公共关系人员所应遵循的职业道德标准。所谓公众利益优先，并不是要组织完全牺牲自身的利益，而是要求组织在考虑自身利益与公众利益的关系时，始终坚持把公众利益放在首位。要求组织不仅要圆满完成自身的任务，为社会做出贡献，同时还要重视其行为所引起的公众反应，并关心整个社会的进步和发展，以此获得自身利益的满足。组织只有时时、处处为公众利益着想，坚持公众利益至上，才能得到公众的好评，才能使自身获得更大的、更长远的利益。

2. 尊重客观事实的原则

公共关系人员在策划过程中，要始终坚持以客观事实为依据，尊重客观事实。没有事实，便无所谓公共关系策划。也就是说，在现实生活中不存在的事物，就不能作为公共关系传播的内容。出现了什么事情就说什么事情，言出无据只会失信于公众。另外，要据实公开。组织运作过程中发生的事实，如有必要公开的话，必须依据事实，做到客观、真实、全面和公正。

尊重客观事实的原则，对处于不利情况下的组织来说尤为重要。敢于承认不利的事实，才可能理智地进行策划，企图掩盖事实真相的策划，只能使组织走向自己愿望的反面。

3. 独创性与连续性相统一的原则

严格说来，不会有两个相同的公共关系策划。这是因为，不同组织的主客观条件不一样，就是同一个组织，其自身条件和环境也是在不断变化着的。所以，公共关系策划必须要有一定的独创性。公共关系人员要根据社会条件的变化、公众心理状况的变化、组织内部的变化进行新的策划，使之不仅与自己组织过去的活动有所不同，更要与自己的竞争对手有所不同，使组织策划的活动能够先声夺人、标新立异，取得更好的效果。

值得注意的是，组织的形象并不是靠一两次成功的活动就能得到迅速改善并保持不变的，组织的形象效果具有一定的累积性，也就是说，公众是通过多次参与对组织形象的评判，才建立起对组织较为确定的评价。因此，公共关系人员在进行公共关系策划时，不仅要考虑一次活动的独创性，还要考虑本次活动与前后活动的连续性，使独创性和连续性统一起来。只有坚持公共关系策划的独创性和连续性的统一原则，才能更科学地进行公共关系策划。

4. 计划性与灵活性相统一的原则

经公共关系策划所形成的行动方案，将列入组织的整体计划中，构成组织整体运行计划中的一部分。因行动方案涉及组织各方面工作的协调，涉及人、财、物的配备，具有较强的计划性；所以，行动方案一旦确定，在通常情况下，是不能轻易改变的。只有这样，才能保证整个行动方案得以贯彻执行。

但是，由于组织的主观条件和外部环境随时都在发生变化，公共关系人员在策划时，应使所选定的行动方案中有充分的回旋余地，针对可能发生的变化，考虑灵活的补救措施，使所策划出的行动方案具有一定的灵活性。只有坚持公共关系策划的计划性和灵活性相统一的原则，才能保证策划目标的实现。

5. 与组织整体计划相一致的原则

公共关系人员应清楚地认识到，策划是在组织整体计划的约束下进行的。所策划出的行动方案应纳入组织的整体计划，并与组织的整体计划相一致；否则，与组织的整体计划相悖，再好的行动方案也只能是一种空想，再好的策划也是劳而无功。所以，公共关系人员在进行策划时，应遵循所策划的行动方案与组织的整体计划相一致的原则。

（四）公共关系策划的内容

1. 设计主题

公共关系活动主题是对公共关系活动内容的高度概括，它提纲挈领，对整个公共关系活动起着指导作用。主题计划是否精彩恰当，对公共关系活动的成效影响很大。

公共关系活动主题的表现形式是多种多样的。它可以是一个口号，也可以是一句陈述或一个表白。

公共关系活动的主题看上去很简单，但设计起来很不容易。设计一个好的主题应考虑公共关系目标、信息特性和公众心理三个问题。

（1）公共关系活动主题必须要与公共关系目标相一致，充分表现目标，应该是一句话即点出活动的目的或表现活动的个性特色。

（2）表现公共关系活动主题的信息，要独特新颖，有鲜明的个性，突出本次活动的特色，表述上也要有新意，辞句要能打动人心，要使之具有强烈的感召力。

（3）公共关系活动主题的设计还要适应公众心理的需要，主题要形象，既富有激情，又贴切朴素，使人感到有积极奋发的情绪；同时，又觉得可信可亲。

（4）公共关系活动主题的设计要注意简明扼要，辞句切忌过长、难以记忆；否则，不仅不易宣传，还可能会令人厌烦或产生歧义。此外，主题切忌空泛和雷同。

2. 确定公众

确定与企业有关的公众是公共关系方案制订的基本任务。确定公众实际是确定目标公众，即本次公共关系活动的对象。只有确定了公众，才能选定哪些人来实施公共关系方案；只有确定了公众，才能确定如何使用有限的经费和资源，确定工作的重点和进度，科学地配备力量；只有确定了公众，才能更好地选择媒介和工作技巧；只有确定了公众，才有利于收集准备那些既能被公众接受，又有实效的信息。

3. 媒介的选择

传播媒介有许多种，在公共关系策划时可根据公关目标、公众对象、传播内容、公众职业习惯、受教育程度、生活方式和接受信息的习惯、经济承受能力等诸因素，进行比较和选择。如何选择媒体，本书有关章节已有详细叙述。

4. 公共关系模式的选择

在策划公共关系方案时，一个很重要的问题是考虑选用哪一种公共关系活动模式，一般说来，不同的公共关系策划之间的一个重要区别就是公共关系模式不同。当然，一种公共关系策划方案可以包含一种公共关系活动模式，也可以包含几种活动模式交叉使用，以取得更好的效果。

那么，什么是公共关系活动模式呢？所谓公共关系活动模式，是指特定的公共关系运行机制或工作方式。不同的组织在不同的时期，公共关系有不同的目标和内容；在通常情况下，一切具体的公共关系活动只有采取特定的运行方式和机制，才能取得理想的效果。公共关系在长期的实践过程中，已经初步形成十种活动模式。

（1）战略型公共关系活动模式。战略型公共关系活动模式是由关于组织全局的、长远的、整体的目标以及实现目标的一系列公共关系活动构成的，主要有以下五种：

第一，建设型公共关系活动模式。建设型公共关系活动模式是指在组织初创时期或新产品与新服务首次推出时为打开局面而采用的公共关系工作模式。其目标是在组织初创或新产品上市时能达到精彩亮相、提高知名度和塑造良好的"第一印象"。这种公共关系模式的工作重点是宣传和交际，向社会公众介绍组织及产品等，使公众对新组织、新产品、新服务有所认识，引起公众兴趣。公共关系人员要努力结交朋友，尽量使更多的公众知道、理解并接近自己，取得公众的信任与支持。

建设型公共关系有多种活动模式，包括开业（周年）庆典、开业广告、新产品展销、新服务介绍、免费试用、免费接待参观、开业折价酬宾、赠送宣传品、主动参加社区活动等。此外，对于新开办的企业，公共关系活动的重要工作之一就是要考虑整体的组织形象定位，包括组织的总体特征、内外在特征、CIS及组织文化的整体设计等。使组织能成功、顺利地走向社会，树立良好的第一印象。这些内容将在有关章节详细介绍。

第二，维系型公共关系活动模式。维系型公共关系活动模式是组织在稳定发展时用以巩固良好公共关系的模式，其目的是通过不间断的传播和公关工作，维持组织在社会公众心目中的良好形象。

这种模式一方面开展各种优惠服务吸引公众再次合作，另一方面通过传播活动把组织的各种信息持续不断地传递给各类公众，使组织的良好形象始终存留在公众的记忆中，一旦产生需求，公众就可能首先想到该组织，接受组织产品与营销政策。

维系型公共活动模式是针对公众心理特征精心设计的，它具体分为三种：一是硬维系，是指那些维系目的明确、主客双方都能理解意图的维系活动。这种模式适用于已经建立了购买或业务关系往来的组织和个人，特点是靠优惠措施和感情联络来维系与公众的关系。二是软维系，是指那些活动目的虽然明确，但表现形式却比较超脱的公共关系活动，它的目的是让公众不至于淡忘了组织。其具体做法可灵活多样，但要以低姿态宣传为主，如定期广告、组织报道、提供组织的新闻画片等，保持一定的媒介曝光率，使公众在不知不觉中了解组织的情况，加深对组织的印象。三是强化维系，是指在组织有了一定形象时，为进一步巩固和发展既有形象、消除潜在危机而开展的公关活动。

第三，进攻型公共关系活动模式。进攻型公共关系活动模式是一种主动争取公众、创造良好环境时采用的公共关系模式。这种模式要求组织运用一切可以利用的手段，抓住一切有利的时机和条件，以积极主动的姿态调整自身行为，改变环境，摆脱被动局面，创造有利于组织发展的新局面。

这种模式最大的特点就是"主动"。例如，不断开拓新产品和新市场，改变组织对环境的依赖关系；组织同行联合会，以减少竞争者之间的冲突和摩擦；建立分公司，实行战略性市场转移，创造新环境、新机会；等等。

进攻型公共关系活动模式具体内容包括以下四个方面：一是创新。开拓新的领域，改变组织对环境的原有依赖关系，可以通过研制新产品、开拓新市场、组建新的合作关系等方式吸引更多的顾客群，建立新的关系。二是合作。主动交朋友、加入同行协会或搞协作性的交流会议，减少与竞争者的冲突、摩擦。三是转移。组织要尽量避免受到环境中的消极因素的影响，对这些影响可以采取迂回转移策略。四是利用机会主动出击。

第四，防御型公共关系活动模式。防御型公共关系活动模式是组织为防止自身的公共关系失调而采取的一种公共关系活动模式，是组织与外部环境出现不协调或与内部公众发生轻微摩擦时所采用的公共关系活动模式。其特点是防御与引导相结合，变消极为积极。

公共关系应该以预防为主，在组织发展顺利、情况正常的时候，要善于发现问题、预见问题，及早制定出防治措施，才能在公共关系活动中保持主动。防御型公共关系活动模式的主要公共关系活动有：开展公共关系调查和公众意见征询，组织的经营政策及行为的自我审查和自我评判，制度措施的修改与完善，等等。

第五，矫正型公共关系活动模式。矫正型公共关系活动模式是组织遇到风险、组织的公共关系严重失调、组织形象发生严重损害时所采用的一种公共活动模式。其特点是三个"及时"，即及时发现问题，及时纠正错误，及时改善不良形象。

在组织形象受到损害时，公共关系人员应立即采取有效措施，尽量减轻损害造成的后果，做好善后工作，配合组织的其他部门，重新建立起组织的新形象，挽回组织的声誉。

组织形象受损一般有两种情况：一是由于外在的原因。例如，某些误解、谣言或人为的破坏，致使组织的形象受到损害，这时，公共关系人员应及时、准确地查明原因，迅速制定对策，采取行动，纠正或消除损害组织形象的行为和因素。另一种情况是由于组织的内在原因。例如，产品质量、服务态度、环境保护、管理政策、经营方针等方面发生了问题而导致公共关系的严重失调；这时公共关系人员应迅速查明原因，采取行动，尽快与新闻界取得联系，控制影响面，及时把外界舆论准确地反馈给决策层和有关部门，提出消除危机的办法和纠正错误的措施。同时，需运用各种公共关系手段和技巧开展公共关系活动，求得公众谅解，公布纠正措施和进展情况，平息风波，恢复信任，重新树立良好形象。

（2）战术型公共关系活动模式。战术型公共关系活动模式是由组织经常的、具体的一系列公共关系活动构成的，主要有以下五种：

第一，宣传型公共关系活动模式。宣传型公共关系活动模式是运用大众传播媒介和内部沟通方法开展宣传工作，树立良好组织形象的公共关系活动模式。主要做法是：利用各种传播媒介和交流方式进行内外传播，让各类公众充分了解组织、支持组织，进而形成有利于组织发展的社会舆论，使组织获得更多的支持者与合作者，达到促进组织发展的目的。其特点是主导性强、时效性强、传播面广、推广组织形象效果好。

宣传型公共关系模式又可分为内部宣传和外部宣传两种。内部宣传是公共关系人员最经常进行的工作之一，它的主要对象是内部公众，目的是让内部公众及时、准确地了解与组织有关的各方面的信息，以便鼓舞士气，取得内部理解和支持。常用的手段有组织报纸、职工手册、黑板报、宣传栏、闭路电视、演讲会、讨论会等。外部宣传的对象包括与组织有关的一切外部公众，目的是让他们迅速获得对本组织有利的信息，形成良好舆论。主要手段有举办展览会、经验或技术交流会以及广告宣传、新闻报道等。

第二，交际型公共关系活动模式。交际型公共关系活动模式是在人际交往中开展公共关系工作的一种模式，目的是通过人与人的直接接触，进行感情上的联络，为组织广结良缘，建立广泛的社会关系网络，形成有利于组织发展的人际环境。其方式是开展团体交际和个人交往，团体交际包括各式各样的招待会、座谈会、工作午餐会、宴会、茶话会、慰问、舞会等，个人交往有交谈、拜访、祝贺、个人署名的信件往来等。

交际型公共关系活动模式是公共关系活动中应用最多、较为有效的公共关系模式。它不仅用感情投资的方法，以达到组织与公众的互助、互利、互惠，而且还是一种获得信息的有效途径。它具有直接、灵活的特征，在与不同人的接触交谈中，可以捕捉到有价值的信息，使组织在竞争中出奇制胜。需要注意的是，开展交际工作时要坚决杜绝各种不正当的手段，并且明确认识交际只是公共关系的手段之一，而绝非它的目的，同时更不能把一切私人交际活动都作为公共关系。

交际型公共关系活动具有十分重要的作用：一是良好的人际沟通是公共关系传播的重要途径。个人之间的沟通是面对面进行、具体生动的，它针对性强，有直接迅速的反馈，在一定程度上比大众传播媒介效果好。据调查，人们对亲友之间的宣传信任程度达 75% 以上，对传播媒介中广告宣传的信任程度则最高只有 30%；还有人统计，报纸上刊登的广告对公众的影响仅为 15%～25%。二是富于魅力的个人形象有利于塑造组织良好的公共关系整体形象。在利用个人形象塑造组织形象时，要注意选择那些具有个人魅力的人或聘请各界明星来担任组织的"大使"。三是人际交往中的礼仪礼节是搞好关系的基础。《文摘报》两次刊登了类似的报道，说的是一位外国企业家与我国一位厂长洽谈项目，谈完后，厂长在送他出厂门时，随意向地上吐了一口痰，导致这位外国企业家中止了与该厂的合作。他还说："这样的领导不仅不懂礼貌，而且不讲卫生，让人很难想象这家工厂能生产出高质量的产品来。"不文明的举止最终导致了合作的失败。这个例子说明，人际交往的礼仪礼节不仅代表公共关系人员自身素质和形象，而且是代表组织的素质与形象。

第三，服务型公共关系活动模式。服务型公共关系活动模式是一种以提供优质服务为主要手段的公共关系活动模式，目的是以实际行动来获取社会公众的了解和好评，建立良好的形象。所谓"公共关系就是百分之九十要靠自己做得好"，含义即在于此。

服务型公共关系活动模式绝不仅仅限于专门的服务行业。社会上任何一类组织都能以自己独特的方式向公众提供必要的服务。国外许多一流公司都非常重视服务的质量。服务型公共关系活动模式最显著的特征在于实际行动，组织以特殊的媒介——服务来密切组织与公众之间的关系。运用服务型公共关系，既要有服务公众的意识，还要有制度保证。

第四，社会型公共关系活动模式。社会型公共关系活动模式是组织利用举办各种社会性、公益性、赞助性活动开展公共关系工作的模式。其目的是通过积极的社会活动，扩大组织的社会影响，提高其社会声誉，赢得公众的支持，为树立良好的社会形象创造条件。

社会型公共关系活动模式的形式有三种：一是以组织本身的重要活动为中心而开展的公共关系活动。如利用公司的开业剪彩、周年纪念的机会，邀请各界宾客，渲染喜庆气氛，借此播下友谊的种子。二是以赞助社会福利事业为中心开展的公共关系活动。如赞助教育、残疾人组织，赞助公共服务设施的建设等，以此在公众心目中树立本组织注重社会责任的形象,并提高组织的美誉度。三是资助大众传播媒介举办的各种活动而开展的公共关系学活动,以提高组织的知名度。

社会型公共关系活动模式从近期看,往往不会给组织带来直接的经济利益,而且使组织付出较多的费用;但从长远来看,它为组织树立了较完善的社会形象,使公众对组织产生好感,为组织创造出一个良好的发展环境。

社会型公共关系活动模式的特点是公益性、文化性强、影响力大,其活动范围几乎是无限的,且可大可小、可繁可简。在组织此类活动时,公共关系人员一定不要拘泥于眼前得失而不顾长远利益;也不要贪多求大、难以组织而不能收到良好的公共关系效果。所以组织要保持清醒、冷静的头脑,要量力而行,谨慎行事。

第五,征询型公共关系活动模式。征询型公共关系活动模式是以提供信息服务为主的公共关系活动模式,目的是通过采集信息、舆论调查、民意测验等工作,了解社会舆论,为组织的经营管理决策提供参考,使组织行为尽可能地与国家的总体利益、市场的发展趋势及公众的意愿与需求一致。

征询型公共关系活动模式可采用的形式很多,如号称"世界第一饮料"的可口可乐公司通过征询调查,掌握了主动权,战胜了有力的竞争者百事可乐公司。可口可乐公司正是以开展民意测验、访问重要用户、建立信访制度、设立监督电话、处理举报和投诉、进行组织发展环境的预测等征询型公共关系活动而获得公众认可,取得市场竞争主动权的。

5. 经费预算

公共关系活动需要强大的经济实力做后盾。制定公共关系经费预算必须坚持目标优先的原则,经费与目标的关系一般情况下是经费服从目标。

(1) 公共关系经费预算的构成。公共关系经费预算的构成具体有:①行政开支,包括劳动成本(公共关系人员工资、福利、奖金及各种补贴);②管理费用,如房屋租金、固定资产折旧、办公用品、出差费、交际费、水电费、保险费、电话费、维修费等;③设施费,如各种影视器材、电脑、中外文打字机、复印机、传真机、印刷品、书刊订阅费、展销等;④项目开支,指实施公共关系专题活动所需的费用,如记者招待会费用、广告费、赞助费、重大庆典费、重大项目的专家咨询费、大型调查费、影视制作费等,另外还要考虑为发生对组织不利的危机事件而准备的费用。

(2) 公共关系经费预算的方法。公共关系经费预算的方法很多,常见有以下方法:

第一,固定比率法。这是指按照一定时期内经营业务量的大小来确定预算的一种方法。经营业务量可以按销售额计算,也可以按利润额计算。各组织自行决定从中抽取一定的百分比作为公共关系预算。例如,广州白云山制药厂每年从总产值中拨出1%的资金作为"信誉投资"。固定比率法最突出的优点是计算方便,简单易行。但此法也存在着明显的缺点:一是最佳比率难以确定,因而直接影响公共关系费用开支总额确定的科学性;二是这种方法颠倒了因果关系,公共关系的费用高低要由销售结果决定,而事实恰恰相反,销售额(利润额)中的一部分增长额正是公共关系活动的结果;三是这种方法缺乏弹性,一旦组织形象受到损害或因特殊原因需要追加资金时,应用此法只能望洋兴叹。

第二，投资报酬法。此法把公共关系的开支当作一般投资来看，根据同量资金投入获得同量报酬的原则，哪个部门投资报酬率高，它就可获得较多的资金；反之，就只能得到少量的资金。这时，公共关系费用必定会与其他投资机会争夺有限的资金。这种做法的优点是把企业的一切开支都看成是投资，有利于提高资金利用效能，改变过去不讲究资金使用效能的观念和做法。其缺点是：在现实生活中，公共关系部门投入资金所取得的效益是分散在各部门的，是局部投资，全局得益，而且各部门之间存在着交叉效应，很难单独计算部门本身的所得。

第三，量入为出法。此法按照组织的财务状况，根据财政上可能支付的金额来确定公共关系费用预算。

以上三种方法都是先确定公共关系费用总额，然后再根据已限定的数额编制公共关系行动计划，是有多大的公共关系费用投入，就搞多大规模和规格的公共关系活动。这几种方法虽然比较现实，但比较消极、被动。

第四，目标先导法。这是指先制定出公共关系工作期望达到的目标和完成的工作计划，然后将完成任务所需的各项费用项目详细列举出来，核定各项活动和全年活动的预算。同时，在预定总额已定的情况下，应当计提一定比率（比如10%）的风险基金，以备偶然事件的发生。这种方法的优点在于具有主动性，可以根据公共关系活动自身需要来安排预算；它具有伸缩性，能适应组织环境的变迁及时调整；它还具有进攻性，使那些积极进取的公共关系计划能得到保障。这种方法需要事先进行审慎的计划和预测。如果预测不准确，就可能出现超支或浪费，而且，这种方法主观性较强。容易影响预算的控制。

编制公共关系预算费用是一件相当复杂的工作，由于市场经济千变万化的情况经常会影响经费预算，因此一方面要充分发挥每一个公共关系人员的智慧和才能，发扬艰苦奋斗的优良传统和作风，尽量做到少花钱、多办事。另一方面该花的钱则一定要花，不可为了省钱或某些陈规陋习而错过时机影响公共关系目标的实现。

6. 审定方案

审定方案可分为优化方案、论证方案、方案送审与文书工作。

（1）优化方案。公共关系策划是一项群体性的活动，也是一项创造性的活动。公共关系策划人员往往针对不同的环境、不同的公众及预算经费的多寡，选择不同的媒介，选用不同的公关模式，提出不同的方案。另外，公共关系策划人员群体中的个体，也因文化水平、社会阅历、公共关系素质的不同而设计出水平不同的方案。这些方案不可能都完美无缺，在一般情况下，也不可能同时并用，因此对诸方案必须进行优点综合、反向增益等论证，取其所长，去其所短，形成最佳方案，达到优化的目的。

（2）论证方案。在优化方案初步形成以后，组织领导、专家、部分特殊公众、实际工作者要对方案的可行性进行论证，对目标系统进行分析，分析目标是否明确及能否实现。对制约性因素进行分析，分析方案在哪些条件下可能实施，哪些条件下不可能实施。对潜在因素和危机因素进行分析，预测公共关系活动中可能发生的潜在问题，对出现危机采取何种对策及如何补救，以保证公共关系计划实施的有效性和连续性。对预期结果进行分析，判断该计划是否付诸实施。

在方案论证之前及论证过程中，有一个问题要特别引起注意，那就是处理好决策者和专家的关系；只有处理好这个关系，才有可能最后形成高水平的策划方案。

决策者在决策时要注意以下问题：一是要根据需要解决问题的性质和难度，选择在能力、知识、经验方面能胜任的专家参与论证；二是决策者切不可先讲自己的观点、意见和看法，而是先提出问题，态度诚恳地请专家们解放思想、消除顾虑、畅所欲言地发表自己的见解与看法；三是决策者要为专家们提供组织所能搜集到的资料与信息；四是当专家们意见不一致时不要急于下结论，不要强求统一；五是决策者既要注意专家的意见，又不能为其所左右。一般来说，专家在某一领域、某一学科具有较深的造诣，这是决策者所不及的。因此专家的意见要充分重视，这也是尊重知识、尊重人才的具体体现。但由于决策者对组织所处的环境最熟悉，对于要解决的问题心中最清楚，看问题的眼光也要比专家更全面。因此，决策者与专家的关系是，既要充分尊重专家的意见，同时又不能为专家意见所左右，而是吸收各位专家的智慧，综观全局，做出自己的判断。

(3) 方案的最后审定与文字处理工作。公共关系人员策划的方案经过论证后，必须形成书面文字，送交本组织领导审批，使公共关系的策划目标与本组织的总体目标相一致，使公共关系活动得到本组织其他部门的有力配合和支持。至此，一个公共关系计划才算全部完成；最后还要将审定的计划打印数份并编上号码，一份交组织高层领导，作为检查公共关系工作的依据，一份留存公共关系部，严格按预定计划执行，一份交人事保卫部门存档。此外，可根据工作需要和联系程度送交组织内部需要支持配合公共关系工作的部门。

三、公共关系计划

（一）公共关系计划的特征

公共关系计划，就是根据组织的总体目标要求，对公共关系的发展、公共关系工作和它所需要的各种资源以及与各类公众的关系，从时间上和空间上进行统筹安排，使组织内部和谐并与外部环境协调发展，以促进组织资源的充分利用，不断提高经济效益和社会效益的计划指标体系。它是组织开展公共关系活动的行为准则。

公共关系计划与其他计划相比，具有以下主要特征：

1. 以树立良好的组织形象为中心

一般经济组织的营销计划是以利润为中心建构计划体系。公共关系计划则是塑造良好的形象，而不以单纯考虑每一项活动能够带来的利润为直接目标。同时，公共关系投资效益有时要经历一个相当长的过程才能显现。从一定意义上来说，公共关系是组织的软体系统，它所起的作用有时是潜移默化的，苛求公共关系与商品推销一样"立竿见影"，显然难以如愿以偿。

2. 以适应社会舆论变化为出发点

协调发展组织内外各方面的关系，一个重要方面就是组织要与社会舆论环境保持一致。公共关系计划的制定过程，是研究社会舆论环境变化的过程。只有以社会舆论环境变化为出发点，有针对性地确定公共关系具体目标和工作步骤，其计划才具有科学性和实际的价值。

3. 系统性较强

公共关系计划是组织系统的重要组成部分，本身也是独立系统。它不仅是短期的，也是长期的；执行计划不仅要用纠正性方法，也要运用防范性方法；不仅要顾及组织总目标，也要顾及自身目标；等等。公共关系计划遵循系统原理所揭示的规律，正确处理整体与局部、局部与局部、局部与个体、个体与个体的关系。

4. 困难性较多

公共关系计划是由许多不可捉摸的因素构成的。由于公众态度难测、行为各异、情操多样，与公众接触的方法复杂，因此，制定公共关系计划要比其他计划的难度大得多，而且不定性因素又会冲击现有计划的实施。事实上，绝大多数公关计划在实施中要依据公众的情况变化，不断调整修改。要求计划制订一劳永逸，是不符合公共关系的本质规定的。

（二）公共关系计划的类型与制订

1. 公共关系计划的类型

（1）公关长期计划。它一般是指3年以上的计划，主要解决公关长远发展的目标及重大措施和策略。计划内容宜粗、简，不宜细、繁，一个企业如果没有长远规划，就会显得眼光短浅、急功近利，不利于企业的发展。

（2）公关年度计划。它主要是指企业在1年内所要达到的目标、活动内容及措施等计划。由于企业在发展中会遇到许多不测因素，长远计划又不可能订得十分周密，为此，要制订年度公关计划，以提高长期计划的科学性和指导性。

（3）公关项目活动计划。这是指企业为开展专门性公关活动而编制的计划，要求具体细致，如地点、时间、措施、费用等，并应与年度计划密切衔接。

2. 公共关系计划的制订

企业公关计划的制订，应在企业领导的领导下，由公关部门在调查研究的基础上主持制订。计划制订采取自上而下、自下而上、上下结合的办法，其过程和内容因企业所面临的实际情况不同而各异，但其基本模式我们可以借鉴英国著名公关专家弗兰克·杰夫金斯提出的估计形势、确定目标、辨认公众、选择媒介、编制预算、评估效果等六大基本过程来编制自己的计划，使所制订的计划具有科学性和可操作性。

在制订公关计划的过程中要注意以下几个问题：

（1）要了解本企业的经营战略目标，公关计划服从和服务于企业总体经营计划。

（2）公共关系计划的制订，既不能设想过高，也不能过于容易。设想过高，往往实现得少，落空得多；过于容易，则会窒息创新精神，阻碍发展。

（3）公共关系计划要留有余地。因为公关工作弹性大，而且工作量又难以精确量化。因此，在公共关系计划中，对时间的分配不能精打细算，要充分考虑到某些未知因素和突发事件的影响，留有余地。另外，在人力和财力的安排上也要有一定的机动灵活性。

（4）公共关系计划的制订要保持连续性和整体性。现计划不但要和以前的公共关系计划保持连续性和整体性，而且还要与下一个公共关系计划衔接好。如果每个公共关系计划都自成体系，或者都是对以前的公共关系计划的否定，那么就会出现组织形象不统一、不协调的现象，就会让公众觉得企业捉摸不定，留下不良的印象。

（5）公共关系计划的制订要有创造性。虽然制订公共关系计划如上所说可以借鉴别人的经验，但并非刻板地模仿，而应该比别人更有新意。这直接关系到一个企业的公共关系工作是否有活力和有创新价值。

（6）公共关系计划制订后要提交给领导、各部门和公关人员，广泛听取意见，然后由主管部门将计划与企业的总体计划、营销计划、经费计划、资源计划等进行综合平衡修改，最后由领导批准，下达执行。

公共关系计划是组织的重大机密，要严格保密，特别要严防计划落到竞争者手中，给组织造成无法弥补的损失。

第二节　公共关系实施与评估

一、公共关系实施的意义

公共关系实施是一个对各类公众产生广泛影响的过程。实施中遇到的各种复杂问题不仅是对公共关系计划可行性的一次考验，也是对公关人员本身素质的一次检验。因此，在某种程度上，公共关系计划的实施比计划的制定更为重要。公共关系实施有如下意义。

（一）公共关系实施是解决问题的关键环节

制定公共关系计划是一个研究问题的过程，而公共关系活动的最终目的不是研究问题或提出某些假设，而是解决问题。伴随着公共关系计划的实施，公共关系计划才可能成为现实。

（二）公共关系计划的实施决定了计划实现的程度和范围

公共关系计划的实施工作是公共关系工作程序中关键的一环，正如一位国外知名的企业家所说："一个好的决策可能会被无效的贯彻所毁掉，而一个不好的决策也会因为有效的贯彻执行而得到改善。"也就是说，一项好的公共关系计划或方案由于实施人员素质不高、经验不足以及应变能力不强等原因，会造成计划实施不好，而一项即使不十分完善的计划却很可能由于实施人员创造性的巧妙实施而弥补了计划上的不足，取得了成功。所以，只有实施才能决定计划能否实现以及实现的程度和范围。

（三）前次公共关系计划实施结果是后续方案制定的依据

前次公共关系计划实施结束后，不论成功与否，都会对各类公众产生一定的影响，起到一定的作用，尤为重要的是在实施过程中和结束后，组织的领导层和公关人员都会通过各种途径得到有关的反馈信息。对这些信息进行整理、加工而得出的结论，将会成为组织开展下一次公关活动、制定公关方案的重要依据，总结成功的经验或吸取失败的教训，使公共关系活动逐渐步入良性循环。

综上所述，公共关系计划的实施是公共关系活动中的一个关键环节。实施的成功与否，所传播信息的影响程度和范围大小直接关系到组织的形象和效益，同时实施过程本身丰富了公关人员的经验，增长了公关人员的才干。所以必须对公共关系计划的实施加以重视。

二、公共关系实施过程的特点与障碍

（一）公共关系实施过程的特点

1. 实施过程具有动态性

一方面，一项公共关系计划无论制定得多么周密、具体和细致，总不可能与实际情况完全吻合，总存在一定的差异；另一方面，随着时间的推移、环境的变化，实施过程中总会出现一些意想不到的新情况或新问题。所以，考虑这些动态性因素，在实施过程中就要不断地改变、修正原定的实施方案、方法与程序等。这种调整或改变是不可避免的正常现象。但是这种公共关系计划实施的动态性要与实施人员的主观随意性区别开来，不能动辄以一些局部细小的变化为借口去任意变动计划。

2. 实施过程中实施人员的创造性

在计划的实施过程中，实施人员要考虑社会环境、自然环境等一系列因素去确定具体的实施策略，如准确地选择适当的传播媒介、传播时机及灵活地调整实施步骤，以补充计划的不足。从这个意义上讲，公共关系计划的实施过程是一个实施人员充分发挥自己的主动性、创造性的过程，也是一个不断增长公关人员实践经验的过程。当然，这里说的创造性是在不违背实施方案原则的前提下进行的。否则，任意篡改方案，会造成严重的后果。

3. 实施过程所产生影响的广泛性

公共关系计划实施过程中会涉及很多的因素和变量，公共关系计划实施所产生的广泛影响首先表现为对众多目标公众产生深刻的影响。例如，彩色电视机的潜在消费者会对某电视机厂的公共关系活动中所传播的信息产生强烈的兴趣，从而对他们的购买行为产生极大的影响。另外，公共关系计划的实施有时还会深刻地影响到整个社会的文化、习俗甚至改变某些观念，从而对整个社会的进步产生推动作用。

（二）影响公共关系实施的障碍

从某种意义上说，公共关系计划的实施过程就是组织运用各种传播媒介，将预先制作好的公共关系信息传递给以目标公众为主的各类公众，以引导他们改变态度和行为，创造出有利于社会组织存在、发展的社会环境和舆论环境的过程。但实施过程中的传播沟通往往不是一帆风顺的，它常常会因传播沟通的方式方法不妥、传播媒介选择不当等因素而使实施工作不能取得很好的效果。因此，有必要对几种主要障碍进行分析。

1. 语言障碍

语言是人类交流思想的工具，它是以词汇为建筑材料、以语音为物质外壳、以语法为结构条理而构成的符号体系。尤其是语言与人的思维紧密相连，人们只有借助语言才能更方便地向外界传播一定的信息，也可以收到一定信息。所以在传播沟通时，一定要强调语言的运用技巧，如修辞、比喻、音调等，否则会对某些特定的接受对象造成语言方面的沟通障碍。存在于公共关系计划实施过程中的语言沟通障碍常会造成公共关系工作的被动局面。

2. 风俗习惯障碍

所谓风俗习惯，是指在一定的文化历史背景下形成的具有固定特点的调整人际关系的社会因素，如道德习惯、礼节、审美传统等。风俗习惯是世代相传的一种习俗。不仅不同国家、不同民族的风俗习惯不同，有时同一国度、同一民族因居住地区的距离远近不同也会形成不同的习俗。

3. 观念障碍

所谓观念，是指在一定的社会条件下人们接受、信奉并用以指导自己行动的理论和观点。观念对沟通起着巨大的作用，有的观念会极大地促进沟通的顺利进行并取得好的沟通效果，而有的观念会成为沟通的障碍。因此，有必要认真对待沟通障碍中的观念障碍。下面列举两种主要的观念障碍。

第一，封闭观念造成的沟通障碍。封闭观念主要源于自给自足的小农经济。由于他们从事简单劳动，不需要分工协作，也没有丰富的社会联系，长此以往，就形成了一种排外观念或事物的自我封闭观念，以致使信息传播受阻。

第二，极端观念破坏沟通。由于固执地坚持某一极端的观点或立场而造成对沟通的破坏。如在对某一有争议的事件做出最终判断时，由于争论的双方只是抓住对方沟通过程中的某一环节、方面或特点，各执一端，彼此排斥，各自无法听进对方的意见，结果常常闹得不欢而散。

4. 心理障碍

心理障碍，是指人的认识、情感、态度等心理因素对沟通造成的障碍。例如，由于人们的认识程度不同，在说服受教育程度较低的公众时，只提供所述论点的有利方面比利弊俱陈更为有效，而对受教育程度较高的公众同时晓以利害才更为有利。

同认识程度一样，沟通信息的传播常常受人们情感的影响。例如，对一件可能引起争论的事件做出裁决后，人们总是特别喜欢去寻求那些自己所喜好的信息。因此，了解、认识并掌握在传播沟通中的公众心理障碍，可以及时排除这种障碍，以达到公共关系的沟通目的。

除以上四种主要传播障碍外，还有由组织机构臃肿、信息传递层次过多造成的沟通缓慢、信息失真等组织沟通障碍，以及一些由于政治、生理方面的原因或技术、方法不当所造成的障碍，排除各种沟通障碍首先应注意缩小传播者与其公众之间的差异。例如，选择传播沟通媒介时应尽量选择公众心目中信誉较高的媒介以及目标公众最易接触到的媒介，尽量站在公众的立场上，从公众的需求出发，用公众较容易接受的语言或一些生动简单的事例来说明沟通的内容，尽量缩小传播者与公众之间在语言、习俗、态度、观念等方面的差距。还应注意现今的公众比以往更多地接受到各种大众传播媒介的影响,而他们更乐于接受那些与他们自身利益密切相关的信息以及那些符合他们的心理特点的信息。

三、公共关系实施的原则

(一)目标控制原则

控制是管理的一种职能,而且总是与计划的实施联系在一起。所谓目标控制原则,是指在公共关系计划实施的过程中,保证公共关系实施活动不偏离公共关系计划目标的原则。也就是说,要求公共关系人员以目标为导向,对整个活动进行制约、引导和促进,以把握实施活动的进程和方向,并通过具体实施活动使公共关系计划向既定的目标一步步迈进。

(二)全面协调原则

所谓全面协调原则,是指在公共关系计划实施工作的过程中使所涉及的各方面配合得当,达到一种和谐、互补、统一状态的原则。全面协调注重理顺实施过程中的各个环节之间、部门之间及实施主体与其公众之间的关系,尽量消除各种矛盾的产生,并对一些已发生的矛盾及时协调解决。

最常见的全面协调原则有两大类:一类是纵向协调,另一类是横向协调。纵向协调主要是指上、下级之间的协调,横向协调主要指同级各部门或实施人员之间的协调。

无论是横向协调还是纵向协调,要达到协调沟通的目的,最关键的一点就是沟通过程中所传播的信息应具有统一性、明确性及完整性等特点。特别是协调时作为依据的有关实施计划的目标、实施的指令或概念等方面的信息传播,一定要做到上下统一、前后一致、目标明确,否则会使协调人员无所适从,使协调工作陷入困境。

在协调过程中要注意以下问题:

(1)协调的过程实质上是信息沟通的过程。所以要占有充分、准确、完整的信息沟通资料,采用各种有效的方式进行信息交流。

(2)协调沟通时必须以说服为主。协调时主要依靠说服力而不是强制命令,要善于同协调对象协商。尊重、理解、帮助被协调对象各方,以消除他们的疑虑,在取得共识的基础上完成协调工作。

(3)协调沟通时要遵循局部利益服从全局利益的原则。协调过程是一个利益平衡的过程。在协调过程中不仅要统筹兼顾各方利益,而且还要注意当局部利益与全局利益发生冲突时,要坚持局部利益服从全局利益,对那些做出牺牲的部门或人员,可给予适当的补偿和精神鼓励,使之积极配合,协调工作。

总之,协调的目的是使全体人员在认识和行动上取得一致,最大限度地保证实施活动的同步与和谐,提高实施工作的效率与效益。

（三）信息反馈调整原则

信息反馈，是指将施控系统的信息作用于受控系统（对象）后产生的结果再输送回来，并对信息的输出发生影响的过程。信息反馈是公共关系计划实施中的一个重要手段。对反馈信息进行整理、分析，并以此为依据来调整整个公共关系计划的实施活动，就称为信息反馈调整。

信息反馈调整贯穿公共关系计划实施的全过程，在公共关系计划实施的准备阶段，通过收集、分析有关人员对实施方案进行评估的信息，反馈调整公共关系计划；同样，在实施的执行阶段和结束后，利用反馈信息比较实施结果与原定目标的差距，调整后续公共关系计划与实施方案。

另外，对于制定公共关系计划或措施的领导层，不仅要注意那些对计划加以肯定、持积极态度的正反馈信息，更要注意那些反映计划实施过程中存在的问题和失误，促使领导层采取措施、修正、调整原有计划，以缩小同既定目标差距的负反馈信息，这也是反馈调整的主要作用所在。

（四）正确选择时机原则

这里的时机主要是指公共关系计划实施的时间。正确选择时机的原则就是在了解公众心理特点的基础上，掌握公共关系计划实施的时间和规律，想方设法克服时机障碍所带来的消极影响，精心选择与安排适当的时机进行公共关系计划的实施，并使实施中传播出的信息为广大公众所接受，这是一个很值得实施人员注意的问题。

在实施公共关系时，为达到正确选择时机的目的，应从以下两方面考虑：首先要注意避开或利用重大节日。如公共关系活动本身与重大节日没有任何联系，则应避开节日，以免使公共关系活动效果被节日气氛冲淡；若公关关系活动与节日有密切的联系，则可利用节日气氛强化公关效果。其次，要注意避免在相距较短的时间内同时展开两项重大公共关系活动，以免其效果互相抵消。总之，一切从实际出发，正确地选择公共关系计划实施的时机，是确保公共关系目标得以顺利实现的一个必要前提。

公共关系计划的实施除了要遵守以上四个主要原则外，还要注意把握好控制进度原则、明确分工原则等，以期在公共关系计划实施过程中投入较少的人力、财力和物力，取得最好的公共关系效果。

四、公共关系实施过程中的要求和传播过程

（一）公共关系实施过程中的要求

公共关系实施过程是一个推行既定计划的过程，在具体推行的过程中应注意以下几个问题：

（1）要让所有参加这次活动的有关人员详细了解活动方案的内容，如确定目标、公众和实施措施等。

（2）在所有参加本次公共关系活动的公关人员都了解方案内容的基础上，应根据

这些人员的各自特点合理地分配任务，并明确规定任务的具体要求和完成时限。

（3）在没有意外事件干扰的情况下，公关人员应严格按照方案所确定的时间表实施各项措施，以确保整个活动按预定的时间和计划进行。若有意外情况发生，可视其程度、范围的不同，对实施方案中的有关内容做相应的调整，并通知有关人员。

（4）在正常情况下，应严格按照方案中所确定的预算实施各项公共关系活动，以确保整个公共关系活动的费用不超过总预算。如因为发生了意外情况而需要增加费用时，可在征得领导同意的情况下，对原先的预算方案加以适当的调整。

（5）建立必要的检查制度。这样一方面可以督促各项措施的实施，把握整个活动的进程，另一方面也有助于及时发现问题解决问题。

（二）公共关系实施的传播过程

传播过程中的步骤如下：

（1）社会组织把信息传递给公关人员。
（2）公关人员把接收的信息进行加工后提供给大众媒介。
（3）大众媒介把加工过的信息有目的地发布，使目标公众了解、接受相关信息。
（4）目标公众接受信息后产生影响，变为传播效果。
（5）公共关系人员根据传播效果进行分析，形成反馈信息反馈给组织，供组织进行新的决策，并把新的信息传递给公关人员，如此循环。

上述步骤中，组织信息的传播是一个完整的循环过程，也是一个双向沟通、双向传播的过程。组织应不断根据反馈信息来修正、调整自己的输出，使传播出的信息更易于被公众接受，持续不断地提高组织的知名度和美誉度。

五、公共关系评估

所谓公共关系评估，就是根据特定的标准对公共关系计划实施及效果进行对照、检查和评估，以判断其优劣。公共关系评估是公共关系活动中的最后一个环节，对公关活动进行认真的评估，可使组织明确公共关系活动的现状和进一步努力的方向。

（一）公共关系评估的作用

公共关系评估工作贯穿于公共关系实践的三个阶段——准备阶段、实施阶段及效果分析阶段，评估工作在其中发挥着重要的作用：

1. 公共关系评估是改善公共关系工作的重要手段

一般来说，评估是公共关系工作中最易被忽视的环节。当一项公共关系专题活动结束后，即使是因为克服重重困难而取得巨大成功的活动亦是如此。人们往往有松了一口气的感觉，此时有意识地将公共关系活动加以认真的回顾和总结，将会得到有益的经验和教训，为改善下一次公共关系活动提供借鉴。

2. 公共关系评估为开展后续公共关系工作创造了必要条件

任何事情都不是孤立的而是相互联系的，公共关系工作也是如此。新的一项公共关系计划的制定与实施都是与以前的公共关系工作紧密联系，并以此为背景和前提条件的。如果说前一项公共关系活动的目标是建立组织的良好形象，那么，后续公共关系活动的目标就是巩固组织的良好形象。显然，后续的公共关系工作是以前一项公共关系工作为前提和条件的，是前一项公共关系的延续和发展。通过对前一项公共关系工作的全面评估，初步掌握公众对组织形象的基本评价和基本态度，找出自我期望形象与实际形象的差距，从而有针对性地制定后续公关活动方案、计划，以便最大限度地实现组织的目标。

3．公共关系评估有利于增强组织内部员工的凝聚力

一般来说，公共关系效果评估的主要涉及对象是外部公众。但如果让组织内部公众也了解组织开展公共关系活动的目标及有关措施、传播信息的内容等，可使员工了解到组织的社会责任及对组织的知名度及美誉度的评价，了解组织发展的前途，增强员工的自信心和荣誉感，并转化为向组织的总目标努力的一种行动。

总之，公共关系评估伴随着组织公共关系工作的展开而展开，并延续到公共关系活动结束。认真做好评估工作是有效反馈信息的重要手段。

（二）公共关系评估的程序

1．设立统一的评估目标

统一的评估目标是检验公共关系工作的参照物。有了参照物才能通过比较来检验公共关系计划与实施的结果。即使这一评估目标更多的是定性的而非定量的，仍需订出一个统一的评估目标。这需要评估人员将有关问题形成书面材料，以保证评估工作顺利进行。

2．编制评估计划

评估不是公共关系计划的附属品或计划实施后的事后思考和补救措施，而是整个公共关系计划的重要组成部分。因此，要重视评估计划的编制，对评估的方法、程序等方面形成的评估计划予以充分的考虑和周密的筹划。

3．统一评估意见

负责人要认识到，即使是公共关系人员本身也不能一下子就把公共关系活动没有实物性结果的性质和它的可测量效果联系起来。要给他们足够的时间认识效果评估的作用和现实性，并允许他们通过自己的亲身体验加深这一认识。

4．细化项目目标

在项目评估过程中，首先应该将这项目标具体化。例如，谁是目标公众，哪些预期效果将会发生以及何时发生，等等。没有这样的目标分解，项目评估就无法进行。同时，目标分解还可以使公共关系计划的实施过程更加明确化与准确化。

5．选择适当的评估标准

目标说明了组织的期望效果。如果一个组织将"让公众了解自己支持当地福利机构，以改善自己的形象"作为公共关系活动的目标，那么，评估这样的公共关系活动的标准就不应是了解公众是否知道当地报纸上哪一个专栏报道了这消息，占用于多大篇幅，而应该了解公众对组织的认识情况以及观点、态度和行为的变化。

6. 确定搜集证据最佳途径

调查并非总是了解公共关系活动影响的最佳途径，有时组织活动记录也能提供这一方面的大量材料。在有些情况下，小范围的试验也是十分有效的。在搜集有关评估资料方面，没有绝对的唯一最佳途径。在这一方面，方法选择取决于评估的目的、提问的方式以及前面已经确定的评估标准。

7. 保持完整的计划实施记录

这些资料能够充分反映公共关系人员的工作方式和工作效果，尤其重要的是反映计划的可行性程度：哪些策略是有效的；哪些策略是无力的或者无效的；哪些环节衔接比较紧密；哪些环节还有疏漏或欠缺，需要加以改进；等等。

8. 评估结果的使用

公共关系活动的每一个周期都要比前一个周期表现出更大的影响力，这是运用前一个周期评估的结果对后一个周期进行了调整的结果。由于对评估结果的运用，问题确定及形势分析将会更加准确，公共关系目标将会更加符合组织发展的要求。

9. 报告评估结果

报告评估结果应该成为一项固定的制度。它的作用一方面可以保证组织管理者及时掌握情况，有利于进行全面的协调；另一方面也可以说明公共关系活动在持续地保持与组织目标相一致及其在实现组织目标过程中的重要作用。

10. 提高理性认识

公共关系活动的科学组织与准备效果评估导致人们对这一活动及其效果有更多的理解与认识，效果评估的成果又进一步丰富了公共关系专业知识的内容。通过具体项目效果评估所得到的资料，经过抽象化分析，可以得到对指导这一活动有普遍意义的思想方法与原则。

（三）公共关系评估标准

公共关系的评估标准主要因公共关系计划实施的前、中、后各个阶段的工作内容不同而不同。

1. 实施前准备阶段的评估标准

（1）背景材料准备的是否充分、内容是否全面。公共关系活动此时尚未开始，其影响或效果如何此时很难判断，这时评估的主要任务就是检验公共关系活动所需的背景资料的占有量大小。这些材料的内容是否正确、是否全面，尤其是对整个公共关系活动的开展有着重要影响的因素。例如，目标公众中的意见，领袖公众是否被遗漏；新闻界所需的资料是否准备充分；等等。通过对有关背景材料的全面评估，为实施计划找准目标和依据。

（2）信息内容是否正确充实。首先，要评价公共关系活动中所准备的信息资料内容是否紧紧围绕着本次公共关系活动的目标或主题。其次，评价这些信息资料的来源是否准确可靠，其内容的准确性有多高，这是一个很值得注意的问题。既要防止客观原因造成的信息内容失真，又要杜绝筹划人员凭主观想像而捏造出的假信息，否则会造成不堪设想的后果。最后，还要注意对所传播的信息的设计、加工、制作是否最具有表现力，如版面颜色对比是否强烈、广告词能否最恰当地体现制作意图等。

2. 实施过程中的评估标准

（1）检查组织所收送的信息数量与被媒介所采用的信息数量。这一评估的目的主要是要了解所有信息资料的制作情况及信息传播的程度与层次。从检查发送信息资料的数量，可以了解公关宣传工作的努力程度，而检查被传播媒介所采用的信息数量，则可了解到这种宣传工作所达到的层次与所取得的成果。也就是说，只有所发送出的信息资料被大众传媒采用，才能有效地保证这些信息被公众接触到，也才有可能对公众产生较大的影响。

（2）检查收到信息的目标公众数量及受到影响的一般公众数量。对于评估来说，了解收到信息的公众结构比了解公众的绝对数量更重要。即主要考察在收到信息的公众中目标公众所占比例的大小，这也是决定本次公共关系传播活动成功与否以及成功程度大小的一项重要指标。例如，面向城市有关农药、化肥的公关广告宣传就不如面向农村来得效果好，其原因在于城市中相关的目标公众数量远远小于在农村的目标公众数量，因此难以取得较好的传播效果。另外，还要了解注意到该信息的公众的数量，也就是要了解信息影响的广度，以便预计可能因受到影响而转变态度的公众数量。

3. 实施效果的评估标准

公共关系活动实施效果的评估是一种总结性的评估，是对公共关系活动的成效如何的一次全面结论式的评估。它的评估标准主要有以下几点：

（1）检查"知晓信息内容"的公众数量。公共关系活动的基本目的就是对公众施以广泛的影响，增加公众对组织整体的了解或加深这种了解的程度，运用各种手段或方法来调查公共关系活动前后公众数量的变化，可简单地测出公共关系活动影响的广泛程度和公共关系活动的基本效果。

（2）改变态度行为的公众数量。这里的"态度"是指人们对特定对象的认识、情感、意向等比较持久的内在结构。所谓改变态度，就是将公众对组织（产品）的负态（敌视、偏见、漠然、无知）转变为正态（了解、感兴趣、接受、好感）。那么，有多少数量的公众改变了态度，又有多少公众由于态度的转变而采取了合作行动，这些是衡量公共关系活动的效果和目标实现程度的一项重要评价指标。

（3）目标的实现程度和问题解决的范围。公共关系活动的最终目的就是协助实现组织总目标，为完成公共关系"内求团结，外求发展"的总任务创造一个和谐的内外环境。在一项公共关系活动结束时，就可用各种手段去调查这种活动的效果、目标实现程度以及问题解决的范围。

（4）公共关系活动是否以较小的投入获得较好的效果。公共关系活动中的投入成本不仅表现为投入公共关系活动中的经费数量，还包括在公共关系活动中因一些不确定因素造成的风险成本等。所以，公共关系成本不只表现为一种数量概念，更应表现为在保证公共关系计划目标得以实现的前提下，尽量以较小的投入或代价，来取得最好的公共关系效果。

值得注意的是，公共关系活动中货币投入少并不一定意味着公共关系效果的降低，如组织内部公共关系中的"感情投资"就基本上无货币投入，而有些公关活动花费的钱财不少，却由于公共关系目标不明确或实施不得法而造成无效果或负效果的局面。

总之，由于形势和环境的变化、公共关系活动层次的提高、电子手段的介入，评估的标准也日趋规范化。

（四）公共关系评估方法

相对于公共关系其他阶段的评估方法来讲，对公共关系计划的实施、结束阶段的效果评估及有关方法的运用就显得更为重要，下面我们列举出两种有关公共关系的评估方法。

1. 公众意见法

这种方法包括公众意见征询法和公众问卷调查法。所谓公众意见征询法，是在公共关系活动过程中和结束后，通过对公众的访问、举行公众代表座谈会、以电话或口头交谈等方式来征求公众的意见。

问卷调查则是在公共关系活动的准备阶段、结束阶段与结束后 3～6 个月向目标公众发放问卷。通过对问卷的整理、统计、分析来评估本次公共关系活动的效果。

2. 专家意见法

即聘请那些公共关系知识丰富并有公共关系实践经验的专家，就事先拟定的公共关系、计划实施时采取的措施及实施的范围等，请专家们以匿名的方式独自就各项内容发表意见和建议，然后由公关人员将第一轮的全体专家意见汇集整理，反馈给每一位专家，请他们再次发表意见，直至意见趋于一致。经过整理分析得出代表大多数专家意见的评判。

3. 民意测验法

这种方法在公关评估中的运用较为普遍。该方法的基本做法是：按抽查法的要求，在选定的公众群体中选择一定数量的测验对象，用问卷、表格等方式，征求他们对指定问题的意见、态度、倾向，再做出统计、说明，分析公关活动的效果。

4. 公众意见征询法

公关人员通过与公众代表的对话，征询广大公众的意见和观点。这种方法又可分为"公众代表座谈会"和"公众询问法"两种。前者可以制度化，并有效地控制与会者的代表性；后者则是以口头、电话等方式，就固定问题，随机地向被询问者提问，然后将公众意见汇集、整理，形成综合意见。

5. 实验法

这种方法的实质是，利用事物、现象间客观存在的相互关系，通过调节某个变量（如公关活动前后，某个企业的声誉），测定另一些量（如产品销售量、订货量）的增减。实验法可以在已经历和未经历公关活动的两组公众之间展开。例如，一家家用日用化工品公司在报纸上连载宣传夏季正确使用化妆品的方法，旨在向公众传授在不同季节正确选用适宜化妆品的知识。我们采用实验法对该项活动的效果进行评估：先测验一组报纸订户（实验组）的有关知识，再对另一组未接触过该报的公众（控制组）进行有关知识测验，将两次测验结果作比较，就很容易得出评估结论。实施实验法要注意的是，在确保实验对象代表性的同时尽可能缩小实验范围。

6. 自我评判法

采用这种方法的前提是公关人员在公共关系活动的全过程中或者在组织的日常活动中，坚持记录有关指标和数据的变化。例如，通过公共关系活动前后企业的销售额数据、企业的知名度和美誉度的量化指标的记录，就可比较准确地评估出本次公共关系活动的成果。全面、准确的活动记录还可以帮助公关人员以时间为周期（如按年度）评估公共关系活动的整体效应。

值得一提的是，公共关系活动总是处于一定的社会、自然环境中，组织形象及产品销售量的变化可能是公共关系活动本身引起的，也可能是因同时期其他社会因素或自然因素引起的。所以，理想的公共关系评估应排除各种干扰因素，才能准确地显示出公共关系的真正效果。

本章小结

本章介绍了公共关系调查和策划的含义、特征、策划原则、策划程序和模式选择，并对公共关系的实施、评估进行了介绍。重点分析了公共关系策划的程序和模式选择，要求在公共关系实践中灵活运用各种公共关系模式。重点分析了在公共关系实施过程中实施时机的选择，并对公共关系实践中出现的其他问题提出了解决的办法和方案。

关键概念

公共关系调查　公共关系策划　公共关系计划　公共关系实施　公共关系评估

思考题

（1）公共关系调查包括哪些方面内容？
（2）公共关系调查的方法和技巧有哪些？
（3）问卷调查表设计有哪些要求？就你所熟悉的事物设计一张问卷调查表。
（4）简述公共关系策划的特征和原则。
（5）公共关系的模式有哪些？试根据实际模式策划一次公共关系活动。
（6）公共关系计划实施过程有何特点？实施过程中的沟通障碍主要表现在哪些方面？如何消除这些沟通障碍？
（7）试运用学过的公共关系计划实施的原则和方法，为一项公共关系计划制定一份方案。
（8）公共关系评估有何作用？怎样对公共关系计划的实施效果进行评估？

●案例分析

昙花一现的个性化车牌政策

个性化牌照政策出台

依据《公安部关于开展启用"二〇〇二"式机动车牌照试点工作的通知》（公交管[2002]85号），北京、天津、杭州、深圳作为首批试点城市，于2002年8月12日开始启用新式机动车号牌，即个性化车牌。个性化车牌政策具有如下特点：

（1）机动车号牌的号码扩大了一百多倍，选择余地大。"九二"式车牌号码受编号规则的限制，在一个机动车登记代号下，一种类型机动车号牌容量仅为34万，而我国中等城市的机动车拥有量已达到这个容量。"二〇〇二"式机动车牌编号号码容量由34万扩大到了3600万，既满足了机动车增长的需要，也为车主提供了自主选择的机会。

（2）选号程序便捷，价格不变。"二〇〇二"式机动车牌照，从申请、选号、路面管理全部采用计算机数字化管理。按照规定，启用"二〇〇二"式机动车牌照，允许群众选择6个号码。如6个号码均已被使用，则要求车管所计算机随机生成1个号牌号码。

（3）没有预留号，选号系统全国统一，使车牌资源的分配更趋公平、透明。"二〇〇二"式机动车牌照的编排规则是车主自主选号，公安交管部门内部不留任何号码，从源头上杜绝了车牌的违规发放。

（4）新车牌增加了信息含量和防伪技术。技术部门在号牌上增设了机动车的技术参数信息，确保了机动车与号牌关联对应有利于防止机动车号牌的挪用、涂改等违规行为。

实施情况

2002年8月12日，北京、天津、杭州、深圳四城市开始适用"二〇〇二"式机动车牌照。当天北京地区就有2300多名车主申请到了新车牌。8月12日到8月21日，北京市共发放了个性化车牌7000余副，天津市共办理了2000多副个性化车牌。从新注册的新车号来看，其中不仅包含国际流行元素，而且个性色彩相当浓厚。IAM007、UFO001、MAN001、163COM、521FLY等号码体现了个人的个性和追求。然而，在车主们享受个性张扬所带来的巨大精神满足的同时，"个性化车牌"政策也开始接受国家法律与社会道德的拷问。许多容易产生歧义的个性号码纷纷被人抢注，社会各界对个性化车牌也出现了一些质疑：

（1）是否涉嫌侵权或超出社会规范。很多人质疑，用公众所熟知的BTV台标，BMW、TCL、IBM等驰名商标做车牌，是否侵害商标权和声誉。用"TMD"做车牌引起了歧义，暴露出少数人的低级趣味。

（2）距离远了看不清楚。据天津媒体报道，在使用新式车牌时存在距离远了看不清楚的问题。这也许是天津市暂停办理新式车牌的原因之一。

（3）新车牌设计不太合理。据一些车主反映，新车牌比原车牌短1/4，放进预留牌照的位置不仅显得小气，而且破坏了新车的美观。

政策叫停

随着各种问题的不断出现，8月22日，北京、天津、杭州、深圳四个城市根据有关部门规定，暂停发放"二〇〇二"式车牌，个性化车牌在试行10天后匆匆收场。关于新政策叫停的理由，相关部门称是"系统技术故障"，但相关专家和一些记者认为，新车牌在实施之前，交管部门认为，经过充分论证，新车牌的制作、操作流程等不存在棘手的问题。但实行才10天的个性化车牌被叫暂停，这就是一个"玩笑"。

"二〇〇二"式车牌被叫暂停的原因，在管理部门还没有完满解释的前提下，人们就有了很多猜测。有人说，是因为新车牌跟一些大公司的名称缩写一样，有侵权之嫌。有人说，新车牌中有的跟我们现在的文化习惯相左，而且很不雅观。还有人说，新车牌取消了公车和私车的区分，过去一些特权部门垄断使用的如"001"之类的号码也大量流落到民间，这个时候让交通警察如何区分特权车？从而导致管理上的不方便……诸如此类，不一而足。不管最终是什么理由，都掩盖不了这次"个性化试验"的失败；不管是出于什么原因，突然叫停，成本都太大了。

【案例思考】

请结合案例谈谈你对该事件的看看，并论述公共关系调查的重要性。

参考文献

［1］赵晓兰．最新公共关系学教程［M］．北京：经济管理出版社，2001

［2］张慧君，吴薇．公共关系学概论［M］．长春：吉林科学技术出版社，1998

［3］张岩松，孙顺华．公共关系学［M］．青岛：青岛出版社，2002

［4］栗玉香．公共关系［M］．大连：东北财经大学出版社，2001

第七章 公共关系广告

本章学习目标

通过本章的学习，了解公共关系广告的定义和特点；熟悉公共关系广告的分类；掌握公共关系广告的策划程序；熟悉公共关系广告的制作要求。

广告，是我们在商品经济发达的社会中每天都要见到的现象。它已经充斥了我们生活的每个角落，并潜移默化地影响着我们的生活。

广告按其字面的理解就是"广而告之"，向广大公众告知某件事物，有广义和狭义之分。从广义角度理解是指所有能唤起大众对某一事物的注意，并且诱导向一定方向进展的公开宣传。广义的广告内容十分广泛，包括政府公告，政党、教育、宗教、文化、市政、社会救济等方面的通知、公告启示、声明等。狭义的广告即指营利性的经济广告，也称为商业广告，是为了推销产品或服务，借助各种媒体开展的宣传活动。

现代广告的发展首先是从宣传商品为主的商品广告开始的，它的主要任务就是把商品信息传递给人们，并深深地扎根于消费者心中。当人们需要到市场、商店购买某种商品时，一看到商品，脑子就会自然地浮现出广告上的商品名称，无形中产生了一种信任感。随着企业之间的竞争日益激烈和生产技术日臻成熟，生产同类产品的企业在产品质量、外观、成本、价格等方面越来越趋于一致化。此时，人们对产品的选择余地越来越大，除了考虑产品的价格、质量、外观、售后服务等因素外，人们更愿意购买自己熟悉和喜欢的企业的产品。这样一来，企业的形象和知名度就成了影响企业产品和劳务销售的重要因素，因此，企业对能扩大自身知名度的广告宣传更加重视，大量的公共关系技巧开始运用于企业广告中，以树立企业形象为目的的公共关系广告应运而生。公共关系广告在近十几年来发展迅速，除企业以外，其他社会组织和团体也纷纷利用公共关系广告进行各种形式的宣传。

第一节 公共关系广告的特点和分类

一、公共关系广告的定义

发布公共关系广告是公共关系工作的一种方法，它是社会组织交付一定的费用，通过媒介向公众传递有关组织的观点、政策、成就等信息，以期树立组织良好的整体形象，取得公众的注意、兴趣、好感和信赖，形成良好合作环境的传播活动。它主要着眼于塑造组织的形象，推销组织的观念，表明本组织与社会发展的密切关系、本组织对社会产生的积极影响及做出的重大贡献，从而在广告接受者心目中留下美好的形象，随之形成或改变某种消费观念。

公共关系广告的定义可以从以下几个方面解读：

（1）公共关系广告是付费广告，而不是免费广告。公共关系广告作为广告方式的一种，也需要通过媒介进行传播，而在媒介上的使用权是付费购买的。

（2）公共关系广告中所传播的主要是有关组织的观点，组织的经营理念、经营宗旨，对社会的贡献等信息，而不是产品本身。

（3）公共关系广告的目标是在树立良好的企业形象的基础上获得内外公众的信任和支持，优化组织的生存环境。

二、公共关系广告的特点

下面先来看几则广告：

（1）某房地产公司楼盘商品广告："舒适的环境，名流的生活"；其公共关系广告："教育，决定孩子的未来"。

（2）梅赛德斯-奔驰的商品广告："超越感观之美"；其公共关系广告："如果有谁发现奔驰牌汽车发生故障，被修理车拖走，我们赠送您1万美金"。

（3）联想商品广告："流行时尚，有型人生"；"有了联想第一代数字娱乐中心，节目不用让着看，调出电子节目单，选择节目预约录制。自由自主，新数字家庭"。其公共关系广告："人类失去'联想'，世界将会怎样"？"发现更多，期待更多；北京奥运会火炬接力全球合作伙伴；一起奥运，一起联想"。

比较上面几则公共关系广告与商品广告，我们会发现它们的诉求点截然不同。下面我们从两者的比较中认识公共关系广告不同于商品广告的特点。

（一）传播内容不同

公共关系广告的宣传内容是组织的特色和信誉，主要包括企业的特色，如企业精神、经营原则、工艺设备、员工素质、社会形象等，它是通过公共关系广告宣传，让人们认识、了解和信任组织，在公众心目中树立起组织的良好形象，并通过组织良好的形象和信誉，诱发社会公众"爱我"，间接达到让公众自觉购买组织的产品和服务的目的。所以，公共关系广告的根本目的也是为了组织的经济效益，只不过是一种间接途径。而商品广告直接以推销产品为内容，宣传的是产品和服务的特色。主要通过介绍某商品的特色，如设计上的独到之处、用途的广泛性或特殊性、与同类产品相比较的优点、售后服务的完善等，诱发社会公众"买我"。

（二）追求目标不同

公共关系广告追求的目标是社会效益，不与销售发生直接的关系。从目的上看，公共关系广告不直接劝说人购买某种特定商品，它的主要目标在于唤起公众对企业或组织的注意、兴趣、信赖、好感、合作，注重的是同公众的沟通。具体包括：消除公众对组织的误解，求得公众的支持、赞许与好感；争取协作单位的配合与合作，特别是社会投资者的了解与信任；改善组织内部关系，协调各级管理部门的经营，获得员工的信任；争取新闻界朋友的支持。而商品广告则是利用广告作为推销商品的媒介，以销售为导向，追求的目标是经济效益。因此，公共关系广告是推销组织，而商品广告是推销产品。

（三）评估标准不同

作为一种组织的传播手段，公共关系广告是非直接盈利的声誉性广告。因此，公共关系广告的实际效果主要体现在社会效益上，一般可以通过调查、测定公众态度的变化来加以评估，但在短期内很难做出直接和定量的评价。在公众心目中的良好印象转化成的经济效益需要经过一段时间才能逐步体现。而商品广告主要以该产品的销售额的增长与否来进行评估，对经济效益的评估结果可以在短期内得到较准确地衡量。

（四）广告行为期限不同

公共关系广告是社会组织的一种长期行为，注重公众选择的长期性，注重组织的长远利益和发展目标，力求与公众建立一种持久的合作关系，其职能作用是伴随组织的生存而发挥出来的。所以，作为公共关系工作的一种手段，公共关系广告宣传要保持经常性和连续性。商品广告则是社会组织的一种短期行为，注重于当前某种产品和服务项目的市场销路，一旦公众购买和认识了这种产品和服务，商品广告也就完成了其目的。因此，商品广告的职能作用具有短暂性。

（五）适用范围不同

公共关系广告适用于所有的社会组织，它既可以是政府组织，也可以是社团组织，还可以是服务性的社会组织，当然也包括营利性组织；而商品广告往往只适用于营利性组织。并且，公共关系广告还为无法进行商品广告的组织提供了传播和提升组织形象的机会。如当法律禁止有害物品在任何媒体上做广告时，烟草制造商们选择了进行企业品牌的公共关系广告宣传。如白沙集团的"鹤舞白沙，我心飞翔"和黄山集团的"一品黄山，天高云淡"，收到了不错的传播效果，使其他有实力的烟草企业纷纷效仿。

（六）广告表现方式不同

公共关系广告一般较为含蓄，迂回性强，不是直接劝说人们购买商品，它的商业味较淡，主要的目的是唤起人们对社会组织的注意、兴趣和好感。它类似于新闻，必须真实、以理服人、以情感人，不可有虚假的成分。而商品广告为了达到吸引消费者注意的目的，可以采取各种表现方式，如文学、艺术、电脑特技，甚至可以使用虚拟、夸张、神话等离奇表现手法。这些表现方式一般较为直截了当，商业味很浓，说服或煽动人们"欲购从速"。商品广告由于推销色彩过于强烈，有时会使消费者产生逆反心理。

（七）信息传播的途径和过程不同

公共关系广告与商品广告都必须将信息传播出去，但传播的路线有所差异，公共关系广告是先将组织的整体形象传递出去再传递商品形象，而商品广告则通过树立产品的形象再到使社会公众认识到组织的形象。即公共关系广告的认识路线是"公众—企业—产品",商品广告的认识路线是"公众—产品—企业"。

(八)制作周期和费用不同

公共关系广告的制作周期较长,费用较高;商品广告的制作用期较短,费用较低。综上所述,我们可用表7-1说明公共关系广告和商品广告的主要区别。

表7-1 公共关系广告和商品广告的主要区别

项　　目	公共关系广告	商品广告
广告内容	组织信誉	产品特色
广告目标	推销企业	推销产品
评估标准	社会效益	经济效益
广告行为	长期行为	短期行为
适用范围	所有社会组织	营利性组织
表现方式	较为含蓄	直截了当
认识路线	公众—企业—产品	公众—产品—企业
制作周期	长	短
制作费用	高	低

三、公共关系广告的分类

随着公共关系广告的不断发展,公共关系广告的类型也在不断增多,常见的主要有以下几种。

(一)实力广告

实力广告是公共关系广告中较为常见的一种广告形式,是指用广告的形式向公众展示组织机构的实力,主要包括生产、技术、设备和人才等方面的实力。决定消费者购买的因素不仅仅是商品本身,更多时候是商品背后企业的实力、信誉和员工的敬业精神和由此产生的信任感。因此,实力广告的主要目的在于使公众通过对该企业的经济、技术、人才实力的了解,增加对该企业及所提供的产品和服务的信任感,以达到创造购买气氛的目的。

在实际运用中,实力广告主要通过印制宣传品和制作纪录短片的形式出现,以下是两个案例。

1. 格力电器有限公司的实力广告之一(印刷宣传品)

掌握核心科技,引领中国创造

成立于1991年的珠海格力电器股份有限公司是目前全球最大的集研发、生产、销售、服务于一体的国有控股专业化空调企业,2012年实现营业总收入1001.10亿元,成为中国首家超过千亿的家电上市公司；2013年实现营业总收入1200.43亿元，净利润108.71亿元，纳税超过102.70亿元，是中国首家净利润、纳税双双超过百亿的家电企业，连续12年上榜美国《财富》杂志"中国上市公司100强"。

2014年，格力电器继续保持稳健的发展态势。1—3月实现营业总收入250.10亿元，同比增长超过12.18%；净利润22.54亿元，同比增长68.86%。

格力空调，是中国空调业唯一的"世界名牌"产品，业务遍及全球100多个国家和地区。家用空调年产能超过6000万台（套），商用空调年产能550万台（套）；2005年至今，格力空调产销量连续9年领跑全球，用户超过3亿。

作为一家专注于空调产品的大型电器制造商，格力电器致力于为全球消费者提供技术领先、品质卓越的空调产品。在全球拥有珠海、重庆、合肥、郑州、武汉、石家庄、芜湖、巴西、巴基斯坦等9大生产基地、7万多名员工，至今已开发出包括家用空调、商用空调在内的20大类、400个系列、7000多个品种规格的产品，能充分满足不同消费群体的各种需求；拥有技术专利9000多项，其中发明专利2500多项，自主研发的超低温数码多联机组、永磁同步变频离心式冷水机组、多功能地暖户式中央空调、1赫兹变频空调、R 290环保冷媒空调、无稀土变频压缩机、双级变频压缩机、光伏直驱变频离心机系统等一系列"国际领先"产品，填补了行业空白，改写了空调业百年历史。

在激烈的市场竞争中，格力空调先后中标2008年"北京奥运媒体村"、2010年南非"世界杯"主场馆及多个配套工程、2010年广州亚运会14个比赛场馆、2014年俄罗斯索契冬奥会配套工程等国际知名空调招标项目，在国际舞台上赢得了广泛的知名度和影响力，引领"中国制造"走向"中国创造"。

实干赢取未来，创新成就梦想。展望未来，格力电器将坚持专业化的发展战略，求真务实，开拓创新，以"缔造全球领先的空调企业，成就格力百年的世界品牌"为目标，为"中国梦"贡献更多的力量。

2．格力电器有限公司的实力广告之二（记录短片）

1赫兹的传奇

空调变频技术一直在挑战"慢"。越慢，越舒适；越慢，越省电。格力在完成一次挑战，挑战空调变频技术的极限——1赫兹。有关格力空调、1赫兹的传奇的介绍如下："从美学来说，慢是一种艺术；从禅学来说，慢是一种境界。辩证的思维，最快和最慢都是很难做到，它是一种自我极限的挑战。格力掌握核心科技，这绝不是一句空话，因为我们坚持每年挑战自己，挑战自己的极限。我们在10年前是20赫兹，5年前我们实现了10赫兹，而今天我们挑战了极限，实现了1赫兹。"（董明珠，格力电器董事长）"变频技术做到1赫兹，目的就是舒适的极限。"（王圣柯，格力电器工程师）"很多老人和孩子，不能在空调房间，怕感冒，原因很简单，以前的空调，一会儿冷一会儿热。"（张睿，格力电器研发主管）"什么是最好的空调？是有舒适的温度，你却感觉不到它的存在。"（董明珠，格力电器董事长）"有了它，可以让温度更加恒定，让人们使用起来更加舒适。"（庄文治，格力电器工程师）"实现1赫兹的难度是你无法想象的。打个比方来说，一个陀螺1秒钟转50转，它非常的平稳，如果一个陀螺1秒钟转1转……我们的工作就是1秒钟1转，让它平稳地运行。"（王圣柯，格力电器工程师）

"为了这个极致的慢,我们要解一个超级方程式,把不可能变成可能。唯创新的欲望,是我们格力发展的传统,只要市场需要,我们的研发经费是无上限的。"(张睿,格力电器研发主管)"我们想了很多思路,都是死路,有一天我们突然想起小时候玩的陀螺,它怎么不倒呢?用鞭子抽啊,我们一下想到做一个鞭子算法怎么样。"(庄文治,格力工程师)2010年,全世界第一台变频1赫兹空调诞生,格力刷新了变频空调的历史,格力造出了世界上最舒适的空调。"1赫兹,就是格力完美的一转。我是董明珠,我们要给全世界造最好的空调。"(董明珠,格力电器董事长)2011年12月,格力1赫兹变频技术荣获国家科技进步奖。

(二)观念广告

观念广告是组织通过提倡或灌输某种观念和意见,试图引导或转变公众的看法、影响公众的态度和行为的一种公共关系广告。观念广告的内容是灵活多样的,并不局限在组织本身,也不就事论事,可以是宣传组织的经营宗旨、管理理念、价值取向、方针政策和企业文化与精神,也可以是传播社会潮流的某个倾向或热点。这类广告常用暗示的方法去引发公众的联想,在潜移默化中影响公众的观念和态度。

观念广告对塑造组织形象具有十分重要的意义,其目的在于形成组织的经营特色,强调本组织与其他社会组织的不同之处和特色,从而形成竞争优势。观念广告具有很强的教导性和理念性,能让公众感受到组织的倾向和态度,也更能展示组织的企业文化建设、发展趋势等整体素质状况。它能够通过广告宣传,建立或改变一个企业或一种产品在社会公众心目中的原有地位,建立或改变一种消费意识、树立一种新的消费观念。而这种新的消费观念的树立,可以使社会公众倾心于某个企业或某项产品。

精通管理艺术的企业家和管理人员,总是十分重视培养和形成本企业的价值观念,并使组织机构的形象连同它的观念和口号,深入广大公众心中。例如,许多企业一贯倡导的"顾客就是上帝"、"顾客永远没有错"等口号,就是一种宣传组织服务宗旨的观念广告。以下是几个有代表性的观念广告:

(1)可口可乐公司广告:"只有可口可乐,才是真正的可乐"。
(2)美国奥尔巴赫公司广告:"百万的企业,毫厘的利润"。
(3)格力空调广告:"掌握核心科技"。
(4)新华保险公司广告:"乐享人生"。
(5)安利公司广告:"有健康才有未来"。
(6)诺基亚公司广告:"科技以人为本"。
(7)红塔集团广告:"山高人为峰"。
(8)深圳城市广告:"时间就是金钱"。

(三)信誉广告

信誉广告是通过宣传组织的一贯宗旨、已取得的良好信誉和对公众的承诺,来提高企业在公众心目中形象的公共关系广告。它是宣传组织信誉和良好形象的最直接的一种公共关系广告形式。信誉广告的目的在于树立组织作为守法公民、社会公仆,为社会经济发展作贡献或乐于赞助社会公益事业的形象。企业可选择其主张、政策、开发项目、服务水平、举办社会活动、赞助社会福利事业或解决某一社会问题等内容做信誉广告。以下是几个有代表性的信誉广告:

(1) 海尔集团广告:"海尔,真诚到永远"。

(2) 小天鹅集团广告:"立民族志气,创世界名牌,全心全意小天鹅"。

(3) 德国奔驰汽车公司广告:"如果有谁发现奔驰牌汽车发生故障,被修理车拖走,我们赠送您1万美金"。

(4) 英派斯健身器材广告:"英派斯,第六届亚洲冬季运动会健身器材唯一指定赞助商"。

(5) 七喜汽水的广告:"七喜从来不含咖啡因,也永远不含咖啡因"。

由于掌握了人们畏惧咖啡因的心理,七喜汽水向人们提供了一种信誉保证:"不含咖啡因",从而在可口可乐和百事可乐占据绝对优势的美国软饮料市场拥有了一席之地。同时,它也传达了一种新观念:拒绝含有咖啡因的饮料。

(四) 品牌广告

品牌广告,也叫商标广告,是通过对组织名称和标志的设计、创作以及传播的方式提高组织知名度,树立组织整体形象的一种公共关系活动。除了组织名称及专用标志外,还有一些广告配以色彩鲜明的图片,并就组织的特点、产品和服务项目等内容作简明的介绍说明。通过这种方式,组织就给公众传递了更多、更丰富的信息。公众不仅知道组织的名称、标志,还知道它的业务范围,并且还能对该组织的经营宗旨、产品类型、服务标准等方面有一定程度的了解。

实际上,品牌广告是一个有机系统的整体。组织的门面装潢、招牌制作、标志设计、环境布置、成员精神面貌等,也都是品牌广告的构成因素,是组织品牌不可分割的部分。当公众与组织接触时,这些因素会给他们留下好、一般或不好的形象感觉,从而就会对组织品牌留下相对应的感觉。一般说来,组织的名称要便于记忆,不宜过长和晦涩难懂。如果是商店,要力求清新不俗、生动形象;如果是工厂,要注意与产品的商标挂钩,便于用户记忆。总之,组织命名一定要有特色,要做到让人看一眼,就能留下深刻的印象。门面装潢要大方脱俗,品牌标志要醒目,环境要整洁,成员精神要振奋。这样才能够给人以美感,从而产生好感。

以下是三则品牌广告:

(1) 白云山制药集团的电视广告:"白云山,白云山,爱心满人间"。配合着人们的温暖笑容和企业的标志,树立了把爱洒向人间的企业品牌形象。

(2) 走进北京火车站地下通道,迎面便可以看到一块大型灯箱广告,上面写着:"诸位旅途辛苦了,欢迎您到北京来"。这块广告牌使旅途劳顿的人们倍感亲切,既帮助北京火车站塑造了良好的形象,又使广告的制作者和署名者——日本精工手表提高了知名度。

(3) 洋河酒厂股份有限公司"梦之蓝"高端系列白酒的两则电视广告:"一个梦想,两个梦想,三个梦想,千万亿个梦想"。"中国梦·梦之蓝"。将产品品牌与国家、民众联系在一起，从而提升了品牌的记忆度和好感度（见图7-1）。

图7-1　洋河"梦之蓝"品牌广告

（五）解释广告

解释广告也被称为声明广告，是组织表明对某些事件的立场、态度的广告。在组织的生产经营过程中，经常会发生一些问题。这些问题可能源于自身工作没做好，也可能是被人误会，还可能是受到竞争对手的恶意中伤。这时就会出现防御型或矫正型公关问题。当组织查明事实真相、开展某些必要的改进、纠正活动之后，就需要把事实真相和改进措施广而告之，以表明诚意、消除误会、震慑中伤假冒者，消除或减少这些事件对组织声誉的影响。解释广告通常适用于两种情况：一是发生对组织不利的事件或言论，但组织自身并无过错。如假冒伪劣产品对消费者造成损害从而影响到正牌企业的声誉，组织的某种专利权被非法侵犯，或某些竞争对手恶意中伤、造谣诬蔑，或新闻媒介的失实报道，等等。在上述情况下，都要求利用解释广告表明组织的立场。二是就组织或社会上出现的重大事件表明态度，以体现组织的观点，维护组织形象。这类广告一般先交代缘由，再提出解释或声明，表明态度和希望。

以下是一则解释广告的案例。

2013年5月11日，针对多个媒体对于武汉"东湖·御院"项目土地和建筑问题的质疑和猜测，开发商湖北治历实业有限责任公司在武汉的主流媒体《楚天都市报》中发布解释广告，内容如下：

声　明

我公司开发的"东湖·御院"项目，是经过武汉市政府有关部门批准的合法项目，且我公司该项目同其他的公司没有任何的关系。对其他公司对我公司的诬蔑、诽谤的侵权行为，我公司将依法追究其法律责任并要求其赔偿给我公司造成的一切损失。

特此声明！

湖北治历实业有限责任公司
2013年5月11日

（六）致歉广告

致歉广告，顾名思义，是组织对公众表示歉意的广告，它的目的通常是承认错误、消除误解和表示歉意。常见的致歉广告有两种：一是被揭短后向公众赔礼道歉的致歉广告。发布这类广告，往往是由于发布者本身出现了差错，并损害了某些公众利益。这类致歉广告要求认真陈述公众希望了解的事实情况，不能隐瞒，不能文过饰非，应明确地表示敢于承担社会责任和知错必改的态度，以取得公众的谅解。二是主动揭短向公众发表致歉广告，即在公众发现企业的不足之前主动揭露自己的问题，或者在出现一定问题但没有造成大面积的恶劣影响前向社会公众发出歉意，提出改正方案的做法。这样做不但无损于组织形象，反而会使公众感到组织态度认真，知过必改，从而产生好的印象。

发布致歉声明是常见的致歉广告形式。以下是新浪网针对全国"扫黄打非"工作小组办公室通报其涉嫌在下属读书频道和视频节目中传播淫秽色情信息所发布的致歉声明。

新浪致歉声明

今天，媒体曝光了新浪读书频道原创小说连载、新浪视频频道播客栏目部分内容存在涉嫌传播淫秽色情信息的问题。对此，我们深感痛心，特向广大网友和社会各界致以最诚挚的道歉。

虽然我们一直在努力，但是新浪网的确存在着对部分内容把关不严、疏于监控的现象。作为国内最有影响力的网站之一，我们未能够做到守土有责，对此我们倍感遗憾和惭愧。

对于网络主管部门给予我们的严厉处罚，我们将认真执行，决不推诿。

问题曝光后，公司在第一时间成立专项整改小组，要求各相关部门和相关环节进行彻查整改：一是对相关责任人予以严肃处理，主动向主管部门坦承错误，并做出深刻检讨；二是查找原因，举一反三，对全网站内容进行自查自纠；三是进行整改，建立核查长效机制，确保此类事件不再发生。

同时，我们正与主管部门进行密切的沟通和配合，以使我们的整改工作更有针对性，同时使相关业务的损失降到最低。最后，呼吁广大网友一如既往地对我们进行监督和批评。同时，我们也愿意和所有网站一道，坚决响应和支持国家"扫黄打非，净网2014"行动，弘扬主旋律，激发正能量，共同建设一个清朗的网络空间。

新浪网

2014年4月24日

青岛双星鞋出现质量问题后刊登的致歉广告是一个经典案例。

1987年，青岛双星鞋厂由于设备问题，新生产的老人健身鞋出现一些毛病，有几位顾客给厂里写信，要求退换。这种事情在一般厂家，可能会采取谁来就给谁换的做法，悄悄地解决了事。但该厂厂长汪海却力排众议，花几千元钱到电视台做广告，让所有买这批鞋的顾客都来双星门市部或代销点换鞋、修鞋。这一下立即引起了强烈反响，《人民日报》、《经济日报》、《工人日报》等十余家报纸先后撰文发表消息，双星产品的信誉更加声名远扬。

（七）祝贺广告

祝贺广告是以向社会各类公众贺喜为主要内容的，没有普遍的社会价值，只是表达组织对相关公众的良好祝愿，而良好祝愿背后的用心则因公众对象的不同会有区别。一般有两种情况：一是某企业新开张或周年纪念时，以同行或相关单位的身份发布广告以表示祝贺。祝贺性广告对祝贺方和受贺方都有好处。受贺方可从中极大地提高知名度，有效地向社会显示出自己的横向联系能力，经济上也可节省一笔广告费用。祝贺一方虽然花了一点钱，但可广结良缘，增进友谊，并且也可以增加组织名称在媒体上的曝光次数，实际上也提高了组织自身的知名度和美誉度。也有一些组织会向新开张的或有吉庆活动的竞争对手表示祝贺，此时的潜台词当然是表示不怕竞争、愿意公平竞争，甚至可以结成战略同盟、共同繁荣。二是每逢传统节假日就在媒体上发布一些社会组织向广大公众表示祝福的贺词。这些广告没有介绍自己的产品，只是"某某（企业或单位名称）向全国人民问好，祝新年快乐"或者"某某（企业或单位名称）恭祝广东人民新春快乐，愿竭诚为您服务"等等。这类广告力图让公众知道有这么一个社会组织存在，从而使公众对该组织有一个良好的印象。

以下是两个祝贺广告的应用实例。

1.《人民日报》祝贺专题广告

2008年1月，《人民日报》连续推出"中外名企热烈祝贺中国改革开放30周年"专题广告，贵州茅台酒股份有限公司、人民教育出版社、山东龙口矿业集团、江苏申达企业集团、华歌尔（中国）时装有限公司等各企业踊跃参与，借助中国第一大报的权威性、公信力和影响力，塑造优秀企业公民形象。

图7-2是贵州茅台酒股份有限公司在《人民日报》中发表的祝贺广告。

图7-2　贵州茅台酒股份有限公司在《人民日报》发表的祝贺广告

2. 利郎男装香港 IPO 上市祝贺广告

2009 年 9 月 25 日,晋江市邮政局在《晋江经济报》第 12 版对利郎男装在香港 IPO 上市做的全版祝贺广告,见图 7 – 3。

图 7 – 3　利郎男装香港 IPO 上市祝贺广告

(八) 响应广告

响应广告,是指用广告的形式响应社会生活中的某个重大主题,表示组织与社会生活的关联性和公共性,以求得各方公众的理解和支持。赞助广告属于响应广告的一部分。响应广告的主题一般是由上层建筑创导和推动的,常常是政府的某项政策或当前社会生活中的某个重大课题,如举办奥运会,推广"希望工程",建设可持续发展的和谐社会,等等。组织针对这些政策或课题用自己的名义表示响应。这样做的目的是要表明组织不仅为自己打算,而且也善于从全社会角度考虑问题,愿意为社会的繁荣作出贡献,积极参与社会活动,并通过广告方式表明自己的良好愿望和做出的努力,扩大社会影响。

响应广告同样是塑造组织形象的重要手段。因为任何组织都是社会有机体内的一个细胞,所以组织的生存发展也就离不开社会各界的支持。响应广告的目的就是表明组织是致力于为社会整体服务的,愿和社会各界团结协作,愿意与其他社会组织携手并进、共同繁荣。同时，响应广告能够表现出组织积极关心和参与公众生活的态度，能在较大的范围内扩大组织的影响。

以下是两个响应广告的案例：

1. 响应救助大熊猫行动

1984年，我国四川省由于箭竹大面积开花死亡，国宝大熊猫的生命受到极大威胁。人们为此心急如焚，如何救助国宝成为人们纷纷议论的话题。南京无线电厂利用这一时机，联合了五家以"熊猫"为商标的企业，在2月份联合刊登了"关于以'熊猫'为商标的企业联合救助熊猫的倡议"的大幅广告，广告语为"熊猫厂关爱熊猫，救国宝更应尽力"。广告文稿是这样写的：

"熊猫是我国的'国宝'，是世界各国人民的共同财富，我们以'熊猫'为商标的企业备感荣耀。惊悉四川大熊猫因缺少食物，致使生命受到严重威胁，我们心情十分焦急。为了响应中国野生动物保护协会关于抢救大熊猫的号召，我们倡议全国以'熊猫'为商标的企业和全国人民一道，发扬爱国主义精神，组织起来，共商有关事项。既要为抢救熊猫捐助财力，让熊猫更加壮美，又要为提高'熊猫'信誉尽责尽力，让'熊猫'为国争辉。"

广告刊登后，上海几家以熊猫为商标的工厂立即响应，也在报刊刊登广告，措词和上述广告相仿。结果发展到全国38家以熊猫为商标的工厂，为抢救大熊猫共捐款106 500元。这次公共关系广告活动，既为抢救大熊猫出了力，又扩大了以熊猫为商标的企业的知名度，博得了广大公众的好感，同时也获得了新闻单位的支持，为此发布了新闻。这是一次利用公众心理进行得十分成功的公共关系广告活动。

2. 抗震救灾，重建家园

2008年5月12日，四川省汶川发生了罕见的8.0级地震。这场地震波及范围之大，破坏性之强，举世震惊。政府和民众反应迅速，第一时间即投入到抗震救灾的工作中，大量的部队官兵和志愿者奔赴灾区，可歌可泣的事迹层出不穷。社会公众举行了各种各样的赈灾活动，有社会责任感的组织和民众不断捐款捐物，民众的爱国热情激烈迸发出来。仅在中央电视台"爱的奉献"赈灾晚会上，就有千百家企事业单位捐出了善款，响应"支持抗震救灾"的号召。一段时间内新闻媒体上几乎没有商品广告播出，大量响应广告表达出企业的拳拳之心，表达了对赈灾的积极参与。

下面是两则具有代表性的广告：

"路没了，我们一起修；家没了，我们一起建；众志成城，抗震救灾；新华保险与您一起重建美好家园"。

"早一秒，就多一人获救；早一秒，就多一分希望；伊利集团，第一时间将灾区所需牛奶、奶粉送达。一起来，行动就是希望"。

（九）公益广告

公益广告，也称服务广告。这类广告是指社会组织为社会公益活动提供免费服务的广告传播，从而显示社会组织对社会公益事业的关心和支持，包括完全以公益性主题制作的广告（如保护环境、计划生育、科教兴国、持续发展、家庭幸福、行车安全、防止吸毒犯罪等）以及配合社会组织直接参与某项公益事业而做的广告（如修建公益设施、资助慈善事业等）。这类广告不以商业利益为目的，完全投资于公益事业，将公益事业作为传播的主题。公益广告的商业味很淡，可以向公众表明组织对社会环境、道德风尚等的关心和爱护，既能帮助组织树立良好的社会形象，又可为组织带来无形的财富。这类广告在公共关系广告中所占比例较大。

以下是三个分别以保护环境、重视亲情和文明参与奥运为主题的公益广告：

1. "绿满全球"

香港金马广告公司在1992年为上海策划了以"绿满全球"为主题，旨在保护人类生态环境的一系列广告宣传画，画上画着与我们生活息息相关的清水、服装、教科书、苹果、垃圾等，并用反常的视觉表现手法和说服劝导的文字向公众提示：

"不要让它变成奢侈的饮品——不要污染水源，否则一杯清水的价格将令人咋舌；

不要让它变成历史的遗憾——不要滥杀野生动物，否则将来孩子们只能在画册上看到它们。

不要让它变成流行的服装——不要污染空气，否则你将不得不戴着防毒面具上街。

不要让它变成21世纪的景点——不要乱抛垃圾，否则你将不得不在垃圾里度假。"

2. "回家"

北京印象广告公司曾推出一则以"回家"为主题的广告，以夕阳余晖中母亲孤独的形象为视觉主体，鹅黄色调温馨慈爱地表达了母亲对子女的挂念和期盼，红色标题"回家"相当醒目，广告词更是诗意动人：

"曾几何时，我们因奔波事业，陶醉爱情，照顾子女，而冷落了终身操劳的母亲。回家，看看母亲最欣慰的笑容吧！哪怕只是打个电话。"

3. "迎奥运、讲文明、树新风"

为迎接第29届奥运会的到来，中国中央电视台播出了一系列"迎奥运、讲文明、树新风"的广告，倡导用文明的行为观赏、参与在北京举行的奥运会。这些广告词包括用掌声作为最好的支持给参赛的运动员鼓励、用点滴的行动保持城市的卫生、遵守交通规则、礼貌待人、做好奥运的主人翁等内容，充满动感和美好色彩的画面极具说服力，在促进社会公众文明参与奥运方面功不可没。

"眼看着奥运真的就要来了，心里特别高兴，就像自己家里有什么好消息一样。我们要通过奥运这个舞台告诉全世界，我们祖国这个大家庭，有多么的和睦，多么的美好。时间每一秒都在向那个神圣的时刻迈进，而我们每一个人也都携手在这个行列中，走向同一个世界，同一个梦想。有时候总觉得要用一个特别的方式迎接奥运，其实最特别的方式往往就是最平常的方式。迎奥运、讲文明、树新风，我们可以在大街小巷里看到这句话，我们更希望这句话变成我们的行动，出现在我们的举手投足之间。更有秩序感的生活，更多的善良让我们心生温暖，更多的爱与五环同在。我们每个人都要做我们自己的榜样，我们一个人的一小步，就是社会的一大步。迎奥运、讲文明、树新风，最平常的一句话，最温暖的表达；迎奥运、讲文明、树新风，最平常的一句话，最真切的表达；迎奥运、讲文明、树新风，如果每一个人都可以从最简单的小事做起，就是一件很不简单的大事。从我做起，从现在做起。为奥运，讲文明，树新风。"

（十）创意广告

创意广告是组织创导出一种具有社会价值的思想、观点或活动，并以组织名义制作成广告形式，率先在社会公众中发起和提倡的活动。这种广告若能为社会各界所响应，形成声势浩大的运动，创意者就可能赢得良好的社会评价和社会声誉。创意广告通常被用来表现组织的新颖构想和意念、突出公共关系活动或组织发展中非同寻常的事件。这种广告的目的也是表明组织积极参与社会生活的态度，着重树立组织"领导新潮流"的形象。

以下是几个经典案例。

1. 新加坡航空公司的创意广告

20世纪70年代初期，新加坡航空公司掀起了一场"革除随地吐痰陋习"的宣传运动。该公司连续在新闻媒介上登出广告，以循循善诱的方式告诫公众，随地吐痰不仅有害他人及自己的身体健康，更损害一个人应有的自尊和高尚的形象。公司还组织员工上街发放宣传品，并主动捐资在公共场所设置了一批脚踏开启式痰盂，从而大大提高了新加坡航空公司的声誉，并带来了良好的经济效益和社会效益。

2. 40000号电话的创意广告

20世纪30年代，上海祥生出租汽车公司千方百计买下了40000的电话号码，并把它作为公司的标志。这个号码与当时中国人口数（以万为单位）相吻合。面对帝国主义的侵略，公司提出了"中国人请坐中国车"，"四万万同胞请打四万号电话"的口号进行广告宣传，大大激起了国人的爱国意识。该公司也一跃成为上海最大的出租汽车公司。

3. 通用电气公司"汪力和李邦的创想之旅"的创意广告

2008年12月1日，通用电气公司在中国推出了系列网络广告宣传片"汪力和李邦的创想之旅"，这部网络广告旨在通过互动方式，将通用电气的"创想、多元化业务"信息向更广泛的受众群传递。通用电气新的网络广告以两位个性迥异的人物贯穿始终。汪力是艺术型，不断冒出新颖的创意，李邦是科学型，总是严谨地分析解决问题。广告片通过视频展示和动画互动，简洁通俗地诠释了通用电气的多元化业务和尖端技术。如现实生活中的人物一样，汪力与李邦在网站上拥有自己的房间及实验室。观众可登录网站观看完整版视频，参观运用数字科技呈现的工作间及实验室，并通过和主人公们的交流互动增进对通用电气品牌的了解。他俩用简洁易懂的语言和方法讲环保、水处理、风能、太阳能、生物气体发电等通用电气的主营业务。观众还能看到他们的照片，阅读他们的博客并在中国最流行的校内网、开心网以及Facebook上与他们聊天。通过"汪力和李邦的创想之旅"，以企业为主要客户的通用电气公司不仅让更多的普通公众清楚地知道了它的业务范围，还通过有趣的故事和唯美的画面使人印象深刻，从而产生主动传播品牌的冲动和行动。

图 7-4 通用电气公司"汪力和李邦的创想之旅"主页部分截图

(十一) 征询广告

征询广告是指通过征询公众意见和建议,提高组织知名度、记忆度及熟悉度的广告。征询的内容一般有组织的名称、标志、商标、品牌、口号等。通过对公众广泛征集以上内容的设计、构思和创作,吸引公众的注意,引起公众对组织的兴趣,从而树立组织形象。对于社会公众来说,这种既可以发挥自己的聪明才智又有获奖的机会,许多人都不想错过,所以往往能吸引大量公众的注意。公众在参与设计活动时,势必先对组织各方面的情况加以了解。因此,征询广告不仅可以拉近公众与组织的距离,让公众感受到组织的谦虚和体贴,增加公众对组织的好感和亲近度,解除公众的心理防卫,还可以促使公众增加对企业的了解,加速组织信息的传播。

下面是两个利用征询广告进行公关的案例:

1. 美国"TIMEX"进入台湾市场

美国"TIMEX"进入台湾市场前夕,在台湾地区七种主要的日报上同时刊出一则巨幅广告:"TIMEX 表,请大家赐一个中文名字",并说明设置的奖项及奖品。广告声势浩大,引起了公众广泛的注意,加上奖品的诱惑,应征者如云,收到的应征信有8.7万份之多。结果,TIMEX 郑重选定"天美时"三字为中文译名。8.7万封的应征信,说明至少有将近9万公众对该表有了深刻的印象。利用有奖征求广告的方式,是提高知名度的捷径。

2. 五月黄梅天,三星白兰地

新中国成立前,上海一家报纸悬高奖出上联征对:

"五月黄梅天"

联坛妙手各逞文思,纷纷应征。结果出人意料,金榜获选的下联却是:

"三星白兰地"

原来这是酒厂老板在报纸上别出心裁地做广告。"五月"对"三星","黄梅天"

对"白兰地",字字工整,可意思却风马牛不相及。征联活动使"三星白兰地"酒名声大振,也使"无情对"广为人所知。

(十二) 纪事广告

纪事广告又叫新闻广告或复页广告,通常以新闻报道、专题报道、报告文学等形式,以第三人称的角度将企业的历史、发展状况、对社会的最新贡献,或具体参与某一社会文化、体育活动的来龙去脉等方面的内容,结合公众的兴趣编辑发表出来。其笔调是记事性的,似乎是在讲述一个有情节的故事,实际上是组织的公共关系广告。

下面是一则题为"五粮液哈佛大学纪事"的纪事广告:

五粮液哈佛大学纪事

说起酒,生活在北美的人会想起超市里铺天盖地的俄国伏特加、苏格兰威士忌、法国白兰地,或是口味绵软的日本清酒,而在国际博览会上屡获金奖的中国白酒却始终罩着一层神秘的面纱。去波城侨界参加中国新年晚宴的美国友人常常是一边喝着啤酒,一边打听中国白酒的味道。

仿佛为了满足这种好奇似的,11月14日晚间,哈佛大学教育学院的中国学生们在学院的隆菲洛楼举办了一场别开生面的中国酒文化推介暨名酒品尝会,美酒佳肴,吸引了世界各国学生学者到场参加。

白酒,一种远视无色、近看透明的液体,却承载了中国数千年的文明。中国最绝顶的诗文书画艺术,几乎无一不与酒有关。"诗仙"李白也是名至实归的"酒仙",所谓"李白斗酒诗百篇,长安市上酒家眠,天子呼来不上船,自称臣是酒中仙。"(杜甫《饮中八仙歌》)就连一向老成严肃的"诗圣"杜甫自己在《独酌成诗》中也承认酒在作诗过程中起到的神妙作用——"醉里从为客,诗成觉有神。"

诗文如此,书画亦如是。"书圣"王羲之醉时挥毫而作《兰亭序》,"遒媚劲健,绝代所无",而至酒醒时"更书数十本,终不能及之"。"吴带当风"的画圣吴道子,作画前必酣饮大醉方可动笔,醉后为画,挥毫立就。"元四家"中的黄公望也是"酒不醉,不能画"。李白写醉僧怀素:"吾师醉后倚胡床,须臾扫尽数千张。飘飞骤雨惊飒飒,落花飞雪何茫茫。"怀素酒醉泼墨,方留其神鬼皆惊的《自叙帖》。草圣张旭"每大醉,呼叫狂走,乃下笔",于是有其"挥毫落纸如云烟"的《古诗四帖》。"扬州八怪"郑板桥的字画不能轻易得到,于是求者拿狗肉与美酒款待,在郑板桥的醉意中,求字画者即可如愿。郑板桥也知道求画者的把戏,但他耐不住美酒狗肉的诱惑,只好写诗自嘲:"看月不妨人去尽,对月只恨酒来迟。笑他缣素求书辈,又要先生烂醉时。"

晚餐时,来宾们终于品尝到了期待已久的中国名酒——五粮液,美酒醇香,回味绵长。活动组织者之一、哈佛大学教育学院Alex同学一个一个地教客人们如何斟酒、品酩、如何向彼此敬酒。Alex希望大家从波城各地赶来,不仅能品尝中国最好的白酒,也能借这个机会了解中国的酒席文化。美国女孩Joy表示,初尝五粮液觉得很浓烈,但过了一会儿,就觉得浑身很暖和舒服。韩国学生洪晟根在韩国时喝的都是20多度的酒,今天喝了58度的五粮液,没想到一点也不上头。

美食之后，组办方播放了一组有关中国制酒文化的短片，其中最精美的就是关于五粮液历史、百年窖泥、包包酒曲的记录片，片中介绍了何为五粮、为何说五粮养身、五粮液窖泥和酒曲的独特之处等等，丰富的信息让各国学生学者收获良多。

四、公共关系广告的职能

公共关系广告作为广告的一种重要形式，越来越受到企业的重视，其原因在于公共关系广告具有无法替代的多方面的重要职能。

（一）树立企业形象，促进产品销售

随着社会经济的发展，产品的市场竞争程度日益加剧，众多企业向市场提供的同类产品在规格、型号、质量、价格等方面差异度逐渐缩小，这时企业形象逐渐成为决定公众购买的主要因素。事实证明：越是组织形象好的企业，它的产品就越畅销。美国《时代周刊》有一篇文章这样道："在一个富足的社会里……商标和公司形象变得比产品和价格更为重要。""企业形象往往是最后购买决定的最重要因素……如果企业形象被描述错误或被误解，那将是一个极大的危险。"

公共关系广告可以及时地向广大公众宣传组织的方针政策、经营状况、发展计划，引起广大公众对组织的重视，创建组织的知名度和美誉度，提高组织的社会地位，扩大组织的社会影响。因此，公共关系广告可以帮助组织在激烈的市场竞争中树立良好的形象，继而帮助企业促进产品销售。广东健力宝集团就是因为赞助1984年洛杉矶奥运会走入了世界市场。在洛杉矶奥运会上，健力宝作为中国体育代表团的指定饮料，伴随着中国在奥运史上零的突破而名声大振，被美国新闻界誉为"中国的魔水"。从此，健力宝走出了国门，走向了世界。

（二）提高企业信誉，吸引社会投资

2004年第34届世界经济论坛在瑞士召开。论坛期间，组织者对参加年会的1500多位经济界知名人士就衡量公司成功标准的问题进行民意调查。被调查者中92%的人认为，公司声誉对公司的发展战略极为重要；59%的人认为，公司品牌或声誉代表公司总资产的40%。美国福莱公关公司主席兼首席执行官约翰·格雷厄姆说："过去，公司声誉常被看作难以量化的无形资产，但现在它已明显成为体现公司业绩的关键标准。"美国《时代周刊》亚太地区经理桥木乡英说："在今天高度竞争的社会里，你的企业声誉就是强有力的销售工具之一，它可以帮助销售产品，鼓励目标，加强与消费者之间的关系。""公共关系广告，对于提升企业或社会组织的知名度和美誉度，具有直接的作用。"

在资金市场比较健全，投资主体多元化的情况下，企业声誉是能够左右金融公众投资意向的主要因素。一般来说，投资者会根据企业信誉度的高低决定投资与否以及投资额的多少。如银行在向企业贷款时，会对企业进行信誉调查，并将企业信誉度分成A，B，C，D等若干等级，信誉度越佳的企业越受银行的青睐，也越容易获得银行贷款；一个信誉不佳的企业对投资者是没有诱惑力的。因此，有人预言："如果可口可乐遍及

世界各地的工厂都在一夜之间被大火烧光,那么,第二天世界各大媒体的头条新闻都将是各国银行巨头争先恐后地向可口可乐公司贷款。这是因为人们相信可口可乐不会轻易失去它'世界第一饮料'的地位。可口可乐已经征服了世界,得到了世界的公认。"

美国克莱斯勒公司就是利用形象广告重新争取到了政府和公众的援助和支持。1978年,亚科卡接任濒临倒闭的克莱斯勒汽车公司董事长,上任后就集中力量进行了一次大规模的广告宣传,宣传的主题不是卖车子,而是树立公司的新形象。从1979年开始,它集中力量推出大型企业形象广告宣传活动,除了在报纸上刊登显示公司信心和主张的图片、公司计划等内容,亚科卡还亲自拍摄广告片,向公众阐述公司的经营方针、发展战略、质量意识等问题,以消除人们对公司的误解,重新树立企业的形象。在企业形象广告中,一方面向公众解释克莱斯勒的需要,另一方面向国会施加财务压力。其系列企业形象广告的标题是:"失去了克莱斯勒,美国的情况会更好吗?""克莱斯勒的领导部门是否有足够的力量扭转公司的局面?""克莱斯勒的问题是多得谁也无法解决吗?""在自救方面,克莱斯勒是否已做了一切能做的事?"公司共拍摄了46部广告片。这些自问自答形式的宣传,消除了公众的疑虑,恢复了公众对克莱斯勒公司的信心。1981年,尽管公司的许多新产品要上市,但其广告重点仍放在"一个美国汽车公司的再生"这一对公司整体形象的宣传上。这一系列宣传广告最终获得了巨大成功——1983年春,公司股票从1980年的每股5.30美元增至27.50美元,同时还获得了政府4亿美元的自动贷款和3000万美元的无息贷款。克莱斯勒公司终于走出了经营的低谷,迎来了又一个发展的春天。

（三）改善内外关系,优化企业环境

任何一种社会组织,无论在其内部还是外部,都存在若干复杂关系,构成组织生存发展的内外环境。一个企业的内部环境包括企业与员工之间的关系,领导者与下属之间的关系,员工与员工之间的关系,不同职能部门之间的关系,等等；外部环境包括企业与原材料供应商、企业与经销商、企业与协作商之间的关系,以及企业与银行、政府机构、新闻媒体、社区之间的关系。

公共关系广告的使用,有助于这些关系的调整与改善,从而优化企业的生存发展环境。就企业的内部环境而言,利用公共关系广告报道企业的情况,既让员工了解企业的成就和优势,也让员工知晓企业的劣势和薄弱环节,促进企业与员工之间的信息和情感的交流与沟通,培养员工的协作精神,充分有效地发挥员工的积极性、主动性和创造性,增强企业的向心力和凝聚力。如日本丰田汽车公司的"丰田人"、"车到山前必有路,有路必有丰田车"的公共关系广告,就使得每一个丰田员工从内心深处感受到了作为一个丰田人的骄傲与自豪,增强了员工对企业的向心力。就企业的外部环境而言,一方面,通过公共关系广告,树立良好的组织形象,可以使经销商、消费者、政府机构、银行等外部公众更愿意与企业建立长期而稳固的支持合作关系,而这种关系又会保障企业获利,外部公众也会从中受益；另一方面,良好的内部环境也能给公众直观形象的感受,装备精良、设施齐全、环境优美、规划齐整的企业环境可以大大增强组织的外张力和竞争力,促进企业形成良好的外部环境,为组织健康稳定的发展打下坚实的基础。

（四）吸引优秀人才，提高企业竞争力

在激烈的市场竞争中，影响企业竞争力的因素很多，如资金、设备、产品性能、产品价格、企业地理位置等，但是在众多因素中起决定作用的是人才。任何形式的竞争归根到底是人才的竞争。所以，人才对于一个组织来说是至关重要的。有的企业之所以在激烈的市场竞争中屡屡败北，其重要原因是该组织未能给予人才施展才能的平台。人们总是愿意加入实力雄厚、有前途、有发展、能更好发挥自己聪明才智的组织中去，一个有信誉、有名望、重视人才的组织，必将吸引大量人才涌入；同时，和谐的企业内部环境又能留住人才；相反，实力不强、信誉差、没有发展前途的企业不仅吸引不了人才，还会使现有人才另谋高就。在人才交流市场上，经常出现这样的现象：信誉好、形象佳的企业摊位前应聘者人头攒动，络绎不绝；而知名度低、美誉度差的企业摊位前则冷冷清清，门可罗雀。这正说明了企业形象对吸引人才的重要性。

通过公共关系广告，企业可以树立良好的社会形象，对于吸引人才具有很大的作用。一般在人们的心目中，经常做公共关系广告的企业相对实力雄厚，有前途，有更好的发展，在这样的企业里，才更有机会发挥自己的聪明才智，体现人生的价值。因而，人们更愿意进入这样的企业就职。

第二节 公共关系广告策划的程序

公共关系广告策划，是对公共关系广告的整体战略进行运筹设计。由于公共关系广告是付费广告，因此需要对广告目标、广告主题、广告媒介、广告时间等方面进行系统安排，以便用最少的投入达到最好的广告效果。公共关系广告的策划主要有六个程序：确定实施公共关系广告的时机，进行公共关系广告定位，确定公共关系广告主题，选择公共关系广告媒介，创作公共关系广告文稿和公共关系广告效益测评。

一、确定实施公共关系广告的时机

从公共关系广告的职能中我们可以知道，企业进行公共关系广告的最终目的是提升企业的销售业绩，因此，公共关系广告的策划与制作要与企业的营销工作和其他公共关系活动相联系，不能盲目地进行投入。否则，没有动因和目标的广告活动必然带来企业资源的浪费。因此，考察是否需要实施公共关系广告是公共关系广告策划的首要工作。

一般来说，企业处于以下情况时会考虑实施公共关系广告。

（一）企业形象需要树立和提升时

良好的企业形象可以促进销售额的增长，吸引社会投资和大量优秀人才，还可以提升内部员工的向心力和凝聚力。因此，在企业的社会形象对企业发展意义重大但还显薄弱时，企业可以选择用公共关系广告树立和提升企业形象。不过，不是所有企业都适合用公共关系广告的形式进行宣传，因为公共关系广告的制作周期长、费用高。企业要考

虑市场竞争状况，在衡量企业形象和品牌形象重要性的基础上，分配投入公共关系广告和商品广告的费用，合理投放两种广告：一是在产品服务同质化严重、市场竞争激烈的情况下，企业之间的产品力、推销力等都相差无几时，适合更多投入公共关系广告；二是在产品形象比企业形象对市场影响力更大的情况下，适合更多投入商品广告。例如，在零售行业，企业组织适销对路的产品并为消费者提供多种服务，差异化相对较小，企业整体形象显然比并非由它直接生产的产品品牌形象更为重要，因而更适合投入公共关系广告；而在很多制造企业，产品差异化较大，目标市场相对较小，企业的市场形象、产品形象在很大程度上代表着企业整体形象，并具有直接的市场效应，因而更适合投入商品广告。

（二）遇到公关风险时

企业遇到公关风险，企业形象受到公众质疑时，除非企业领导者愿意看到风险转为危机或危机进一步加深，否则肯定要开展防御型、矫正型的公关活动。这属于企业应对公关风险的理性行为，也是处理公共风险和危机的最好选择。只有快速反应，第一时间发布公共关系广告，澄清误会或表示歉意，才会阻止或减缓不利信息的继续扩散，给企业留下回旋的空间和余地，从而更容易获得社会公众的理解和谅解。此时商品广告不仅无法做到的这一点，反而常常会给企业带来副作用。因此，企业遇到公关危机时，要适当减少或不做商品广告，尽量多投入公共关系广告。

（三）商品广告受到限制时

国家法令禁止一些特殊商品进行商品广告宣传，尤其是烟草企业不能做广告宣传。但是，很多烟草企业不满足于自己的品牌信息仅仅在柜台上传递，仅仅依靠口碑销售，他们便通过公共关系广告，用集团的名义来传递企业名称、品牌名称和经营范围等信息，提升企业的知名度。我国大部分实力较强的烟草企业都是用这种方式进行品牌宣传的，每年的公共关系广告费用都数以亿计，收到了不错的广告效果。

二、进行公共关系广告定位

在确定企业需要进行公共关系广告后，就要对公共关系广告进行定位。因为一则好的公共关系广告，不论其内容长短，都是在向观众宣传组织某一方面的良好形象，如告诉公众本组织的技术力量雄厚、资金力量雄厚，或宣传自己全心全意为公众服务，或塑造组织热爱公益事业的形象，等等。因此，在制定有效的公共关系广告的宣传计划时，必不可少的一项工作是广告定位，即确定自己的公共关系广告将组织放在竞争中的什么位置上。具体讲，广告定位主要是从企业实力和公众心理两个方面着手进行。

（一）企业实力

企业实力主要是指企业在经济基础、科技研发方面所拥有的实力以及在同行中的地位。一般来说，在同行业中居于领先地位的一些大企业、大公司，其公共关系广告的一个重要内容就是要宣传组织自身在技术上、经济上的实力，突出表现本组织是引导潮流的时代先锋形象。而那些不属于绝对领先地位的大企业，往往还会采取另一种策略，即位居第二的策略。如美国爱飞斯汽车公司的广告是："在汽车出租业中，爱飞斯只是第二。"在美国这样一个出租汽车公司多如牛毛的国度里，位居第二位也已是十分了不得的。中国的蒙牛乳业在刚刚成立时，还是个名不见经传的小企业，一无工厂，二无品牌，三无市场。在这种情况下，蒙牛把900万元启动资金中的三分之一用于公共关系广告宣传。1999年5月1日在呼和浩特市一夜之间就推出500多块户外广告牌，上写"发展乳品行业，振兴内蒙古经济"，底下是"创内蒙乳业第二品牌"。大家都知道乳业老大哥是伊利，老二却不知是谁，蒙牛站出来说是第二品牌，消费者就认同它是第二品牌，就这样，蒙牛产品还没卖，在消费者心中就成了第二品牌，蒙牛也就成功地利用公共关系广告将企业定位为了行业第二。正是这种位居第二的广告定位，使蒙牛公司创业半年，销售收入就做到了4400万元。

此外，一些小型企业运用相反的方法宣传企业实力，把自己说成是最差的、最坏的，往往也会出现良好的效果。如美国俄勒冈州的一家小饭馆，在饭馆前竖起一个大的广告牌，上写"俄勒冈最差的食物！"该饭店的老板也声称自己是一个最差劲的厨师。结果，"最差"二字不但没有把顾客吓倒，反而是越来越多，甚至连来自世界各地的游客也要来试试。

（二）公众心理

常言道"知己知彼，百战不殆"，公共关系广告的运用亦是如此。因此，在对企业自身实力进行分析后，还需要了解社会公众对本企业的看法如何，进而通过公共关系广告，改变公众对企业的不良态度或模糊认识，强化和完善公众对企业的良好印象。

社会公众对组织的评价常常有其固有的标准。如我国许多公众认为国营企业是比较可靠的。大多数年轻人喜爱体育活动，对关怀和支持中国体育事业腾飞的企业充满好感。还有一些人认为只要是合资企业，其技术力量和经济实力就比国内其他企业强。有更多的公众会认为关心公益事业的企业是好的。

了解公众心理，首先要发现和掌握公众的真实态度，一般可以通过两种方式获知：一是调查、访问，直接了解；二是从本企业的产品销售情况与同行的对比分析入手。前者比较准确，但费用较高；后者费用较低，但结论的准确性较差。

一般而言，社会公众对企业的不良态度从严重程度看主要有四个层次：敌视、偏见、冷淡和无知。在获取公众对企业的态度以后，企业要弄清公众对企业持不良态度的原因，进一步寻找解决的办法。例如，可口可乐进入印度市场时受到了严厉的抵制，很多机构和消费者认为它的产品含有对健康有害的物质。可口可乐随即对实验室的产品进行了严格的检测，并邀请来自英国的实验室专家亲自品尝，以表明产品的安全性。但是，市场销量并未见好转。可口可乐印度公司感到非常费解。经过详尽的市场调查，才发现在印度人心目中，可口可乐等跨国公司是贪婪、疯狂追逐利润、漠视消费者健康的代名词，他们进入印度的目的同当年的英国一样，就是不顾当地民众利益疯狂掠夺财富。针对这种情况，可口可乐公司发布新闻公告强调，公司在印度的产品和其他地方的产品一样，遵守同样的安全和质量标准。并随即有意淡化其美国公司的形象，大量聘用印度本土人才，制作了一系列公共关系广告，意在融入本土文化，消除消费者的偏见。

公众对企业的态度冷淡,如对保险公司不感兴趣,不愿去参加保险,则可以通过公共关系广告,介绍保险公司的发展和规模,介绍保险事业给公众带来的好处,使公众感到有兴趣。公众对企业的无知,原因可能有很多,通过公共关系广告,可以起到使公众从无知变熟知的作用。确定了企业的处境以后,就可以确定公共关系广告要完成的任务,做到有的放矢。表7-2显示出利用企业公共关系广告转化公众心理的目标。

表7-2 企业公共关系广告转化公众心理的目标

公众心理对企业存在以下的不良态度	公众心理通过公共关系广告要向以下方面转变
敌视	同情
偏见	接受
冷淡	兴趣
无知	熟知

三、确定公共关系广告主题

广告主题是为了达到某种广告目标而主要体现为广告内容的中心思想。广告主题犹如一根红线贯穿于广告之中,使组成广告的各种要素有机地组合成一幅完整的作品。

(一)公共关系广告的主题选择

广告的主题就是广告的灵魂,它是通过思维、提炼、浓缩,用简单的语言、动作、画面、声音等来表达广告的中心思想;通过主题,来宣传企业的特色,树立企业形象。公共关系广告的创作中能否把握主题,是公共关系广告宣传成败的关键。比如,美国联合航空公司为了宣传该公司航班安全、舒适,只用了一句话来表达:"乘坐美国联合航空公司的班机,到处都是好天气。"这就是广告的主题。

一般来说,企业的公关广告主题可以分为:企业名称广告、企业风格广告、事业广告、业绩广告、技术广告、传统广告、告知性广告、问候广告、纪念广告、征募广告、企业文化广告、意见广告、赠奖广告、合成广告、其他广告等,它们包含的具体内容在表7-3中进行了归纳。要注意的是,不同的公共关系广告主题并没有严格界限,因为同一主题可以说明多种情况,一则公共关系广告也可以选择两个以上的主题。

表7-3 企业广告主题主要类型及内容

1. 企业名称广告	企业名称,企业名称变更,新公司名称,公司名称新字体,企业标志,企业旗帜,企业代表色
2. 企业风格广告	创业者介绍,经营者介绍,公司职员介绍,经销商介绍,公司内部介绍,企业环境介绍,企业精神介绍,企业文化介绍,合作者介绍,合资者介绍,经营宗旨,企业前景,经济实力,服务方式,技术力量,企业管理水平

续表 7-3

3. 事业广告	营业项目，产品总额，制度，服务，多角经营，专案，展示会，激励联营公司，提高职工士气，纠正社会偏见，争取社会舆论，读者来往，名人推荐	
4. 业绩广告	客户拥有数，创造销售记录，国际同类事业，国内同类事业，世界排名，本国排名，消费者介绍，获奖介绍，市场占有介绍，社会地位，业务成就	
5. 技术广告	科技人员介绍，研究所介绍，技术介绍，设备介绍，品种介绍，办公室自动化介绍，工艺流程介绍，产品包装介绍，委托，共同研究，原料介绍	
6. 传统广告	行业史，创业史，企业史，创业理想，商业历史，事业历史	
7. 告知性广告	企业设立，开设分公司，开设经销点，开设地方办事处，开设特约代理店，开设展示中心，迁址，营业时间及变更，组织及变更，更换标志，人事变动，更换图章，办公地点落成，获奖，专利权，版权，预（决）算，年度财务报告，股票发行，股权转让，资金调配，设备出让，人员任免，房屋出租，丧葬，新产品上市，聘请法律顾问，启用新账号，放假通知，危机，招标，接标，市场动向，流行色预测	
8. 问候广告	新年，春节，圣诞，节令，暑假，寒假，年终岁末，致谢，慰问，致歉，拥军优属，拥政爱民，关心残障	
9. 纪念广告	创立纪念日，产品纪念日，营业纪念日，获奖纪念日	
10. 征募广告	人才，广告监视，代理商人，合作单位，抽奖，名称，模特，广告语，会员，股东，标志，创意，论文，提供经营，志愿工作者，方案	
11. 企业文化广告	运动，文化，演讲，研讨会，会议，文艺演出，环境保护，体育比赛，参展，倡议	
12. 意见广告	政治，情报提供，社会文化，话题，经营，开发企业，提案，方针政策，会议报告，公证	
13. 赠奖广告	专题周知，垂询调查表，竞争抽奖，评奖揭晓	
14. 合成广告	与交通安全广告合成，与环境宣传广告合成，与节令欢庆广告合成，与实事政治广告合成，与各类公益广告合成	
15. 其他广告	海外交流，业界动向，知识教育，新潮流，影响立法	

（二）公共关系广告的主题表达

广告主题确定之后，如何传递给社会公众则是下一步要解决的问题。运用多种方法可以将公共关系广告的主题淋漓尽致地表达出来。

1. 公共关系广告主题表达的基本要求

一般认为，广告主题的表达有四个基本要求：新、绝、深、美。

（1）主题要新。主题要新，才能比其他广告技高一筹。英国吉尼斯啤酒是已有200年历史的老产品，为了扩大企业的影响，他们除了进行大量广告宣传外，还出版了许多书，其中有一本以公司品牌命名的《吉尼斯世界记录》把世界上最长的、最短的、最高的、最快的东西都记录在内，因为他们知道上述这些经常是人们在酒吧争论不休的话题。这本书的初版就印制了43万册，后被译成22种文字出版，成为世界各地的畅销书。该企业通过这种出版物和消费者建立了良好的关系，使"吉尼斯"这个名字从此在世界上家喻户晓。因此"不管你是否喝啤酒，你一定喜欢吉尼斯"成为某些人的口头禅。

（2）主题要绝。主题要绝，就是要想到别人想不到的东西，使得广告一问世，便能产生强烈的效果。如台湾某丛书的广告："书与酒，价格相同，价值不同。"通过书与酒的对比，突出书对人类的益处，让人叫绝。2013年12月12日，英特尔正式发布官方新闻稿称，英特尔与巴塞罗那足球俱乐部（巴萨）达成赞助协议，英特尔将成为巴萨的官方技术合作伙伴。值得一提的是，这一次英特尔公司的Intel Inside（内有英特尔）标识被印在了球衣内，这使得巴萨成为世界上第一支把赞助商标识印在球衣里侧的球队。由于外界要想看到这一广告需要巴萨球员掀起球衣配合，这与英特尔公司经典宣传语"Intel inside"（内有英特尔）的涵义非常契合。

图7-5 巴萨球员掀起球衣给媒体拍照

（3）主题要深。主题要深，是指在确定主题时，要经过深刻的思考，进行提炼，使主题寓意深刻，使公众产生联想，受到启发。2013年10月，纳爱斯集团对其"超能"品牌做了一系列主题为"超能女人用超能"的公关广告。通过让著名演员孙俪、新锐作家蒋方舟、芭蕾艺术家邱思婷、伦敦奥运会冠军许安琪、超模影星于娜等五位在各自领域均有"超能"表现的女性代言，让"超能女人"形象深入人心。之后，从2014年4月起，新一轮的公关广告从"谁是你心目中的超能女人"开始，透过男性朋友对这个问题的真实见证，温情讲述与他们朝夕相处的女性（或女儿、妻子、姐姐……）平凡中的伟大：这些女性是各行业的佼佼者，或在危险的飞行岗位上无私付出，或在事业家庭两不误间实现完美平衡，或勇敢坚持自己的梦想。这些故事诠释了同一个理念：只要坚持不懈，每个女人都是超能女人！纳爱斯集团希望通过挖掘更多平凡女人不平凡的故事，使"超能女人"渐渐成为公众认可的新时代女性的代名词。

（4）主题要美。主题要美，是说通过广告要给公众留下美的感觉、美的享受、美的印象。2010年9月在港交所上市，专注生产面膜的中国面膜品类领导品牌——美即，它的公关主题是"停下来，享受美丽"。现代生活的忙碌似乎让宁静变成奢侈，休憩也成了遥不可及的梦想。美即公关广告中用唯美的画面和优美的音乐在倡导全新的"女性休闲主义"生活方式：每天留一段时间、一个空间给自己，与自己分享一曲乐章、一片面膜、一盏香茗、一缕馨香，让自己在静心之境回归自然，平衡身心之灵。美好的主题令人身心沉醉，难以忘怀。

2. 公共关系广告主题表达的其他方法

（1）一语双关。一语双关是有意利用词的谐音或词义的转换，使语句在特定的语言环境中含有双重意思。恰当地运用双关语，可使广告语具有含蓄、耐人寻味的效果。

（2）寓意言外。一则好的广告主题不仅必须简明扼要，同时也要表达出尽可能多的意思，寓意言外，内中有隐，才会显得含蓄隽永，让人回味无穷。

（3）妙设悬念。在广告中适当地运用悬念，能够引发人们的好奇心理，能使广告收到事半功倍的效果。

（4）借助名人。在广告中用名人做模特，既能有效地借助名人的知名度，打开产品的销路，同时也能利用名人的形象提升产品的形象，用名人的声誉提高产品的信誉。

（5）现身说法。现身说法是现在广告中常用的一种表现手法，即引用顾客的证词来颂扬其产品或服务。

（6）实据证明。运用事实证据来证明产品的优点，能够增强广告的说服力，使广告显得真实、可信。

（7）数量对比。通过构思巧妙的数量对比，能够突出本产品与同类产品相比所具有的优势，能够对受众起到暗示、吸引和鼓励的作用。

（8）自我颂扬。自我颂扬就是运用优美动听的语言，或强调组织的信誉和实力，或突出产品给消费者带来的享受和满足。

（9）注入情感。以情动人是广告常胜不败的秘诀。通过表达对消费者的关心和引导，使消费者感受到体贴和温情，从而产生好感。

四、选择公共关系广告媒介

公共关系广告媒介选择范围非常大，可以选择印刷媒介，如报纸、杂志、画册、电话簿、列车、航班时刻表及挂历等；也可以选择电子媒介，如广播、电视、电影、电子显示屏及电磁翻转牌等；也可以选择户外媒介与交通广告媒体，如路牌、霓虹灯、灯箱、旗帜、墙壁、地铁、车身、站牌、气球、横幅、吊幅及轮船等；还可以选择室内媒介，如陈列柜、橱窗、彩旗、彩带、吊灯、模特儿等；商品也可以作为公共关系广告的传播媒介，如手提包、购物袋、火柴盒及文化衫等。每种媒介的发布效果不尽相同。因此，选择何种媒体进行公共关系广告发布是需要审慎权衡的。

（一）公共关系广告媒介选择的步骤

广告媒介选择一般需经历以下四个步骤：

（1）确定媒介级别。这是事关媒体选择大方向的问题，需要认真考虑费用档次、优劣比较、同以前广告的连接与配合问题、广告竞争情况等基本问题。

（2）确定具体媒体。以下重要问题必须认真考虑：①针对性、覆盖域、可行性；②选择具体的广告业主；③落实媒介计划。

（3）确定媒介组合原则。以下问题要认真考虑：①每一次广告活动都不只单独在某一媒介上推出，而应在多个媒介上推出，因为单一媒介有时无法触及众多的公众，难以达到预期效果；②将所要选用的媒介排列，了解媒介组合的总覆盖面；③综合比较选择媒介影响力的集中点。

（4）针对长期性广告，还要进行媒介试验和调整。

（二）媒介选择的标准

一般来讲，一种媒介是否适合承载公共关系广告，是通过对其相应的长处和局限性的分析和评价而决定的。分析和评价每种媒介的优劣，要有一个标准，而这一标准应当服从广告宣传的目的。总的来说，媒介选择标准主要有如下方面：

（1）媒介普及性。媒介的普及性越好，广告的宣传面越宽，效果越好，反之则越差。

（2）媒介对象与广告对象的一致性。媒介的宣传目的与广告的目的不尽相同，媒介对象与广告对象也不完全一致。广告的目的是要广告对象对广告的信息引起重视，其对象仅是媒介对象中的一部分人，而媒介的对象与广告对象的大部分人对广告不感兴趣。在借助媒介宣传广告时，如何让媒介对象与广告对象一致或尽可能一致，是正确选择广告媒介的关键。这种一致性，不仅是人数总量的一致，更重要的是人数结构的一致性。这是广告宣传效果的重要保证。根据这一原理，企业应努力寻找与自己的广告对象尽可能一致的媒介。

（3）媒介的吸引力。媒介的吸引力，在很大程度上会影响广告的吸引力。这里所说的吸引力有两方面的含义：①如果同一广告可以在多种媒介上做宣传，且价格相同，应当考虑哪种广告媒介更能吸引广告对象；②如果在同一媒介的不同位置（时间）做广告的费用相同，应当考虑在什么位置（或时间）做广告更吸引广告对象。

（4）广告反复性。如果在某一媒介中做广告，能使广告对象反复接受，这种媒介就比无反复性媒介值得选择。

（5）购买条件。指购买广告时间或版面的难易程度，是否能达到广告宣传活动的要求。

（6）时效性。指广告预期刊登或播出时间与实际刊登或播出时间的差别大小。

（7）说明性。指某一媒介能否把一些内容复杂、细致的广告充分表达出来。

（8）保存性。指广告对象能否把载有广告的媒介载体保存下来。

（9）制作水平。指媒介制作广告的硬技术水平（设备、仪器等）和软技术水平

(制作风格、表现手法等)。

（10）购买费用。这是影响媒介选择决策的重要因素，以较少的广告费用取得较好的广告效果，始终是做广告者追求的目标。

（三）五种主要媒介的比较

目前，主要的公共关系广告媒介有报纸、杂志、广播、电视、互联网五大类。表7-4是根据媒介选择标准对它们的优缺点进行详细的比较分析。

表7-4　五种主要广告媒介的比较分析

媒介选择标准	报纸媒介	杂志媒介	广播媒介	电视媒介	网络媒介
媒介普及性	全国性报纸：发行量大，覆盖面广 地区性报纸：地区内影响较大，适合某一地区的公众	人均拥有数比报纸多，普及程度较高	有覆盖全国的网络，普及面大	覆盖全国的网络，普及面大；受关注程度高	覆盖全球的网络，普及面大
媒介对象与广告对象的一致性	报纸读者对象有差异 团体或机关：全国性综合大报 一般市民：本地报纸	根据受众特征对杂志目标顾客分类可保持杂志与广告对象的一致性	考虑地区差别，媒介对象与广告对象高度一致	综合性强，受众包括社会各阶层；媒介对象基本包括了广告对象	门户网站综合性较强，受众范围较广；专业网站媒介对象与广告对象高度一致
媒介的吸引力	新闻性强，看新闻同时接受广告；但视觉图像不够丰富，加大版面可增加吸引力	视觉性强，吸引力大于报纸；不同杂志对公众吸引力不同；不同版面对读者的吸引程度不同	主要通过听觉接收，广播声音的清晰度、节目安排时间和内容影响对受众的吸引力	制作精美，视听效果和色彩吸引力很大，但受播出时间的影响较大	制作精美，视听效果和色彩吸引力很大，但受众主动权较大，可选择性较多
广告反复性	寿命短，反复性差	寿命长，传阅率高，反复性强	声音转瞬即逝，反复性较差，可加大播放频率增强效果	声音画面转瞬即逝，反复性较差；可加大播放频率增强效果	反复性强，受众可选择多次点击
购买条件	容易	容易	比较容易	难度较大	比较容易

续表

媒介选择标准	报纸媒介	杂志媒介	广播媒介	电视媒介	网络媒介
时效性	最强	较差	较长	受购买难度和制作周期限制	较强
说明性	强	强	较差	短时间的限制导致说明性差，但声音和图像可以一定程度上弥补缺陷	最强 可通过多层次链接详细说明，不受版面限制
保存性	保存期短	保存期较长	基本不具保存性	基本不具保存性	保存期较长
制作水平	因报纸而异，受硬技术限制大	因杂志而异，受硬技术限制比报纸少	硬技术较受限制，软技术因电台而异	因电视台而异，可选择专业的广告制作公司	因网站而异，受软技术限制较高
购买费用	因报纸而异，主要按版面或按字数计价，相对其他媒体较低	因杂志而异，主要根据发行量、版面、是否彩印计价，相对报纸较高	因电台而异，按时段和时长计算，相对电视媒体要低得多	因电视台而异，相对其他媒体最高	因网站而异，主要根据浏览量、点击量定价

五、创作公共关系广告文稿

在选定广告主题和广告媒介之后，需要根据不同的主题内容和媒介形式创作公共关系文稿。良好的主题还必须用优美的文字、语言、画面等表达出来，才可能成为一则优秀的广告作品。由于公共关系广告主题复杂，且由不同媒介来传播信息时又有不同的表现形式，因此，公共关系广告的构思写作十分复杂，这里只能以文字性公共关系广告为例，原则性地讨论一些基本问题。

（一）广告标题要能吸引公众注意

1. 广告标题的基本要求

（1）简明扼要。公共关系广告要表现的内容可以是多方面的，但要让广大公众在最短的时间内就能明白广告的大概意思，就必须有一个简洁明了、能概括广告内容的标题。如"熊猫厂倍爱熊猫，救国宝更应尽力"，此标题简明扼要，一看便知广告要宣传的是什么。

（2）独具特色。公共关系广告的标题要能吸引公众注意，就必须富有特色，要尽量避免雷同。如上海洗涤剂二厂为其产品"双鲸"牌柔顺剂做的广告是"您真的会洗衣服吗",养生堂的朵尔胶囊有一篇广告的标题是"女人什么时候最美"。公众看到这些广告标题,必然会发生兴趣而被吸引住。

(3) 文题一致。公共关系广告必须题、文相符。标题与正文内容相去甚远或风马牛不相及的广告很难受到公众的喜爱,反而容易给公众留下不良印象。

2. 广告标题的几种形式

(1) 记事式。这类标题朴实无华,只需将广告文稿的内容压缩表现即可。例如,某年某月某日某某公司正式成立;再如,三一重工的广告标题是"三一设备助力广州第一高楼,垂直泵送已突破500米"。

(2) 问题式。这种标题表现方式是采用疑问方式让大家思考和联想,吸引公众顺着标题继续看内容。这种疑问式表现手法主要提出"谁"、"是什么"、"怎么样"或"为什么"等问题。例如,某个大学科技开发总公司电子仪器公司的广告标题是"质量高超的图像谁来提供",恒大冰泉的广告标题是"谁能一处水源供全球",德国航空公司的广告标题为"如何快速飞抵欧洲",等等。

(3) 祈使式。祈使式标题是以礼貌的言词、劝勉的口吻、祈求的态度或命令的语气提醒公众注意,与公众沟通信息。例如,小小牌尿不湿的广告标题是"请告诉大家"、伊利集团开放参观的广告是"参观伊利工厂喽"。需要注意的是,祈使式标题在实际运用时一定要注意表达的语气,要讲文明礼貌,决不能给公众以强加于人和指手画脚之感。

(4) 夸耀式。这是直接表现组织某一方面特点和优势的广告标题。例如,方太集团广告标题是"有方太就有好厨电",中意冰箱的广告标题是"中意冰箱,人人中意",上海民航的广告是"东方航空公司的服务极富人情味",超威电池广告是"全球电动车电池领导者",等等。

(5) 比较式。这种标题的优点是在比较中产生优势,即"不怕不识货,就怕货比货"的标题表现形式。例如,"书与酒价格同,价值不同"、"百万资金,毫厘利润"、"小店价格,大店风格"等。

(6) 悬念式。悬念式标题并不直接告诉消费者有关组织的信息,而是以新奇的语言布下悬念,让公众继续看下去和想下去,直至最终弄明白广告要说的内容。例如,某公司在报纸上做了一则祝贺广告,其购买的1/4版面均为空白,最后在一个小角上写上"某某公司向广大公众致意"的字样,使读者看到后顿生悬念,不知为什么广告上会出现大面积的空白,是不是印刷上出了问题。仔细一找才发现广告的内容。这则广告,使用了无形的标题,产生了良好的悬念效果,使读者牢记在心。再如,以色列一家航飞公司的广告标题是"自12月23日起,大西洋将缩小20%"。大西洋真的会缩小吗?看到这一标题,人们一定会被吸引住,会进一步去了解真相,往下一看才明白,原来这家公司运用了新型飞机,使飞越大西洋的时间节约了20%。

(7) 比喻式。这种标题是以某种形象来衬托、展示企业的良好形象。例如,青岛啤酒厂纯生的广告是"青岛纯生,鲜活人生",美国审慎保险公司的公共关系广告标题是"审慎(保险公司)具有直布罗陀的力量"(意为"稳于磐石"),中国农业银行的公共关系广告标题是"我们服务城乡，耕耘幸福；我们融入国际，耕耘未来；耕耘美丽的中国"，等等。

（二）广告文字要有可读性、观赏性

有吸引力的标题只能说成功了一半，要让公众读完全文还依赖多个因素。信息量少的公共关系广告问题不大，一些介绍组织概况的公共关系广告往往长篇大论，对公众的吸引力不强。如何让人读完全文并有所感，还要注意如下几点：

（1）适当的信息量。公共关系广告直接的目标就是要传播信息，而过多的信息量又会影响传播。解决这一矛盾的办法就是控制信息量。"毕其功于一役"的做法是不现实的，但也不能过于分散。合理的做法是：信息内容相对集中、开展系列公共关系广告并保持内在的统一性。

（2）语言优美，行文流畅。行云流水般的广告文章应该层次清晰、内容关联性强、语言流畅优美，最好能在多处设置悬念，让读者能始终饶有兴趣地读下去。

（3）知识性、趣味性强。企业自以为重要的信息，如一项技术改造、一次改革等，广大公众可能根本不会关心。如果一整篇的广告处处含有很多人会关心的知识点，揭示出人们常有的迷惑、渴望和烦恼，还有让人放松的花絮，倒可能会使人们一读到底。

（4）巧妙设计，图文并茂。文字性广告都有一个平面设计问题。在广告题材、信息内容既定的情况下，平面设计应尽可能遵循阅读者的版面观察路线，以便让他们在短时内就能把握广告要点；避免通篇文字叙述，而要图文并茂、适当留有空白，这样既可以减轻读者的知觉负荷，还能让多元化的刺激产生更好的记忆功能。有时，一则奇特的平面设计也会产生良好效果。例如，宽窄不同但对称或呈其他优美形状的文字排列，用一些简单图形及外文来替代个别中文单词等。

（三）广告内容具有可信性

吸引公众注意力，让他们看完广告，固然是检验广告效果的重要指标，也是实现广告目标的一个关键。如果企业的公共关系广告目标主要是为了提高企业美誉度、信誉度，是为了激励公众采取某种行为，而不仅仅是为了"混个脸熟"，那么，提高广告内容的可信度就很重要。

公关活动的一个本质特征是既要做得好又要说得好。在做好的基础上，如何才能说得更好而让人信服呢？首要的问题当然是要"写实"和会"写实"。图片、实物、证书、消费者证言等是经常运用的写实手段。如"数字营销"的方法，也可用于公关活动中。若从整个公关传播角度看，则其他传播活动应与公共关系广告相整合。对外开放参观、新闻报道、消费者口碑等都会对广告传播形成有力的支持。

六、公共关系广告效益测评

公共关系广告效益评价，是指对某一特定社会组织在一定时期内围绕塑造组织形象的目标，通过投入一定的人力、物力和财力，发布各类公共关系广告最终所获得的实际利益或结果总和的测算和评估。因为公共关系广告效益不像商品广告那样能够产生直接

的销售效果和经济效益,所以,只有对公共关系广告的效益进行深入地研究,才能得出科学的评价,才能为组织的公共关系广告决策提供科学、可靠的参考依据。

公共关系广告的效益具有多重性,主要包括社会效益、公众心理效益和经济效益三个方面,对公共关系广告的效益的测评主要从以下三个方面着手。

(一) 公共关系广告的社会效益

公共关系广告的社会效益主要是指公共关系广告对社会文化道德和人们的思想意识所产生的正面影响,以及广告主因此而获得的公众的赞美和社会的好评。检验广告的社会效益不能简单地以某种指标数量大小来衡量,而应通过对社会效益的一些公认的基本指标测定和评价,并结合其他社会环境因素进行综合考察。一则效果良好的广告,无论从广告的内容还是广告的表现形态,都应没有违法、违规问题,符合现实社会伦理道德的要求,并且其创作符合一定的文化艺术标准。

在信息时代,人们的消费观念、文化观念、道德风尚及生活方式等都有可能受到广告的影响,所以,组织在实施公共关系广告中,提倡什么,鼓励什么,采用什么手段,运用什么媒介,等等,都要考虑到可能产生的社会效益,并使已确定的社会效益目标符合我国的国情和社会主义精神文明建设的总体要求,使社会公众能够理解、认可乃至赞许。这样,公共关系广告的传播活动就可以具有坚实的社会基础,它的影响力也能因此而最大限度地发挥出来。

(二) 公共关系广告的心理效益

公共关系广告的心理效益主要是指社会组织通过发布公共关系广告,对公众心理活动产生的积极影响。这种心理效益主要表现在公共关系广告能够改变消费者乃至整个社会的消费观念,使其趋向合理和完善。根据心理变化规律,公共关系广告的心理效益可分为认知效益、态度效益和行为效益三个层面。认知效益是指公众对广告的认识度和记忆度,测评指标主要是视听率或阅读率等;态度效益指公众视听了广告以后,对组织肯定和喜欢的程度或者对组织的误解和偏见的消除程度,测评指标主要是理解度和好感度;行为效益是指公众对组织合作性、支持性行为数量的增加和程度的增强,或者否定性行为数量的减少和程度的削弱,测评指标主要是支持度。具体的测评方法如下:

(1) 广告认识度的测定。即公众对企业及其商标、厂牌等的认识程度的测定。可采用阅读率和视听率两类指标来测定:①阅读率(用于印刷类广告)。注目率——能够辨认出过去曾看过该广告的读者所占的百分比;阅读率——能够借助该广告中企业名称或商标而认得该广告的标题或插图的读者所占的百分比;精读率——能够记住该广告中一半以上的内容的读者所占百分比。②视听率(用于电子类广告)。视听率——广告节目的视听户数占全部拥有视听设施的户数的百分比;认知率——认知广告名称人数占视听户数的百分比。

(2) 广告记忆度的测定。即公众对广告印象的深刻程度,是否能够记住广告内容(品牌、商标等)。公众对广告内容记忆度的高低,反映出广告策划的水平及影响力。广告要获得较好的传播效果,就必须提高人们对广告信息的记忆效率。

(3) 广告理解度的测定。即测定公众对广告观念的理解程度与信任程度。通过对理解度和信任度的测定,不仅了解公众能够回忆起多少广告信息,更主要的是调查公众对企业、商标、品牌、广告创意等内容的理解与联想,确认消费者对广告内容的信任程度。

(4) 广告好感度的测定。即测定公众因广告所引起的兴趣如何,对广告的企业有无好感。

(5) 广告支持度的测定。即测定公众对广告企业产品的购买意向。通过对广告效果的测定,可以检验广告目标是否正确、广告媒体运用是否恰当、广告发布时间与频率是否适宜、投入的广告费用是否合理。同时,通过测定公众对广告作品的接受程度,可以鉴定广告主体是否突出、广告创意是否感人、是否收到良好的心理效果。但在实际的操作中,很多企业由于预算有限而将这个环节取消,使得广告效果无法反馈,投资回报无法测算,更使下一次公关广告策划没有实际数据作参照,增加了盲目性。

(三) 公共关系广告的经济效益

公共关系广告的经济效益主要是指社会组织在发布公共关系广告之后,所取得的实际促销效果。尽管公共关系广告以追求社会效益为主,推销商品的意图不外显,但是,公共关系广告对于组织名称、组织风格、组织业绩等内容的介绍,关于礼仪、致歉、祝贺等组织态度、组织精神的宣传,都能够在一定程度上激发公众对组织产品或服务的需要以及对组织行为的支持,从而产生一定的经济效益。至于那些将公共关系广告与商品广告融合在一起的广告,其追求经济效益的动机在一定程度上是外显的,其经济效益与社会效益也就结合得更为紧密。

公共关系广告的经济效益主要反映在产品销售量和市场占有率的变化方面,可以用广告费用指标和广告效益指标测定。广告费用指标是表明广告费与销售额或利润额之间的对比关系,常用销售费用率或利润费用率来表示。销售费用率或利润费用率主要是反映获得单位销售额或单位利润额所要支出的广告费用:

$$销售费用率 = 销售额 \div 公关广告费用额 \times 100\%$$
$$销售利润率 = 销售利润额 \div 公关广告费用额 \times 100\%$$

广告效益指标是表明本期每付出单位价值的广告费用能够使销售额或利润额增加的数量。主要通过两种方法测算:

$$销售增加额 \div 公关广告费增加额 \times 100\%$$
$$利润增加额 \div 公关广告费增加额 \times 100\%$$

一般来说,广告效益越大,广告效果也就越好,反之,则效果越差。

由于公共关系广告的经济效益具有间接性、长期性和缓慢性,难以收到立竿见影之效。加上影响经济效益的因素复杂多样,除了广告宣传外,还受政治经济环境、产品质量与包装、商业网点分布、销售渠道、服务水平、消费能力等因素制约。所以在评价时应有全面立场和长远眼光,不能以一时的销售额增减作定论。

第三节 公共关系广告的制作要求

公共关系广告制作是将公共关系广告策划的内容付诸实施的过程。由于公共关系广告的目的是为了塑造、宣传组织形象，谋求社会公众对企业的赞许，或者消除对企业的误会，改进关系，争取内外公众的好感与信任。因此，公共关系广告在制作过程中有着与商品广告不同的原则。

一、实事求是

公众关系工作最忌讳弄虚作假，公众关系广告也是如此。实事求是原则是公共关系广告的最基本原则。因为，企业组织要通过公众关系广告宣传来扩大自身的知名度、树立企业组织的良好形象，如果不说实话、不办实事，久而久之，势必激起社会公众对企业组织的不满和愤恨。此外，公众关系广告宣传一般都要通过大众传播媒介给予刊载或播出，公众关系要求大众传播媒介自身也要廉洁、求实，不能单纯地为了追求经济效益而不顾社会效益。从整体上分析，公众关系广告必须遵循实事求是原则，真实和客观地进行公众关系广告的设计、编写与制作，以争取更多的社会公众的信赖。

制作公共关系广告，尤其是在介绍本单位本企业产品、设备、服务理念等基本情况时，不可随意拔高，不可自吹自擂，不能简单地采用某些商业广告的艺术夸张手法。而只能以信息的真实性和客观性为基础，选择有利时机，把信息及时准确地传递给公众。"公共关系之父"艾维·李认为，"讲真话"是公共关系的一条重要原则。一个社会组织要想获得并保持良好的声誉，就应该把真相告诉公众，杜绝虚假和夸大的言辞。要给公众一个真实可信的感觉。因此，在做公共关系广告时特别要避免一些华而不实的广告词，如"誉满全球"、"领导时代新潮流"等。这些广告词容易使人产生逆反心理，引起公众的反感。相反，认真负责、实事求是的广告词容易得到公众的好感，取得公众的信任。例如，日本有家手表商店并不吹嘘自己的手表如何美观、如何耐用，相反却在商店门口的广告牌上详细介绍了手表的缺点以及使用时的注意事项，以诚待人，反而使公众觉得这家商店诚实可信。

所以，公共关系广告宣传的内容必须对公众高度负责，真实地反映组织的面貌和特点，如实地介绍产品的质量、性能和使用方法，以维护组织的声誉和公众的信任；公共关系广告的宣传必须杜绝虚假夸张、欺骗引诱、投机取巧、使人疑惑的内容。

二、寻求最佳广告时机

公众关系广告的时机选择极具技巧性。时机选择适当，可以起到事半功倍的效果，时机选择不当，可能就是事倍功半。一般来说，企业公众关系广告，如果是有益于社会、有益于公众的内容，最好避开重大的节日、重大的会议和重大的社会活动发布，以引起公众的注意与重视。因为在此期间，大众传播媒介都以较多的时间和篇幅报道这些重要的新闻内容，社会公众在这个时期比较关注的也是这些新闻内容。如果在这种新闻旺季刊登公众关系广告，很可能会被社会公众所忽视，从而失去公众关系广告的意义。如果在新闻淡季发布公众关系广告，可以充实人们的社会生活，丰富新闻传播的内容，从而引起社会公众的重视。企业公众关系广告，如果是非公益性的或可能对企业产生负面影响的广告内容，则不必局限于此。因为，非公益性的或可能对企业产生负面影响的广告内容发布之后，会在社会公众中引起强大的情绪振动，从而对企业造成不利的影响。如企业的某种产品由于成本提高而涨价、由于原材料供应不足而不得不使某种畅销的产品转产等，对于这类广告内容，如果选择比较有利的新闻背景，采取逐步渗透的方法，使社会公众有一个接受过程，相对比较能得到他们的理解与同情，不至于对企业的信誉和形象造成严重的影响。因此，公众关系广告必须根据广告内容选择最佳的发布时机。

三、注重效益和避免商业痕迹相结合

企业做任何类型的广告都应考虑效益的因素，公共关系广告也应如此。在此所说的效益包括经济效益与社会效益。

从经济效益角度来说，主要是指少投入多产出，即组织付出多少广告费以及获得多少收益的问题（广告发布后销售增长所带来的利润增加）。但就公共关系广告而言，收益是长期的，无法直接用短期利润增加来进行估测，所以应强调成本核算，根据公关目标，选择最佳传播渠道，获得最优传播效果。

从社会效益角度来说，公共关系广告应从全局的长期的角度去考虑与运作，不应着眼于如何使广告播出后取得立竿见影的促销效果，而应考虑如何通过持续的公共关系广告逐渐在社会上建立知名度和美誉度，提升企业在公众心目中的地位和形象，提高企业品牌认知度。在广告主题的选取上要注意社会性、公众性、文化性，尽量减少商业色彩与商业痕迹。因为，公共关系广告有自己特有的性质，它同商业广告最大的区别就在于其具有非商业的性质。如果将商业性质强加于公共关系广告之上，就会引起社会公众的反感，导致社会公众对组织或企业公共关系部门不信任情绪的发生，同时，也失去了公共关系广告的实际意义。因此，公共关系广告应该体现出公共关系活动的特点，保持公共关系的特有本性，从维护社会公众利益的角度出发，树立组织或企业的形象，使组织或企业的公共关系广告乃至整个公共关系活动为自身的发展带来长期的社会效益。即使是公共关系广告与商品广告相结合的混合广告，也应以公共关系广告内容为主，附带提及产品。要真正做到这一点，就要求企业广告策划设计者要关心社会整体的协调发展、关心社会公众、热爱社会公益事业，并能体现在创作的作品中，以谋求社会各界好感，获得企业声誉。如娃哈哈广告"娃哈哈恭祝全国人民猴年吉祥，非常可乐"的精明之处在于将企业的品牌、产品巧妙地融入了祝贺广告之中，让人觉察不到推销产品的痕迹。

四、稳定性和创新性相结合

企业的形象设计应相对稳定，以便形成严谨一贯、始终如一的风格。首先，为实现组织的整体目标，应制定一个长期公关传播计划。公共关系广告不能脱离其他传播内

容,要与商品广告、新闻宣传等方式配合使用。其次,公共关系广告主题应注重统一性。根据创新的原则,同一企业在不同时期应该有不同的公共关系广告内容,但广告主题应保持统一连贯性。这样,呈现在公众面前的组织形象才会一致。在一定时期内,如果形象变化太多,给公众留下的印象就会非常模糊,最终达不到在市场竞争中树立鲜明独特企业形象的目的。企业在设计公共关系广告内容之前,应先对企业组织形象进行准确定位,依据形象定位选择最适合的广告主题,围绕同一广告主题设计不同的广告内容,万变不离其宗,保持形象的统一。特别是一个组织的宗旨和口号甚至包括公司名称、产品品牌名称等不应轻易改变,必须经过反复传播,形成始终如一的风格。

公共关系广告宣传的内容、角度、手法等要不断创新。广告内容如果是老调重弹,不容易引起公众的注意,还可能引起公众的反感。因此,公共关系广告必须从内容、手法、角度等方面不断创新才能引人注目。诸如"国内首创、质量第一、畅销世界、誉满全球、实行三包"等套话应避免使用。公共关系人员可从广告内容、语言、标题、插图、版面设计等方面进行创新。要破除常规,另辟蹊径,不能只用过去熟悉的方式,要寻找独创之处,才能在竞争中取胜。美国一家广告公司为大众汽车做了一则广告,画面是一辆小汽车位于题为"次品"的大字横幅标语上方,下面用文字说明:"大众车的检验员因仪表板上的小贮藏柜里有一道划痕而拒绝接受该车。"这则广告被誉为该公司的最佳广告。

在提倡新颖构思的同时要注意,公共关系广告构思必须与社会风俗、法律、公众心理和习惯相符,过分夸张、华而不实的广告容易引起公众反感,破坏企业在公众心目中的形象。日本索尼公司在泰国推销录音机做了一则广告:"广告中佛祖释迦牟尼也被录音机中的美妙音乐打动,全身随音乐摆动。"结果,这则广告在佛教之都的泰国引起了纠纷,不仅公众十分愤怒,连泰国当局也提出抗议,最后索尼公司只好以致歉告终。耐克篮球鞋的广告也在这个方面惹了大麻烦。2004年11月在亚洲市场播出的"恐惧斗室"广告中,NBA明星勒布朗·詹姆斯一路打败了长袍老道、敦煌飞天、腾飞巨龙等涉及三个中国形象的代表。广告播出后,不少中国观众和海外华人都认为该广告"创意"有侮辱中华民族象征的嫌疑。中华人民共和国广电总局向各省、自治区、直辖市广播影视局(厅)以及中央电视台发出通告,停止播放该广告,理由是该广告违反了《广播电视广告播放管理暂行办法》第六条"广播电视广告应当维护国家尊严和利益"和第七条"不得含有……亵渎民族风俗习惯内容"的有关规定。12月9日,耐克公司通过其在中国的公关代理发出一份致歉声明,向中国消费者正式道歉,称:"耐克公司对'恐惧斗室'广告在部分消费者中所引起的顾虑深表歉意。耐克公司无意表达对中国文化的任何不尊重。"

五、长期性与连续性相结合

公共关系广告的目的是建立组织的良好形象,而组织形象的优劣关系着组织的兴衰存亡。拥有良好形象的企业将会获得四面八方的公众的支持,蒸蒸日上;形象不佳的企业最终必将众叛亲离,难逃破产的厄运。

但是,组织形象的塑造并不是一朝一夕就可以完成的。它是一个长期的、缓慢的积累和不断维护的过程，需要的是相对稳定且持续不断的宣传，期望仅靠少数几次突击宣传来建立稳固持久的企业形象是不可能的。毕竟，人们在思想上接受一个新组织、形成一种新观念需要时间；若企业才初步树立形象就从媒体中消失的话，公众很快就会将它遗忘。

因此，任何急于求成、时断时续、投机取巧的行为都是不可取的。公共关系广告设计应立足于长期的努力，应当规划一套长期的运作方案，不能只考虑眼前利益，要有远见卓识。企业知名度的提高、组织形象的不断丰富深刻，有赖于企业持续的广告规划的制定与实施。

例如，白沙集团"鹤舞白沙，我心飞翔"系列公共关系广告在长期的宣传过程中保持了很好的连续性。由于烟草行业受到广告法的限制，湖南白沙卷烟厂不能在媒体上做产品广告，其所做的广告均属于公共关系广告，而且绝大部分是企业形象和品牌形象广告。白沙卷烟厂在不同的时期所做广告的内容各不相同：最开始出现的是"鹤舞白沙，我心飞翔"，诠释了"今天比昨天做得好，明天比今天做得更好"的企业理念与精神；在中国首届金鹰电视艺术节阶段配合电视台宣传推出的"越飞越高越精彩"，表达了对艺术节的良好祝愿；在北京申奥成功之际，白沙立即策划了"北京赢了，我们的心飞起来了"的电视广告与路牌广告。2003年10月，"神舟"五号载人飞船成功进入太空，又带给白沙集团一次做飞翔广告的机会。白沙集团在广告表现上紧跟时代、紧跟潮流，借势传播企业形象，但无论在哪一个广告中，都可以看到"飞翔"的影子，所有的广告均围绕一个广告主题，那就是"我心飞翔"。曾有人戏称：一有"飞翔"的活动，白沙就蠢蠢欲动。今后，白沙集团不同于以往的广告内容还会不断地出现，但可以料到的一点是，"飞翔"肯定是其不同时期广告不变的主题。

六、思想性与艺术性相结合

公共关系广告不同于一般的商品广告，它通常向公众传播一种思想，灌输一种意识，并以此影响公众行为，具有明显的思想性。所以，在创作设计过程中要注意思想性与艺术性相结合的原则，注重社会效益。

2001年初，一则"玩美女人"灯箱广告引起社会公众广泛关注：在沪台资企业思微尔（南海）服装有限公司委托上海华智地铁广告公司在该市地铁的4个站点发布品牌内衣广告时，打出了"玩美女人"的广告语。2001年4月19日《解放日报》提出异议。8月，上海市工商行政管理局黄浦分局以广告内容违反《广告法》中"妨碍社会公共秩序和违背社会良好风尚"为由，责令"思微尔"停止发布广告，公开更正，并罚款20多万元。该台资企业不服，诉至法院。在法庭上，该台资企业认为，广告词"玩美"是"完美"的谐音，即"完美的女人"。而且，"玩"有"做、追求、崇尚"的意思，"玩美女人"也可理解为"追求崇尚美好的女人"，绝非有人想像的那么庸俗。上海市工商行政管理局黄浦分局则指出，"玩"有"戏弄、玩弄"的意思，广告主不能将对广告的理解强加于受众。同年12月，上海市黄浦区人民法院做出维持上海市工商行政管理局黄浦分局对思微尔（南海）服装有限公司行政处罚的判决。西安有一家企业，在西安城市的醒目地段挂出这样一幅"爱男人不如爱一只狗——女人应善待自己"

的广告,这一家为女性服务的企业,为了快速引起公众的注意,不惜严重损害公众的尊严,给社会灌输一种不正常的生活态度与情感观念。显然,这是极不道德的。因此,该企业遭到了公众与媒介的声讨。这些都是典型的没有注重公共关系广告思想性的案例。

当然,思想性与艺术性结合得很好的公共关系广告也很多。由著名的奥美广告为联合利华公司创作的"京华茉莉花茶"系列广告就是这样一例作品。在广告作品中,人们在每幅画面上看到的除了一包京华茶叶和它的标志外,就是一块小黑板。上面用粉笔分别写着:"邻里之间,多走动走动!""别光站着,聊聊家常吧!""瞧!其实人与人之间的距离并不远!""关好门,锁住一屋清香。""拧紧水,留泡一壶好茶。"广告语的前三句用温和的话语阐发出对某些社会问题的态度,也表现出了企业的高度社会责任感,向全社会倡导一种团结友爱、相互信任的人际关系。后两句则是一语双关,既提醒人们要注意居家安全和节约用水,又把产品的特点、品质个性十分贴切地表达出来。

本章小结

随着企业之间的竞争日益激烈和生产技术日臻成熟,生产同类产品的企业在产品质量、外观、成本、价格等方面越来越趋于一致,企业的形象和知名度逐渐成为影响企业产品和劳务销售的重要因素。因此,公共关系广告在近十几年迅速发展,与商品广告共同成为企业宣传的左膀右臂。发布公共关系广告是公共关系工作的一种方法,它是社会组织交付一定的费用,通过媒介向公众传递有关组织的观点、政策、成就等信息,以期树立组织良好的整体形象,取得公众的注意、兴趣、好感和信赖,形成良好合作环境的传播活动。公共关系广告在传播内容、追求目标、评估标准、行为期限、适用范围、表现方式、传播途径以及制作周期费用等方面与商品广告具有不同的特点。其主要类型有实力广告、观念广告、信誉广告、品牌广告、解释广告、致歉广告、祝贺广告、响应广告、公益广告、创意广告、征询广告、纪事广告等,企业可以根据不同的需要选择相应的广告类型。公共关系广告具有多种职能:树立企业形象,促进产品销售;提高企业信誉,吸引社会投资;改善内外关系,优化企业环境;吸引优秀人才,提高企业竞争力。公共关系广告的策划主要有六个程序:确定实施公共关系广告的时机;进行公共关系广告定位;确定公共关系广告主题;选择公共关系广告媒介;创作公共关系广告文稿;公共关系广告效益测评。公共关系广告的制作有六个方面要求:实事求是;寻求最佳广告时机;注重效益和避免商业痕迹相统一;稳定性和创新性相统一;长期性与连续性相结合;思想性与艺术性相结合。

关键概念

公共关系广告　实力广告　观念广告　信誉广告　品牌广告　解释广告　致歉广告　祝贺广告　响应广告　公益广告　创意广告　征询广告　纪事广告

思考题

(1) 公共关系广告与商品广告有哪些区别?
(2) 常见的公共关系广告有哪些类型?各种广告类型有什么特点?

(3) 公共关系广告定位主要从哪两方面进行？为什么？
(4) 公共关系广告的职能是什么？
(5) 公共关系广告媒介选择的标准是什么？
(6) 创作公共关系广告文稿要注意哪些方面？
(7) 公共关系广告效果可以从几个方面测评？
(8) 公共关系广告有什么制作要求？

●案例分析

2010年7月26日，《计算机世界》周报第28期封面报道了《"狗日的"腾讯》一文，引发了腾讯公司的强烈不满，当天凌晨腾讯即在其科技网站上登出了如下声明：

腾讯公司声明

《计算机世界》于2010年7月26日发表封面报道，对腾讯公司进行了恶毒攻击。腾讯公司对此声明如下：

腾讯是一家严谨和负责任的公司，QQ是国家认证驰名商标。多年来，我们致力于为广大用户提供优质的互联网服务，让用户的生活更丰富、更便利。我们欢迎媒体对我们的产品、服务和企业发展各方面的评论报道。

但是，《计算机世界》作为专业媒体，竟然在未对腾讯公司进行任何采访的情况下，用恶劣粗言对待一家负责任的企业，用恶劣插图封面来损害我们的商标和企业形象，造成极其恶劣的影响，更粗暴伤害了广大腾讯用户的感情。对于这种行为，我们严正谴责，并保留追究其法律责任的权利。

腾讯公司
2010年7月26日

随后，2010 年 7 月 27 日，《计算机世界》报社也发表了一份声明，对发表这篇文章的目的做出了解释，称自己是负责任的、公正的媒体，此文章只是为了解读腾讯的发展之路，并希望腾讯方面能够理解。声明内容如下：

《计算机世界》报社声明

本报 2010 年 7 月 26 日第 28 期封面报道《"狗日的"腾讯》发表之后，引起广泛关注、讨论和争议。为使各界能更进一步了解本报立场和态度，特就本篇报道的选题背景给出如下说明。

首先，作为 1980 年创刊的中国信息领域第一大媒体，基于 30 年积累和磨练，我们深知，《计算机世界》报和其他负责任的媒体一样，其核心价值及使命，即在坚守社会与行业发展的独立观察者。我们有责任，将人们广泛关注，或不为大众所察觉，但却深刻影响产业和社会进程的重要事物，加以挖掘、归纳并浓缩，以独立、客观的报道，呈现给公众。

其次，随着中国经济快速发展，"中国模式"已引发全球的广泛关注和讨论。一些中国企业尤其是信息领域的企业，将有机会发展成为世界级企业，并具有独特的发展模式和公众责任，腾讯就是此类企业的代表。对于腾讯，中国互联网产业最突出的关注是什么？这就是《计算机世界》本期封面报道试图回答的问题。

自然，由于产业竞争涉及利益，对文中所引述的各方观点和措辞，腾讯可能存有异议，对此我们表示理解。纵观中外企业的成长与发展，无一不是从各种各样的批评和争议中走过来的，接受舆论监督与批评，是公众企业无法回避的责任。

我们认为，争论和异议，无论对腾讯还是《计算机世界》都是无可回避的客观事物。因此，我们选择忠实于媒体使命，选择忠实面对产业的客观问题，选择捅破窗纸、直面争议。

我们注意到，本期封面报道发表后引发广泛的关注和讨论，包括支持和批评。我们将虚心听取各界意见，秉承 30 年一贯的独立、客观报道理念，努力为公众提供更加精彩、更富价值的内容。

《计算机世界》报社
2010 年 7 月 27 日

在此期间，腾讯公司和《计算机世界》各执一词。事情在 2010 年 8 月 11 日出现了变化，《计算机世界》在其官方网站上发出致歉声明，就此前发表的"爆粗口封面"对腾讯公司正式道歉。声明内容如下：

致歉声明

本报于 2010 年 7 月 26 日刊登封面文章使用标题语言及图片不妥，缺少应有的公允、严谨和标准。对于因此给腾讯公司造成的不良影响，本报社特此道歉。

特此声明。

《计算机世界》报社
2010 年 8 月 11 日

腾讯公司在《计算机世界》此致歉声明发布15分钟后，即在其腾讯科技网站发布了《〈计算机世界〉就封面报道向腾讯公司致歉》的文章，将致歉声明全文贴出，并未发表任何评论，也没有设置网友评论。该事件告一段落。

【案例思考】

（1）以上三则声明各属于何种类型的公共关系广告？它们产生的原因有何不同？

（2）在这次公关事件中，两家企业的公关活动是否合理？如果你是腾讯公司或《计算机世界》周报的公关经理，你会如何应对这次公关事件？公共关系广告将被如何运用？

参考文献

［1］王培才．公共关系［M］．北京：中国科学技术出版社，2003

［2］周安华，苗晋平．公共关系——理论、实务与技巧［M］．北京：中国人民大学出版社，2008

［3］段淳林．公共关系学［M］．广州：华南理工大学出版社，2003

［4］张国强，胡红卫．实用公共关系学［M］．长沙：中南大学出版社，2004

［5］吴勤堂．公共关系学［M］．武汉：武汉大学出版社，2004

［6］栗玉香．公共关系教程［M］．北京：经济科学出版社，2002

［7］冯冰．公共关系基础［M］．北京：中国传媒大学出版社，2006

［8］李占才．公共关系学概论［M］．上海：上海交通大学出版社，2005

［9］陈培爱．广告学原理［M］．上海：复旦大学出版社，2008

［10］金星．广告学实用教程［M］．北京：北京师范大学出版社，2008

［11］维尔斯．广告原理与实务（第六版）［M］．北京：北京大学出版社，2007

［12］纪华强，杨金德．公共关系的基本原理与实务［M］．厦门：厦门大学出版社，1999

［13］叶茂康．公共关系写作教程［M］．上海：复旦大学出版社，2003

第八章　公共关系语言艺术

本章学习目标

通过本章的学习，了解公共关系语言交流的一般要求；掌握公共关系语言交流的常用技巧；了解谈判的定义、种类和原则，掌握谈判的程序和策略；了解语言和文化的关系，了解跨文化语言交流障碍产生的原因及其对策。

公共关系在组织内部承担着传递信息、沟通情感、协调关系、塑造形象等方面的职能，它所使用的主要方法是信息的沟通，而语言交流是信息沟通最常见的形式。语言交流也需要掌握一定的要求和技巧，本章主要介绍有关公共关系语言艺术的知识。

第一节　公共关系语言交流的一般要求

语言交流是人际交往最常见的形式之一，人们在现实生活中都大量地采用语言来传播信息。因此，语言交流已发展成公共关系实务中的一项专门性的操作技术。它有如下特点：

（1）在同一时空范围内有两个或两个以上的主体进行交流。
（2）信息传递和反馈同时进行。这是直接交谈的一大优点。
（3）具有丰富的表现手法和辅助手段，除了语句可表达的意思外，还有语气、语调、身姿、手势、表情等辅助手段。

语言交谈具有反馈迅速、便于建立感情等优点，但其作用也是有限的，其最大的缺陷是覆盖面不广。所以，在日常公关交际中，用语言进行交流应扬长避短，才能达成良好的接受效果，使公众领会和接受社会组织所传达的各种信息，建立或改变对组织的印象和评价。下面是公共关系语言在表达中应符合的要求。

一、适合特定的语境

语境主要指语言活动赖以进行的时间和场合地点等因素，也包括表达、领会的前言后语和上下文。语境是语言表达和领会的重要背景因素，公关语言表达应当适应特定的语言环境。公关实务语言表达必须考虑时间因素，适应特定的时间要求。比如，谈话可以从时间、气候等方面寻找话语；临场即兴的致辞演讲可以借助特定的时间因素而发挥。比如，2007年12月29日，在中日友好协会举行的早餐会上，福田康夫用中文说："大家早上好！"现场来宾热烈鼓掌。福田康夫很受鼓舞，"得意"地用日语说："你们看，我的发音还不错吧？"引来更热烈的掌声。在温家宝与福田康夫共同举行的记者会上，有记者问福田康夫如何看待当前的中日关系，以及应该如何把握两国关系的大局。听罢，福田康夫从日中关系的重要性，谈到当前面临的机遇，还谈及东海问题等敏感话题，作答时间近十分钟。末尾，他还笑着再幽一默："我好像说得太多了。你没问我的，我也都回答了。"中日友协举行早餐会那天，恰好是中日友协会会长宋健的生日。福田康夫注意到了这一细节，在致辞中他特意向宋健祝贺生日。

福田康夫在记者会上，善于用家常话拉近与中国人民距离的方式，既给人留下深刻印象，也恰当、得体地表达了对日中关系新时代的开始的美好愿望。

公关实务语言表达必须考虑场合、地点因素，适应特定的场合、地点要求。场合有公开与非公开、正式与非正式、庄重与随便、喜庆与悲哀肃穆、单个接收对象与多个接收对象、有第三者与无第三者等区分，地点有家庭、马路、车间、办公室、礼堂、会场、主体所在地（本地、本土）、客体所在地（外地、外国）等区分。公关语言表达尤其口头表达一定要适应场合、地点的变化，随时注意调整与场合、地点变化不相一致的预定言语策略。比如，在喜庆、欢快的场合尽量谈论愉快、祝颂的事物，在本来准备进行单独访问交谈却遇到还有其他人在场的变化时及时调整说话技巧，甚至改变谈话计划，改日再进行。

公关语言表达还必须注意特定的前言后语。书面表达及口头单向表达时，一定的句段都处于特定的上下句段之中，口头双向言语交际时不但自己的话语有上下句段、前言后语，而且对方的话语也是自己每一轮表达的前言后语。这些特定的上下句段、前言后语构成了言语表达的一系列语言环境，并随着说话和写作的进行而不断发展演进。单向表达的写作、演讲可以而且应该充分注意自己的前言后语，上面讲过的，下面就承前而略；下面还要详述的，此时此刻只做简单交待。轮番讲话、致辞时，可以而且应该照应前后讲话、致辞，以便自然而顺理成章地表达自己的情感，阐述自己的理由。交谈、对话、谈判、论辩时，不但自己的每次表达都应当而且必须照应对方刚才表达时的观点、意见、问题，以达到双方合作，而且自己在表述时还要估计到对方可能有的回答、辩解、岔题，以便主动控制自己的话语以及整个双方的交谈。

二、借助副语言和体态语表情达意

人类交流的方式一般意义上讲有语言和非语言交流两种。波亚托斯（F. Poyatos）认为，人类的交际行为是一种基本三重结构（Basic Triple Structure），包括语言（Language）、副语言（Paralanguage）、体态语（Kinesics）等三个方面。在交际中，只有这三部分互相作用时，一个完整的意义才能表达。大多数的专家认为，在面对面的交流中大约35%的信息是通过语言来传达的，65%的信息是通过非言语交际传达的（Samovar et al, 1981）。可见，副语言和体态语在人们的日常交往中起着非常重要的作用。

（一）副语言

副语言，又称"类语言"。它是一种特殊的语音现象。这种语音现象有两种类型：一种是伴随有声语言出现的语音特征，如个人的音域、音速以及特殊的语音停歇；另一种是表意的功能性发声，如笑声、哭声、叹息声、呻吟声、咳嗽声以及因惊恐而发出的叫喊声等。在公关口头交际中运用的副语言是指伴随有声语言而出现的特殊语音现象，它的常用形式有语调、语顿、语速、重音以及笑声等。这些副语言的巧妙运用，能收到非凡的表达效果。

1. 语调

副语言中的语调，是指语调的超常规运用，即指该用甲语调而巧用乙语调来增添话语表达效果的语音技巧。例如，意大利一位悲剧明星罗西应邀参加一个欢迎外宾的宴会，席间，许多客人要求他表演一段悲剧；于是，他用意大利语演绎了一段"台词"，尽管外宾们听不懂，却被他悲惨凄凉的语调和悲悲切切的表情所感动，在座的许多听众都不由流下了同情的眼泪。可是罗西的一位朋友却忍俊不禁，跑出厅外大笑不止。原来，这位悲剧明星朗诵的并不是什么悲剧中的"台词"，而是宴席上的菜谱。

2. 语顿

副语言中的语顿，指词语间、句子间、段落间的超常规停顿。它也是公关人际传播中一种重要的口语表达技巧。正如马克·吐温所说："恰如其分的停顿经常产生非凡的效果，这是语言本身难以达到的。"例如，有一次，周总理与国民党代表辩论，他机敏的话语、犀利的言辞，驳得对方理屈词穷。于是，国民党代表恼羞成怒，说同我方谈判是"对牛弹琴！"这时，周总理灵机一动，接过话题，当即顶了回去："对，牛弹琴！"这个例子，敌方借用一个成语"对牛弹琴"来构成一个非主谓句式，企图辱骂我方不懂道理。周总理在这个成语中巧设语顿，使其语义翻然改变，巧妙地回击了敌方，收到了奇妙的表达效果。

3. 语速

副语言中的语速，是指对语速的特殊处理，也就是说，为了增强表达效果，该用中速的地方却用快速或慢速，该用慢速的地方却又用快速，等等。例如，中央电视台播放了这样一个商品广告：银屏上出现了一辆小货车载着一台崭新的威力牌洗衣机沿着乡间林荫大道行驶，然后在村边的屋前停了下来，一群村民围观，一位老奶奶笑容满面，看着洗衣机。

配合这组画面的有声语言是：

m——＞　　m——＞

妈妈：我梦见了村边的小溪，梦见了您，梦见了奶奶。妈妈，我给你们捎去一件好东西

mm——＞

——威力牌洗衣机，献给母亲的爱。

在通常情况下，为了节省时间，电视商品广告运用的语速是中速或快速。而上例却采用慢速（例中"m——＞"表示慢速，"mm——＞"表示特慢速），亲切地回忆了妈妈和奶奶到村边小溪洗衣服的辛劳情景，表达了为减轻老人们劳动强度而献上威力牌洗衣机的爱心。

4. 重音

重音是指在一句话里把某个或几个音节重读的一种语音现象。重音可分为语法重音和逻辑重音两种。语法重音是根据句子的语法结构而形成的重音，它受语法规律的支

配，在公关交际中的作用并不明显。逻辑重音是为了突出语义重点或为了表达强烈的感情色彩而有意地把某个词或词语重读。逻辑重音对语义的表达以及感情色彩的表达有关键性的作用。有时，同样一句话，逻辑重音不同，所表达的意义和强调的重点就不一样。例如：

是他们提着灯笼在走。（表示不是别人）

是他们提着灯笼在走。（强调动作）

是他们提着灯笼在走。（强调提的东西）

是他们提着灯笼在走。（强调是走，而不是跑）

因此，在公关交际中，应根据强调的重点，情感表达的不同，恰当地运用重音来提高语言的表达效果。

5．笑声

笑在交际中是一种不可缺少的辅助语言。在较尴尬的场合，笑可以缓和局面、改善氛围。用笑表示拒绝的方法可使对方不至于太难堪，这是一般词语难以取得的效果。笑的种类可谓之多矣，而种种笑又表达着不同的语义。大笑，可能是高兴，也可能是觉得可笑。微笑是富有魅力的，在各种各样的笑容里最动人的笑要数微笑，因为微笑最能表达一种热情而积极的处世态度。一个热爱生活、积极向上的人，微笑必是他显露得最多的表情。

（二）体态语

1．体态语的表现

体态语是用表情、动作或体态来交流思想的辅助工具，是一种伴随语言。体态语可以弥补语言的不足，起到增强或减弱语言的表达效果。

语言只能单纯地针对人的听觉器官，而在交际时，人们总喜欢运用合适的体态语言，可以从视觉、触觉等方面多层次的增强语言表达的效果。例如，《高老夫子》中描写的交际场合里高老夫子和教务处长见面的情节：

"阿呀！础翁！久仰久仰！……"万瑶圃连连拱手，并将膝关节和腿关节接连弯了五六弯，仿佛想要蹲下去似的。

"阿呀！瑶翁！久仰久仰！……"础翁夹着皮包照样地做，接连地说。

两人见面时，如果单纯的语言"久仰久仰"来表达对交际对象的崇敬，总会有所欠缺，倘若伴随着拱手的体态语言，那么，尊敬的意味顿增，而"连连拱手，并将膝关节和腿关节接连弯了五六弯，仿佛想要蹲下去似的"的体态语言所表达的意思，就不是一般语言可以表达到位的，它用来配合"久仰久仰"这样的交际语言，可以大大增强交际效果。

有些时候，人们往往言不由衷，此时如果仅听语言的表达，你就不清楚他的真实想法。

例如，在《红楼梦》第四十四回里写道："……正说着，只见一个媳妇来回说：'鲍二媳妇吊死了。'贾琏、凤姐儿都吃了一惊。凤姐忙收了怯色，反喝道：'死了罢了，有什么大惊小怪的！'一时，只见林之孝家的进来悄回凤姐道：'鲍二媳妇吊死了，他娘家的亲戚要告呢。'凤姐儿笑道:'这倒好了,我正想要打官司呢!'林之孝家的道:'我才和众人劝了他们,又威吓了一阵,又许了他几个钱,也就依了。'凤姐儿道:'我没一个钱!有钱也不给,只管叫他告去。也不许劝他,也不用震吓他,只管让他告去。告不成倒问他个以尸讹诈!'林之孝家的正在为难,见贾琏和他使眼色儿,心下明白,便出来等着。贾琏道:'我出去瞧瞧,看是怎么样。'凤姐儿道:'不许给他钱。'"

王熙凤此处从言语行为上来看是毫不胆怯的,而且是坚持一分钱不给的,因为林之孝家的没有注意观察她的体态语,所以相信她的言语行为,故而感到十分为难,只有看到了她的"吃了一惊"、"忙收了怯色"等弱化、否定其言语行为的体态语,才可以把握好主子的心理。

当人们迫不得已或者故意说出某种虚假的语句时,其实内心很希望交际对象知道他的真实心态,这样就会有意无意地运用体态语言来减弱或否定自己的有声语言。

在不适合运用语言,或者是无法运用语言的场合,体态语可以独立完成交际过程,达到交际目的。

例如,鲁迅在《祝福》里写道:"卫老婆子叫她祥林嫂,说是自己母家的邻舍,死了当家人,所以出来做工了。四叔皱了皱眉,四婶已经知道了他的意思,是在讨厌她是一个寡妇。但是她模样还周正,手脚都壮大,又只是顺着眼,不开一句口,很像一个安分耐劳的人,便不管四叔的皱眉,将她留下了。"

四叔由于礼教的作用,不便把嫌弃的理由明说,可是又想让四婶知道他的意思,在这种情况下,任何的语言都没有体态语"皱了皱眉"简单明了、表达明确却又不至于太伤害祥林嫂的自尊。四婶看到了四叔的体态语言,马上就能理解到他的嫌弃,可为什么四叔的交际目的并没有达到呢?就因为祥林嫂的体态语也在传递一定的信息:"手脚都壮大,又只是顺着眼,不开一句口",这样的体态语言无不传递着"我是一个安分耐劳的人"的信息,而此时如果祥林嫂开口说话了,也许会给四婶一种不安分的感觉,相反会影响祥林嫂交际目的的达成。

2. 体态语的分类

体态语的分类详见图8-1。

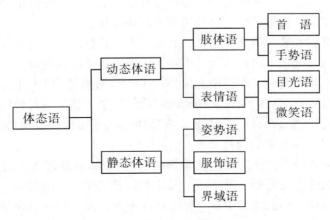

图8-1 体态语的分类

（1）首语。首语多表示同意或否定之意。其形式一般为点头、摇头、扬头、摆头及抬头等。

（2）手势语。手势语主要通过手和手指活动传递信息。手势语先于有声语言，其形式很多，如握手、招手、摇手及手指动作。手势语是一种使用频率极高、使用范围很广的体态语。例如，拍桌捶腿表示高兴，频频捶胸表示悲痛，不停搓手表示为难，拍拍脑门表示悔恨，手指尖不停敲打桌面表示思考或漫不经心。这些语言可以增强表情达意的情感色彩，使语言更具感染力。握手语之语义表示见面"致意"、"离别"、"欢送、祝福"之意。握手时出右手，握其掌，稍用力，上下抖动，身体微前倾，面带微笑，注视对方，时间1～3秒；在表示对对方更加亲切、尊重时可采用双手握，对异性则不宜。

（3）目光语。眼睛是心灵的窗口。视野中横放着的两个圈最引人注意，故看人往往是先看人的眼睛。目光语是人深层心理情感的一种自然表现，如喜、怒、哀、乐等都会从目光的微弱变化中表现或反映出来。眼是五感（视、听、嗅、味、觉）之中最敏感的，约占70%的感觉领域。眼睛的肌肉是极其纤细的，所以，每一种目光语都有其不同的区别特征。如逼视、鄙视、窥视、凝视、怒视、斜视、瞥视、瞟视等。目光语同视线接触长度、向度、瞳孔变化相关，如长时间盯人就属失礼之举。高兴、肯定时瞳孔放大、有神；痛苦、厌恶、否定时瞳孔缩小、无光。故有很多人为掩饰自己的内心活动往往戴上有色眼镜，生意人往往根据对方的眼神报价。因此，在交往中要学会察言观色。

（4）微笑语。笑容是一种令人感觉愉快的面部表情，它可以缩短人与人之间的心理距离，为深入沟通与交往创造温馨和谐的氛围。因此，有人把笑容比作人际交往的润滑剂。

在笑容中，微笑最自然大方、最真诚友善。世界各民族普遍认同微笑是基本笑容或常规表情。在人际交往中，保持微笑，至少有以下几个方面的作用：

第一，表现心境良好。面露平和欢愉的微笑，说明心情愉快，充实满足，乐观向上，善待人生，这样的人才会产生吸引别人的魅力。

第二，表现充满自信。面带微笑，表明对自己的能力有充分的信心，以不卑不亢的态度与人交往，使人产生信任感，容易被别人真正地接受。

第三，表现真诚友善。微笑反映自己心底坦荡，善良友好，待人真心实意，而非虚情假意，使人在与其交往中自然放松，不知不觉地缩短了心理距离。

第四，表现乐业敬业。工作岗位上保持微笑，说明热爱本职工作，乐于恪尽职守。如在服务岗位，微笑更是可以创造一种和谐融洽的气氛，让服务对象倍感愉快和温暖。

第五，表现行为渗透着自己的情感，表里如一。毫无包装或矫饰的微笑才有感染力，才能被视作"参与社交的通行证"。

达·芬奇最卓越的肖像画之一是《蒙娜丽莎》，蒙娜丽莎最迷人之处乃是她那动人的微笑。她那清澈的眼底宛若一泓小溪，温热的目光又如冬天的太阳，她那双唇抿团构成的柔和线条，则使人感到微笑中有一种安详的神态，使人感到她处处在笑，处处洋溢着热情。

（5）姿势语。在公共场合，站立时身子要挺直，坐下时要端正。斜站、歪坐或半靠半坐在桌旁或椅子上都是不合乎社交礼节的。在人多的场合，要与别人保持一定的距离站立。与人谈话时，不论是坐还是站立，都要将自己的身体正面对着对方，这是一种起码的尊重与礼貌。斜侧着身子只会显得好像不愿意与人谈下去。

（6）服饰语。衣装是一种内蕴丰厚的社会文化载体，是一种尽可抒情写意的文化符号。衣装虽无表情却可烘托人的表情，衣装虽无思想，却能显现人的思想。如果说在自然界，衣装能协调人与环境的关系，那么在社会里，特别是社交场合，衣装还可以创造人与社会的和谐。

例如，克林顿在服饰款式选择上、在领带的搭配上和在图案的斟酌上，都有着明显的目标观念。例如，和全国的家长代表谈税制问题的时候，克林顿系的是美国飞鹰图案的领带，飞鹰是美国的国鸟；而遇到必须轻松而表现美国自由精神的场面，则换上活泼可爱的以婴儿为原型的米老鼠领带；若是讲到移民及非法入境者的待遇问题，领带就变成了一种在地洞生活的动物图案；倘若讲环境与疾病防治的话题，胸前飘动的则是海豚领带；当与法国人见面的时候，克林顿知道法国人相当自我，领带摇身一变树起了万国旗图案；等等。克林顿每亮出一款领带，都是针对一定事件打出的一张名片，虽不一定是自己全方位的写照，但传递出的一定是想让对方了解的一面，或有意营造出诱导对方罩入其中的氛围。在这里，服饰成为重要的社交手段，成为为实现政治目标而着意讲求的手段，而不是美饰本身。

（7）界域语。界域语是交际者之间以空间距离所传递的信息。人都有一个心理上的个体空间，该空间像一个无形而可变的"气泡"，一旦有人靠得太近，突破了"气泡"就会有不舒服之感或不安全之感，甚至试图马上离开。例如，在图书馆、餐馆、公共汽车及公园等公共场所，人们并非是随意而坐，而多是经过一番选择，以避免引起对方的防范性。

区域的大小分为四个级别：①亲热界域语——在15厘米之内；②个人界域语——在75厘米之内；③社交界域语——在2.1米之内；④大众界域语——距离较大。这就提示我们：不同的对象应使用不同的界域语，要慎重使用亲热界域语。

三、遵守约定的语言规范

语言规范是使用语言文字所要遵循的规律和规则、标准，是在语言自身发展过程中约定俗成的。每一种语言都有自己的规范。在我国，公共关系语言必须遵守现代汉民族共同语明确的、一致的标准，即以北京语言为标准音，以北方话为基础语言，以典范的现代白话文著作为语法规范的普通话。公共关系语言在表达中要使用纯正的普通话，积极、主动地推行和遵守现代汉语规范，展示社会组织成员的风采；同时，求得良好的表达效果，避免方音、方言引起的理解上的困难和混乱。公共关系语言要遵守现代汉语的语音、文字、词汇、语法规范，不读谐音，不写错别字，不犯语法错误。

第二节　公共关系语言交流的常用技巧

在一切使人喜悦的艺术中，说话的艺术占第一位，只有通过它，才能使被钝化的感官获得新的乐趣。通过优化语言来提高表达效果，这就是公关语言交流艺术。优化语言的具体技巧可因人、因时、因地而异，其主要技巧包括幽默法、委婉法、模糊法、激励法和暗示法。

一、幽默法

幽默，是一种行为的特性。它是以一种愉悦的方法让别人获得精神上的快感。可以润滑人际关系，祛除忧虑愁闷，提高生活涵养，针对某些社会弊端。心理学家凯瑟琳说过："如果您能使一个人对你有好感，那么，就可能使你周围的每一个人甚至是全世界的人都对你有好感；只要你不只是到处与人握手，而是以你的友善、机智、幽默去表达你的信息，那么，人与人的距离就会消失。"

请看某西餐厅内顾客和服务员之间的一段对话：
顾客："我要的菜还没有做好吗？"
服务员："您定了什么菜？"
顾客："炸蜗牛。"
服务员："噢，我去厨房看一下，请您稍等片刻。"
顾客生气地说："我已经等了半小时啦！"
服务员："这是因为蜗牛是行动迟缓的动物……"（两人都笑了）

（一）否定幽默法

否定幽默法，是甲乙两种相互对立的事物，从肯定甲事物出发，然后以加入乙事物内容而达到否定甲事物为归宿的方法。交谈中的"否定"，要以退求进，所谓"退一步海阔天空"，特别是对朋友、亲人。

一顾客在某饭店吃饭，米饭中有沙子，他不得不把沙子和米饭吐在桌子上，服务员见此情景很是不安，抱歉地说："尽是沙子吧！"顾客摇摇头微笑说："也有米饭。"顿时两人都笑了。

上例中的"沙子"和"米饭"构成甲乙两种相互对立的事物，服务员从肯定甲事物（"尽是沙子吧！"）出发，促发顾客在相近语言形式中加入了乙事物的内容（"不，也有米饭"），达到了否定甲事物（不尽是沙子）的目的。顾客用奇在意外、巧在理中的回答，消除了服务员的尴尬情态和不安心理，让人透过笑的影子，察觉到必须纠正的问题。

（二）岔道幽默法

岔道幽默法，是通过反逻辑的方式造成笑料的方法。例如，在一次记者招待会上，有记者问普京："您是否一直密切关注着俄罗斯民主社会的形成？"普京迅速接口道："我只知道自己已经 10 多年没有盯梢过任何人了。"话刚讲完，全场哄堂大笑，记者则哭笑不得地摇头。此例采用了偷换概念的形式。记者问的是正式的采访问题，普京岔进了一个非预期回答，增添了谈话时的诙谐情趣。

（三）双关幽默法

双关幽默法，是利用一个词的语音或语义，同时关联两种不同的意义并进行曲解的方法。"二战"初期，英国首相丘吉尔在美国游说罗斯福总统抗击德国法西斯。一天傍晚，当丘吉尔正赤身裸体、大腹便便地淋浴时，不料罗斯福总统不宣而入。当时的场面使双方都很尴尬。丘吉尔急中生智地耸耸肩说："瞧，总统先生，我这个大英帝国的首相对你可是没有丝毫的隐瞒啊！"一句双关妙语，使进退两难的罗斯福总统捧腹大笑，丘吉尔既幽默且及时掩饰了自己一丝不挂的窘态，又含蓄地表明他的政治立场和态度也是毫无隐私与开诚布公的。

二、委婉法

在日常交际中，总会有一些使人们不便、不忍或语境不允许直说的话题内容。需要把"辞锋"隐遁，或将"棱角"磨圆一些，使语意软化，便于对方接受。例如，美国前总统尼克松在回忆 1972 年访问中国时，他就把周恩来和江青跟他会见时的"见面语"作了比较：

周恩来："您从大西洋彼岸伸过手来，和我握手。我们已经 25 年没能联系了。"

江青："你为什么从前不来中国？"

显然，周总理的话，委婉、高雅，既机敏地隐去了中美之间长达 25 年的紧张政治关系，又体现了友好欢迎的气氛；然而，江青的话，不但显得无礼且好战，还表现了她的愚蠢，既无修养，又令人不快。所以，委婉语尽管仅仅"只是一种溶化剂"，但它能使本来也许是困难的交往变得顺利起来，让听者（或看者）在比较融洽的氛围中接受信息。

委婉法是运用迂回曲折的含蓄语言表达本意的方法。例如，林肯一直以具有视觉感的辞句来说话。当他对每天送到他办公桌上的那些冗长、复杂的官样报告感到厌倦时，他提出了反对的意见，但是他没有以那种平淡的辞句来表示反对，而是以一种几乎不可能被人遗忘的图画式字句说出："当我派一个人出去买马时，我并不希望这个人告诉我这匹马的尾巴有多少根毛。我只希望知道它的特点何在。"这里，林肯运用了一种以甲喻乙，但又不明说乙的暗喻，婉转表达自己的本意——不愿意批阅"冗长、复杂"、毫无重点地报告，应该像买马人报告马的特点那样，抓住重点即可。林肯这种拐弯抹角的方法就是委婉法。

委婉法的类型，是按照表达本意所需要的语言特点划分的。一般分为讳饰式、借用式和曲语式三种。

（一）讳饰式委婉法

讳饰式委婉法，是用委婉的词语表示不便直说或使人感到难堪的方法。例如："3

月14日下午两点三刻,当代最伟大的思想家停止了思想……他在安乐椅上安静地睡着了——但已经是永远地睡着了。"这是恩格斯《在马克思墓前的讲话》中的一段话。"死"是人们普遍忌讳直接使用的词,恩格斯连用"睡着了"、"永远地睡着了"表达对马克思的逝世的沉痛心情。

(二)借用式委婉法

借用式委婉法,是借某种事物或者是其他事物的特点来代替对事物实质问题直接回答的办法。例如,在北京的一次记者招待会上,一位记者问周恩来总理:"请问,中国人民银行有多少资金?"周恩来答:"中国人民银行的货币资金嘛,有18元8角8分。"

这属于借用一事物的特征来委婉答话。问者涉及了国家机密,于是答者就巧妙地将"银行资金"中的一个现象——人民币发行的面额总数(10元+5元+2元+1元=18元,5角+2角+1角=8角,5分+2分+1分=8分)18元8角8分来回答记者的问题,保持了招待会的和谐气氛。

(三)曲语式委婉法

曲语式委婉法,是用曲折含蓄的语言和商洽的语气表达自己看法的方法。例如,小说《后宫·甄嬛传》的主人公的公关能力多表现在她的语言能力上。甄嬛选秀在即,心底里却不愿嫁入帝王家,甄家世交——太医温实初趁机表达爱意,对于这次突如其来的表白,甄嬛婉言谢绝,称自己一直视其为亲哥哥。这种看似简单的言语,却有着十分巨大的力量,不但不会有拒人于千里之外的高傲感,还使得男主人公在以后的日子里,更加以亲人的姿态,关心、爱护着自己真爱的人。

三、模糊法

模糊法是运用不确定的或不精确的语言进行交际的方法。在公关语言中使用模糊法,是一种必备的艺术。例如,你要求别人到办公室找一个他不认识的人,你只需要用模糊语言说明那个人矮个儿、瘦个子、高鼻梁,便不难找到了。如果换成身高1.60米、腰围70厘米、鼻高2厘米,反而不好找到这个人。因此,"我们必须至少在语言交际方面放弃这样一种观念:'较准确',总是较好的。"(T. Winograd语)

运用模糊法一定要注意语境,不该用的地方用了模糊法,就影响了交际效果。例如,一位青年人到某工厂找人,未经门卫同意径直往厂里跑。门卫拦住他,问:"找谁?"他说:"找人!"问:"找什么人?"答:"找人就是找人!"门卫火了,说:"我就是人,你要找没名没姓的人没有!"为此,两人吵开了。这位青年乱用模糊语言"人",激怒了门卫,结果事没办成。

模糊法的运用,还要注意交际时的文化环境。不同民族、不同地区对模糊含义的理解各有不同。特别是在外交场合,更要慎用某些传递重要信息的模糊词语。例如,1972年9月,田中角荣作为"二战"后第一位日本政府首脑来访中国,周恩来总理为他主持了招待宴会。会上,田中角荣致辞答谢,其中有一句话差一点给两国政府的关系投下了阴影,以致引出了如下一段对话:

田中角荣："……过去几十年之间，日中关系经历了不幸的过程，其间我国给中国国民添了很大的麻烦，我对此再次表示深切的反省之意。"

第二天会谈时，周恩来严肃指出：田中首相的"添了很大的麻烦"这一句话，引起了中国人民的强烈反感，因为普通的事情也可以说是"添麻烦"。田中角荣解释说，从日本来说，"添麻烦"是诚心诚意地表示谢罪之意，并且包含着保证以后不重犯、请求原谅的意思。如果汉语里有更恰当的词汇，可以按中国的习惯改。最后，对如何看待日本发动侵华战争问题，《联合声明》表述为："日本方面痛感日本国过去由于战争给中国人民造成的重大损害的责任，表示深刻的反省。"这才避免了一场误会发生。

公关语言中的模糊法类型，一般可分为宽泛模糊法、回避模糊法、选择模糊法三种。

（一）宽泛模糊法

宽泛模糊法，是指用含义宽泛、富有弹性的语言传递主要信息的方法。例如，身居北京的现代文学大师钱锺书先生是个自甘寂寞的人，平日居家耕读，闭门谢客，最怕被人宣传，尤其不愿在报刊、电视中露面。他的《围城》再版后，又被拍成了电视，在国内外引起轰动。不少新闻界的记者都想采访他，均被钱老执意谢绝了。一天，一位英国女士好不容易打通了钱老家的电话，恳请让她登门拜见钱老。钱老一再谢绝没有效果，他就妙语惊人地对英国女士说："假如你看了《围城》，像吃了一只鸡蛋觉得不错，何必要认识那个下蛋的母鸡呢？"英国女士终被说服了。

钱老的回话，首句语义明确，后续两句"吃了一只鸡蛋觉得不错"和"何必要认识那个下蛋的母鸡呢"虽是借喻，但从语言效果上看，却是达到了"一石三鸟"的奇效：其一，属于语义宽泛，富有弹性的模糊语言，给听话人以寻思悟理的伸缩余地；其二，在与外宾女士交际中，不宜直接明拒，采用宽泛含蓄的语言，尤显得有礼有节；其三，反映了钱老超脱盛名之累、自比"母鸡"的谦逊淳朴的人格之美。一言既出，不仅无懈可击，且又使人领悟话语中的深意，格外令人敬仰钱老的道德与大家风范。

（二）回避模糊法

回避模糊法，是指按照某种场合的需要，巧妙地避开确指性内容的方法。在涉外接待活动中，每当与外宾交谈会话时，碰到"难点"就应巧妙回避转移。例如，一个美国客人在韶山毛泽东故居参观之后，中午在一家饭店吃饭，老板娘的一手正宗湘菜使这位美国客人吃得非常满意。他在付钱时看到老板娘家境富裕，突然发问："老板娘，如果你的同乡毛泽东还在，会允许你开店吗？"这是明知故问，其中含意不言自明。这时，老板娘略一寻思就做出了回答："没有毛主席他老人家，我早就饿死了，还能开什么店啊！"然后她接着说："如今，邓小平接了班，党的富民政策好，日子越过越美好！"

显然，美国客人意在用老板娘的回答，来否定毛泽东的历史功绩，乃因其中隐含一个必然的判断：毛泽东决不会允许你开店，那么你也富不了，因而，毛泽东应该是被否定的。而老板娘的答话，以回避正题的模糊法，反而做出令人折服的回答，既不怠慢美国客人，又维护了毛主席的威望，赞扬了如今的富民政策。由此，反映了韶山人民的心声："毛主席让我们站起来，邓小平让我们富起来！"

（三）选择式模糊法

选择式模糊法，是指根据不同的交际目的，用具有选择性的语言来表达的方法。例如，某商场休息室里经营咖啡和牛奶，刚开始服务员总是问顾客："先生，喝咖啡吗？"或"先生，喝牛奶吗？"其销售额平平。后来，老板要求服务员换一种问法："先生，喝咖啡还是牛奶？"结果其销售额大增。原因在于，第一种问法容易得到否定回答，而后一种是选择式，在大多数情况下，顾客会选一种。

四、激励法

激励，是以语言信息的反作用作为刺激，激起对方依据说话人的意向说话或回答问题，也俗称"激将法"。激励法的类型，按激励的内容和形式可分为反语式激励法、及彼式激励法、贬低式激励法等三种主要类型。

（一）反语式激励法

反语式激励法，是指以正话反讲，用故意扭曲的反语信息和反激的语气表达自己的意见，以激起对方发言表态，达到预期目标的方法。

例如，一家中外合资公司的总裁与一家乡镇企业厂长洽谈，厂长："总裁先生赢利的能力，的确比我们这些乡下佬大得多，简直是一个大如牯牛，一个小如毫毛，这么大的魄力，虽然让我们折服，但我们实在不敢奉陪，只能收回土地，停止合作。"

总裁："好吧，我再让利一成！"

厂长："不行，按我方投资比例，应当让利两成。"

总裁："行，本公司原则上同意……"

此例中，厂长不说对方"黑心贪利"，却说其反语这么大的"魄力"，又以"不敢奉陪"的"哀兵"战术以退为进，激发对方入瓮。

（二）及彼式激励法

及彼式激励法，是指以一种推己及人、将心比心的心理效应，激发对方做角色对换，设身处地理解他人的处境。例如，一位女公关人员负责陪同一位华侨公司女经理在上海参观游览，上司关照这位女公关人员，要设法款待一次女经理。结果，在参观游览城隍庙时，经过两家饭店，这位公关人员向华侨公司女经理询问两次："夫人，肚子饿吗？"女经理客气地摇摇头。两次询问都未成功。后来，出了城隍庙，经过"老饭店"，公关人员眼看女经理就要上车回宾馆就餐了，于是她换了一种说法："夫人，早上出来，怕您等我，我未来得及吃早饭，只吃了两三块饼干就来接您了，现在我倒饿了，请您陪我吃点东西好吗？"华侨女经理听了，欣然点头。两人步入"老饭店"……

这位女公关很有办法，求你不行，让你陪我总该给个面子吧！我们平常说话办事时少不了会遇到这种场合，好容易办了一桌子席，可惜请人不到。俗话说，请客不到两家害臊,既丢面子又丢钱。如果像这位女公关员一样,从另一个角度发出邀请,不给面子的人很少;若真有的话就可以肯定,你在他那里恐怕是什么事情也办不成了。

(三) 贬低式激励法

贬低式激励法,是指说话人的一种善意贬低他人、促使发话生效、引起互动的言语激励方法。例如,某厂改革人事制度,招聘车间主任,工人们都希望一位年轻有为的技术员去应聘,但这位技术员犹豫不决。一位老工人冲着他当众发了言:"我说你啊,厂里花了上万元送你上大学,学了一手本领,连个车间主任都不敢当,真是窝囊废!"这个技术员在此话一激之下,终于揭榜出任了车间主任,工作果然不负众望。后来,他在一次授奖表彰大会上谈体会时说:"厂里出钱培养我,车间广大工人师傅信任我,我怎么能甘当一个窝囊废呢?"

人是感情动物,在人际交往中,必须想方设法调动感情的力量,激发人的积极性,调动其热情和干劲。那位老工人用"窝囊废"刺激了技术员,达到了工人们的目的。

五、暗示法

暗示法是通过语言、行为或其他符号把自己的意向传递给他人,并引起反应的方法。从定义可知,暗示法可以通过人(语言形式、手势、表情)施授,也可以通过情景(视觉符号、声音符号)施授。一般分为点化式暗示法、引发式暗示法、图像式暗示法三种。

(一) 点化式暗示法

点化式暗示法,是指用点化与意向紧密相连的另外一件事来引起反应的方法。例如,公路拐弯处有一标语牌,上写:"这里已经有6人死在撞车中!"这里运用了点化式暗示法使人见了不寒而栗,于是格外小心。

(二) 引发式暗示法

引发式暗示法,是指以同一事物中的一对矛盾(甲与乙),用引发甲来暗示乙,从而引起双方反应的方法。例如,某大学数学系因进修生、旁听生多而时常挤得在校生没有座位,于是班长在课前说了一句:"为了尽可能让在我班听课的进修生和旁听生有座位,请本班同学坐前六排。"这里运用了引发式暗示法,以示告诫进修生和旁听生不要占了在校生的座位,影响学校的正常教学工作。

(三) 图像式暗示法

图像式暗示法,是指以图像来暗示并引起反应的方法。这种暗示法多用于广告。例如,生发灵的电视广告是则推销广告,它并不直说其处,而是用秃头和擦药后满头黑发等几幅夸张性图像的对比来暗示它的商品的效用。当然,所引起反应的程度,决定于受暗示者,即生发灵实际的效用。生发灵的质量越好,受暗示者的反应(购买欲)程度越强烈。相反,就可能出现"一锤子买卖"的一次性反应,买了一次以后,顾客就再也不会去注意了。图像式暗示法更广泛地运用于消防、装卸、用电和商品包装与提示徽记,如提示装卸搬运勿颠倒的"高脚酒杯"、防明火的"火焰"、防触电的"电波"等徽记。

第三节 谈判的语言艺术

一、谈判的概念

谈判,是指人们为了协调彼此关系,达成一致协议而进行的交换意见、相互磋商的活动。在公共关系活动中,存在着大量的这种组织和公众间相互协调、相互沟通,以求合作的行为。因此,公共关系谈判是公共关系实务活动的重要形式之一,公共关系工作人员应充分了解和掌握公共关系谈判的特点、原则、策略和技巧,以便通过公关谈判来最大程度地实现公共关系沟通的最佳目标。

二、公共关系谈判的种类

谈判的种类多种,公共关系谈判主要有调解性谈判和合作性谈判。

(一)调解性谈判

公共关系的对象是公众,当组织与公众发生误解、摩擦时,公关人员就要担负起协调组织与公众之间的关系及平息争端的责任。通过调解性谈判,取得公众的谅解,排除外部环境中对组织发展的不利因素,恢复与公众的良好关系,重塑组织形象。

(二)合作性谈判

组织的存在和发展离不开与外部公众的各种合作,在商品经济中,合作是互惠互利的。在各种联谊活动中,通过公共关系合作性谈判来寻求双方一致性的基点,在此基础上达成共识、相互配合,从而共同获利,相得益彰。

三、公共关系谈判的特点与原则

(一)公共关系谈判的特点

从公共关系谈判的两种类型可以看出,公共关系谈判是一种特殊的谈判,它的主要目的是协调双方关系而不是压倒对方,是寻求共同点而不是单方获利。它要求公共关系人员在谈判中坚持自己组织的观点和原则而又不树敌,令双方满意。它的特点是一种"赢—赢"式谈判,而非"赢—输"式谈判。

(二)公共关系谈判的原则

公共关系谈判的本质在于调解和合作,因此谈判方式和态度所应信守的基本原则就在于以下三点:

1. 诚挚、坦率

谈判要有诚意，事先就应抱着谈成的动机来参加谈判，特别是公关谈判，要使对方持合作态度，自己就必须首先持合作态度。只有双方都将谈判视为一项合作的事业，才有可能最大限度地取得一致性意见。如果一开始就无诚意甚至故意挑起冲突，那么还不如不谈。所以，公关谈判的首要原则就是要以诚恳、坦率的态度来统率谈判的全过程，尽量少玩弄花招，更不能随便威胁或戏弄对方。

2. 平等互利

公关谈判不是"以战取胜"，而是"平等互利"。"以战取胜"是一种原始的谈判方针，它的局限性在于可能会失去友谊或失去将来与对方合作的机会；即使达成协议，对方都是不情愿的，严格履约的可能性也很小。而"平等互利"则不同，首先，谈判双方地位平等，不附带任何其他条件；其次，在合作中，要考虑双方的共同利益。如果在合作中双方都能既利己也利人，那么就能避免两败俱伤。

3. 求大同，存小异

公共关系是一种利益关系，公共关系谈判也就是一种利益谈判。在利益谈判中，有时难免不发生一些有关具体利害关系的矛盾冲突。当在公共关系谈判中出现这种争执情况时，公关人员一定要沉着冷静，友好协商，控制住自己的情绪，缩小争执的范围，防止矛盾冲突的扩散。本着互利的原则，力求保住在根本问题上的一致性，而对一些局部的小分歧，则可暂时避开或保留或做出一定的让步。在现实的谈判中，双方完完全全的一致是很难办到的，而更多的是这种求大同、存小异。

四、公共关系谈判的准备

在进入谈判之前，要做好充分的准备工作。有了准备，才能有备无患、沉着应战、满怀信心，才能增强己方在谈判中的主动性，以及谈判策略运用的灵活性。因此，公共关系谈判决不能打无准备之战。具体来讲，在谈判前，要做好以下几个方面的准备工作。

（一）确定谈判内容

谈判这种专项活动形式本身的内容包括：选择恰当的谈判对手；组织好自己的谈判班子，谈判班子的人员应视谈判的问题、条件、环境及对手的要求和情况来定；确定主谈人；安排好有利的谈判地点和时间以及谈判程序；预计在谈判过程中可能发生的矛盾及处理的办法。

（二）制定谈判目标

己方谈判目标可分为最高目标、最低目标和可行目标。最高目标和可行目标都可留有余地，以便在谈判中见机行事、上下波动，最低目标就是我方让步的最低限度。对此，谈判者一定要心中有数，牢牢守住这道最后防线。

（三）搜集谈判资料

知己知彼，才能百战不殆。在谈判前，要充分了解己方的优势和劣势，详细掌握对方的长处和短处以及对方的最高要求和最低让步界限,特别要将对方的短处要搜集够、对方的最低让步界限要摸准;这样才便于我方在谈判中避开自己的劣势,尽量以自己的长处去击破对方的短处,在利益对峙上掌握主动权,力争在对方的最低让步界限上实现己方的意图。要搜集的谈判资料还包括对方的历史资料、资信能力、谈判风格、对此次谈判的态度,以及谈判中所涉及的有关产品、技术、服务的各种情况,等等。

五、公共关系谈判的程序

公共关系谈判的程序如下:

(1) 导入阶段。这个阶段主要是谈判双方通过介绍互相认识,了解参与谈判人的姓名、地位、职务等。创造一个轻松愉快、和谐融洽的气氛,谈些社会趣闻或家庭杂务方面的事情,时间不宜太长。

(2) 概说阶段。概说的目的,是想让对方了解自己的目的及想法,同时隐藏不想让对方知道的资料。

(3) 明示阶段。双方通过谈判逐步达到相互之间的谅解。因此,既要站在己方立场上据理力争,又要适当满足对方的需求,达到互利的目的。

(4) 交锋阶段。谈判的双方都想达到自己的目的,要获得自己想要的东西,因而,在这个阶段,谈判的双方真正开始互相对立。对立可以说是谈判的命脉,在交锋阶段,谈判者应朝着自己所求的方向不懈努力,要坚定自己的立场,必须有充分的准备,随时回答对方的质询,提出己方的要求和条件。谈判的前提是双方互利,所以不能以势压人,不能采取各种不正当的手段,而应该建立双方承认、容忍的原则。

(5) 妥协阶段。妥协是谈判中不可缺少的。谁先妥协,怎么妥协,让步到什么程度,谈判者对己方可退让的范围要心中有数,对对方可以妥协的范围,也应通过观察推理有所了解,以达到对己方有利或满意的目的。

(6) 协议阶段。经过交锋和妥协,双方认为已基本达到自己的理想,便表示拍板同意,由双方代表在协议书上签名。至此,谈判便告结束。

六、公共关系谈判的策略

谈判是一场对弈的过程,在这个过程中,谈判双方都使出浑身解数,进行才智大比拼,在谈判过程中也会自觉或不自觉地运用多种策略。谈判策略是否正确、有效地被运用,对谈判的进程和结果有很大的影响。针对不同的对象、不同的使用者、不同的情况,各种策略会显示不同的效果。

谈判中常用的策略有以下几种。

(一) 化敌为友策略

谈判双方不管是为了何种目的进行谈判,都存在利益上的冲突,在谈判过程中,双方都会竭力去维护和争取自身的利益,这样就无法避免地会有冲突和矛盾,从而处于一种敌对状态。但是,长期处在敌对状态是不利于谈判的顺利进行的,甚至可能两败俱伤。所以要尽量缩小双方的差距,力求解决矛盾。化敌为友的策略主要应注意以下方面：

（1）在谈判前，要先明确自己的优点和缺点，做到心中有数；同时，要记住一切所能想到的可能被对方挑剔的缺点和不周到之处。对自己的缺点，应该做圆滑的解释或者表示诚恳的歉意，让对方很难挑剔或不便挑剔。

（2）当对方提出某项反对意见时，在回答问题之前要尽可能了解问题的症结所在，不要冒失回答。在了解症结之后，要权衡一下，看对方提出的问题是否容易应付。在回答时，可以采取因势利导的措施，利用反问来应付对方，诱导对方做肯定或否定的回答。

（3）一般情况下不要同意对方提出的反对意见，当出现这种情况时则应该指出：对方的意见值得考虑；但对方是不是忽略了某个重要的因素，而己方现在要说明的就是这个重要因素的存在，以求圆满解决对方所提出来的问题。假如对方提出的反对意见非常棘手，而又不得不回答对方，那么就应该以可能的语气来回答对方，然后再指出一些比对方更好的意见。

（二）引诱策略

谈判伊始，对自己一方的情况应隐而不露，不要轻易亮出底牌，要设法让对方先开口说话，设法引诱对方暴露其真实情况。聪明的拳击选手上场比赛，一般先不主动出击，而是在对方的攻势中寻找其拳术的破绽，出其不意地将对方打倒。老练的谈判对手往往不急于在谈判中先表态，特别是在数目、期限、条件和价格等问题上，常常让对方试提一下。这样做，一是出于礼貌，显示出自己对对方的尊敬，二是从对方的只言片语中窥视其心理活动，以赢得调整思维、部署新方案的机会。

有时，精明的对方也不肯首先表态，此时就可以提出一些假设性的问题，例如：

（1）如果我们同意您的前三个条件，那么，期限是否可以放宽一些？

（2）如果双方都派出三名工程师，那么，条件是否可以重新考虑？

（3）如果把这一产品的价值同时考虑进去的话，那么，这个价格还是可以接受的，您说是吗？

引诱策略的目的就是详细掌握对方的要求、成交的打算等方面的情况，这是获取谈判成功的一项策略。

（三）让步策略

让步，是谈判过程的重要环节。任何一种谈判，都是双方在做出一定程度的让步后达成协议的。如果谈判的双方互不让步或一方始终坚持不做任何一点让步，那么谈判就会破裂。当然，怎么个让步法，这又是一项策略。在谈判中，对己方来说让步应注意以下方面：

（1）让步的速度。不要让步太快，因为双方等得越久，越珍惜获得的让步（这种等待是要让对方明显地感到是有希望的），不致得寸进尺。

（2）让步的数额。同等级的让步是不必要的，例如，他让你40%，你可让他30%。如果他说："你应该也让40%"，你可以用"我无法负担40%"来婉言拒绝。

(3) 让步的性质。不做无谓的让步，即每次让步都要从对方那儿获得某些益处。但在一些细小或枝节问题上，可首先主动让步。当然，有时可以做些对自己没有损害的让步。

谈判高手一般能控制自己的让步分寸，使用的让步方式也令对方难以揣测。观察的结果表明，谈判高手比较能够忍受事物的不确定性，当双方相持不下的时候，他们一般不会轻易中止谈判。

假设有一位美国商人，他准备对某商品减价 60 美元。在谈判过程中，他有八种不同的让步形式（见下表），可以达到同一个目的。

八种让步形式一览表

让步形式	预定减价	第一期的让步	第二期的让步	第三期的让步	第四期的让步
第一种	$ 60	$ 0	$ 0	$ 0	$ 60
第二种	$ 60	$ 15	$ 15	$ 15	$ 15
第三种	$ 60	$ 8	$ 13	$ 17	$ 22
第四种	$ 60	$ 22	$ 17	$ 13	$ 8
第五种	$ 60	$ 26	$ 20	$ 12	$ 2
第六种	$ 60	$ 49	$ 10	$ 0	$ 1
第七种	$ 60	$ 50	$ 10	$ (-1)	$ (+1)
第八种	$ 60	$ 60	$ 0	$ 0	$ 0

从上表可知：

第一种让步形式（0/0/0/60）。这是一种坚定的让步方式，让对方一直以为妥协的希望很少。若是一个软弱的买主可能早就放弃和卖主讨价还价了，而一个坚强的买主则会继续迫使卖主做小的让步。他先试探情况，然后争取第四期的最高让步。当然买主必须冒着形成僵局的风险。

第二种让步形式（15/15/15/15）。假如买主肯耐心地等待，这种让步形态将会鼓励他继续期待更进一步的让步。假如卖主能把谈判拖很更长些，使让步形式成为（2/2/2/2/1/1）便能使对方厌烦不堪、不攻自退了。

第三种让步形式（8/13/17/22）。这种让步形式往往会造成卖主的重大损失。因为他诱导买主相信"更加令人鼓舞的日子就在前头"。买主的期望随着时间越来越大，要求也越来越多。

第四种让步形式（22/17/13/8）。这种让步形式能显示以卖主的立场越来越坚定。表示卖主愿意妥协，但不会轻易让步。

第五种让步形式（26/20/12/2）。这种让步形式表示出强烈的妥协意愿，不过同时也告诉了买主：所能做的让步是非常有限的。在谈判的前期，有提高买主期望的危险，但是随着让步幅度的减少，卖主趋向一个坚定的立场后，聪明的买主便会领悟到，更进一步的让步已经是不可能的了。

第六种让步形式（49/10/0/1）。这种让步形式很危险。因为一开始就大让步，将会大幅度提高买主的期望，不过接着而来的第三期的拒绝让步和第四期的小小让步，会很快抵消了这个效果。这是一个很有技巧的方法，使对方知道，即使更进一步地讨论也是徒劳无功的。从卖主的观点来说，危险全在于一开始就做49元的大让步，他永远不会晓得买主是否愿意付出更高的价钱。

第七种让步形式（50/10/(-1)/(+1)）。这种让步形式乃是自第六种形式脱胎而来的。第三期的轻微涨价（可能是由于刚刚发现到计算错误），表示出更坚持的立场，第四期又恢复了1元的减价，这将会使得买主深感满意。

第八种让步形式（60/0/0/0）。这种让步形式对于买主来说，有着极强烈的影响。一下削价60元，使他的期望大大地升高了。假如他把这种兴奋的情绪带回公司去，则受了感染的伙伴们便会期待他带回更好的消息。可是紧接而来的却是卖主的坚持，甚至双方由此而闹成相持不下的僵局。碰到这种情形，买主只有愧对公司同仁的期待了，因为他实在无法再得到任何让步。①

以上八种不同的让步形式表明：不同的让步形式可以传递不同的信息。在谈判中，对方的反应决定于你所使用的让步策略。对买主来说，最理想的让步策略应该是起步要慢而小。而对卖主来说，应该是起步要快而大。

（四）合理妥协策略

谈判双方在谈判过程中，经常会为了某个问题僵持不下，双方的谈判陷入僵局。如果一直不打破僵持的局面，那么谈判就没有办法再深入进行下去。所以，有时候要做出必要的让步来换取对方相应的让步，从而创造出一种新的谈判气氛。

（1）让对方有更多的选择余地，即使建议根本不会被对方采纳，由于形式上的主动而使谈判缓和下来；或者设立一个由双方人员组成的研究小组，对双方敏感的问题进行非正式谈判，探讨是否有达成正式协议的可能性。

（2）安排一次高层会议，使谈判在新的基础上重新开始，或者找第三者进行调解；也可以更换谈判组织的负责人，来排除由于人为因素造成的障碍。

（3）对谈判的规则或提出的条件稍作修改，为双方对问题进行重新讨论创造条件；也可以另选商谈的时间，利用这段时间来寻找新的谈判思路。

（五）感情投资策略

谈判是一种极富感情色彩的人际传播方式，利用情感来营造良好的氛围，是赢得谈判成功的重要因素。在谈判前的准备时间、谈判中的休整时间、谈判后的闲暇时间，都要有意识地同谈判对手私下接触，通过谈判和娱乐来增进双方的了解和友谊，融洽关系和气氛，以此促使谈判成功。可以根据谈判对手的文化背景和个人喜好来选择感情投资方式，如邀请日本人去澡堂洗澡、请英国人到绅士俱乐部喝咖啡、馈赠一些小礼品给谈判对手等。

---

① 参见柴茂《西方商业谈判技巧》，中国致公出版社1987年版，第95～97页。

上面介绍了谈判过程中经常运用的策略，它们各有特色，在不同的情况下能够发挥不同的作用。但是，它们也有一个共同的特性，那就是都体现了公共关系的基本理念——双赢。公共关系的宗旨是"内求团结，外求发展"，一个处在竞争社会中的组织，需要有一种竞争态势，但这种竞争不是非此即彼的选择，而是求同存异，在竞争中求合作，共同发展，实现"双赢"。

第四节　跨文化沟通中的语言交流

一、语言的重要性

要成功地进行跨文化沟通，就必须认识到语言的力量。语言可以承载感情，激励他人和引起剧变。

语言的力量是如此强大，因此随着岁月的流逝，有些词汇被认为太过神圣而不能说出口，例如，古希伯来语词汇上帝（God）；有些词汇则被认为如此有魔力，以至于被相信会引起伤害、疯狂甚至死亡。我们来看看从斯图尔特·蔡斯（Stuart Chase）的经典著作《词汇的力量》(*The Power of Words*)中摘录的一个例子：

饮用水中的氟元素会减缓牙齿的腐蚀，对于儿童来说更是如此。特定的氟化物也使用在毒鼠药中。纽约的 Newburgh 地区投票决定利用在饮用水中加氟改善孩子们的牙齿，此项投票被通过了。但是反对者们以毒鼠药作为论据，掀起了一场轰轰烈烈的反对活动，但是他们还是失败了，把这种化学药品添加到水源供应中去的日子也被宣布了。

这天破晓时分，天还没有完全放亮，市政厅就接到了几百个电话，抱怨说水源引起了头昏眼花、恶心、头痛和全身虚弱。市政厅答复说，由于技术问题，还没有添加氟化物——水还是和以前一样的水。

另外一个例子也描述了语言的重要性：

日语单词"mokusatsu"有两种意思：忽视或抑制评论。1945年7月，盟军向日本发布了波茨坦最后通牒："无条件投降或是被击垮。"日本天皇和他的内阁需要花些时间来讨论波茨坦条款和条件，因此他们签署了一份通讯稿，宣布了名为"mokusatsu"的政策，意即"不在这时候做出评论。"由于错误的翻译，外国电报译出了它的含义是："天皇和他的内阁无视无条件投降的要求。"

如果译出的是正确含义的话，战争可能在此时就会结束了：这就意味着没有以后出现的广岛、长崎原子弹爆炸，成千上万名日本人就有可能继续活下来。

某个群体的人所说的语言有一种关于自然和存在的独特观点。让我们来看一看下面这些例子：

大多数西欧语言都有很大比重的科技术语，而多数游牧民族如蒙古族则有较多的关于"牲畜"的种类和特征的词语。

瑞典基律纳（Kiruna，瑞典北部城市）的萨米（Sami）语中，有 500 多个关于"雪"的词汇、几千个关于"驯鹿"的词汇；祖鲁语有 39 个形容"绿色"的单词。

南太平洋群岛上的人有很多关于"椰子"的词汇；中国人和日本人对于"大米"和"茶叶"有大量不同的词汇；印度语中关于"因缘"和"转世"的词汇非常丰富；希腊人和阿拉伯人有很多词汇可以表达谢意。

与很多语言相比，法语有更多的名词。这种对于有关概念和想法的单词的偏好，反映了有关法国人的英雄、神话及生活方式。

德语的词尾变化和变格都很强烈，这种语言要求严格的词语顺序。这一点揭示了纪律、可预测性和秩序的必要性。

斯拉夫语和阿拉伯语中有数量惊人的描述性词语，大量非常冗长的文献与这一点有一定的关系。

萨丕尔说道："不懂得神通论的社会，用不着神通论这名称；从来没见过或听说过马的土人遇见了马，不得不为这动物创造或借用一个名词。"语言的词汇多多少少忠实地反映出它所服务的文化，一种语言体式也在一定程度上反映文化。如美国人就不太喜欢阅读诗歌，而与之毗邻的拉丁美洲的诗歌创作则十分繁荣。文化中发生的变化也可能引起新的语言体式的产生，从古老的信件到近代的电报、再到当代的传真及电子邮件，所呈现的语言特征都是有差异的。

二、跨文化语言交流障碍产生的原因

造成语言交流障碍的原因多种多样，究其原因，就是因为沟通双方有着不同的文化、不同的历史背景，双方在思想、行为等多方面必然存在多种差异。

（一）价值取向不同

根据美国人类学家 Barnett Pearce，Verrion Cronent 等人的理论，人们的行为规则、思维方式、处世哲学、道德标准等无不受价值观影响。人们在社会化的过程中，无意识地习得了本文化的价值系统，成为他们的处世哲学、道德标准和行为规范。然而，每一种文化都有其特有的价值体系、判断标准。在一种文化中被看作正常之举的，在另一种文化中可能被认为是离经叛道。西方文化的特点是个人价值至上，而东方文化的特点是集体价值至上。在集体价值取向的中国文化中，人们推崇谦虚礼让，提倡相互支持和对集体的责任，追求"随遇而安"；而在个人取向的西方文化中，"随遇而安"则被看作缺乏进取精神，提倡的是个人奋斗、独立性、追求自我实现、放任个性、自我肯定、自由发展、要求个人空间、高度重视个人权力、保护个人隐私等。因此，不同文化的价值取向给跨文化交际设下了重重障碍。

（二）思维模式不同

东、西方人对外界认知模式存在着差别，因而他们在思维模式方面存在着明显的区别。而思维模式差异会造成交际行为、语篇结构、交际风格等方面的不同。东方人的思维模式以直觉、整体、圆式为特征；而西方人的思维模式则以逻辑、分析、线性为特点。因此，中国人的话语或语篇结构呈圆式。他们说话、写文章不采取直线式或直接切题的方法，而习惯于绕弯子，有一个从次要到主要、从相关信息到话题的发展过程；往往把对别人的请求、自己的想法、对别人的意见等内容或关键问题保留到最后，或含而不露。显然，在跨文化交际中，如果我们不注意西方人的思维习惯，仍用东方思维习惯，不正面阐明谈话的目的和要求，则会引起西方人的不耐烦甚至误解，导致交际失败。

（三）先入为主的成见

成见是影响信息沟通的一个重要因素。成见涉及我们对不同个人组成的群体的信仰，这些信仰基于先前形成的看法、观念和态度。成见在跨文化沟通的背景中是十分常见的现象，隐藏在内心深处的先入为主之见，是引起跨文化沟通诸多问题的重要原因，也是种种矛盾和冲突的根源。例如，中国人认为孩子和父母一起居住到结婚时是理所当然的；而西方人认为孩子到18岁就得独立，离开父母是天经地义的。所以中国人认为西方缺乏人情味；西方人则认为中国孩子依赖性强，缺乏独立性。因此，先入为主的成见的普遍存在也是跨文化交际的一个障碍。

（四）社会规范不同

规范是跨文化交际涉及的重要层面，规范是社会的期望、行为的准则或活动的规约，它是交际行为的制约系统，也是交际行为的解释和评价系统。根据 Summer 的分类法，把规范系统分为民俗规范、交际规范、道德规范、法律规范。由于在语言、非语言的编译过程中所依据的社会规范存在差异，在日常生活中的寒暄问候、致谢祝愿、抱歉礼让等都受民族文化制约。一种文化中人们习惯交际的话题，可能是另一种文化中人们交际时设法回避的话题；一种文化中人们常常涉及的内容可能构成另一文化中对隐私的侵犯。例如，在中国文化中，人们可以问及对方一些涉及收入、工资、信仰、宗教、婚姻状况等话题，这是示意关心的一种表现；但类似的话题在英语文化区中却构成了对对方个人隐私的侵犯。

（五）文化中心主义

文化中心主义，是指人们作为某一特定文化成员所表现出来的优越感。由于文化中心主义通常是无意习得的，并且总是在意识的层面反映出来，因而很难追寻根源。这种偏见，常使跨文化沟通过程遭到破坏。

（六）缺乏共感

所谓共感，是指设身处地地体味他人的苦乐和遭遇，从而产生情感上共鸣的能力。沟通过程中缺乏共感的主要原因是人们经常过多的站在自己的立场而不是从他人的立场上去理解、认识和评价事物。

总之，不同文化在价值观念、文化取向、生活方式、思维方式、社会规范等方面都存在着差异，人们在跨文化交际时，常由于受民族思维定势、文化习惯的影响，把本族文化带入跨文化交际情景，产生文化碰撞、文化冲突。因此，要减少和避免文化冲突，使跨文化交际活动有效进行，必须培养学习者的跨文化意识。

三、消除跨文化语言交流障碍的对策

要消除跨文化语言交流障碍，必须发展有效的跨文化语言沟通。建立内外有效的跨文化沟通渠道，正确理解与发送沟通信息、有效排除跨文化沟通过程中的干扰，尽量减少沟通中的误解，妥善处理沟通失误带来的不利局面，避免沟通中断的发生，等等。具体对策如下：

（一）提高跨文化差异意识

提高跨文化差异意识，能使双方在跨文化语言沟通中减少由于各自文化背景的不同而产生的误解与冲突，使双方避免以本族文化观念去理解或解释交际语言和行为而造成误解与冲突，应以积极、宽容态度努力去沟通并消除误解。提高跨文化差异意识是双向的，单靠一方的文化差异意识增强不可能完全避免交际中失误。学会观察异国文化，善于与自己的文化对比，才能逐步提高自己的跨文化意识。

（二）发展共感，消除文化中心主义

不同文化归属的人之所以不容易沟通，往往是由于对具体文化现象的理解不同。在跨文化沟通中，缺乏共感、不能正确理解和评价他人的价值观，是导致沟通失败的主要原因之一。发展共感，一是要承认不同文化之间的差异，这才能为发展共感找到方向和切入点；二是要有"换位"意识，排除对异质文化的各种成见的干扰，设身处地地站在他人的角度去理解文化现象；三是要摆脱文化中心主义的偏见，不可歧视或贬损其他文化。只有客观、公正、全面地认识和理解异质文化，才能消除跨文化管理过程中的种种文化因素障碍。

（三）迎合文化趣味

在跨文化交际中要时时牢记对方的文化特点，并根据这种特点去调整自己的公关策略。也就是说，对于自己所要沟通的文化，自己先要熟悉一下这种文化所接受的语气和推理风格。如果语气和风格显得有所不同，信息就可能被误解或是被别人负面认知。保持敏感性并做出必要的调整，对建立善意大有帮助。

下面仅以两则商品品牌名字为例来说明公关中文化因素的地位：上海电池厂生产的"白象"牌电池品质优良，在国内深受当时人们的喜爱，但出口到美国时，英文品牌为"White Elephant"，结果遭遇冷场，原因是在英语中，其意为沉重的负担或指价格昂贵却毫无用途的东西，结果在美国市场上销路不畅。在这方面成功的例子当属"雪碧"（Sprite），英文原意是"精灵，妖精"，西方人觉得这个名字好玩，能产生购买欲望；而"雪碧"这两个汉字给消费者以清爽、舒畅的感觉，让人联想到一种晶莹剔透的饮料，足以引起中国消费者的好感和兴趣，因此销售经久不衰。

（四）慎选品种

在跨文化交际中，由于交际双方的母语不同，因此交际中的语言品种的选择是一个

值得重视的问题。当然，会说外语是十分必要和有益的，但并不是在所有的场合说外语都合适。在不是很严肃的场合中，如与外宾共餐、旅游、聊天时，用外语无疑能获得他们的好感，消除他们可能的紧张感，缩短交际的心理距离。如果是代表某个组织、企业和外方进行正式的谈判或签订贸易协定，或者是在国际会议上发表正式的演说，使用我们自己的母语则更得体，不但能体现我们的民族自尊感和自豪感，而且体现个人的自信；通过翻译，还能给自己赢得应付一些棘手问题的思考时间。我国的新闻发布会曾经一度使用英语，但不久后国家明文规定只使用普通话发布新闻。

从下面一例就可看出跨文化交际中语言品种选择的重要性：1993年6月14日中英就香港问题举行谈判，在当天晚间香港各电视台新闻节目播出，报道中英两国代表先以普通话应对，然后转为各自用母语透过翻译交谈。次日香港《新报》发表以《会谈前双方语带玄机，麦若彬引用攀登长城，姜恩柱望彼此向上爬》为题的特写，兹摘录如下：……姜恩柱迎接麦若彬时问："路上好走吗？"麦若彬爽快地以普通话回答："好走，谢谢！"不过亦至此为止，随即转入英文，说："也十分拥挤。"

（五）语言诙谐

在跨文化的公关交际中，有时会处于拘束或尴尬境地。在这种情况下，要保持轻松、友好的公关气氛，就有赖于公关者运用高度的语言技巧了，最好的办法就是用比较幽默的语言来化险为夷，或者通过幽默表情在无伤大雅的情形下表达意念、处理问题。例如，2013年5月21日上午，李克强访问印度就中印关系发表演讲。演讲开始不久，会场音响发出一阵"嘟嘟"声。面对略显尴尬的一幕，李克强轻松笑言："这是前奏，将表明我下面有郑重的表态。"台下听众会心地笑起来，并为他的幽默报以热烈的掌声。这掌声是送给一贯幽默风趣的李总理，更是送给中国泱泱大国的自信。李克强最后还笑着说，音响可以再响一点。

语言还要注意选择用词。词语的力量是很强大的：它们既可以伤害你、也可以为你提供帮助。为了进行跨文化沟通，就应当避免使用不尊重他人或轻视他人的词语。需要牢记的是：别开玩笑，尤其是那种取笑他人的玩笑，也可能伤害到别人。

（六）不卑不亢

在世界的文化之林里，它们的地位都是平等的。这就要求我们在跨文化交际中要有理有据，既不崇洋媚外、盲目自卑，同时也不要盲目自大、盛气凌人。

我们不能讥笑或攻击他国文化。在跨文化交际的领域里，曾经出现过许多讥讽、挖苦别的文化的话，其中有些还不无幽默。例如，比利时人是怎样数羊的？他先数羊蹄再除以四。荷兰人在自己喝的汤里发现一只活苍蝇时会怎么办？他会抓住它大声嚷道："吐出来，吐出来！"这两句话分别讥讽了比利时人的愚蠢和荷兰人的吝啬。我们在跨文化的公关中不应提及或炮制这种具有攻击性的话。

我国的经济相对于西方国家还比较落后，我们现在应避免另一种不健康的自卑思想。只有不卑不亢，我们的跨文化公关活动才会卓有成效。例如，有一个中国代表参加了关于一个跨国技术转让的谈判，外国公司依仗技术优势，漫天要价，使谈判陷入僵局。我方代表抓住一次机会向外方指出:"中国是个文明古国。我们的祖先早在一千多年前就将指南针、造纸术、印刷术和火药四大发明无条件地贡献给全人类,而他们的子孙后代,从未埋怨过其祖先不要专利权是愚蠢的;相反,我们却盛赞祖先为推进世界科学的进步做出了杰出的贡献。现在,中国在与各国的经济合作中,并不要求各国无条件地让出专利权,只要价格合理,我们一分钱也不会少给。"这段发言不卑不亢,最终赢得了外方的赞赏,并促使他们在以后的磋商中愿意降低价格与我方携手合作,达成了圆满的谈判协议。

(七) 注意非自然语言

在跨文化的公关活动中,信息的主要获得途径自然是语言的交流,但非自然语言所传递的信息同样是公关者所不能忽视的。这里所说的非自然语言主要包括:①身体语言,如行动、手势、姿势、脸部表情、注视、接触和距离等;②物体语言,包括符号、设计、衣着等;③环境语言,包括色彩、照明、建筑、空间、方向等。这里主要讨论伴随着语言交际的身体语言。不同文化中身体语言的形式和传达的信息不尽相同。例如,交际中的注视,英国的礼貌原则要求双方都要专心的注视对方;当美国人用点头或咕哝着表示在听时,英国人却除了偶尔眨眼外,一言不发。这就要求我们深入学习对方的非自然语言系统。

非自然语言可以增加公关语言的效果。周恩来总理就是善于运用非自然语言手段的典范,给外宾留下了非常深刻的印象。尼克松在回忆录中写道:"他经常靠在椅背上,用富有表现力的手势来增强谈话效果,当要扩大谈论范围,或是从中得出一般性结论时,他经常用手在面前一挥;在搁浅的争论有了结论时,他又会把两手放在一起,十指相对。在正式会议中他对一些俏皮话暗自发笑,在闲聊时,他又变得轻松自如,有时对善意的玩笑还发出朗朗的笑声。"非自然语言信息的重要性就在于它常常是在说话人无意识的情况下自动产生的,及时捕捉这些信息,可以补充、加强,有时甚至替代语言信息,同样能收到很好的效果。

本章小结

语言交流是人际交往最常见的形式之一,语言交流现已发展成公共关系实务中的一项专门性的操作技术。

本章介绍了公关语言交流的一般要求,包括适合特定的语境、借助副语言和体态语表情达意、遵守约定的语言规范。

公关语言交流的常用技巧,包括幽默法、委婉法、模糊法、激励法和暗示法。

谈判包括调解性谈判和合作性谈判,谈判的基本原则包括诚挚、坦率、平等互利、求大同、存小异。本章还介绍了谈判的准备、程序和谈判策略。

在跨文化语言交流中常常产生跨文化交流障碍,本章分析了文化和语言的关系,总结了跨文化语言交流障碍产生的原因,包括价值取向不同、思维模式不同、先入为主的成见、社会规范不同、文化中心主义、缺乏共感,最后提出了消除跨文化语言交流障碍的对策。

关键概念

副语言　体态语　谈判

思考题

(1) 公共关系语言在表达中应符合哪些要求？
(2) 公共关系语言交流有哪些技巧？
(3) 什么是谈判？
(4) 谈判有哪些种类？
(5) 公共关系谈判的程序有哪些？
(6) 公共关系谈判有哪些策略？
(7) 跨文化语言交流障碍产生的原因有哪些？
(8) 消除跨文化语言交流障碍有哪些对策？

●案例分析

案例一

小李与苏菲的跨文化交流

小李每周四上午常在二体二楼打球，直到中午12:30才离开。因为那时是留学生苏菲和她的中国同学小颖上排球课的时间。他们因此经常碰面，并有几次目光的接触。

第一阶段　初次印象

小李在打球时，十分积极地救球、组织进攻并常喊"好球"、"我的错"等，也是场上主要的得分手。因此，小李常是场内外观众的关注焦点。小李得分时，苏菲在场外有时会鼓掌。这次，苏菲在场外练球不小心把球打到场内，小李帮忙捡起并面带微笑递给她；苏菲也微笑且眼神流露歉意并用中文说了句"谢谢你"。

第二阶段　苏菲生气

小李打完球，到场边铁衣架上取风衣外套。大家的风衣挂在同一支架上，小李的风衣在最里面。他问了一句："有人吗？麻烦让小李拿下我的衣服好吗？"然后又开玩笑地说："有人吗？谁躲在里面？"因为那么多外套全挂在一个地方，看着很大，所以让人感觉里面藏着一个人。小李边问边在衣服四周打量。由于没人回应，所以小李就把衣服抱起来。准备取自己的衣服。这时，苏菲和小颖连忙从不远处小跑过来。小李向苏菲微笑示意，她没有回礼，取而代之的是一脸严肃的表情。小李一不留神，将自己风衣掉在了地上却没察觉，苏菲眉头皱了起来。小李见苏菲的表情，加之没找到自己的外套，有点不知所措，急忙想把满手的衣服都挂回原位，但是没成功，接连试了几次都不行。苏菲这时伸手帮忙，嘴里还咕哝着。小李只听出苏菲说的是法语，而且声音中含有不满和抱怨的情绪。小李更加慌神了，怎么也没有办法把手里抱着的外套都挂上去。这次，苏菲用了非常重的语气说了一句不太标准的中文："拿过来吧！"她把衣服用力拽走了，眉头紧皱，表情非常生气，而且侧脸对着小李。由于苏菲的身材很好，拽的过程中，小李的右臂碰到了苏菲的胸前，条件反射似地连忙把手缩回来，而且一脸尴尬的表情。这一举动使苏菲转过头来直瞪着小李，小李感觉脸很烫，不敢直视对方。这时小李的同学汤宁把地上的风衣捡起来，并准备拍两下灰，却被小李顺势拦住并接过。小李说："不用拍，没关系的，外套就是让它脏的。"之后，苏菲把衣服挂好了，小李对她说了声"sorry"。苏菲没有理会，在一旁的小颖说："没关系，没关系。"苏菲又斜视了小颖一下。小李刚准备离开时，灵机一动，先微微鞠个躬，然后一边膝盖微微触地，手势做照相状，微笑着用英语问了一句，"Could you say 'cheese' to me?"大家都把目光转向了苏菲，苏菲没有理会，转身背对小李，小李只好离去。

第三阶段　两人相遇

过完周末，星期一，小李去一教上专业课的途中，有个女生相向走来，小李没有认出是苏菲。走到跟前时，苏菲主动微笑着说："你好！"小李这才认出是苏菲，连忙回礼："你好。"

第四阶段　两人默契

星期四，又是体育课，这时苏菲在场外，当小李回头看她时，她用手示意了一下。小李也向她挥了挥手。接着，她用手指了指小李挂在支架上的风衣，又指了指她自己的风衣，然后做了个对调的手势。小李明白了她的意思，微笑着用力地点了点头，给了个OK手势，并大声说："OK！OK！"

【案例思考】

小李是如何与苏菲相处的？

案例二

成功的谈判

我国某冶金公司要向美国购买一套先进的组合炉，派一位高级工程师与美商谈判。为了不负使命，这位高工做了充分的准备工作，他查找了大量有关冶炼组合炉的资料，花了很大的精力对国际市场上组合炉的行情及美国这家公司的历史和现状、经营情况等了解得一清二楚。

谈判开始，美商一开口要价150万美元。中方工程师列举各国成交价格，使美商目瞪口呆，终于以80万美元达成协议。当谈判购买冶炼自动设备时，美商报价230万美元，经过讨价还价压到130万美元，中方仍然不同意，坚持出价100万美元。美商表示不愿继续谈下去了，把合同往中方工程师面前一扔，说："我们已经作了这么大的让步，贵公司仍不能合作，看来你们没有诚意，这笔生意就算了，明天我们回国了。"中方工程师闻言轻轻一笑，把手一伸，做了一个优雅的"请"的动作。美商真的走了，冶金公司的其他人有些着急，甚至埋怨工程师不该抠得这么紧。工程师说："放心吧，他们会回来的。同样的设备，去年他们卖给法国只有95万美元，国际市场上这种设备的价格100万美元是正常的。"果然不出所料，一个星期后美商又回来继续谈判了。工程师向美商点明了他们与法国的成交价格，美商又愣住了，没有想到眼前这位中国商人如此精明，于是不敢再报虚价，只得说："现在物价上涨利害，比不了去年。"工程师说："每年物价上涨指数没有超过6%。一年时间，你们算算，该涨多少？"美商被问得哑口无言，在事实面前，不得不让步，最终以101万美元达成了这笔交易。

【案例思考】

分析中方在谈判中取得成功的原因及美方处于不利地位的原因？

参考文献

［1］吴勤堂．公共关系学［M］．武汉：武汉大学出版社，2004

［2］赵晓兰，赵咏梅，缪春萍．最新公共关系学教程［M］．北京：经济管理出版社，2004

［3］彭咏虹．跨文化营销的有效沟通［J］．当代经济，2007（8）

［4］桂欣荣．商务谈判中的锦囊妙计［J］．企业改革与管理，2007（11）

［5］田华，宋秀莲．副语言交际概述［J］．东北师范大学学报（哲学社会科学版），2007（1）

［6］周安华，苗晋平．公共关系——理论、实务与技巧［M］．北京：中国人民大学出版社，2004

第九章 公共关系礼仪

本章学习目标

通过本章的学习，了解公共关系礼仪的基本要求；掌握日常交往礼仪；了解如何塑造个人的仪表风度。

随着社会的不断进步，社会文明程度日益提高，"礼仪"越来越多地受到重视。它已成为人们步入文明社会的"通行证"；"讲文明，懂礼貌，尊重他人，服务社会"已成为人们的共识。公共关系礼仪是提升社会组织以及社会公众相互关系的推进器，同时，也是一个组织文明程度的标志之一，是组织的精神风貌、人员素质以及公共关系工作水平的最直接体现。在改革开放、充满竞争挑战的新时代，公共关系人员在日常工作中更肩负着塑造组织形象的职责，必须重视基本公关交际礼仪的学习，并在实践中正确地加以应用。

第一节 公共关系礼仪概述

一、公共关系礼仪的概念

（一）礼仪的概念

在我国，"礼"泛指社会道德规范或行为准则，即在人们交往中表示尊敬他人的意愿、思想；"仪"指仪式、形式，即基本程序和具体表现。礼仪是指人们在社会交往中由于受历史传统、风俗习惯、宗教信仰、时代潮流等因素影响而形成，既为人们所认同，又为人们所遵守，是以建立和谐关系为目的的各种符合交往要求的行为准则和规范的总和。简言之，礼仪就是人们在社会交往活动中应共同遵守的行为规范和准则。

礼仪是在人际交往中，以一定的约定俗成的程序与方式来表现的律己、敬人的过程，涉及穿着、交往、沟通、情商等方面。从个人修养的角度来看，礼仪可以说是一个人内在修养和素质的外在表现。从交际的角度来看，礼仪可以说是人际交往中适用的一种艺术、一种交际方式或交际方法，是人际交往中约定俗成的示人以尊重、友好的习惯做法。从传播的角度来看，礼仪可以说是在人际交往中进行相互沟通的技巧。

（二）公共关系礼仪的概念

公共关系礼仪，是指组织的公共关系人员在开展公共关系活动中应遵从的尊敬他人、讲究礼节的程序。简单地说，公共关系礼仪是指从事公共关系活动时所要遵循的行为规范。

在当今复杂的竞争环境中，作为公共关系人员，必须时刻注意培养公共关系礼仪修养，运用公共关系的工作技巧、方法，灵活、巧妙地处理组织与各类公众之间的关系，以文明礼貌的仪态与公众交往。只有这样，才能广结良缘，沟通信息，增进了解，促进发展，创造出一个融洽、和谐的交往空间，以赢得更多的公众。相反，若公共关系人员语言粗鲁、仪态不端，即使主观愿望再好，非但不能收到预想的效果，反而还会失去公众。所以，公关礼仪作为一种传播和沟通的技巧，是公关人员在公关交际过程中必须遵循的礼节和仪式。

二、公共关系礼仪的基本特征

在公共关系活动中，尽管活动的主体、客体及传播媒介各不相同，但任何礼仪作为人类社会精神文明的一部分，是人类所共同的，这就决定不同国家、不同民族之间在交往中有许多共同的特征。同时，由于各国家、民族有不同的传统，又决定其有独特的礼仪。公共关系礼仪的基本特征有以下几方面。

（一）继承性

公共关系礼仪是在组织与公众的交往中形成的，都是对一定社会政治、经济、文化、习惯等的继承。这种继承不是消极地沿袭，而是一个积极地扬弃过程。

（二）稳定性

礼仪被社会认可后，便成为人们行为的规范，具有相对的稳定性。公共关系礼仪亦如此。

（三）实用性

礼仪是一整套可以具体操作并卓有成效的行为规范，具有很强的实用性。它可以帮助人们消除人际交往中的矛盾和冲突，建立良好的人际关系，从而使个人的需求得到更好的实现。

（四）约束性

礼仪是人们共同认可的、约定俗成的行为规范，对人们的行为具有很强的约束性。它与法律、道德一起约束人们的行为，使人们的行为更加符合他人、社会的需求，因而使人际关系更和谐、社会更稳定。

（五）变化性

礼仪是一套行为规范，但它并非一成不变，而是会随着历史的发展而变化，也会因情景不同、场合不同而有所变化。礼仪的灵活性要求人们对处于不同关系的人应有不同的礼仪，关系越密切，礼仪越简单，关系越疏远，礼仪越讲究。同时，要求人们在不同场合也应有不同的礼仪：正式场合，礼仪应严格、规范；非正式场合礼仪可以简单。

三、公共关系礼仪的作用

在公共关系交往中遵循礼仪，不但有利于组织与公众的沟通，而且有利于树立本组织的良好形象。公共关系礼仪作用表现在以下三个方面。

（一）提升组织竞争力

市场竞争最终是人员素质的竞争，对公共关系人员来说，公共关系人员的素质就是公共关系人员个人的修养和表现。教养体现于细节，细节展示素质。所谓公共关系人员的素质，就是公共关系人员在人际交往中待人接物的基本表现，而公共关系礼仪恰恰强调的就是公共关系人员必须时刻注意自己的形象，注意自己的言行举止，以文明礼貌的仪态与公众交往。在公关交际中，公共关系人员周全的礼仪，不仅能够反映出他本人的品质素养，给人以"悦目"的美感，更重要的是能够体现出组织的整体形象，最终实现组织竞争力的提升。

（二）有利于信息沟通

在公共关系的交往中，人的主观能动性被充分调动，各种传播媒介在人的不同交往形式中发挥信息沟通的作用。在人与人的直接交往中，如聚会、电话、访问、宣传资料、谈判等，促进了信息的流动，达到了人与人之间的信息沟通。据统计，科技人员的专业信息有20%～50%是通过文字材料得来的，大量的信息来自文字以外的渠道。公共关系中的各种交往形式，无疑对加强社会组织与公众之间的联系、促进信息的沟通，起了积极的作用。

（三）有利于协调关系

公共关系礼仪借助于一定的外部形式（如问候、握手、邀请、迎送、慰问、预约等），促进公共关系的协调。一个组织与公众的关系是多种多样的，有内部公众关系（如职工关系、干群关系等）、有外部公众关系（如顾客关系及新闻媒介关系等）。在为实现公关目标所进行的社会交往中，公共关系人员只有遵守公共关系礼仪，才能与他人保持一种平等、互相尊重、相互帮助的关系，避免出现交往中的人际障碍和摩擦，使相互之间的关系协调发展，促进社会组织工作的顺利开展。

四、公共关系礼仪的基本要求

（一）真诚为本，道德高尚

公共关系礼仪的核心在于体现公共关系人员对公众的真诚尊重与关心、理解与重视，而不在于追求外在形式的完美。公共关系礼仪对于公共关系活动的目的来说，虽然只是形式和手段，但却应当成为公共关系人员情感的真诚流露与表现。如果没有这种真诚，一切礼仪都将变成毫无意义的装饰、花架子，甚至会引起公众的反感。同时，很多礼仪都是人们自觉遵守的行为准则,只有具备良好的道德品质,才能自觉以礼待人。所以,作为组织的一员,一定要培养自己的道德情操、养成良好的礼仪习惯。

(二)互相尊敬,自觉主动

礼仪的本质就是交往双方或多方表达相互尊重的意愿,这种尊重是发自内心的,只有真诚、爱心才能赢得对方的信赖。在使对方感到亲切愉快的同时,自己也体验到文明交往的乐趣。同时,整个礼仪的规范和程序都离不开公共关系人员的主体自觉性或主观能动性,即用心学习、钻研、感悟、实践各种礼仪规范和程序,通过自觉、不懈的努力,持之以恒地朝着实现公共关系礼仪的美誉目标而努力。

(三)吸取经验,灵活运用

公共关系工作是与各种类型公众打交道的工作,社会公众来自不同的国家和地区,其要求各不相同甚至千差万别。所以,要求公共关系人员掌握不同的礼仪习俗,吸取有益的经验,对不同的公众施以恰当的礼仪,以达到公共关系工作的效果。同时,公共关系礼仪的规范既是具体的、严肃的,又是可变的、灵活的。任何公共关系礼仪都不是僵硬的教条,需要根据时间、地点、场合、对象的不同而灵活运用。

第二节　日常交往礼仪

公共关系人员在日常交际时,要充分运用行之有效的沟通技巧,善于从人际交往中获得有益信息,用礼仪规范指导自己的交际活动,更好地向交往对象表达自己的尊重、友善之意,以增进彼此之间的了解与信任。因此,注意日常交往礼仪,是组织做好公共关系工作的重要组成部分。

一、介绍礼仪

介绍礼仪,是指公关场合相互认识、初步了解的一种基本方式,它是一切交际活动的开始,也在一定程度上影响着以后交往是否顺利。在人与人之间的交往中,介绍能起桥梁与沟通作用,可以缩短人与人之间的距离,为进一步交往开个好头。因此,介绍礼仪是礼仪中最基本的,也是非常重要的内容。

(一)介绍的原则

为他人做介绍时,应该遵守"尊者优先了解情况"的原则,先要确定双方地位的尊卑,然后先介绍位卑者,后介绍尊者。

1. 先将男士介绍给女士

把男士先介绍给女士,以示对女士的尊重。例如,介绍王先生与李小姐认识,介绍人应当引导王先生到李小姐面前,然后说:"李小姐,我来给你介绍一下,这位是王先生。"在介绍的过程中,应注意被介绍者的名字总是后提。

2. 先将年轻者介绍给年长者

把年轻者引见给年长者，以示对前辈、长者的尊敬。例如，"王教授，让我来介绍一下，这位是我的同学张明。""张阿姨，这是我的表妹王丽。""刘伯伯，我请您认识一下我的表弟李强。"在介绍中，应注意有时虽然男士年龄较大，但仍然是先将男士介绍给女士。

3. 先将未婚女子介绍给已婚女子

例如，"张太太，让我来介绍一下，这位是李小姐。"当无法辨别被介绍者已婚还是未婚时，则不存在先介绍谁的问题，可随意介绍。例如，"张女士，我可以把我的女朋友李小姐介绍给你吗？"

4. 先将职位低的介绍给职位高的

在实业界或在商务场合中，要先将职位低的介绍给职位高的。例如，"王总，这位是××公司的总经理助理刘女士。"注意：因为我们把王总经理的职位看作高于刘女士，尽管王总经理是一位男士，仍不先介绍他。

5. 先将家庭成员介绍给对方

在向别人介绍自己的家庭成员时，应谦虚地说出对方的名字。这不仅是出于礼貌，而且对介绍自己的家庭成员也比较方便。例如，"张先生，我想请你认识一下我的女儿晓芳。""张先生，请允许我介绍一下我的妻子。"

6. 集体介绍时的顺序

在被介绍者双方地位、身份大致相似或者难以确定时，应当使人数较少的一方礼让人数较多的一方，一个人礼让多数人，先介绍人数较少的一方或个人，后介绍人数较多的一方或多数人。

若被介绍者在地位、身份之间存在明显差异，特别是当这些差异表现为年龄、性别、婚否、师生以及职务有别时，则地位、身份为尊的一方即使人数较少甚至仅为1人，仍然应被置于尊贵的位置最后加以介绍，而先介绍另一方人员。

若需要介绍的一方人数不止1人，可采取笼统的方法进行介绍。例如："这是我的家人。""他们都是我的同事。"等等。但是，最好还是要逐一进行介绍。进行此种介绍时，可按位次尊卑顺序进行介绍。

若被介绍双方皆不止1人，则可依照礼规，先介绍位卑的一方，后介绍位尊的一方。在介绍各方人员时，均需由尊到卑，依次进行。

（二）介绍时的称呼

合理地称呼对方，既是对他人的尊重，又反映了公共关系人员的礼仪修养。称呼是一个比较复杂的问题，目前在国际上主要有以下几种称呼方式：

（1）一般称。这是最简单、最普遍、特别是面对陌生公众时最常用的称呼方式。例如，"小姐"、"先生"、"夫人"、"太太"、"女士"、"同志"等，其中使用频率最高的是头两个；未婚女子可统称"小姐"，已婚女子统称为"夫人"或"太太"，如搞不清对方的婚姻状况，可统称"小姐"；对职业女性可统称为"女士"。

（2）职务称。例如，"张经理"、"李局长"等。

(3) 职业称。例如,"王老师"等。

(4) 姓名称。一般同龄人、好朋友之间,直呼其名更显亲密,例如,"张三"、"李四"等。

(5) 亲属称。例如,"王爷爷"、"张叔叔"等。

(三) 介绍的方法

1. 自我介绍

在不同场合,遇见对方不认识自己而自己又有意与其认识,但当场没有他人从中介绍,这时往往需要自我介绍。可以说,自我介绍是跨入社交圈、结交更多朋友的第一步。如何介绍自己,如何给对方或其他人留下深刻的印象,可以说是一门艺术,这与个人的气质、修养、思维和口才密不可分。

自我介绍时,介绍者应首先向对方微笑着点头致意,得到回应后再向对方作自我介绍。可以面带微笑,温和地看着对方说声"您好",以引起对方的注意,然后报出自己的姓名、身份,并简要表明结识对方的愿望或缘由。进行自我介绍一定要用语简洁,尽可能地节省时间,以半分钟为佳。

自我介绍的基本要求:

(1) 进行自我介绍时,态度务必自然、友善、亲切、随和,语气要自然,语速要正常,语音要清晰,言辞要得体和谦逊动听。

(2) 注意学会用较简明的语句介绍清楚自己的个人资料、姓名、工作单位、身份等,同时辅以适当的体态语和副语言;如果带有个人名片,应用双手递交对方。

(3) 在自我介绍完毕之后,应加上"请多关照"之类的谦词做结束语。这样,双方就能在初次见面的短时间里留下较深的印象了。

2. 介绍他人

介绍别人相识就是自己把某个人介绍给另一个人或介绍一些人互相认识。这种情况下,交往双方原来并不相识,但分别都与自己有交往关系,这时,自己的任务就是介绍双方互相认识。

介绍时,除了妇女和年长者外,被介绍人一般应起立并点头致意。在相互介绍中,一般是身份低的、年纪轻的先递交自己的名片;如果上级领导或年长者先拿出名片,下级和小辈也应该大大方方地双手接过来,先仔细看看名片的内容,再收放好,同时用口语表示感谢:"很高兴认识您!""以后请您多指教!"

介绍他人时应注意以下两点:

第一,为他人介绍,首先应了解双方是否有结识的愿望,切不可冒昧引见,尤其在双方职位或地位相差悬殊的情况下。

第二,要注意被介绍者的个人资料,如姓名、性别、年龄、身份等具体情况,按照先后次序分别给予介绍(先宾后主、先主后从、先女后男、先人后己)。而且,为他人作介绍时,关于个人资料的信息量要适中,同时,应该选择能够使双方很快就有共同话题的资料加以介绍。

二、见面礼仪

（一）微笑礼仪

微笑是公共关系礼仪中最富有吸引力、最有价值的面部表情，微笑是表现自己友善、谦恭、渴望友谊的美好的感情因素，是向他人发出的理解、信任、宽容的信号。所以，有人把微笑称作一种有效的"交际世界语"，这是十分恰当的。正如罗杰·E. 艾克斯泰尔所说："有一个世界通用的动作、一种表示、一种交流形式，它存在于所有的文化与国家中，人们不分国别、不分种族地使用它，并理解它的含义；它可以帮助你与各种关系的人交往，不论是业务伙伴，还是朋友；它是人们交流中的唯一最有用的形式；那就是微笑。"

人与人之间最短的距离是一个分享的、真诚的微笑，虽然笑有千百种，但真诚的微笑只有一种。它不仅能够拉近人与人之间的距离，还可以给人以战胜困难的勇气和力量。

微笑是可以训练养成的。在练习时，口里可念着普通话的"一"字音，让双颊肌肉向上松，嘴角向上翘起；同时，要让自己的眼睛也笑起来。如果一个人的嘴角向上翘起，而眼睛冷冰冰的，就会给人虚假的感觉。

微笑是发自内心的对人友好的情感，不要简单地把它理解为外交手段，只有对生活、对世界充满真诚挚爱的人，才能完美地掌握这种最简单而又最高级的社交手段。

（二）握手礼仪

握手，是在社交场合中相互见面、离别、恭贺、致谢时以及在相互介绍时常见礼仪。握手双方一般是先打招呼，然后握手致意。

1. 握手的方式

握手的标准方式，是行至距握手对象约1米处，双腿立正，上身略向前倾，伸出右手，四指并拢，拇指张开与对方相握。握手时应用力适度，上下稍微晃动三四次，随后松开手来，恢复原状。具体应注意如下几点：

（1）神态。握手时的面部表情是面带微笑，目光与对方交流并且口头问候。不要看着第三者与对方握手，那种漫不经心地、似看非看地与别人握手是一种不礼貌的行为。

（2）力度。握手时用力应适度，不轻不重，恰到好处。如果手指轻轻一碰，刚刚触及就离开或是握手时缺少应有的力度，会给人勉强应付、不得已而为之的感觉。一般来说，手握得紧是表示热情，男人之间可以握得较紧，甚至在手相握时左手握住对方胳膊肘、小臂甚至肩膀。但是，应注意既不能握得太使劲，使人感到疼痛，也不能显得过于柔弱，不像个男子汉。男性与女性握手应热情、大方、用力适度。

（3）时间。握手时间宜短，通常是握紧后打过招呼即松开，一般1~3秒钟为宜。如果是亲密朋友意外相遇、敬慕已久而初次见面、至爱亲朋依依惜别或衷心感谢难以表达等场合，握手时间可长一点，甚至紧握不放、话语不休。例如，1972年，美国总统尼克松访华时，尼克松走出机舱在离地面还有三个台阶时就向前来欢迎的周恩来伸出手，他们的手紧紧相握长达3分钟，充分地表达了中美两国关系揭开新的篇章。

2. 握手的顺序

根据礼仪规范，握手时双方伸手的先后次序一般应当遵守"尊者先伸手"的原则，应由尊者首先伸出手来，位卑者只能在此后予以响应，而绝不可贸然抢先伸手，否则就是违反礼仪的举动。握手的基本顺序如下：

（1）男女之间握手。男女之间握手，男士要等女士先伸出手后才握手。如果女士不伸手或无握手之意，男士向对方点头致意或微微鞠躬致意。男女初次见面，女方可以不和男士握手，只是点头致意即可。男女握手时，男士要脱帽和脱右手手套，如果偶遇匆匆忙忙来不及脱时要道歉。女士除非对长辈，一般可不必脱手套。

（2）宾客之间握手。宾客之间握手，主人有向客人先伸出手的义务。在宴会、宾馆或机场接待宾客，当客人抵达时，不论对方是男士还是女士，女主人都应该主动先伸出手；男士因是主人，尽管对方是女宾，也可伸出手，以表示对客人的热情欢迎。在客人告辞时，则应由客人首先伸出手来与主人相握，在此表示的是"再见"之意。

（3）长幼之间握手。长幼之间握手，年幼的一般要等年长的先伸手；和长辈及年长的人握手，不论男女，都要起立趋前握手，以示尊敬。

（4）上下级之间握手。上下级之间握手，下级要等上级先伸出手。涉及主宾关系时，可不考虑上下级关系，主人应先伸手。

（5）一个人与多人握手。若是一个人需要与多人握手，则握手时亦应讲究先后次序，由尊而卑，即先年长者后年幼者，先长辈后晚辈，先老师后学生，先女士后男士，先已婚者后未婚者，先上级后下级，先职位、身份高者后职位、身份低者。

需要注意的是：在商务、公务场合，握手时伸手的先后次序主要取决于职位、身份；在社交、休闲场合，主要取决于年纪、性别、婚否。

什么情况下不宜握手呢？一是当对方（自己）双手满是东西时或对方（自己）的手不干净时，不宜握手；二是当对方阶层比你高许多，而你又没有什么话要对他说，这种情况下，如果刻意上前与之握手并介绍自己，就显得别有用心或有巴结之嫌了。

此外，有时当你热情地伸出手去，而对方可能没注意到，这时，只要微笑地把手收回即可。只要对方不是有意为之，就不必在意。

（三）名片礼仪

名片是礼仪信物之一。早在西汉时，名帖就有了，当时因造纸术还未发明，故削竹、木为片，上面写上姓名，称之为"谒"，后又改叫"刺"，有了纸后，又叫"名纸"、"名帖"，现在则称名片。

随着时代的发展，在人们交往和公共关系活动中，名片的使用越来越普遍。名片已成为现代社会中必不可少的交际工具。两人初次见面，先互通姓名，再递上名片，名片上的单位、姓名、职务、电话等历历在目，既回答了一些对方心中想问而有时又不便贸然出口的问题，又使相互之间的距离一下子接近了许多。因此，在交往中，熟悉和掌握名片礼仪是十分重要的。

1. 呈名片礼仪

名片的持有者在递交名片时动作要洒脱、大方，态度从容、自然，表情更亲切、谦恭。递交名片的姿势是：双手递过去，以示尊重对方。将名片放置手掌中，用拇指夹住名片，其余四指托住名片反面。名片的文字要正向对方，以便对方观看，不要拿反或拿倒。并用诚挚的语调说："这是我的名片，以后请多关照"或"这是我的名片，以后多联系"。呈名片的时间应根据具体情况而定。如果名片持有者与人事先有约，可在告辞时再递上名片。如果双方只是偶然相遇，则可在相互问候、得知对方有与你交往的意向时，再递交名片。与多人交换名片时，要注意讲究先后次序，或由近而远，或由尊而卑，依次进行，切勿采取"跳跃式"；当然也没有必要像散发传单似的，站在人流拥挤处随意滥发名片。

2. 接名片礼仪

接名片要用双手，然后致谢，并应认真地读一遍。读后尽量记住对方的姓名、职务、工作单位，也可用感叹语赞美几句，然后郑重收好。事后可在名片后简略记下对方的爱好、特长、主要经历等，以便日后再见时不但能说出对方的名字，还能随口说出其特长爱好等，这样，对方定会感到高兴和意外，有利于进一步交流。

在别人给了名片后，如有不认识或读不准的字要虚心请教。请教别人的姓名，丝毫不会降低你的身份，反而会使人觉得你是一个对待事情很认真的人，增加对你的信任。接受名片时应避免：①马马虎虎地用眼睛瞄一下，然后顺手不经意地塞进衣袋；②随意往裤子口袋一塞或往桌上一扔；③名片上压东西、滴上菜汤油渍；④离开时把名片忘在桌子上。上述行为是对对方人格的不尊重，会使对方感到不快。

三、电话礼仪

电话，已是现代社会中越来越普遍的通讯工具，在社交活动过程中扮演着重要的角色。试想一个公司的电话接线员或办公室工作人员用漫不经心、冷淡无味、生硬刺耳的话语接待顾客，给客人的印象极端恶劣，将给公司造成重大的损失。公共关系人员要想拥有"带着微笑的声音"或者通过电话赢得信任，就必须掌握使用电话的礼节与技巧。

（一）电话交谈与面对面交谈的区别

1. 轮流讲话，不允许双方都沉默

打电话时，一般由接电话人先讲，然后双方轮流讲。电话交谈不允许两人同时讲话，也不允许两人都沉默。面对面交谈中双方有时都沉默片刻，这种情况在电话交谈中不存在。

2. 强迫双方进行交谈

在电话中交谈有种催人快说的力量，因为讲话要付电话费，所以要尽量节省时间。

3. 电话交谈只能运用声音

在可视电话没有普及的今天，打电话双方看不到对方的手势、动作、表情等辅助姿态语言。而面对面交谈，双方不仅可以听到双方的声音，还可以看到对方的表情、动作等。

（二）电话语言要求

接打电话，双方的声音是一个重要的社交因素。双方因不能见面，就凭声音进行判断，个人的声音不仅仅代表自己的独特形象，也代表了组织的形象，所以打电话时，必须重视声音的效果。

1. 态度礼貌友善

当我们使用电话交谈时，我们不能简单地将对方视作一个"声音"，而应看作面对一个正在交谈的人。尤其是对办公人员来说，我们面对的是组织的成员，如果你们是初次交往，那么这样一次电话接触便是你给公众的第一次"亮相"，应十分慎重。因此，在使用电话时，多用肯定语、少用否定语，酌情使用模糊用语；多用些致歉语和请托语，少用些傲慢语、生硬语。礼貌的语言、柔和的声音，往往会给对方留下亲切感。正如日本一位研究传播的权威所说："不管是在公司还是在家庭里，凭这个人在电话里的讲话方式，就可以基本判断出其教养的水准。"

2. 传递信息简洁

电话用语要言简意赅，将自己所要讲的事用最简洁、明了的语言表达出来。通话的一方尽管有诸如紧张、失望而表情异常的体态语言，但通话的另一方不知道，他所能得到的判断只能是来自他听到的声音。在通话时，最忌讳发话人吞吞吐吐、含糊不清、东拉西扯；正确的做法是问候完毕对方，即开宗明义，直言主题，少讲空话，不说废话。

3. 控制语速语调

通话时语调温和，语气、语速适中，这样有魅力的声音容易使对方产生愉悦感。如果说话过程语速太快，则对方会听不清楚，显得敷衍了事；太慢，则对方会不耐烦，显得懒散拖沓。如果语调太高，则对方听得刺耳，感到刚而不柔；太低，则对方会听得不清楚，感到有气无力。说话的语速、语调和平常一样就行了，即使是长途电话，也无须大喊大叫，把受话器放在离嘴10厘米左右的地方，正对着它讲就行了。另外，通话时，周围有异样的声音，会使对方觉得自己未受尊重而变得恼怒，这时应向对方解释，以保证双方心情舒畅地传递信息。

（三）打电话的礼仪

1. 时间适宜

一般往办公室打电话最好避开临近下班时间，公务电话尽量打到对方单位，如果有要紧事必须往对方家里打电话，应注意尽量避开吃饭或休息时间。当然，若是亲属间、熟人间或有急事打长途电话可根据情况而定。电话交谈所持续的时间不宜过长，事情说清楚就可以了，一般以3～5分钟为宜。在办公室打电话，要照顾到其他电话的进出，不可过久占线；更不可将办公室的电话或公用电话用做聊天的工具。

2. 有所准备

打电话首先应有思想准备，有高度的责任心和认真耐心的态度；其次要考虑好通话的大致内容，如怕遗漏，则应事先写下几点以备忘；最后要在电话机旁备有常用电话号码本、做记录的笔和纸。

3. 注意礼节

打电话时，应主动友好，自报一下家门和证实一下对方的身份。应首先通报自己的姓名、身份，让对方有安心感，然后再提一下对方的名称。打电话要坚持用"您好"开头、"请"字在中、"谢谢"收尾，态度温文尔雅。若你找的人不在，可以请接电话的人转告，例如，"对不起，麻烦您转告××"，然后将你所要转告的话告诉对方。最后别忘了向对方道一声谢，并且问清对方的姓名。切不可"咔嚓"一声就把电话挂了，这样做是不礼貌的。即使你不要求对方转告，也应该说一声："谢谢，打扰了。"打电话结束时，要道谢或说声再见，这是通话结束语，也是对对方的尊重。声音要愉快，听筒要轻放。一般说来，应是打电话的人先搁下电话，接电话的人再放下电话。但是，假如是与上级、长辈、客户等通话，无论你是接话人还是发话人，都最好让对方先挂断。

（四）接电话礼仪

1. 迅速接听

接电话首先应做到迅速接听，力争在铃响 3 次前就拿起话筒，这是避免打电话的人产生不良印象的一种礼貌。电话铃响过 3 遍后才做出反应，会使对方焦急不安或不愉快。正如日本著名社会心理学家铃木健二所说："打电话本身就是一种业务，这种业务的最大特点是无时无刻不在体现每个人的特性。""在现代化大生产的公司里，职员的使命之一，是一听到电话铃声就立即去接。"接电话时，也应首先自报单位、姓名，然后确认对方，例如："您好！这是××公司营销部。"如果对方没有马上进入正题，可以主动请教："请问您找哪位通话？"

2. 积极反馈

作为受话人，通话过程中要仔细聆听对方的讲话并及时作答，给对方以积极的反馈。通话听不清楚或意思不明白时，要马上告诉对方。在电话中接到对方邀请或会议通知时，应热情致谢。

3. 热情代转

如果对方请你代转电话，应弄明白对方是谁、要找什么人，以便与接电话人联系。此时，请告知对方"稍等片刻"，并迅速找人。如果不放下话筒喊距离较远的人，可用手轻捂话筒或按保留按钮，然后再呼喊接话人。如果你因别的原因决定将电话转到别的部门，应客气地告诉对方，你将电话转到处理此事的部门或适当的职员。例如："真对不起，这件事是由财务部处理。如果您愿意，我帮您转过去好吗？"

4. 做好记录

如果接电话的人不在，应为其做好电话记录；记录完毕，最好向对方复述一遍，以免遗漏或记错。

（五）接、打电话双方应共同遵守的原则

1. 口齿清晰、音量适中、语调热情、亲切自然

接打电话双方都应谈吐清晰，声音不能过高，让对方惊讶；也不能过低，让对方听不清；更不要装腔作势或过分生硬。应热情、自然，给对方以亲切感，多用文明语言，

例如,"您好"、"拜托"、"不好意思"、"对不起"、"让您久等了"等。

２．简明扼要、节省时间

在当今时代,人们都采取快节奏的生活频率,更要注意提高打电话的效率。讲话时要做到简明扼要,不要拿起电话天南地北"侃大山",既耽误双方的时间又因长时间占线而影响别人打通电话。

３．体态端正

虽然目前人们打电话还看不到对方的手势、表情等,但往往人们的身体语言也影响到谈话的音调,所以,必须注意打电话时体态要端正,尤其注意打电话时不能吃东西、喝水等。

４．轻拿轻放

无论是打电话还是接电话,双方都要轻拿轻放,在没有放好电话之前,最好不要乱议论或说对方的闲话,以免引起对方的误会。

四、舞会礼仪

随着交往空间的不断扩大,如今舞会也是增进友谊、结交朋友、交流信息的一种重要形式,同时,它也是公共关系工作中不可缺少的交流形式。作为大学生,除了紧张的学习生活外,还要适当参加一些文体活动,如节假日里同学相约,组织一场健康、活泼的舞会,在悠扬的乐曲声中翩翩起舞,既舒展身姿,驱除疲倦,又可以体现青年学生的青春朝气。

（一）参加舞会应仪容整洁

参加舞会应适当的修饰打扮,男性最好修面,西装革履,配上合适的领带,给人以潇洒大方、风度翩翩的感觉,切忌蓬头垢面、衣着不整,禁穿背心、短裤走进舞池。女性穿着漂亮、鲜艳一点的服装,再恰到好处地配戴首饰,给人以飘逸、美丽、端庄的感觉。

（二）邀请舞伴应彬彬有礼

音乐声起,一般是男性邀请女性,如果是熟人,则没有固定顺序。如果与被邀请者不相识,可以向对方半鞠躬,同时伸出右手,轻声说:"可以请您跳舞吗?"或"您喜欢随这支曲子跳舞吗?"这时女性一般不应拒绝,微微点头,然后双方共同步入舞池。如果女性的男伴或女伴还在一旁,邀请者应向他们点头示意,或说"对不起",对方也应点头表示同意。邀请时,如果女性想拒绝,则应和气地说一声"对不起",并简要说明理由。这时,男性也应客气地说:"没关系。"然后告退。切忌用生硬的态度邀请舞伴和拒绝邀请,更不得蛮横无礼。

（三）舞姿应自然、优美、大方

良好的舞姿是对跳舞双方共同的要求。跳交谊舞时身体始终保持平、稳、正、直,端庄大方,目光自然平视。女性的左手轻轻搭在男伴的右肩稍外侧处;男性的左手轻轻握着女伴的右手，右手臂轻轻点在女伴的腰间。闻歌起舞，进退自如，舞姿轻盈飘逸，大方而有风度。如果在跳舞中踩了对方的脚，应说"对不起"，表示歉意。被踩者也应在对方表示歉意之后以"没关系"做了结，以表示礼貌。

（四）跳舞完毕的礼仪

跳舞完毕，男性应将女伴送回原位，说声"谢谢"，或点头致谢后离去。女性也应点头致谢。

总之，在交谊舞会上，从邀请舞伴，到送女伴落座，自始至终都应该使用文明语言，声音要和气，举止大方适度。不许在舞会上高谈阔论、动作低俗，更不允许拉拉扯扯。要做到心地纯洁坦荡，相互尊重，以礼相待。

第三节　个人的仪表风度

在与他人的交往过程中，公共关系人员第一印象如何往往决定了今后的交往能否顺利、成功。第一印象的好坏在很大程度上取决于个人的外在形象，而个人的外在形象又往往通过服饰、仪容卫生、举止风度、谈吐等方面表现。一个人如果衣着打扮得体、大方，举止稳重、潇洒，谈吐自然、流畅，仪容整洁、富有魅力，往往能给人留下良好的第一印象，从而使双方的交往有个良好的开端。

一、交谈礼仪

交谈礼仪，是指人们在交谈活动中应遵循的礼节和应讲究的仪态，它是交流思想和表达感情最直接、最快捷的途径。在人际交往中，因为不注意交谈的礼仪规范，或用错了一个词，或多说了一句话，或不注意词语的感情色彩，或选错话题等而导致交往失败或影响人际关系的事，时有发生。曾任美国哈佛大学校长的伊立特说："在造就一个有修养的人的教育中，有一种训练必不可少，那就是优美、高雅的谈吐。"因此，在交谈中必须遵从一定的礼仪规范，才能达到双方交流信息、沟通思想的目的。并且，交谈始终包括说和听两个方面。在听与说的关系上，听比说更重要。

（一）交谈中听的礼仪

1. 交谈中听的作用

社会学家兰金也早就指出，在人们日常的语言交往活动（听、说、读、写）中，听的时间占54%，说的时间占30%，读的时间占16%，写的时间占9%。这说明，听在人际交往中居于非常重要的地位。

在人们面对面的交谈中，讲与听是对立统一的，认真地去听，可以收到良好的谈话效果。听，可以满足对方的需要。认真聆听对方的谈话，是对讲话者的一种尊重，在一定程度上可以满足对方的需要，同时可以使人们的交往、交谈更有效，彼此之间的关系更融洽。聆听是一种礼貌，是对别人的尊重，是一种鼓励，是褒奖对方谈话的一种方式,有助于提高谈话者的兴致。因此,能够耐心地倾听对方的谈话,等于告诉对方"你是一个值得我倾听你讲话的人",这样在无形中就能提高对方的自尊心,加深彼此的感情。反之,对方还没有把将要说的话说完,你就听不下去了,这最容易使对方自尊心受挫。

2. 交谈中听的礼仪

(1) 听的方式。交谈中善于聆听的确有许多好处,但要真正做到洗耳恭听,仅仅对人抱有尊敬之心还不够。也就是说,听不光要用耳朵,还要用心,用整个身心去听。但有些人做不到这一点,他们听时心不在焉,或左顾右盼,或处理他事,或摆弄东西,或不时走动。这种方式最易伤人自尊,使说者不愿再讲,更不愿讲心里话。因此,无法收到较好的效果,还会影响到双方的关系。也有的人,听时虽然很认真,但却爱挑毛病,或者频加批判,或遽下判断,这种方式使人讲话时不得不十分小心,字斟句酌,同时也担惊受怕,不敢吐露真情,从而影响交谈正常而深入地进行。这两种听的方式都不利于交谈的进行。其实,最好的听的方式,是要站在对方的立场去听、去反应、去认识、去理解、去记忆,因为这种听话的方式,既能使听者集中注意力全神贯注地听,又能较好地理解说话者的原意,使对方受到尊敬和鼓舞,愿意讲真话、说实话,并发展彼此友好的往来关系。

(2) 听时的交流。听时要注意谈话者的神态、表情等非语言传播手段,这些往往会透露出话外之意,不仅如此,还要多注意自己的"身体语言"。在他人讲话时,应尽可能地以柔和的目光注视着对方,以便与对方进行心灵上的交流与沟通。这样做,会使对方感受到无声的鼓励或赞许,可以赢得其好感。当然,善于聆听的人光会用眼神还远远不够,还要学会用声音、动作去呼应,也就是说,要随着说话的人的情绪变化而伴以相应的表情。身体稍稍倾向于说话人,面带微笑。在说话者谈到要点,或是其观点需要得到理解和支持时,应适时适量地点点头,或是简洁地表明一下自己的态度。当然,只是在关键地方点点头就可以了,不必频频点头。同时,还可以通过一些简短的插话和提问,暗示对方对他的话确实感兴趣,或启发对方,以引起感兴趣的话题。如果对对方的话题不感兴趣,且十分厌烦,那就应该设法巧妙地转变话题,但须注意方式。当有多人在一起交谈时,要学会用目光适当照应在场的其他人,很快地交换一下目光,以鼓励那些不爱开口的人说话。此外,要善于从别人的话语里找出他没有能明白表达出来的意思,避免产生误解,此时也可用一两个字暗示对方,或恰当地提出问题,以表明聆听得十分认真,并力求理解他讲的含义。要强调的是,最高明的"听众"是善于向别人请教的人。如与人交谈时,能向其请教一两个他擅长且不避讳的问题,一定会使其自尊心得到莫大的满足;但要注意向人请教绝不能避实就虚,强人所难。

(二) 交谈中说的礼仪

1. 准确的内容表达

(1) 条理清晰,避免啰嗦。主旨明确、有条不紊的谈话,让人很容易领会,有一种美感;反之,主旨不明、杂乱无章的谈话叫人难以领会,使人厌烦。正像任何行动都会有目的一样,人只要说话就有一定的目的,目的决定了任何谈话都有一个中心意思。

中心明确，才能解决说话的集中性、连续性和条理性的问题；日常说话不论简单还是繁杂，都要主旨明确，语言不繁。

对于一次谈话要说出多项内容，更需要事前心中有数，在多项内容之间串起中心，不论是主动者或是被动倾听者，要有耐心和善于捕捉谈话的时机，将背离于主题的话题拉回来。按一定的主题和条理与人交流，对谈话的另一方也是一种礼貌。

（2）措词准确，避免误解。准确表达，善于言谈，既要快捷，又要得体，是人际交往所必需的。

有一则笑话，说明措词不准确会使人误解：某人过生日，邀请八位朋友到家做客。约定时间已过，还差两个人没来。主人等得不耐烦，就说："怎么搞的？该来的不来？"六位客人中，有两人听得不对劲，耳语："如此说来，我们可能是不该来的吧？"便悄悄溜走了。主人摆好饭菜一看，走了两个人，又着急不满地说："怎么搞的？不该走的反倒走了！"又有两位客人嘀咕："这么说，我们准是该走了。何必还要赖在这儿呢？"于是，这两位也伺机溜走了。主人一看又走了两位，恼火至极。剩下未走的人对主人说："既然你不说他俩，那么就是说我俩了！"这两人也气愤地走了。这则笑话虽有些夸张，但充分说明说话时注意用词的前提与逻辑的重要性。

2. 恰当的礼貌用语

使用礼貌用语是人类文明的标志，也是全世界共同的心声。使用礼貌用语不仅会得到别人的尊重，提高组织的信誉和形象，而且会对公共关系人员的事业起到良好的辅助作用。我国政府有关部门向市民普及文明礼貌用语，基本内容为10个字："请"、"谢谢"、"你好"、"对不起"、"再见"。在实际的社会交往中，日常礼貌用语远不止这10个字。归结起来，主要可划分为如下几类：

（1）敬语。敬语是表示恭敬、尊敬的习惯用语。这一表达方式的最大特点是，当与宾客交流时，常常用"您好"开头，"请"字居中，"谢谢"或"再见"收尾，"对不起"常常挂在嘴边。日常工作中，"您好、请、谢谢、对不起、再见"等字用得最多。其中，"请"字包含了对宾客的敬重与尊敬，体现了对他人的诚意。如"请走好"、"请出示车月票"、"请稍等"等。

在日常生活中的惯常用法还有"久仰"、"久违"、"包涵"、"打扰"、"借光"、"拜托"、"高见"等。

（2）谦语。谦语是向人们表示一种自谦和自恭的词语。以敬人为先导，以退让为前提，体现着一种自律的精神。在交谈中常用"愚"、"愚见"、"请问我能为您做点什么"等；日常生活中惯常用法有"寒舍"、"太客气了"、"过奖了"、"为您效劳"、"多指教"、"没关系"、"不必"、"请原谅"、"惭愧"、"不好意思"；等等。

（3）雅语。雅语又称委婉语，是指用一种比较委婉、含蓄的方式表达双方都知道、理解但不愿点破的事。如当宾客提出的要求一时难以满足时，可以说："您提出的要求是可以理解的，让我们想想办法，一定尽力而为。""可以理解"是一种委婉语，这样回答可以为自己留有余地。

中国传统中约定俗成的礼貌谦辞如下：①初次见面说久仰，看望别人说拜访。②请人勿送说留步，对方来信用惠书。③请人帮忙说劳驾，求给方便说借光。④请人指导说请教，请人指点说赐教。⑤赞人见解说高见，归还原物叫奉还。⑥欢迎购买叫光顾，老人年龄叫高寿。⑦等候客人用恭候，接待客人叫茶后。⑧客人来到说光临，中途要走说失陪。⑨送客出门说慢走，与客道别说再来。⑩麻烦别人说打扰，托人办事说拜托。⑪与人分别用告辞，请人解答用请问。⑫接受礼品说笑纳，好久不见说久违。

3. 合适的话题

仅仅能流畅地交谈，并不等于掌握了交谈的礼仪。良好的交谈礼仪、方法还应考虑对方与自己的不同立场和关系，正确选择交谈话题。所谓话题，是指人们在交谈中所涉及的题目范围和谈资内容。换言之，话题是一些由相对集中的同类知识、信息构成的谈话资料及其相应的语体方式、表述语汇和语气风格的总和。在公共交往场合，应选择大家都可介入、都方便发表意见的话题。

在公共关系活动中，应该选择交谈业已约定或者一方先期准备好的话题，如征求意见、传递信息、研究工作等，话题应尽量符合交谈双方的年龄、职业、思想、性格、心理等特点。例如，同是40岁的女士，一位安于现状，不思进取；另一位不甘落后，仍在努力拼搏，你若在第一位女士面前夸奖第二位女士，肯定会引起此女士不快，谈话亦无法继续下去。同时，交谈中不要涉及令人不愉快的内容，不要谈及他人的隐私及犯忌的事情，不要谈论他人身体的胖瘦、头发的多少等。对女性则不问年龄、婚否、衣饰价格等。对男性最好不问钱财、收入、履历等。遇到不便谈论的话题应适当转移，以缓和气氛。涉及对方反感的话题应及时表示歉意。

二、服饰礼仪

服饰是个人外表的重要组成部分，公关人员的服饰是否得体将直接影响其在公众心目中的个人形象。

服饰包括服装和饰品两部分。服饰是社会风尚的象征，是个性美的展现。因此，透过服饰的选择，能够体现出人与服饰、精神与形体的和谐，体现出人的性格特点、文化修养、审美能力和情感需求，也体现出人的地位、财富、成功与否及职业特征。

注意服饰、着装讲究是对公共关系人员的一个基本要求，因为在公共关系活动中，公共关系人员往往代表着组织的社会形象。如果一个人仪表堂堂，穿着大方得体，梳妆打扮恰到好处，以落落大方的姿态出现在人们面前，很快就会使人产生一种愉快的感受，容易给对方留下良好的印象，也容易使人对组织产生良好的联想。

（一）服饰打扮的原则

1. 整洁原则

这是服饰打扮最根本的原则。一个穿着整洁的人总能给人积极向上的感觉，总是受欢迎的；而一个衣衫褴褛肮脏的人，给人的感觉总是消极颓废的。

2. 个性原则

不同的人由于年龄、性格、职业、文化素养不同，自然就会有不同的气质，因此，服饰的选择既要符合个性气质，又要能通过服饰实现个性气质。

3. 和谐原则

美的最高法则即是和谐。对于服饰打扮应包含两层含义：一是指服饰应与自己的社会属性（即职业、社会地位、文化修养等）相和谐，二是指服饰应与自己的自然属性（即年龄、体型、肤色、发型、相貌特征、性格特征等）相和谐。

(二) 服装的色彩搭配与饰物礼仪

1. 服装的色彩搭配

不同的色彩有着不同的象征意义：①暖色调——红色象征热烈、活泼、兴奋、富有激情，黄色象征明快、鼓舞、希望、富有朝气，橙色象征开朗、欣喜、活跃；②冷色调——黑色象征沉稳、庄重、冷漠、富有神秘感，蓝色象征深远、沉静、安详、清爽、自信而幽远；③中间色——黄绿色象征安详、活泼、幼嫩，红紫色象征明艳、夺目，紫色象征华丽、高贵；④过渡色——粉色象征活泼、年轻、明丽而娇美，白色象征朴素、高雅、明亮、纯洁，淡绿色象征生命、鲜嫩、愉快和青春。

服装的色彩是着装成功的重要因素，服装配色以"整体协调"为基本准则。全身着装颜色搭配最好不超过三种颜色，而且以一种颜色为主色调，颜色太多则显得乱而无序、不协调。灰、黑、白三种颜色在服装配色中占有重要位置，几乎可以和任何颜色相配并且都很合适。

着装配色和谐的几种比较保险的办法：一是上下装同色，即套装，以饰物点缀；二是同色系配色，利用同色系中深浅、明暗度不同的颜色搭配，整体效果比较协调；三是利用对比色搭配（明亮度对比或相互排斥的颜色对比），运用得当，会有相映生辉、令人耳目一新的亮丽效果。年轻人穿上深下浅的服装，显得活泼、飘逸、富有青春气息；中老年人采用上浅下深的搭配，给人以稳重、沉着的静感。服装的色彩搭配考虑与季节的协调会收到不同凡响的理想效果。同一件外套，利用衬衣的样式与颜色的变化与之相衬托，会表现出不同的独特风格，能以简单的打扮发挥理想的效果，本身就说明着装人内在的充实与修养。很多人却忽略了这一点，不能不说是打扮意识薄弱之处。利用衬衣与外套搭配应注意衬衣颜色不能与外套相同，明暗度、深浅程度应有明显的对比。着装配色要遵守的一条重要原则，就是根据个人的肤色、年龄、体形选择颜色。例如，肤色黑的人，不宜着颜色过深或过浅的服装，而应选用与肤色对比不明显的粉红色、蓝绿色，最忌用色泽明亮的黄橙色或色调极暗的褐色、黑紫等；皮肤发黄的人，不宜选用半黄色、土黄色、灰色的服装，否则会显得精神不振和无精打采；脸色苍白者不宜着绿色服装，否则会使脸色更显病态；肤色红润者，穿绿色服装效果会很好；白色衣服搭配任何肤色的效果都不错，因为白色的反光会使人显得神采奕奕。体形瘦小的人适合穿色彩明亮度高的浅色服装，这样显得丰满；而体形肥胖的人使用明亮度低的深颜色则显得苗条。由于大多数人体形、肤色属中间混和型，所以颜色搭配没有绝对性的原则，重要的是在着装实践中找到最适合自己的搭配颜色。

2. 饰物礼仪

饰物是指与服装搭配的对服装起修饰作用的其他物品，主要有领带、围巾、丝巾、胸针、首饰、提包、手套、鞋袜等。饰物在着装中起着画龙点睛、协调整体的作用。胸针适合女性一年四季佩戴。佩戴胸针应因季节、服装的不同而变化，胸针应戴在第一、第二粒纽扣之间的平行位置上。首饰主要指耳环、项链、戒指、手镯、手链等，佩戴首饰应与脸型、服装协调。首饰不宜同时戴多件，比如戒指，一只手最好只配戴一枚，手镯、手链一只手也不能戴两个以上；多戴则不雅且显得庸俗，特别是工作场合和重要社交场合穿金戴银不适宜且不合礼仪规范。巧用围巾，特别是女士佩戴的丝巾，会收到非常好的装饰效果。男士饰物一定不宜太多，一条领带、一枚领带夹，或在西服上衣胸前口袋配一块装饰手帕就够了，太多则会少了些阳刚之气和潇洒之美。鞋袜的作用在整体着装中不可忽视，搭配不好会给人头重脚轻的感觉。着便装穿皮鞋、布鞋、运动鞋都可以，着西服、正式套装则必须穿皮鞋。男士皮鞋的颜色以黑色、深咖啡或深棕色较合适，白色皮鞋除非穿浅色套装在某些场合才适用，黑色皮鞋适合于各色服装和各种场合。正式社交场合，男士的袜子应该是深单一色的，黑、蓝、灰都可以。女士皮鞋以黑色、白色、棕色或与服装颜色一致或同色为宜。社交场合，女士穿裙子时袜子以肉色相配最好，深色或花色图案的袜子都不合适。长筒丝袜口与裙子下摆之间不能有间隔，不能露出腿的一部分，否则很不雅观，也不符合服饰礼仪规范。有破洞的丝袜不能露在外面，穿着有明显破痕的高筒袜在公众场合总会令人感到尴尬。总之，饰物的选用重要的是以"和谐"为美。

（三）男士服饰的礼仪要求

对于男士来说，选择几套深浅不一的西装是非常明智的，因为西装最能体现成熟、稳重、可靠、自信。西服以其设计造型美观、线条简洁流畅、立体感强、适应性广泛等特点而深受人们青睐，几乎成为世界性通用的服装，可谓老少皆宜。

西服七分在做，三分在穿。男士穿西服应注意以下礼仪：

1. 西装的颜色和款式

一般黑色西装最为正统，灰色和藏青色也很正式，而浅色、亮色就属于休闲类西装常用的颜色，带条纹的西装若条纹不太明显则可作为正式场合西装，反差大的条纹或者格子西装多不适用于正式场合。

2. 西装的纽扣

西装的纽扣有多少之分，单排扣比双排扣常见且正统，但也不绝对，和当时潮流有关。三粒扣是最常见的，款式一般比较保守，四粒扣的上衣稍偏长，五粒扣的比较老成严肃；相反，两粒扣的则休闲时髦些。

3. 西装与衬衫

西装内搭配的衣服一般是衬衫。一般黑色西装搭配白色、蓝色和灰色衬衫是比较正式的，现在流行的闪光面料中的暗红、紫色等也可以尝试。灰色西装则可以搭配些非中性色衬衫。藏青色西装搭配白色比较正统，搭配黄色非常跳跃。细条纹西装和条纹衬衫搭配是极其引人注目的。西装内搭配白衬衫是绝对不会出错的，虽然欠缺个性。

4. 西装穿着细节

不要把标牌留在西装外面；配套西装的袜子一定要是正装袜，黑灰深蓝都可以，千万不要是白色，也不要太短；衬衫袖子比西装略长些；衬衫领口要和你颈部大小贴合，不要松松垮垮；西装一定要平整；着装时裤脚不能翻起；穿西装者头发要打理干净，不要让西装上粘上头屑；不要在西装中穿毛衣；不要在西装中穿着短袖衬衫。

5. 领带的搭配

最适宜配西装领带的三种颜色是蓝色、灰色和红色，最常见也最实用的一种款式是完全没有图案或花纹的领带，这种单色领带搭配花衬衫、大格子或深色宽直条纹的各种西装，均非常出色。例如，灰色西装搭配浅蓝色或暗红色领带。印有几何图案的领带的搭配关键在于以底色为依据，以底色做主色，选择与西装同色系或对比色系配搭，衬衫应选择与图案相同的颜色，如蓝底白点的领带配白衬衣，西装则选与领带底色一致的蓝色。较花的衬衫最好避免搭配有规则图案的领带，而图案和颜色较鲜艳的衬衫，也不适合配保守的领带。

（四）女士服饰的礼仪要求

1. 服装的选择要得体

女士服装一般以西装、套裙为宜，这是最通用、最稳妥的着装；不论年龄，一套剪裁合体的西装、套裙和一件配色的衬衣或罩衫外加相配的小饰物，会使你看起来优雅而自信，会给对方留下良好的印象。女生切忌穿太紧、太透和太露的衣服。袒胸露背的礼服一般是西方女士参加正式社交活动的传统着装，但在我国却不一定适合。不要穿超短裙（裤），不要穿领口过低的衣服；夏天，内衣（裤）颜色应与外套协调一致，避免透出颜色和轮廓，否则会让人感到不庄重、不雅致，也给人轻佻之感。

女性服装的颜色可有多种选择，有些女性认为在进行公共关系活动时一定要穿黑色套装，这种穿法虽然十分稳重，但是现代社会已能接受一些较鲜艳的颜色。例如，女性穿黄色服装就容易被别人接受，因为黄色通常表现出丰富的幻想力和追求自我满足的心理；红色能显示人的个性好动而外向，主观意识较为强烈而且有较强的表现欲望，这种颜色感染力强，使别人印象深刻。不过，女性应该避开粉红色，这种颜色往往给人以轻浮、圆滑、虚荣的印象。

2. 鞋子要与服装相配

女士如何穿鞋也有学问，总的原则是应和整体相协调，在颜色和款式上与服装相配。进行公共关系活动时，不要穿长而尖的高跟鞋，中跟鞋是最佳选择，既结实又能体现职业女性的尊严。但穿靴子时，应该注意裙子的下摆要长于靴端。

3. 肉色袜子最合适

袜子不能有脱丝。时装设计师们都认为，肉色袜子作为商界着装是最适合的。为保险起见，你应在包里放一双备用，以免脱丝时能及时更换。另外，不论你的腿有多漂亮，都不应在进行公共关系活动时露着光腿。

三、仪态礼仪

仪态礼仪，是指人们在社交活动中各种表情与姿态行为的规范，包括人的站姿、坐姿、行姿等。在公关活动中，公关人员往往代表组织的形象，所以更有必要注重自己的行为举止。

（一）站姿

中国人素有"站如松、坐如钟、卧如弓、行如风"之说，也就是说，站立时要端正、挺拔，身体重心线应放在两只前脚掌上，双臂自然下垂，挺胸收腹。良好的站姿能反映出公共关系人员积极向上的精神面貌，衬托出良好的组织文化。在具体要求上，男女站姿又有所不同。

1．男士站姿

男士站立时，应将身体的重心放在两只脚上，头要正，颈要直，抬头平视，挺胸收腹不斜肩，两臂自然下垂，从头到脚成一条线。双脚可微微分开，但最多与肩同宽。站累时可向后挪半步，但上体仍须保持正直。这种站姿从外观上看有如挺拔的青松，显得刚毅端庄、精神饱满。

男士站立时须注意以下方面：

（1）在任何场合都不宜斜靠在门边或墙站立。两腿交叉站立也是十分不雅的，这是一种轻浮的举动，极不严肃；同时这种交叉腿的动作，也是一种防卫性信号。有时一只脚踝紧靠在另一条腿上，而以脚尖或脚掌触地，也会给对方一种缺乏自信、紧张的感觉，至少是不够大方。所以如果去谋职，千万不要有这种动作。既然出去工作，就要表现自己的能力和信心，因而应采用开放式姿态——两脚分开，两腿成正步或一前一后，抬头挺胸，眼睛看着对方，给人以坦率、自信的感觉或印象。公关员在公众面前也不要采用腿交叉的姿势，否则，双方难以达到心理沟通。

（2）站立时手不宜插在腰间。这是一种含进攻意识的姿势，如在女士面前，这种姿势还有"性的侵略"的潜意识。

（3）不可双手插于衣裤袋中。实在有必要时，可左手或右手插于左或右前裤袋，但时间不宜过长。

2．女士站姿

女士要想使自己具有优雅迷人的站姿，关键是要让自己的双脚、双膝、双手、胸部和下颌等五个部位都处于最佳的位置。

双脚的脚跟应靠拢在一起，两只脚尖应相距10厘米的左右，其张角为45度，呈"V"字状。两只脚最好一前一后，前一只脚的脚跟轻轻地靠近后一只脚的脚弓，将重心集中于后一只脚上，切勿两脚分开，甚至呈平行状，也不要将重心均匀地分配在两只腿上。

在正式场合双膝应挺直，而在非正式场合则伸在前面的那一条腿的膝部可以略为弯曲，以为"稍息"。但是不论处于哪一种场合，双膝都应当有意识地靠拢。这样方能确保双腿自上而下的全方位并拢，并使髋部自然上提，避免双腿的"分裂"、臀部撅起等极不雅观的姿势。

双手在站立时若非拎包、持物，最好是将右手搭在左手上，然后贴在腹部，同时应当注意放松双肩，使双肩自然下垂。不要耸肩、斜肩，或是弯臂、端肩。在非正式场合，双手自然下垂贴放在身体两侧未必不可，但在正式场合这样做，就毫无美感可言了。不要把手插在口袋或袖子里，也不要双手相握，背在身后；前一种做法显得自由散漫，后一种作法则看起来老态龙钟。

（二）坐姿

坐姿，是指人们就座时和坐定之后的一系列动作和姿势。一般来讲，坐姿应当高贵、文雅、舒适和自然。基本要求是腰背挺直、手臂放松、双腿并拢和目视于人。

1. 就座时的动作

公关人员在就座时一定要做到不紧不慢、不慌不忙，大大方方地从座椅的左后侧接近它，然后不声不响地轻轻坐下。不要大大咧咧地一把拉过椅子，"扑通"一声就座到座椅里。落座时搞得响声大作，是没有教养的表现，所以落座时切忌用力过猛。要是走向他人对面的座椅落座，可采用后退步接近属于自己的座椅，尽量不要背对自己将要与之交谈的人。公关小姐若坐下之后所要面对的是异性，则通常应当在入座前用手将裙子拢一下，显得娴雅。要是面对一位异性坐定之后，才大模大样地前塞后掖自己的裙摆，难免会失之于庄重。

2. 以优雅的坐姿来体现自己的良好修养

谈到坐姿的基本要求，男士和女士是不同的。通常男士入座后，人体重心要垂直向下，腰部挺起，上身垂直，不要给人以"瘫倒在椅子上"的感觉。坐时，大腿与小腿基本上成直角，双膝应并拢，或微微分开，两脚平放地面，两脚间距与肩同宽，手自然放在双膝上或椅子扶手上，头平稳，目平视。需要侧坐时，应上体与腿同时转向一侧，头部向着前方。如有需要，可交叠双腿，但一般是右腿架在左腿上。注意在社交场合，绝不要首先使用定姿势，因为那会给人以显示自己地位和优势的不平衡感觉。4字型叠腿方式，和用手把叠起的腿扣住的方式，则绝对禁止的；叠腿、晃动足尖则更显得目中无人和傲慢无礼，公关人员应该忌之。此外，在座椅上，不能两腿叉开，伸得老远或是把脚藏在座椅下，甚至用脚勾着座椅的腿，这都是无礼的举措，也会给人传递错误的知觉感受，造成不必要的麻烦。

（三）行姿

行走的姿势既是一个人体态美的重要标志，也是一种微妙的语言，它能反映出人的情绪。当心情喜悦时，步态就会轻盈、欢快，有跳跃感；当心情悲哀时，步态就沉重、缓慢，有忧伤感；当踌躇满志时，步态就坚定、明快、自信；当生气或愤怒时，步态就强硬、愤慨。

在日常生活中，人与人不同，走路姿态不可能呈现一个模式，每个人的行姿很多情况下还与其年龄、职业、着装及所处场合有关，尤其以女士为甚。例如，同一位女士，穿旗袍配高跟鞋和穿长裤配平跟鞋，行走时步伐的大小和速度的快慢便有所不同。穿旗袍配高跟鞋，相对而言行走时的步伐要小，速度宜慢，以示其优雅和含蓄；而穿长裤配平跟鞋时，步伐和步幅则应当大一些，速度大一些，以示其活泼与洒脱。

在公关活动的具体实践中，行姿也有一些特殊之处，公关人员需加以掌握：①与人告辞或退出上司的写字间时，不宜立即扭头便走，给人以后背。为了表示对在场其他人的敬意，在离去时，应采用后退法。标准的做法是目视他人，双脚轻擦地面，向后小步幅地退三四步，然后先转身，后扭头，轻轻地离去。②在楼道、走廊等道路狭窄之处需要为他人让行时，应采用侧行步。即面向对方，双肩一前一后，侧身慢行。这样做，是为了对人表示"礼让三分"，也是意在避免与人争抢道路，发生身体碰撞或将自己的背部对着对方。

作为公关人员，应当懂得稳重大方和不妨碍他人的重要性，所以在公共场合，即使遇上急事，也轻易不要表演"百米冲刺"，稍微快走几步则是许可的。不要走起路用力过猛，尤其是公关小姐穿着钉有铜跟的高跟鞋行走时不要忘记这一点。这种声音对你可能妙不可言，对于别人则绝对是噪音打扰。

本章小结

公共关系礼仪能够使公关人员获得自尊与自信，同时也是社会组织获得理解与支持的重要手段。

公共关系礼仪主要由日常交往礼仪和个人仪表礼仪构成，它具有继承性、稳定性、实用性、约束性和变化性等特征。注重公共关系礼仪的运用，可以加强信息沟通，协调组织内外部关系，进而提升组织竞争力。

日常交往礼仪是公共关系工作的重要组成部分。它包括介绍礼仪、见面礼仪、电话礼仪和舞会礼仪等。公共关系礼仪对公关人员个人仪表风度方面有着严格要求。它不仅要求公关人员谈吐不俗、善于应酬，而且要求他们衣饰得体、举止稳重、风度翩翩。通过公关人员的言行举止，可以体现出组织的精神风貌、人员素质以及公共关系工作水平。

关键概念

公共关系礼仪　介绍礼仪　见面礼仪　电话礼仪　舞会礼仪　服饰礼仪　交谈礼仪　仪态礼仪

思考题

（1）试述公共关系礼仪的主要作用及其基本要求。
（2）讲一下介绍的基本规则。
（3）在公关场合握手应注意些什么？
（4）电话礼仪过程中的语言要求有哪些？
（5）公关口语的表达要注意哪些基本要求？聆听在交谈过程中的作用？

● 案例分析

小节误大事

某照明器材厂的业务员金先生按原计划，手拿企业新设计的照明器材样品，兴冲冲地登上六楼，脸上的汗珠未及擦一下，便直接走进了业务部张经理的办公室，正在处理业务的张经理被吓了一跳。"对不起,这是我们企业设计的新产品,请您过目。"金先生说。张经理停下手中的工作,接过金先生递过的照明器,随口赞道:"好漂亮啊!"并请金先生坐下,倒上一杯茶递给他,然后拿起照明器仔细研究起来。金先生看到张经理对新产品如此感兴趣,如释重负,便往沙发上一靠,跷起二郎腿,一边吸烟一边悠闲地环视着张经理的办公室。当张经理问他电源开关为什么装在这个位置时,金先生习惯性地用手搔了搔头皮。虽然金先生做了较详尽的解释,张经理还是有点半信半疑。谈到价格时,张经理强调:"这个价格比我们预算高出较多,能否再降低一些?"金先生回答:"我们经理说了,这是最低价格,一分也不能再降了。"张经理沉默了半天没有开口。金先生却有点沉不住气,不由自主地拉松领带,眼睛盯着张经理。张经理皱了皱眉说:"这种照明器的性能先进在什么地方?"金先生又搔了搔头皮,反反复复地说:"造型新、寿命长、节电。"张经理托辞离开了办公室,只剩下金先生一个人。金先生等了一会,感到无聊,便非常随便地抄起办公桌上的电话,同一个朋友闲谈起来。这时,门被推开,进来的却不是张经理,而是办公室秘书。

【案例思考】

(1) 请结合案例分析,说出金先生的生意没有谈成的礼仪缺陷有哪些?
(2) 在商务活动中,金先生应该如何注意自己的个人礼仪问题?

参考文献

[1] 赵晓兰. 最新公共关系学教程 [M]. 北京:经济管理出版社,2001
[2] 张慧君,吴薇等. 公共关系学概论 [M]. 长春:吉林科学技术出版社,1998
[3] 张岩松,孙顺华. 公共关系学 [M]. 青岛:青岛出版社,2002
[4] 栗玉香. 公共关系 [M]. 大连:东北财经大学出版社,2001
[5] 侯小俊. 浅谈礼仪在公共关系中的作用 [J]. 焦作大学学报,2002
[6] 杨晓静. 强者风范——现代商用礼仪 [M]. 北京:中国人民大学出版社,2003

第十章 公共关系专题活动

本章学习目标

通过本章的学习，应掌握企业形象识别系统的概念、基本要素、设计要领和导入程序；了解危机的概念和类型，了解危机事件的内部成因、预防、处理以及危机公关的技巧；了解新闻发布会的特点，掌握新闻发布会的筹备和会后工作；了解公益赞助的主要对象和公益赞助的步骤；了解展览与展销活动的类型以及展览与展销活动的组织。

公共关系专题活动包括广义的公共关系专题活动和狭义的公共关系专题活动。广义的公共关系专题活动包括任何具有明确目的、经过公关人员策划而实施的公关活动。狭义的公共关系专题活动是指围绕某一明确主题而且经过公关人员的精心策划才能实现的特殊公关活动，其目的是在树立良好的组织形象的同时扩大组织的社会影响。

狭义的公共关系专题活动必须具备的基本特征是：①必须具有明确的主题而且每次通常只有一个主题；②必须经过精心策划才能实现且规模相对较大；③通常是与某一部分或某一种类型的公众进行重点沟通；④必须是针对某一个明确的问题而开展的，具有极强的针对性。

通常组织的公共关系专题活动主要包括企业形象识别、危机事件处理、新闻发布会、公益赞助、展览与展销、对外开放参观，这些专题活动与公众形成水乳交融的关系，创造组织与公众直接沟通的环境和氛围，极有利于提高组织的声誉，扩大组织的影响，树立良好的形象。

第一节 企业形象识别

公共关系的最根本任务是塑造组织形象，以便使组织具有更多的无形资产。各个组织都在努力突出自己的形象特点。公共关系学有一门专门的学说，这就是企业形象识别。

一、什么是 CIS

CIS 是英文 Corporate Identity System 的缩写，意为企业识别系统。其中，Corporate 是指法人、团体、公司、企业。Identity 有三层含义：一是证明、识别；二是同一性、一致性；三是恒久性、持久性。Identity 的用法源于美国社会心理学界提出的"社会身份"概念，这个概念的核心内容是根据各人所具有的不同社会群体成员的资格而做出的自我确定，由社会群体决定的个体身份又反映了个体的人格特征、身体特点和人际风格。这个概念用于企业识别,就是指企业在确定了自己的独特性质后,利用特定的手段对外进行大力宣传,争取社会公众的认同。System 是指系统、秩序、规律。System 一词是企业形象识别传入我国港台地区以后,由当地的公关界人士加上去的,以便强调 CIS 不仅仅是企业的商标设计、图案造型,而且还包括了企业的全部经营理念、一贯作风、产品质量、员工行动及一个完整的系统。所以 CIS 在本质上就是企业的自我同一性和同质化,企业必须认真进行一番清醒的自我认知,才能在社会上树立良好形象。

企业的识别系统由理念识别(MI)、行为识别(BI)和视觉识别(VI)三个子系统综合构成。其中,理念识别系统处于主宰和支配地位,是整个形象识别的关键,而行动识别和视觉识别是理念识别的延展和推广。它们关系如图 10-1 所示。

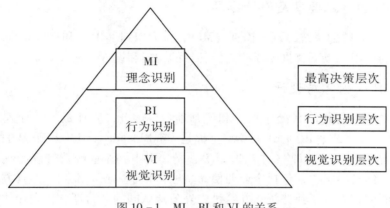

图 10-1 MI、BI 和 VI 的关系

下面,我们就 CIS 的构成分别加以介绍。

MI(Mind Identity)意为理念管理系统,是组织经营管理的观念识别,是指企业在长期的经营实践活动中形成的与其他企业不同的经营理念、经营信条、经营战略、企业使命、企业目标、企业精神、企业哲学、企业文化、企业性格和座右铭的一体化。例如,麦当劳是世界上最早采用 CIS 的企业之一,它的经营理念系统概括成 Q,S,C,V 四个字母,意为品质、服务、卫生、价值。日本著名的百货商店银座松屋店曾将"顾客第一主义"作为其理念。可以说,MI 是 CIS 运作的原动力和实施的基础。企业理念识别的实质,在于确立企业的自我,以区别于其他企业。

BI(Behavior Identity)意为行为管理系统,是组织理念的动态识别形式,有人也称之为活动识别。它是指企业在实际经营活动中所具有的操作规范、协调机制和管理方式的一体化。企业的内部行为识别包括生产管理、干部管理、员工教育、服务态度、接待技巧、行为准则、生活福利、工作环境、公害对策等。例如,现代许多大公司都建立了严格的员工教育培训制度,使每一名员工树立热情服务的观念,学会接待顾客及打电话的技巧;要求上岗的职工必须统一着装、不许吸烟喝酒、不许与顾客发生冲突等。外部的行为识别包括市场调查、产品开发、促销活动、广告代理、金融咨询、股市对策、社会公益、文化活动、公共关系等。例如,在公关活动方面,通过组织对社会公益事业的支持和赞助,在公众心目中树立组织的良好形象。

VI（Visual Identity）意为视觉管理系统，是组织理念的静态识别形式，指企业的全部可见事物所传递的视觉信息的一体化，是 CIS 中项目最多、层面最广、效果最直接的传递信息的形式。VI 系统一般包括基础层面和应用层面。基础层面有组织名称、组织品牌专用字体（中英文）、组织全名标准字体（中英文）、组织标准色等。应用层面是基础层面的各个要素在生产、经营、管理等不同领域中的同一应用，包括办公用品、产品包装、广告传播、建筑环境、运输系统、服装制式、展示布置等。例如，柯达胶卷的红色和黄色、富士胶卷的绿色、柯尼卡胶卷的蓝色，充满了它们的一切广告和宣传品。不论是在商业街上、运动会上还是电视广告中，它们总是以统一的形象出现，使人一看见那熟悉的色彩和字体，就联想起这些产品的优秀品质。

二、CIS 的基本要素及设计要领

CIS 是一个完整的系统，理念识别（MI）、行为识别（BI）和视觉识别（VI）分别发挥着各自的作用。以下就具体介绍它们各自的功能和设计方法。

（一）MI 的内容与设计

在整个 CIS 系统中，MI 处于核心和统帅地位，因此，企业的 CIS 导入和设计，必须首先从 MI 开始。理念识别 MI 的英文全称是 Mind Identity，其中，Mind 的原文来自古希腊语，具有"心"、"精神"、"意识"等含义，引申到企业经营管理的领域里，就可以被视为企业的指导思想，包括企业的使命、经营哲学、行为准则、经营方针和企业文化等几方面的内容。有了独特统一并经过内外公众认同的经营理念，企业才能将自我和其他区别开来，获得明确的市场定位，开创自己的发展道路。从这种意义上说，经营理念对企业的发展是具有决定意义的。

现在以凤凰卫视企业理念的提出说明企业理念的意义。

凤凰卫视从创立之初就提出了"开拓新视野，创造新文化"的凤凰媒体理念的总体阐述。这一 MI 系统的提出并非空穴来风，而是基于对内地电视媒体市场现状和自身特点的深入分析：内地电视媒介新闻节目模式化，信息渠道单一，新闻直播长期缺席；缺乏真正意义上的娱乐节目；虽然可供观众选择的电视频道不少，但是千台一面，节目雷同的现象十分严重……与之相比较，凤凰卫视具有独特优势：首先，地处香港这个经济发达、信息多元、文化交汇的国际化都市，具有内地媒体无法比拟的地缘优势；其次，与国际传媒巨头新闻集团的合作不仅可以获得更加丰富的新闻资源，也便于引进世界先进的新闻理念和运营模式；最后，作为一个境外媒体和商业电视台，相对于内地媒体，少了很多体制上的限制。通过分析这些方面的情况，创台之初的凤凰卫视提出了"开拓新视野，创造新文化"的 MI 定位，将自己与内地媒体鲜明地区分开来，为凤凰品牌赢得了更大的发展契机和成长空间。

当凤凰卫视这一品牌日渐深入人心之后，凤凰人继续秉承原有的媒体理念，力求为观众提供一个不同于以往内地媒体的观察世界的新视角和新渠道。对于很多比较重要的而内地媒体由于政策限制或其他原因无法进行报道的信息，凤凰卫视借助自身特有的优势给予充分报道，2008 年的台湾大选和全球华人反分裂纪实就是两个典型的例子。

适合自身的 MI 定位，使得凤凰卫视在为内地观众开启一片"新视野"的同时，也终于为自己打开了一片新的天地。

企业理念识别系统是一种观念，一种意识形态，并不存在于直观的层面中。但是，为了使组织内外的全部公众能够认知，企业的理念必须有它的表现形式。企业理念的表现形式可以分为两种，一种是观念形式，另一种是文字形式。

1. 企业理念的观念形式

所谓观念形式，是指企业理念表达的不同侧重面或设计者对企业理念诸多方面的不同切入角度。它大致有如下几种：

（1）企业使命。所谓企业使命，是指企业根据社会的分工和自身的条件，准备在社会上发挥的作用和承担的角色。企业使命回答了企业"干什么"的问题，是构成企业理念识别系统中最基本的要素。明确了企业的使命，也就明确了企业的生存意义，便可以进一步规划企业的长远目标是什么？短期目标是什么？活动范围是什么？经营方法是什么？

具体而言，企业的使命又包括功利性和社会性这两方面的内容。功利性是指企业具体的经济目标，社会性是指企业所负担的社会义务和责任，在进行 MI 设计的时候，要充分注意这两方面的平衡，并突出社会性的色彩。例如，太平洋保险公司的口号是："平时注入一滴水，难时拥有太平洋"，突出了企业的社会使命。

（2）经营哲学。经营哲学是企业在经营活动中所依据的基本政策和价值取向，也就是企业为了实现自己的使命准备"怎样做"的问题。经营哲学是企业人格化的基础、企业文化的灵魂和神经中枢，是企业进行总体设计、总体信息选择的综合方法，也是企业一切行为的逻辑起点。它是在生产经营中逐渐形成的，并具有经营性、实用性的特征。例如，北京同仁堂公司的经营哲学是"同修仁德，济世养生"，将企业的道德理想和事业追求都表现了出来。

企业确定了自己的经营哲学，也就在企业中建立了上下一致的行为价值取向和是非判断标准。有了明确的经营哲学，就使全体员工知道什么事情可以做、什么事情不能做，从而促使员工达到思想和行动的统一。

（3）行为准则。行为准则是企业内部员工涉及企业经营活动的一系列行为的标准、规则，它体现了企业对员工的具体要求。在理念识别系统中，行为准则属于"不许做"的问题，明确组织行为的戒律。具体地讲，它包括服务公约、劳动纪律、工作守则、行为规范、操作规程、考勤制度等。

（4）经营方针。经营方针是企业进行经营活动时所遵循的最高指导原则，它为企业指出了前进的方向。经营方针不是具体的行为准则，不以详细的条条框框来加以限制，但却为企业经营制定了必须遵守的基本原则。日本东京御荣水地区的"山之上宾馆"，其经营方针是"重视经常光顾的客人"，所以成为文人雅士聚集的场所。

在企业的理念识别系统中，人们最先看到的是对企业经营方针、经营意识的阐述。例如，美国 IBM 公司的宗旨是：IBM 意味着最佳服务；台湾华南银行的宗旨是：信赖、热诚、创新。

这些经营理念，都是对企业经营方针的概括，既简单凝练，又意味深长，很好地表达了企业的精神。同时，这些企业理念都富有个性，显示其民族的文化传统特色，便于企业理念在公众中传播。

（5）企业文化。企业文化是以经营哲学为指导，建立在共同价值观念基础之上，为企业全体员工认同的群体意识。企业文化是它内在性质最集中的体现，也是将本企业与其他企业相区别的个性体验。对一个企业文化的科学概括，不仅可以在组织内部激发员工潜能，还可以便于外部公众的认知与识别。如雅戈尔公司提出的："给同胞梳妆，为人类打扮，让地球村的村民们生活得更好。"

企业文化应当建立在当代社会政治、经济、科技发展水平上，是社会思潮、价值观念的具体反映。一家成功的企业，其文化观应当是与社会的价值观相吻合的，能将科学、合理的企业文化自觉转化为企业的经营行为。

2. 企业理念的文字形式

企业理念识别系统不论突出哪个方面，都必须采用一定的文字形式。表达企业理念的文字形式主要有以下方面：

（1）标语、口号。企业理念最常见的一种形式，就是将其概括成一句精练的话，即通俗上口的标语或口号。例如，美国德尔塔航空公司的"亲如一家"、日本日立公司的"品不良在于心不正"。标语、口号的好处是可以在企业的大门、墙壁、车间等处张贴，随时提醒员工自觉执行，同时，容易被社会公众注意和理解。

（2）训词。有些企业将自己的企业理念提炼成一句训词，作为员工的座右铭。如广州白云山制药厂"爱厂、兴利、求实、进取"的训词。

（3）歌曲。有些企业将自己的企业理念谱写成歌曲，在员工中广泛传唱，既可以达到鼓舞干劲的作用，又可以传播企业信息。例如，著名的日本松下公司每天早上8时上班前，公司9万多职工一起高唱激昂嘹亮的《松下进行曲》，年复一年、日复一日的仪式，既把全体松下员工的心凝聚在一起，又使公众认为松下是一个被一种精神融合的整体。

（二）BI 的内容与设计

当企业的理念确定以后，就需要通过各种传播媒介向外传播，以便得到组织内外全体公众的认同。简言之，传播企业理念的渠道主要有两条：一条是企业内部行为识别，另一条则是企业外部行为识别。

1. 企业内部行为识别

企业内部行为识别主要遵循统一性原则，要求全体员工在企业理念指导下统一规范行为，通过有目的、有计划的教育培训，提高员工的思想素质和业务素质，强化企业理念，使企业理念内化为员工的自觉意识与自觉行为，以保证为公众提供优质产品和优质服务，塑造企业形象。

（1）员工培训。员工培训是使员工接受企业理念，更新知识，提高技能，将个人追求目标与企业整体目标相统合的重要手段。员工培训的对象包括中层干部和普通员工。中层干部的培训，侧重于领会企业理念，加强管理能力。这里的"管理"不是干部高高在上，利用职权支配员工干这干那，而是与员工进行思想沟通，了解员工的个人目标、能力、性格、家庭状况等，用人所长，合理地分工授权，调动员工的工作积极性。作为管理者，还应精通业务，起表率作用。普通员工的培训，分岗前培训与常规培训，目的是让员工对企业目标、企业精神进行认知与理解，统一思想，统一认识，强化企业理念，熟悉业务，提高技能。

员工培训内容包括企业发展战略、企业经营策略、企业员工规章制度、商品知识、操作技能技巧、员工自我心态的调节、仪表、化妆、礼仪礼节、言谈举止、观察能力、心理分析能力等，要求培训者具备一定的理论知识和较强的实际操作能力。企业应有一位领导具体负责员工培训，组织一个员工培训机构，针对企业现状、员工存在的问题以及企业发展规划，有目的、有计划地培训员工，使员工不但在思想上与企业保持一致，而且在业务技能上有长足进步。

（2）员工行为规范。员工行为规范是在企业理念基础上制定的，是企业对员工活动进行约束的外在控制。主要通过公司立法、各种规章制度以及员工守则等形式体现。例如，位于美国得克萨斯州欧文镇880号的沃尔玛分店，损耗率为6%，是沃尔玛公司所有商店中最高的，而且该店几乎每天都发生偷盗，行窃者既包括顾客、店员，每年损失50万美元以上，是沃尔玛旗下最差劲的商店之一。新派去的经理埃德·纳吉建立了一系列严格的员工行为规范，并把责任具体落实到每个店员身上，以此规范员工的个体行为，逐渐将外在控制内化为员工的自觉意识与自觉行为。结果，不过一年半，这家商店的面貌焕然一新，损耗率下降到2%，销售额直线上升。

2. 企业外部行为识别

企业外部行为识别要求企业在开展对外活动中，在展示企业自身形象时要有创新性、独特性，使公众能从企业的这些活动中，区分出与其他企业的不同。企业对外活动包括广告宣传、市场促销手段、公共关系活动等。

（1）广告宣传。广告宣传是广告发布者通过付费所获得的一种自我宣传手段，它借助一定的媒体，向目标市场传播信息、思想、观念或自身形象等，以此扩大组织的知名度和美誉度。这种自我宣传的手段，应属于企业形象策划整体中的一个重要组成部分，其宣传的目的、内容、具体形式以及媒介的选择等，均应与企业外在行为识别的整体策划结合起来。公众可以通过企业广告，了解企业产品的质量、性能、功用、企业的经济实力，对企业形成一定的印象和评价。因此，一次成功的广告活动，事前必须进行市场调查，进行周密的策划，根据企业的需要或企业营销重点所确定的目标公众，有针对性地进行宣传，广告要讲究艺术性、体现真实性、传达企业理念及企业经营战略等深层次信息。

（2）市场促销。市场促销指一系列具有短期诱导作用的战术性促销方式，能刺激购买者需求，促进购买者迅速产生购买行动，有利于企业在短期内获得高额推销成果，迅速提高企业的知名度。其类型与方式如图10-2所示。

市场促销必须根据企业整体营销策划进行，促销的目标应明确具体，促销的规范应根据企业营销决策和促销费用而定，还应将企业视觉识别、经营理念等信息糅合进去，增强市场促销的内涵和厚度。

（3）公共关系活动。公共关系活动是企业在企业理念指导下，根据企业与各类公

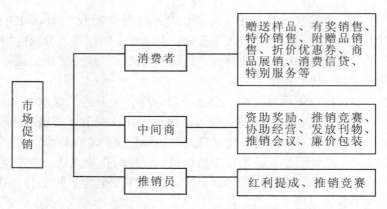

图 10-2 市场促销的类型与方式

众的关系状态所采取的一系列外化企业形象的活动。它能协调企业与政府、媒介、顾客、社区公众等的关系，扩大企业知名度，提高企业美誉度，从而树立良好的企业形象。其常见活动模式有宣传型公共关系、交际型公共关系、服务型公共关系、社会型公共关系、征询型公共关系等。

宣传型公共关系是运用大众传播媒介和内外沟通方式开展宣传工作，如发新闻稿、广告、板报、演讲、新闻发布会、新产品展览会、经验（技术）交流会、印发公共关系刊物、制作视听资料以及征集企业名称、标志、吉祥物等。

交际型公共关系是通过人际交往来开展公共关系活动的模式，目的是通过人与人之间的直接接触，进行感情上的联络，形成有利于组织发展的人际环境。团体交际包括各种各样的招待会、座谈会、工作午餐会、宴会、茶话会、慰问、舞会等，个人交际包括交谈、拜访、祝贺、信件往来、个人签名等方式。

服务型公共关系是一种以提供优质服务为主要手段的公共关系活动模式，目的是以实际行动获取社会公众的了解和好评，树立良好形象，它要求全体成员共同参与，以良好的个人行为有效地实现人际间行为层次的沟通和融洽。实施服务型公共关系时，员工的个人行为必须整合到企业整体目标之中，使员工个人行为有着企业理念深层次的精神依托。

社会型公共关系是组织举办各种社会性、公益性、资助性活动开展公共关系的模式。其形式，一是以企业自身的重要活动为中心开展，如开业典礼、周年纪念；二是以赞助社会福利事业为中心开展，如支援灾区、为希望工程捐款等，体现企业经济实力，重在社会效益；三是以资助大众传播媒介举办各种活动的形式开展，如赞助媒介评选优秀新闻、有奖征文活动等。

征询型公共关系是以提供信息服务为主的公共关系活动模式，如市场调查、产品调查、访问重要客户、开展各种咨询业务、建立信访制度、设立接待室、举报和投诉等，目的是了解民意民情、反馈信息，为企业决策提供依据。

以上几种类型的公共关系活动模式，在具体运用时，可根据企业行为识别设计综合运用。

（三）VI 的内容与设计

企业视觉识别系统（VI）是在企业理念的确立和经营战略目标的基础上运用视觉传达设计的方法，设计出系统的识别符号，将企业理念充分表现出来。在企业形象策划中，它是企业形象最外在、最直观的部分。其系统如图 10-3 所示。

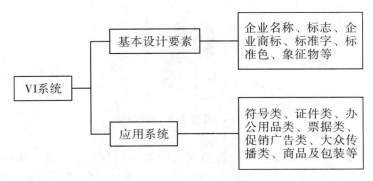

图 10-3　VI 系统

1. 基本设计要素

企业视觉识别要素中，基本设计要素是基础，应用系统是在基本设计要素的基础上的应用与延伸。现将基本设计要素中的重要项目阐述如下：

（1）企业名称。企业名称是企业形象的基本载体，人们对企业形象的兴趣与认知，首先是从它的名称开始的。一个企业的名称可以用某种方式在必要的地方创造和传播企业形象。企业名称的选定，一般受该企业的性质、产品所在地等客观因素的制约，企业的命名，应在充分考虑客观因素的基础上，运用寓意、比喻、夸张、象征等艺术手法综合分析，广泛征求意见后予以选定。如"太子奶"品牌，就使人马上联想起这是给孩子们消费的乳制品；"七匹狼"服装，给人以狂放、勇猛的感受，使人联想起《与狼共舞》的经典情节。企业是否拥有一个恰如其分的名称，在很大程度上影响着消费者的心理，甚至影响市场占有率。从心理学的角度，一个简洁响亮的名称，能让人觉得亲切。诸如"海尔"、"长虹"等企业名称都是成功的典范。

（2）标志。这里所说的标志，主要是指企业与产品的标志。它是一种单纯的、具有明确特点和便于人们识别的视觉形象，可由图形（点、线、面）、色彩、文字等多种造型要素构成，可用于店面招牌、广告物、包装物、购物纸袋、制服、名片等。标志设计要求在方寸之间表现出深刻的精神境界，可传达企业理念、公司规模、发展目标、经营内容、产品性质等信息。其设计应遵循一定的原则：①个性独特；②新颖、含蓄；③简练、明朗。

（3）企业商标。企业商标要求符合企业个性、图案新颖简练。例如，宁波杉杉标志（商标，见图 10-4），从其标志汉语拼音字母"S"引申而来，变成两条蓝色的小河，一棵绿色的杉树。杉树是中国特有的树种，它耸立挺拔的形象，令人联想到杉杉集团犹如参天大树，在中国的市场竞争中屹然挺立，象征着一流的企业。两个"S"做阴阳曲线拓展变化，意味着杉杉集团由单一服装进入多元化的产品参与市场竞争。标志色彩由青绿与水蓝色搭配而成，意为杉杉集团像青山绿水般的朝阳产业。

杉杉集团总经理郑永刚说："如今杉杉品牌是中国十大名牌之一，甚至有企业愿以2亿元收购杉杉商标，这就使我看到杉杉的商标在不断增值，而这一无形资产的价值，我投入200万元，在资产评估中它就能增值5至10倍。"

图10-4　宁波杉杉集团商标

（4）标准字的设计。标准字是指将企业名称或商标名称通过特定的外观造形、文字配置、字体改变等编制形式固定在某一形式上，形成独特的视觉形象，以增强企业形象的诉求力。我国企业中所使用的标准字多为中文（汉语拼音）与英文。在标志中常与图形标志组合出现。由于文字具有明确的说明性，可直接传达名称、内容，补充说明图形标志内涵。标准字可广泛应用于名片、公司专用信封、信笺、运输车辆、包装用品、说明书、广告等，统一使用标准字，可以增强直观印象，强化企业形象。

（5）标准色。标准色是企业确定某一特定的色彩或一组色彩，通过标志、标准字等视觉识别符号，透过色彩所具有的知觉刺激与心理反应，表现企业的经营理念或产品的内容特征。标准色的运用往往超越了色彩所表达的本意，而赋予了某种联想或某种抽象的情感，甚至是某一企业或某一商品的习惯识别。例如，美国可口可乐公司的红色洋溢着青春、健康、欢乐的气息，柯达公司的黄色充分表现色彩的饱满。

（6）象征物。塑造企业识别的造型符号，可以给人以强烈的印象。选择特定的人物、动物、植物作为形象大使，以其风格夸张、亲切可爱、幽默滑稽的形象，捕捉消费者的视线，以强化企业的性格，表达产品或服务的特质，可以与消费者更加趋近。

除了以上几种最基本的因素外，企业识别的视觉标志还包括企业的口号、造型角色、出版物的编排模式等。

2．应用系统

以企业的名称、标志、标准字、标准色为核心的识别系统，在企业内外可以得到广泛的应用。包括以下方面：

（1）符号类，如建筑外观、门楼、外灯箱、霓虹灯、指示牌、路标、旗帜等。

（2）证件类，如徽章、名片、名牌臂章、工作证等。

（3）办公用品类，如企业公函、信签、信封、介绍信、文件袋、钢笔、文具盒、稿纸、笔记本、便条、明信片、邀请函等。

（4）票据类，如订单、采购单、统计表、通知书、提货单、送货单、收据、支票、合同等。

(5)促销广告类,如广告宣传单、商品目录、商品介绍、展览会说明、展览手册、产品使用说明书、礼品、礼品袋、贺卡、挂历等。

(6)大众传播类,包括报纸、杂志、广播、电视中一切广告的图案、文字。

(7)商品及包装,如商品的造型与色彩及图案、包装纸、容器、封签、粘胶带、粘胶标志等。

(8)服装类,如工作服、领带、领带夹、工作帽、外套、遮阳伞等。

(7)交通工具类,企业的各种交通工具也可以喷上标志、标准字、标准色,使之变成流动的活广告。

三、CIS 导入程序

CIS 导入是一个系统工程,一般分为提案准备阶段、调研宣传阶段、设计开发阶段、实施管理阶段。

(一)提案准备阶段

这个阶段包括导入动机的确认、组织导入计划的领导机构、安排日程、编制预算、完成 CIS 提案书。

一般而言,企业导入 CIS 的动机大致有如下原因:①扩大企业经营业务;②改变企业原有陈旧形象;③开发国际市场需要;④最高决策者更换,经营方针改变;⑤企业间发生兼并或改组;⑥企业经营不善,需要重振士气;⑦周年纪念;⑧提升企业知名度。

建立导入计划的领导机构时,为使领导机构有权威性,企业主要领导应参加。由公关部门负责人具体组织策划,有关部门领导共同参与。这样既可以保证领导小组的成员有一定的专业性,又能使其得到有关方面的积极配合。

CIS 导入日程安排时,大型企业一般需要 1~2 年的时间,中小企业可以酌情减少。为了使 CIS 导入工作高效有序地进行,开始前应制定一份详细的作业时间表。

编制预算中,CIS 设计的费用包括调研与计划费用、视觉形象的设计开发费用、实施与传播费用、各项机动费用等。

编写提案报告书时,详细说明 CIS 导入的动机、目的、基本方针、时间安排、计划与费用等。

(二)调研宣传阶段

这个阶段的工作包括企业形象内部的调查宣传和企业形象外部的调查宣传两部分。

1. 企业形象内部的调查宣传

CIS 导入是一项关系到全企业职工利益的重大事件,需要全员参与,因此企业内部的调查活动也是一个宣传动员的过程。内部的宣传可以动用企业内部的报刊、广播、闭路电视、黑板报等一切宣传工具,组织大小会议、利用党组织进行动员等进行宣传。

2. 企业形象外部的调查宣传

调查方法主要包括访谈法、问卷法、文献法,调查对象分为企业外部的调查对象和企业内部的调查对象,调查内容包括企业总体形象和企业视觉形象两个方面。由于篇幅有限，不在此赘述。

（三）设计开发阶段

设计开发包括 MI、BI 和 VI 三个部分。由于在上一节对 CIS 三个要素的内容及设计原则做了较为详细的介绍，此处不再赘述。

（四）实施管理阶段

实施管理阶段任重而道远，大致可以包括如下内容：
（1）建立相应的领导机构。
（2）实施内部传播与员工教育。
（3）组织 CIS 对外发布。
（4）制定手册，落实企业各部门的 CIS 管理。
（5）CIS 导入效果测试与评估。

第二节 危机事件处理与危机公关

组织经营过程中，由于决策失误、产品设计与质量问题、公共关系违反法律规定、新闻媒介和竞争对手的误导等，难免会出现一些危机事件。一项调查指出，世界 500 强企业的董事长和总经理中，约 80% 的人认为，现代组织面对的危机就像人的死亡一样是不可避免的。既然这样，正确处理各种危机事件，就成为公共关系工作中的日常性业务。树立科学的危机价值观，掌握公共关系危机的处理艺术与技巧，是有效清除危机影响、塑造组织形象、强化公关效用的方法论基础。

一、危机的概念和类型

（一）危机的概念

危机（Crisis）这个词最早出现在古希腊医学书里，意思是关系人生死的转折点，指病人的身体处于这样一种状况，即要么开始康复，要么进一步恶化，直到死去。

根据《现代汉语词典》的解释，危机有两个意思：一是指危险的祸根；二是指严重的困难关头，例如，经济危机、财政危机、信任危机等。美国菲尼克斯德弗瑞（De Vry）技术研究院院长、著名危机管理专家劳伦斯·巴顿（Laurence·Barton）博士将危机定义为："一个会引起潜在负面影响的具有不确定性的大事件，这种事件及其后果可能对组织及其员工、产品、服务、资产和声誉造成巨大的损害。"

在日常生活中，危机事件并不少见：大到拉萨"3·14"打砸抢烧事件，小到"好享来"套餐发现苍蝇；远到俄罗斯和乌克兰联合研制的 ZenitSL 火箭发射失败，近到"艳照门"事件。凡此种种而引发的危机事件都是不同领域、不同层次上的危机事件。这些事件可导致组织与公众关系迅速恶化，组织的正常业务受到影响，生存和发展受到威胁，组织的形象遭到损害，处于高知名度、低美誉度的地位。

（二）危机事件的基本类型

一个组织所面临的可能性危机事件是多方面的，有时甚至是无法想象的。因此，了解和分析危机类型有助于我们科学地处理危机问题。

1. 组织自身行为损害社会利益而引起的危机

随着生活质量的提升，人们对卫生、环保、绿色的要求日趋强烈，一旦社会组织在追求自身利益过程中，不注意对公众和社会利益的保护，站在社会的对立面，肯定要受到社会舆论的谴责和惩罚；而解决的唯一途径也只有社会组织充分重视社会利益，并积极承担自身应尽的社会责任，事先采取积极有效的手段，减少组织在发展过程中对社会利益的损害。危机一旦发生，亦应迅速采取积极有效手段，并在事后着重考虑如何设法补偿社会的损失、挽回组织的声誉，维持与社会公众的良好关系。正所谓解铃还须系铃人，一味地隐瞒事实真相，甚至置社会利益于不顾，结果只会是自取灭亡。

2. 由不可抗拒的外部力量而引起的危机

这包括自发性的自然灾害（如山脉、河流、海洋、气候等所引起的灾害）和突发性的全国或世界性商业危机、经济萧条、社会政治大变革、战乱等。这类灾害是不以人的意志为转移的，它往往给组织带来意想不到的打击。对于这类事故，一般来讲，组织主体的直接责任不大，关键在于处理是否及时、得当。因此，对此类事故的处理要求是：①尽快做好抢救和善后工作，以最大限度地减少事故带来的人身安全与财产设备损失，使受伤害的公众及社会有关方面感到满意；②及时做好舆论报道工作，将事实真相告诉给公众，消除谣言造成的危害，确保危机的处理有一个公正、有利的舆论环境。著名危机管理专家诺曼·R. 奥古斯丁曾说道："我自己对危机的最基本经验，可以用六个字概括：'说真话，立刻说。'"

3. 舆论的负面报道引起的危机

这种负面报道有两种情况：一种是对组织损害社会利益行为的真实报道，如违章排污、生产的产品有质量问题或不符合卫生标准、内部员工有伤害消费者的言行等；另一种则是对组织情况的一种失实报道，它往往是由部分公众向媒体投诉引起的，也有部分是因为组织与传媒界的个别记者交恶而受到中伤。

对前一种负面报道，组织首先以负责的态度向公众表明对此类事件的改正决心，并主动采取行动，解决引起负面报道的有关问题，并对因此类事件而受到伤害的目标公众给予某种补偿，再进一步告诉公众，组织本身将以此为鉴，在内部制度健全、员工素质教育及外部承担社会责任等方面进行完善。对后一种负面报道，则应以严正的态度，用最有说服力的证据如专家鉴定、权威部门评议、各类证明等，通过舆论告知公众，进行公开驳斥，并利用包括新闻发布会、公开声明等手段进行正当的商誉防卫，抑制谣言误导，还组织及相关产品以清白。

4. 非组织成员有意或无意引起的危机

这些事件虽然不是组织自身的过错引起的，但或多或少与组织有关，因为它常常起因于组织缺乏自我保护的能力和措施，或者源于组织没有处理好与某些公众的关系。遇到这类事件,作为当事组织,第一反应不是为自己辩护,而应迅速采取措施抢救受害公众,最大限度地降低人身危害程度。同时,完善、强化组织内部管理和相关产品的安全保护措施,争取以真诚的态度求得公众的谅解与支持,以后还要学会自我保护和自我防御。

二、危机事件的内部成因分析

每一次危机既包含导致失败的根源,又孕育着成功的种子。发现培育以便收获这个潜在的成功机会,就是危机管理的精髓,因此,对危机的成因作深层次的探析也就显得非常重要。除自然环境因素、社会环境因素之外,许多危机的产生原因在组织内部,即往往是因为内部的管理体制或人员素质导致问题演化成危机,具体有以下几方面:

(一)管理者公关理念淡薄,缺乏危机管理意识

在现代组织中,还有相当一部分管理者没有正确的公共关系理念,对社会利益、社会责任的认识仍停留在口头上,在组织利益与社会利益相矛盾时,首先想到的是如何维护组织自身利益,忘却了"皮之不存、毛将焉附"的道理;以致问题发生之前,不知道"患忧",发生之后,想方设法要"置身事外",使问题演变成一场危机。

(二)组织自身决策违背公关基本原则要求

在现代社会,组织的决策与行为应自觉考虑到社会的利益与公众共同发展。如决策背离公众和社会环境的利益与要求,就有可能使组织利益目标与社会利益目标相对立,从而引发公众对组织的抵触、排斥和对抗,使企业陷入危机之中。

(三)组织人员素质低下,行为严重违背组织宗旨

组织人员包括管理人员和员工两类。就管理者而言,现阶段,我国的企业管理者已逐步向职业化过渡,但仍有不少组织内部管理者素质较低,纯粹靠经验、习惯甚至关系行使其管理职能。对内缺乏感召力和凝聚力,不能激发员工工作潜能;对外缺乏组织形象意识与公众权益意识,对公众的正当权益要求置若罔闻,甚至粗暴对待公众,以致引发组织形象危机。就员工而言,员工的工作特性已决定了他们是组织形象的直接代言人,许多公众也是通过与一线员工的直接"对话"才对组织有总体印象。这其中员工素质优劣、服务能力强弱就直接关系到公众对企业的认同程度,往往个别员工的粗暴行为就会给组织形象带来恶劣后果。例如,北京国贸中心惠康超市员工强行对两名顾客搜身、沈阳商业城店员手持电风扇殴打顾客、宁波南大连锁超市公司保安殴打孕妇等一系列恶性事件的发生。这类事件轻则使组织陷入民众谴责、舆论曝光的困境,重则直接影响组织的生存。

(四)没有建立正常有序的传播沟通渠道

许多企业在传播沟通意识上还存在两大"盲目点":其一,无限制扩大组织机密范围,追求事事保密、层层设卡,唯恐公众知晓组织决策内容。例如,2014年4月10日

下午 5 时，兰州威立雅水务公司首次检测到自来水苯指标超标，11 日凌晨 5 时，兰州市委市政府接到自来水苯指标超标的报告，11 日下午 2 时，兰州市政府正式向中央、省市新闻媒体和全体市民发布了局部自来水苯指标超标事件的消息。从供水企业检测到苯指标超标到向公众告知真相，时间过去了 21 个小时。不少市民由此质疑供水企业和政府部门在应对这一突发事件中是否存在滞后性，尤其相关部门是否存在迟报、瞒报行为。其二，只知道信息的单向发布，不知道信息的及时反馈，如在广告投入上，有多少企业组织对广告效果做过科学测评？闲时图轻松，急时抱佛脚，一旦危机发生，谁都不知道发生的程度如何，公众的知晓状况如何，行动程度如何，媒体的态度又是如何，第一手信息资料缺乏，危机又怎么能得以有效控制？

三、危机的预防和处理

当组织面临各种危机时，不同的危机处理方式将会给组织带来截然不同的后果。成功的危机处理不仅能成功地将组织所面临的危机化解，而且还能够通过危机处理过程中的种种措施增加外界对组织的了解，并利用这种机会重塑组织的良好形象。因此，危机公关日益受到重视。

危机公关，是指组织对危机的公共关系处理。具体来说，危机公关就是组织从公共关系的角度对危机的产生、发展、变化进行分析，采取或实施有针对性的一系列控制行为对危机进行预防和处理。

危机公关主要包括以下内容。

（一）危机发生前

1. 危机预测分析

危机公关是对危机的产生、发展、变化实施有效控制。为此，事先要对可能发生的危机做出预测、分析。危机预测包括：可能发生哪些危机，危机可能具备的性质及规模，它对各方面可能带来的影响。

公关人员需要根据组织具体情况，按轻重缓急把危机分类：A 类是很可能发生的危机，如产品质量、媒介关系、环境变化等；B 类是有一定可能但又不是很可能发生的危机，如被盗窃、合作伙伴违约等；C 类是很少发生但又不是不可能发生的危机，如产品被投毒、水管爆裂等。

2. 制订应急计划

在危机发生之前制订完善的计划，以便一旦出现危机即刻能做出反应，这是减少危害的有效措施。应急计划应包括：对付各类不同危机的不同方法，安排好危机中、危机后在各个工作环节负责处理各种问题的适当人选，同时让这些人员事先了解面对不同危机时他们的责任和应该采取的措施。这项工作也涉及其他部门，所以往往是公关部难以独立完成的。

3. 成立危机管理委员会

大中型组织应设立危机管理委员会，这是顺利处理危机的组织保证。危机管理委员会的人员应包括组织领导、人事经理、工程管理人员、保安人员、公关经理、后勤部门领导等。如果组织有分支机构，每个分支机构、子公司、分厂都应向委员会派一代表，以便发生问题时能迅速在各地协调行动；特别是当分支机构也生产同样的产品、采用同样的质量标准、同样的购销渠道时。

（1）危机管理委员会的作用。要全面、清晰地对危机发展趋势做出准确预测；确定有关处理策略和步骤；安排调配组织现有的人力、财力、物力，明确责任，落实任务；启动信息沟通网络，与传媒及目标公众保持顺畅联络；对危机处理过程中各项工作做指导和咨询。

（2）危机管理委员会应配置的设备与材料。其具体设备与材料包括足够的通讯设备（包括内、外线电话和无线电通讯工具）、各类图纸（平面图、建筑施工图、水电线路图、社区方位图等）、职工名册、重要人物的地址及联系电话、应急车辆及人员、各类专用设备等，以保证危机处理能有条不紊地进行。

此外，还可以根据危机内容和可能的发展趋势，确定是否聘请外部专家介入对危机的处理，有些危机只有靠专业的、经验丰富的公关专家，才能帮助组织控制灾难。

4. 印制危机管理手册

将危机预测、危机情况和相应的措施以通俗易懂的语言编印成小册子，可以配一些示意图，然后将这些小册子发给全体职工。还可以通过多种形式，如录像、卡通片、幻灯片等向职工全面介绍应付危机的方法，让全体职工对出现危机的可能性及应付办法有足够的了解。

目前，仍有很多组织不注意这方面的工作，职工长期不了解本组织可能出现的危机，也不了解一旦出现危机应该采取什么样的措施来自救和保护组织，这是非常危险的。

5. 建立处理危机关系网

根据预测的组织可能发生的危机，与处理危机的有关单位联系，建立合作网络，以便危机到来时能很好合作。这些单位包括医院、消防队、公安部门、邻近的驻军、相关的科研单位、同行业兄弟单位、保险公司、银行等。在平时就要通过互相沟通使它们了解组织的基本情况，以及在危机中组织会向他们寻求哪些帮助，等等。

6. 搞好内部培训

处理危机是公关工作中的一项重要内容，但由于危机并非经常发生，所以大多数工作人员对处理危机都缺乏经验。组织可举办短训班专门对公关人员进行培训，培训内容包括：模拟危机，让受训学员做出迅速的反应，以锻炼他们面对危机处理问题的能力；向他们提供各种处理危机的案例，让他们从各类事变中汲取经验和教训，帮助他们在心理上做好处理各种危机的准备；等等。危机的发生是很难预测的，因而危机管理应常抓不懈，各种方案、计划、培训都不能一劳永逸，应常备常新，万万不可心存侥幸。

（二）危机发生时

1. 组织应将所有已知信息在第一时间通告政府和社区领导，寻求他们的理解与支持

这类特殊公众一般都处于权威地位，如政府部门权威人士、行业专家、专业机构、消费者协会等，社会组织如能与他们保持良好的沟通与了解，他们就会采取理解、支持

的立场(至少不会以反对者身份指责组织)。而且,这类公众很可能会在危机中成为第二信息来源,其发出的信息对组织与公众的影响力是不容忽视的。因此,政府和社区领导的意见往往对危机处理能起到决定性的作用。

2. 尽快调查并公布真相,澄清事实

危机发生之后,社会组织应迅速抢救受害公众,减轻危机影响程度,并尽快将最新情况告诉公众,同时须尽快查明危机根源,如果是组织自身的原因,就应勇于承担过失责任,向公众道歉;如果是其他因素所致,也应将事实告诉公众,减轻组织的压力。

尽量邀请技术权威机构介入对危机事件真相的调查与论证,可提高信息的可信度,对于减少谣传、寻求传媒与公众的理解尤有好处。可惜的是,许多组织往往不能正确对待社会活动家、行业专家及专业机构的批评建议,一味强调所谓的合法性、科学性,试图尽快洗白,反而给人一种漠视社会利益、逃脱责任之嫌,造成更大的被动。

3. 慎重处理危机中的有关人员伤亡事宜

正所谓人命关天,一旦出现人员伤亡事故,当事组织务必要予以足够重视,第一时间妥善处理相关事宜;要充分认识到受难者家属在危机事件中的微妙地位,受难者家属对善后处理是否满意对危机处理起到重要作用。

四、危机公关的技巧

对危机的管理虽然减少了危机的威胁,但不可能百分之百地杜绝危机。若一旦发生了危机该如何处理呢?

(一)要迅速掌握危机的全面情况

(1)公关部要首先搞清是什么人,在什么时间、地点,发生了什么事,事故的原因是什么,按这些要点迅速查明危机的基本情况。有可能的话,可以在目击者的协调下进行调查。

(2)迅速拿出原定计划付诸实施。估计危机可能产生的后果和影响,如人身伤亡的数量、程度,应送什么样的医院治疗;对设备损坏的情况、公用设施损坏的程度及其他财产损失,提出并落实迅速控制事态的最有效方法。

(3)查看事故现场。了解危机是在继续发展还是得到了有效控制,控制情况如何;若还在进一步发展,要迅速查明原因,并明确怎样控制事态发展,找到处理危机的方法。

(4)预测危机发展的前景,现有解决方案实施的效果及可能造成的影响,如不能制止还将如何发展,会引发什么样的新问题。

(5)同事故见证人保持联系。记下事故见证人的姓名、单位、地址及证件号码,必要时可请公安机关加以协助。

(6)保护现场。收集现场物证,组织专家检验、测定。在结果没出来之前,有引起事故嫌疑的产品应通知销售部门暂停出售。这样做时先不要大肆声张,以免造成不必要的形象损害。

（二）对危机发生后涉及各类公众的利益分别予以处理

1. 对内部公众

首先，把事故情况及组织对策告诉全体职工，使职工同心协力共渡难关。其次，如有人员伤亡，应立即通知其家属，并提供条件满足家属探视、吊唁的要求，组织周到的医疗和抚恤工作，由专人负责；如果是设备损失，应及时清理。

2. 对事故受害者

首先，对受害者应明确表示歉意，慎重地同他们接触，冷静地倾听受害者的意见和他们提出的赔偿要求。这时即使他们的意见并不完全合理，也不要马上与之辩论、讨论；即使受害者本身对事故负有一定责任，也不应马上予以追究或推出门了事，或立刻诉诸法律。其次，应该同他们坦诚、冷静地交换意见，同时谈话中应避免给人造成推卸责任、为本组织辩护的印象。最后，在处理事故的过程中，若无特殊情况，不要随便更换负责处理事故的人员和探望受害者的人员，以便保持处理意见的一致性和操作的连续性。

3. 对新闻传播媒介

新闻是政府的"喉舌"，它代表着大众的利益，并有权知晓其认为有必要知晓或传播的信息，要以公开、坦诚的态度积极配合媒体对危机报道，也唯有这样，才能取得新闻界的信任和支持。因此，社会组织应该乐意与媒体沟通，让媒体成为危机事件的新闻咨询顾问。

4. 对上级领导部门

危机发生后，应及时向组织的直属上级领导汇报情况，不能文过饰非，更不允许歪曲真相、混淆视听。在处理过程中应定期将事态的发展、处理、控制的情况以及善后的情况向上级报告。事故处理结束后，应将详细的情况、解决的方法及今后预防的措施、组织应承担的责任形成综合报告，送交上级部门。

5. 对单位所在社区

对待单位所在社区，如果是火灾、毒物泄漏等给社区居民确实带来损失的，组织公关部应向当地居民登门道歉，根据事故的性质也可以挨门挨户道歉，必要时可以在全国性或地方性报纸上刊出致歉广告并给予经济赔偿。这种致歉广告应该面向有关公众，告知他们急需了解的情况，明确表示出组织敢于承担责任、知错必改的态度。

此外，对在外地发生的危机，如有必要，应派人到外地有关单位去处理。

第三节 新闻发布会

新闻发布会是指社会组织为公布重大新闻或解释重要方针政策而邀请新闻记者参加的一种公共关系专题活动。它是社会组织传播信息、吸引新闻客观报告、搞好新闻媒介关系行之有效的途径和手段。通过新闻发布会，不仅可以公布本组织的一些重大新闻，如方针、政策、措施等方面的新举措，加强公众对组织的认可，而且可以利用新闻发布会的影响力，妥善处理一些棘手的问题，以达到澄清事实、说明原委、减少误会、求得谅解等效果。新闻发布会是一种二级传播：首先通过新闻发布会，以人际沟通和公众传播的方式，将信息告知记者；然后由记者以大众传播的方式进一步将消息告知社会公众。在这种形式下，实现了社会组织和新闻媒介的沟通，并通过这种沟通，实现社会组织和广大公众之间的沟通。

一、新闻发布会的特点

新闻发布会具有以下几个特点：

（1）新闻发布会发布消息的形式比较正规、隆重且规格较高，易于引起社会的广泛关注。

（2）在新闻发布会上，记者可以根据自己感兴趣的方面或所着重的角度进行提问，可以更好地发掘消息。因此，这种形式下的信息沟通，无论从深度还是从广度来说，都比其他形式更具有优越性。

（3）新闻发布会往往需要占用组织者和记者较多的时间和精力，必要时还要组织记者实地采访、参观或安排一些沟通活动，如酒会、招待会、进餐等，所耗费的成本较高。

（4）新闻发布会对发言人和主持人的素质要求比较高，要求他们十分机敏、善于应付、反应迅速、幽默从容等。

二、新闻发布会的筹备

（1）确定会议主题。如明确为什么要举办新闻发布会，想要达到何种公共关系的目的。

（2）把握时机。一般应选择组织有重大活动开展或重大事件发生的时候举行新闻发布会。只有在必要和可能的情况下召开新闻发布会，才会收到良好的效果。也就是说，新闻发布会是一项郑重的公关活动。

一般来说，组织新闻发布会的原因有以下几个方面：①出现了紧急情况，如工厂发生了爆炸；②严重的灾害发生；③对社会发生重大影响的新政策的提出；④企业新技术的开发和新产品的投产；⑤组织对社会做出的重大贡献或将影响社会的新措施；⑥企业的开张、关闭、兼并或组织的重大庆典等。但应注意，新闻发布会不要与重大节日或其他重大活动相冲突。

（3）选择会议的地点。新闻发布会地点的选择不同于一般的会议，首要的是要为记者们创造方便的采访条件，如电源、录像、拍摄的辅助灯光、视听辅助的工具、幻灯、电视播放设备的准备，以及会场的对外通讯联系条件等。另外，还应考虑会场既需要安静舒适、不受干扰，还要交通便利及停车方便。会场座次安排应主次分明，特别是有贵宾到场的情况下。会场内的桌椅设置要方便记者们的提问和记录。会场应设有记者或来宾签到处，签到位置最好选在入口处或入口通道处，并在每位记者席上准备有关资料，使记者们能深入细致地了解所发消息的全部内容。

（4）确定会议的时间。新闻发布会的时间一般宜选在上午10时或下午3时。一般发布会的正式发言时间不超过1小时，应留有时间让记者们提问。发布会之后，一般为记者准备工作餐（最好的形式是自助餐），搞自助工作餐的目的在于给记者们提供交流和对组织的领导人作深入采访的机会。确定具体时间后，要提前3～5天向记者们发出邀请，让记者充分安排好时间。值得注意的是，记者们一般很忙，有时不一定都能到会，因此，为使发布会能圆满成功，最好让记者有到会的回复。

（5）确定邀请的对象并发出请柬。根据会议的主题，有选择地邀请有关的记者参加。同时，考虑根据消息发布的范围来确定记者所在媒体新闻覆盖面和级别，考虑如何选择如报纸、杂志、广播、电视等不同新闻媒体的记者。邀请对象一旦确定，除发请柬外，还应打电话联系落实记者的出席情况。

（6）选定主持人和发言人。由于记者的职业要求和习惯，他们常常在会上提出一些尖锐、深刻甚至很棘手的问题，这就对主持人和发言人提出很高的要求。主持人和发言人都必须对将要发布的信息的重要性和社会价值有清醒的认识，并且有较高的文化修养和专业水平等。会议的主持人一般可由具有较高公关专业能力的人来担任。会议的发言人应由组织的高级领导来担任，他除了清楚组织的整体情况，对有关的社会环境、方针、政策都很熟悉，他的发言和回答应该具有权威性。不论是主持人还是发言人，都是社会组织形象的化身，其外在形象的设计也应下一番功夫，服饰礼仪、言谈举止都应该给人以礼貌真诚的感受。

（7）准备好发言和报道提纲以及宣传辅助资料。根据会议的主题全面收集有关资料，考虑记者可能提出的问题，可以向其提供专业准确的发言稿，必要时准备一些与会议有关的图片、实物、影像、模型等辅助资料，同时还要写上报道提纲，在会上发给记者作为采访报告的参考。

（8）组织参观和宴请的准备。发布会前后，可配合主题，组织记者进行参观活动，请其作进一步深入采访。有关参观事宜应在会前就安排好，派专人接待、介绍情况。会后，如有必要可邀请记者共进工作餐，利用非正式交谈，相互沟通，融洽与新闻界的关系，解决有关发布会没有解决或不便解决的问题。

（9）制定会议费用预算。根据会议规格和规模制定预算，并留有余地，以备急用。项目费用一般包括场租费、会场布置费、印刷费、邮电费、交通费、住宿费、音像器材租借费、茶点或餐费、礼品及文具用品费等。

三、新闻发布会的程序

（1）选择会址。

（2）确定日期。

（3）具体落实到会记者的人数。

（4）准备分发给到会者的资料、图片和文具。

（5）安排好签到并分发资料与礼品（必要时），注意嘉宾的安排，使其出现在恰当的时机，以扩大影响。

（6）议程紧凑、内容详细的新闻发布。

（7）应有自己的摄影记者，拍摄会场情景以供备用或留念。

（8）招待。

(9) 接送。

(10) 对照签到簿,了解记者发稿情况,对未发稿的新闻机构了解其未发稿原因。

(11) 对因故未能参加的新闻机构可提供有关背景资料、会议记录材料、图片和报道提纲等,以供他们选用。

(12) 整理有关文档资料存档,以备用备查。

四、新闻发布会应注意的事项

(1) 发布的信息资料必须准确无误,若发现错误应及时予以纠正。

(2) 会议主持人应善于控制发布会场面,以庄重的言谈和感染力活跃会议气氛,引导记者踊跃提问。当记者的提问离会议主题太远时,要善于巧妙地将话题引向主题。如果会议中出现紧张气氛,应该及时调节、缓和,掌握好预定的会议时间,不能随意延长。

(3) 发言人应注意答问的方式和程度,随机应变,不与记者争论,不要回避问题。对于不愿发表和透露的内容,应婉转地向记者做出解释,不能简单地说"不清楚"、"不知道"、"无可奉告"等。不要随便打断记者的提问,也不要以各种动作、表情和语言对记者表示不满,即使记者的提问带有很强的偏见或挑衅性,也不能激动或发怒,应以良好的涵养、平静的话语、确凿的事理给予纠正和反驳。

(4) 对新闻发布会这一公共关系过程应做详尽记录和录音,有条件的应将会议过程录像作为资料保存。

五、新闻发布会的会后工作

(1) 尽快整理出新闻发布会的记录材料,对新闻发布会的组织、布置、主持、回答等各方面工作的经验和不足做好总结工作,并归档备查。

(2) 搜集到会记者发出的报道资料,并对这些报道内容及倾向进行归类。主要是检查是否达到新闻发布会的预定目标,是否有由于失误而造成的谬误,如果出现不利于组织的报道,是组织自身行为引起的,应虚心接受并致歉意,是记者方面的问题则应主动采取行动说明真相,要求媒体更正。对检查出的问题应分析原因,制定改进措施,以挽回组织声誉。

(3) 收集到会记者及其他与会代表对新闻发布会的反应,了解接待、安排、提供方便等工作是否欠妥,并对照新闻发布会的签到簿,检查与会记者是否都发了稿件,并对记者所发稿件的内容及倾向做一个分析,以便了解新闻机构和记者所持意见、态度及其产生原因,便于以后有针对性地同他们沟通。

第四节 公益赞助

公益赞助是指组织通过无偿地提供资金或物质对各种社会公益事业作出贡献,以提高社会声誉及树立良好社会形象的公关专题活动。这种活动,对于提供赞助的组织来说，一方面是为了表达爱心，承担社会责任，关心社会公益事业，树立起良好的组织形象；另一方面也是一次十分有效的宣传机会，比之商业广告更具说服力。因此，公益赞助也是一种有效的公共关系手段。

一、公益赞助的目的

组织之所以对社会公益事业慷慨相助，是因为赞助对塑造组织的公关形象具有特别重要的作用。

（1）通过赞助社会公益事业，能够表明组织作为社会成员愿意为社会的发展做出相应贡献，乐于在承担社会责任的同时追求社会效益。从而在公众心目中树立关心社会公益事业和社会整体进步的良好形象，并赢得政府、社区及相关公众的支持，为组织的生存和发展创造良好的社会环境。

（2）通过赞助社会公益事业，能够证明组织的经济实力，赢得社会公众的信任。公益赞助是组织对社会的资金或物品的无偿付出，这要求组织必须具备一定的经济实力。特别是有些企业所赞助的是一些长期的纯公益性事业，就更需要企业具有相应的经济实力。

（3）通过赞助社会公益事业，能够提高社会资源的利用效率。因为有些问题的研究结论单纯由公司所属人员提出会遭到质疑，而如果由得到赞助的完全独立的研究机构来做，他们得出的结论更易得到公众的信服。

（4）通过赞助社会公益事业，能够提高组织的社会知名度，提升组织的整体社会地位。公益赞助常常是新闻媒体和社会公众关心的热点，这会使人们将组织与社会公益活动相互联系并铭记于心，树立组织关心公益事业的良好形象，增强了组织的影响力。

（5）赞助有助于产品的销售。通过赞助社会公益事业，提高了组织的知名度和影响力，无疑也会给消费者留下深刻印象，从而有利于推销组织的产品或服务。

二、公益赞助的主要对象

公益赞助的具体形式多种多样，现在流行的是捐赠或成立专门的基金来资助某些特别的活动。其中，以卡耐基基金会和洛克菲勒基金会最有名。卡耐基基金会主要资金投向是在世界各地建设图书馆、在大学和学院建立艺术系、对成人教育的研究，以及社会科学研究和高等教育研究等方面。洛克菲勒基金会的主要赞助活动包括：在国际项目上，征服饥饿、控制人口、促进健康、解决国际冲突、改进发展中国家的教育；在国内项目上，维护环境质量、发展文化事业，尤其是在戏剧、文学和音乐领域、增进机会均等；等等。

培训员工也是极具社会公益性的活动。许多公司都为员工进修付出教育费用，认为能力上的投资可能激发员工的潜在业务才能的发挥。这些公司对员工的培训，有的是专业性的，对公司的利益是直接的，有的是人文基础方面的，目的在于增强公司业务人员的才智与素质。这样，不论未来员工去向如何，这些培训都会给他们提升个人价值的机会，也给社会带来不可估量的积极影响。

公益赞助存在于组织活动的方方面面，是组织的重要公关活动手段，使用得当对组织和社会都有益,否则会适得其反。因此,掌握公益赞助的主要对象至关重要。

（一）赞助体育

体育活动可以吸引广大观众,影响面大,感染力强,因此,赞助体育活动成为最常利用的一种赞助方式。

赞助体育活动的形式主要有:①承包运动队。为运动队提供训练经费、运动服装、旅行用品等。条件是冠以企业的名称,比赛所到之处都能使企业的名称赫然可见。②自办运动队。如果说承包运动队的条件是经费充足,自办运动队不仅要有财力,还要有专业教练、队员和重视运动的领导。③赞助重大比赛。体育比赛特别是国际比赛往往会被许多国家通过媒体转播,传播速度快,范围广。赞助这些比赛,企业能够获得有利的广告位置、商品专卖权、运动会或运动员用品的专用权等,该公司产品会徒然身价百倍。④举办体育比赛。这种方法往往以企业提供奖励冠以产品名称的形式出现。如耐克杯足球赛、春兰杯世界职业围棋锦标赛等。⑤赞助体育新闻和体育教育。例如,在目标消费群体喜爱的报纸及广播电台设立专栏以赞助体育新闻,为培训运动员的教育组织提供资金和设立奖学金,等等。

（二）赞助文化艺术活动

赞助社会文化事业,不仅可以培养公众的情操,提高民族文化素养,而且可以大大提高组织美誉度,提高组织的社会效益。

赞助文艺活动的方式多种多样,如赞助艺术场馆的建设、艺术品的收藏及影视戏剧的拍摄等。从赞助期限可分为短期赞助和长期赞助两类:凡是赞助单项文化娱乐、文学、艺术活动的项目都归于短期赞助。短期赞助经费高,见效快,可以在短期内迅速增加销售量。长期赞助大多是组织同文艺团体建立长期的合作关系,往往在演出团体前冠以组织名称,或为组织培养文艺人才等。例如,上海证券交易所每年向中央乐团提供不少于250万元的长期资助,得到社会公众的一致认可。

（三）赞助教育事业

赞助教育事业是百年大计,它不仅体现了组织对社会的责任,而且也为组织提供了长期发展的后备力量。组织赞助教育的方法主要有以下几种:①向学校投资。如设立奖学金、联合培养、开办讲座和建设学校等。②向学校提供教学设备。③组织自己办学。国内比较著名的教育基金有宝钢基金、霍英东基金、曾宪梓基金等,而邵逸夫、田家炳则以资助建设图书馆和教学楼著称,李嘉诚以创办汕头大学、长江商学院扬名。这些都是成功赞助教育的典范。此外,赞助科学研究同样也是赞助教育事业的重要方面。特别是一些基础性的科学研究,长远看对人类社会意义重大,但从短期看,经济效益渺茫。组织的赞助不仅是推动基础研究的重要保障,也是组织为社会发展作出的重要贡献,是一项十分有利的社会公益事业。

（四）赞助社会各种公益事业

社会公益活动范围很广，凡是以社会效益为重，对公众有益的活动均属于公益性的。这些社会公益属于非营利活动，更需要企业赞助推动其发展。赞助这些机构，也是企业谋求与政府和社区两大公众最佳关系的手段。

公益活动主要有：①互助性公益活动，即通过义演、义卖、公开拍卖、募捐等活动帮助某些有特殊困难的地区或个人。②服务性公益活动，即对社区、特定个人等提供某种形式的服务，如提供为民免费修理、义务咨询、给孤寡老人送温暖等。③娱乐性公益活动，即通过提供娱乐场所、主办娱乐节目等为主的活动，如俱乐部对外开放、组织晚会等。④教育性公益活动，即以使参加者受教育、提高思想境界为主的活动，如组织参加烈士陵园扫墓活动、参加英雄事迹报道会等。

（五）赞助环保事业

当今社会，环境问题已经成为一个全球性的问题，引起越来越多人的关注，很多企业也开始赞助环保事业，具体包括：①实施绿色营销，塑造绿色企业形象。就消费品行业而言，提到"环保"，估计有许多人第一个想到的便是 The Body Shop，这个英国品牌也许不是最早打出环保牌的，但却是被人记得最牢的，这与它的信念有关——反对动物实验、支持社区公平交易、唤醒自觉意识、捍卫人权和保护地球。在这种环保理念的指导下，The Body Shop 所有产品全部采取植物提取成分，不用动物实验，包装也尽可能采取可回收或可分解材料制造，提倡的安全护肤令它拥有了与别的品牌不同的定位，赢得了大量的顾客。②资助各种环保活动。比如，"黑色"石油巨头 BP 不遗余力地希望人们淡忘它最重要的产品和它原本石油商的黑色形象。它卖力地进行新能源领域的研究，诸如太阳能、风能、水能等，以巧妙的绿色营销手法和品牌诉求打造了绿色能源公司的全新形象。

三、公益赞助的步骤

（一）调查研究，确定对象

企业的赞助活动可以自选对象，也可以按被赞助者的请求来确定。但无论赞助谁，赞助形式如何，都应做好深入细致的调查研究。特别需要指出的是，企业的赞助活动，必须是社会公众最乐于支持的事业和最需要支持的事业。另外，调查研究应该以经济和社会效益的同步增长为依据，重点分析投资成本与效益的比例，量力而行，保证企业与社会共同受益。

（二）制订计划，落到实处

企业的赞助活动应是有计划的公共关系的一部分。在调查研究的基础上，赞助计划应具体详尽。企业赞助活动计划中包括：赞助的目标、对象、形式；财政预算；赞助主题和传播方式；赞助活动实施方案；等等。同时，也应将实施计划过程中的应变方案列入计划。

（三）完成计划，争取效益

在制定计划的基础上，企业应派出专门的公共关系人员去实施赞助方案。在实施过程中，公共关系人员要充分利用有效的公共关系技巧，创造出企业内外"和谐"的气氛，尽可能扩大赞助活动的社会影响。实施过程中，公共关系人员的形象应与企业形象一致，给被赞助者和公众以好感。

（四）评价效果，以利再战

企业的公共关系活动应立足于企业的长远发展。因此，对每一次公共关系活动的效果，都应该做出客观的评价，这样可使今后的活动搞得更好。赞助活动完成后，应该对照计划测定实际效果，对完成活动的经验加以总结，对活动的不足应指出原因。

四、公益赞助的注意事项

（1）公益赞助目标明确。即所赞助的活动适合组织的特点和发展，能够达到组织预期的目的。

（2）考虑受资助者的声誉。调查和研究受资助者本身是否具有良好的形象，保证赞助活动取得良好的社会效益。

（3）考虑组织的经济承受能力。注意赞助活动的投入产出比，必须根据企业的财力确定是否赞助。在无力赞助的情况下，注意处理好与被赞助者的关系，否则会造成矛盾。

（4）赞助方式别具一格。与千篇一律的赞助方式相比，新颖别致的方式更容易引起媒体和公众的关注，效果必定会更好。

第五节　展览与展销活动

展览与展销活动，是指综合运用实物、文字、图像、音像资料或操作演示等形式，在一定时间和地点集中向公众展示组织的成果、风貌、特征和推广产品，树立组织形象的公关专题活动。

展览与展销活动的目的不外乎以下几种：一是社会组织向公众显示自身的进取能力和满足社会需求的应变能力。如电脑制造商每到年终推出"新年电脑新款"展览就属于此类。二是向社会广泛收集反馈信息，有利于对产品和服务项目进行修正和改进。如美国最大的饮料厂商可口可乐公司在对其几十年口味一贯的饮料做改进时，采用了在全美各处与世界各地举办试销展览的方法；最后得出结论：要改变老饮料必须使老主顾有个适应过程，不能全部撤换，并且还要保留相当数量的老饮料生产。这种新产品的开发决策，只有经过此类形式的论证，才能保护其科学性。三是社会组织举行展览和展销带有强烈的开拓新市场的意识趋向。如匈牙利工程师鲁毕克发明的"魔方"玩具，原先只是一种用来做几何教学示范的教具,后被美国玩具公司买入专利,通过在全世界的销售网的展览和展销,一下便风靡世界,像这类带有一定难度的智力玩具如果缺少样品展览和展销表演这道环节,就很难普及开来。展览与展销的影响力并不局限于现场公众,它是一种综合性的大型活动,往往是新闻媒介追踪的对象,通过新闻报道,扩大影响。

一、展览与展销活动的异同

展览与展销活动的共性在于:它们都是在特定的时间和空间下,通过精心策划、设计、布置,将社会组织的实物、图片、图表等资料,通过解说、幻灯、录像,生动直观地介绍给公众,达到让公众了解和认识社会组织的目的。

展览与展销活动的区别在于:展览活动是以展示新产品、新技术、新成果,展示自身实力,扩大品牌影响为目的,突出其"宣传性"的一面。主办地必须有足够的覆盖面和影响力,能够起到树立品牌、扩大知名度的作用,如中心城市,政治或经济、文化中心才能胜任。而展销活动则以促销为目的,突出其"经济性"的一面,包括推销产品、转让技术、开拓市场等内容。

二、展览与展销活动的类型

展览与展销活动从不同角度可以划分为不同的类型。

(一) 按照性质分类

(1) 宣传性展览与展销活动。通过展品向观众宣传某一思想或观点,或让观众了解某一史实,其特点是重在宣传,没有商业色彩,展品通常是照片、资料、图表及实物等。如"纪念周恩来大型书画藏品展"等。

(2) 贸易性展览与展销活动。举办这种展览会的目的是为了促进商品交易,展出的也是一些实物产品和新技术等。这种展览会有一个最大的特点,那就是商品展览与订货销售融为一体,如我国每年春秋两季在广州举行的"中国出口商品交易会"等。

(二) 按照规模分类

(1) 大型展览与展销会。这类展览与展销会是综合性的,参展的组织多,展出的项目多,涉及面也广,需要有较高的专业技术水平才能办好。如2010年在上海举办的"世界园艺博览会"等。

(2) 小型展览与展销会。这类展览与展销会常常由一个组织自己举办,规模较小,展出的项目比较单一。如绘画作品展、产品展示会等。

(3) 微型展览与展销会。这是一种最小规模的展览与展销会,如商店橱窗的商品展览、流动展览车等。

(三) 按照内容分类

(1) 综合性展览与展销会。综合展示一个国家、一个地区或一个组织的建设成就,既有整体概括,又有具体形象,观众参观后会有一个比较完整的印象。如世界著名的

"日本筑波国际博览会"、我国举办的"改革开放成果展览会"等。

(2) 专业专题性展览与展销会。介绍某一专业或专题的情况，虽不要求全面系统，但也要内容集中、主题鲜明、有一定深度。如我国举办的"中国酒文化博览会"，就是专门以酒为核心，通过酒来展示企业文化和中国传统的酒文化。

（四）按照场地分类

(1) 室内展览与展销会。在室内举行，不受天气影响、不受时间限制，可展出较为精致、价值很高的展品。如"中国著名书法家作品展"、"景德镇名瓷艺术展"等。

(2) 露天展览与展销会。在室外举行，规模可以很大，布展也比较简单，但会受到天气的影响。如"洛阳牡丹展"、"国产轿车展"等。

(3) 巡回展览与展销会。这是一种流动性的活动，往往利于车辆运往各地巡回展出。如"农业科技书刊巡回展"等。

（五）按照时间分类

(1) 长期展览与展销会。展览与展销形式是长期固定的，适合于比较固定的内容。如故宫博物院、敦煌博物馆等。

(2) 定期展览与展销会。展出内容定期进行更换，适合于反映不同时期社会组织的新的发展变化。如上海工业展览会等。

(3) 短期展览与展销会。这是一种展出时间较短，展览结束后即行拆除的展览与展销会，适合于为了某一个主题而进行的宣传活动。如秋季服装展销会等。

三、展览与展销活动的特点

展览与展销活动具有其他传播活动所不具备的特点：

(1) 复合性。复合型传播方式指的是同时使用多种媒介进行交叉混合传播，包括声音媒介，如讲解、交谈和现场广播；文字媒介，如宣传手册、介绍材料；图像媒介，如各种照片、幻灯、录像、闭路电视；等等。

(2) 直观性。一般的展览与展销活动通常以展出实物为主，并进行现场的示范表演。从心理学角度讲，这种形象记忆能起到强化效果的作用。

(3) 双向性。展览与展销活动能给社会组织提供与公众双向沟通的机会，这种直接沟通在公众展示自身形象的同时，还可以收集公众反馈意见，有针对地就个别公众的某种特殊情况进行解释，可使公众心服口服。

(4) 新闻性。展览与展销活动是一种综合性的大型活动，除本身能进行自我宣传外，往往能够成为新闻媒介追踪的对象，成为新闻报道的题材。通过新闻媒介的报道传扬，展览与展销活动的宣传效应将大大扩展。

四、组织展览与展销活动的注意事项

展览与展销活动综合运用各种文字、图片、实物模型、幻灯、录像、音响、环境布置、现场示范等传播手段，具有较高的知识性、趣味性、实用性，能广泛吸引公众的注

意力和兴趣，并为公众提供一个详细了解、咨询、交流的机会。

展览与展销活动可以分为主办展览与展销活动和参与展览与展销活动，各自要注意以下事项。

（一）主办展览与展销活动的注意事项

（1）分析展览与展销活动的必要性和可行性。展览与展销活动是大型综合性的公关专题活动，需投入较多的人力、财力和物力，如果缺乏对其必要性和可行性进行的科学论证，有可能造成两个不良后果：一是费用开支过大而得不偿失，二是盲目举办而起不到应有作用。因此，经过科学的分析论证后，才能决定是否举办展览与展销活动。

（2）明确展览与展销活动的主题和目的、展览与展销活动的传播方式和沟通方式，确定整个展览活动的领导者、策划者、执行者和工作人员。

（3）确定参展单位、参展项目与参展标准，然后采取广告和给有可能参展的单位发邀请信的方式召集参展者，并明确告知展览与展销活动的主题和目的、展览与展销活动的类型、展览与展销活动的要求和费用等。

（4）有针对性地搜集各种参展资料，把所有展品作有机的排列、组合，以便使展览与展销活动办得井然有序。

（5）指定展览文本的主编。主编要负责设计并确定会标，构思整个展览与展销文本的结构，撰写前言及结束语，并向各分展区（或展版）文本的编辑说明总体布局以及各部分之间的衔接要求。

（6）选择时间和地点。时间上考虑展出内容的季节性和周期性，与重大社会活动时间的冲突性等；地点上考虑交通的便利性，展览与展销场所的大小、质量、设施等。此外，应考虑展览与展销场所周围环境与展览与展销活动主题的相互协调性问题。

（7）明确参观者类型和数量。在筹划展览与展销活动时，应对参观者范围有较精确的估测，以便确定展览的方式。

（8）选择并准确展览与展销活动的有关资料及实物。各部分的编辑人员应根据展览大纲或总编的意图、思路收集各参展单位的实物和文字、图片、录音录像等宣传资料，并按要求完成设计创作任务。

（9）做好宣传。展览或展销活动一般是固定在某一场馆的，必须招徕观众，才能达到传播的目的。因此，应设立专门机构，充分利用一切可以扩大影响的机会，如人数达到一定数量或重要人物出现等进行特别报道，大型展览展销会还可以举行新闻发布会。

（10）搞好接待。展览与展销活动需要面对人数众多的观众，接待任务非常重要。对于社会名流、新闻记者应有专人接待，对于其他观众也要提供全方位的咨询和服务。此外，为使活动成功，还要提供纪念品，来吸引参观者兴趣。

（11）培训工作人员。对工作人员如讲解员、接待员、服务员等，进行公共关系训练，尽可能使之符合展览与展销活动的要求。

（12）展览与展销活动效果测定。活动结束后，可以通过召开座谈会、登门拜访和问卷调查等方式，收集新闻媒介对活动的有关报道和各种评价，总结经验教训，存档保留，这些资料可作为今后工作的参考和借鉴。

(二) 参与展览与展销活动的注意事项

1. 了解特征

展览与展销活动有别于其他营销方式，它是唯一让人能够充分感觉到的营销活动，人们通过展览展销会，对产品认知最全面、最深刻。同时，展览展销会又是一个中立场所，这种环境易使人产生独立感，以积极、平等的态度进行谈判，这种高度竞争而又充分自由的气氛，正是开拓市场时最需要的。

展览展销会又是一项极为复杂的系统工程，从制定计划、市场调研、展位选择、展品征集、报关运输、客户邀请、展场布置、广告宣传、组织成交直至展品回运，形成了一个互相制约的有机整体，任何一个环节出了问题，都会直接影响活动的整体效果。

2. 明确目标

企业参展目标通常有以下几种：①树立、维护公司形象；②开发市场和寻找新客户；③介绍新产品或服务；④物色代理商、批发商或合资伙伴；⑤扩展或保持销售成效；⑥研究当地市场、开发新产品；等等。

3. 谨慎选择

一般来说，企业在选择展览或展销活动时，应结合参展目的重点考虑以下几个因素：

(1) 展会性质。每个展会都有不同的性质：从展会目的可分为形象展和商业展；从行业设置可分为行业展与综合展；按观众构成可分为公众展与专业展；按贸易方式可分为零售展与订货展；以展出者划分，又有综合展、贸易展和消费展等。在发达国家，不同性质的展览会界限分明。但是在发展中国家，由于受到经济环境和展业水平的限制，往往难有准确的划分。参展商应结合自身需要，谨慎选择。

(2) 知名度。现代展会业发展到今天，每个行业的展会都希望形成自己的"龙头老大"，成为买家不可不去的地方。如芝加哥工具展、米兰时装展、汉诺威工业博览会、广州全国出口商品交易会等。通常来讲，展会的知名度越高，吸引的参展商和买家就越多，成交的可能性也越大。如果参加的是一个新的展会，则要看主办者是谁，在行业中的号召力如何。名气大的展会往往收费较高；为节省费用，可与人合租展位，即使如此，效果也会好于参加那些不知名的小展会。

(3) 展览内容。现代展业的一大特点是日趋专业化，同一主题的展会可细分为许多小的专业展。例如，同样是有关啤酒的展览会，其具体的展出内容可能是麦芽和啤酒花、可能是酿造工艺、可能是生产设备、可能是包装材料或技术等，参展商事先一定要了解清楚，以免"误入歧途"。

(4) 时间。任何产品都具有自己的生命周期，即新生、发育、成熟、饱和、衰退五个阶段。展出效率与产品周期之间有一定的规律。对于普通产品而言，在新生和发育阶段，展会有事半功倍的效果；在成熟和饱和阶段，展出的效果可能事倍功半；到了衰退阶段，展出往往会劳而无功。

(5) 地点。参加展会的最终目的是为了向该地区推销产品，所以一定要研究展会的主办地及周边辐射地区是否是自己的目标市场,是否有潜在购买力。必要时可先进行一番市场调查。

4. 精心准备

一旦决定了参加某一个展会,则要即刻开始积极筹备。展会是一项系统工程,千头万绪,需要考虑的问题很多。怎样才能合理使用人力、财力和精力呢?有人对展会上的参观者作了调查,发现影响他们记忆的因素主要有六条,展出者不妨从这里入手:

(1) 展品选择。展品是展出者能给参观者留下印象的最重要因素。在参观者的记忆因素中,"展品有吸引力"占到39%的比重,应予重点考虑。选择展品有针对性、代表性和独特性三条原则:针对性是指展品要符合展出的目的、方针、性质和内容;代表性是指展品要能体现展出者的技术水平、生产能力及行业特点;独特性则是指展品要有自身的独到之处,以便和其他同类产品区分开来。

(2) 展示方式。展品本身大部分情况下并不能说明全部情况、显示全部特征,需要运用图表、资料、照片、模型、道具、模特或讲解员等真人实物,借助装饰、布景、照明、视听设备等手段,加以说明、强调和渲染。展品如果是机械或仪器,要考虑安排现场示范,甚至让参观者亲自动手;如果是食品饮料,要考虑让参观者现场品尝,并准备小包装派发;如果是服装或背包,要使用模特展示,或安排专场表演。这些都是为了引起参观者的兴趣,增加他们的购买欲望。

(3) 展台设计。展台设计的表面任务是要好看,根本任务则是要帮助展出者达到展览目的。展台要能反映出展出者的形象,能吸引参观者的注意力,能提供工作的功能环境。因此,展台设计在注重视觉冲击力的同时,还要注意以下几点:①展览会不是设计大赛,展台设计要与整体的贸易气氛相协调;②展台设计是为了衬托展品,不可喧宾夺主,让绿叶淹没了红花;③展台设计要考虑参展者的公众形象,不可过于标新立异;④展台设计时不要忽略展示、会谈、咨询、休息等展台的基本功能。

(4) 人员配备。人是展览工作的第一要素,也是展览成功与否的关键所在。展台的人员配备可以从四个方面加以考虑:①根据展览性质选派合适类型或相关部门的人员;②根据工作量的大小决定人员数量;③注重人员的基本素质,如相貌、声音、性格、自觉性、能动性等;④加强现场培训,如专业知识、产品性能、演示方法等。展台人员要结合参展商品的特点,灵活应对:如果是大众消费品,应着力树立品牌形象,在消费者中形成亲和力;如系新产品,须大力宣传其与众不同之处;产品如具独创性,则应强调其在技术上的突破性。

(5) 客户邀请。展览会上若能顾客盈门当然求之不得,但有时难免会出现门庭冷落的情况。这就要求参展者除了被动地等客户到,还要有意识地请客户来。可采取直接发函、登门拜访、通过媒体做广告、现场宣传、派发资料等手段邀请和吸引客户。

总之,要未雨绸缪,把工作做在前面。企业参加展览会时如果能按照以上步骤甄别、选择和筹备的话,一定会收到事半功倍的效果。

第六节　对外开放参观

这里说的对外开放参观，是指将本组织的工作场所或工作程序对外开放，邀请内外公众参观考察的一种社会活动。

一、对外开放参观的作用

社会组织对外开放参观是加深公众对组织的了解，可起到以下几方面的作用：

1. 扩大组织知名度，树立组织形象

组织可以利用对外开放参观的机会，向公众进行宣传，表明自己的存在是有利于社会公众的，得到公众的理解和支持。例如，日本丰田公司将对外开放组织活动作为树立公司形象、推销产品的重要手段。为此，公司专门盖了一栋楼房，一层陈列公司的各种资料、零件、成品；二层、三层有冷暖设备，是放映电影的大礼堂；四层、五层为套房，供最近10年买过公司汽车的参观者免费住宿。这样一来，丰田公司顾客盈门，那些想买公司汽车的人不辞辛苦，前来公司参观，了解各种型号汽车的性能、优缺点，以便做出最佳选择。

2. 澄清某些事实真相，求得公众理解

一个组织难免会由于某些客观或主观因素的影响，让某些公众产生误解或疑虑。在这种情况下，对外开放参观就是一剂消除误解、排除疑虑的良药。例如，上海市纺织工业局第三医院添置了一台医用X光直线加速机，用来为癌症病人作放射性治疗。但附近居民不了解机房结构，误以为医用X光射线会使他们致癌，强烈抗议医院的做法。这时医院打开大门，组织居民参观并做介绍，一场即将发生的纠纷就在开放参观中消除了。

3. 为组织与公众直接沟通提供机会

对外开放参观的过程就是组织工作人员与各界参观者直接接触的过程。通过讲座与座谈，介绍组织的情况，回答和解释参观者提出的问题和疑虑，倾听参观者的意见、感想和建议。这样，就为组织与公众之间进行双向沟通提供了极好的机会。例如，拉萨"3·14"打砸抢烧事件后，以CNN为代表的部分西方媒体歪曲事件真相，企图破坏即将举行的北京奥运会和加剧反华。2008年3月26日，国务院新闻办组织境内外19家媒体记者前往拉萨，采访"3·14"打砸抢烧事件的经过，为媒体对此次事件进行真实、客观、公正的报道提供了便利条件。

二、对外开放参观的类型

对外开放参观一般有以下类型：

1. 专题性参观和常规性参观

专题性参观，是指有特定的目的、围绕一个专门确定的主题而进行的参观活动。如上海电视台为使本台职工家属支持和协助职工工作，曾组织过一次本台职工家属参观电视台的活动。通过参观，家属们更加理解了亲人，更多地承担家务，支持亲人工作。

常规性参观，是指没有特定的主题，是组织常规工作的一项参观活动。如每逢组织周年纪念日、传统节日或每月定期开放参观等。

2. 特殊参观和一般参观

特殊参观，是指对特定公众对象开放的参观活动。如上级部门领导人的视察参观、组织专家来单位参观等。一般参观，是指对公众对象不加限制的参观活动。这种参观可事先通过"告示"或其他传播手段广泛宣传，争取吸引更多的参观者。

三、对外开放参观的组织

对外开放参观是许多组织进行攻关策划经常选择的方式，它需要做好周密的组织工作。组织对外开放参观活动之前，要成立一个专门小组，并指定一位高层领导人负责。成员应以公关人员为主，包括人事部门、行政部门的负责人和与参观主题有关的职能部门负责人等。为使对外开放参观取得成功，组织筹划过程中必须把握以下环节：

1. 明确目的

任何对外开放参观的活动都必须确定一个明确的目的以作为定制宣传形式、宣传内容和确定开放时间、开放范围等的依据。

2. 确定路线

选择参观路线的主要要求是：既可以引起参观者的兴趣并保证他们的安全，又对组织正常工作的持续干扰最少。参观路线应有明确的路标，且事先需采取安全措施；安全人员应在必要的地方设置警告信号和障碍，以防止意外发生。

3. 安排时间

组织对外开放的时间以不影响组织的正常工作为标准，同时要考虑选择公众方便的时候开放。开放的时间最好安排在一些特殊的日子，如厂庆、开工、竣工、逢年过节等，特别是在喜庆的日子里让公众来本组织参观，可以提高公众的兴趣，获得更好的开放效果。另外，要有足够的时间来准备对外开放参观活动的工作，如规模较大的开放活动需要3～6个月的准备时间，若还要准备大规模展览、编印纪念册或其他特别节目，则需时更多。应尽量避开严寒酷暑期，并考虑到气候的适宜度，安排在晚春或早秋较为理想。

4. 成立专门机构

为使对外开放参观活动办得有声有色、尽善尽美，最好成立一个专门的筹备委员会，其成员可包括组织的领导成员、公共关系人员、行政和人事部门的人员等。如果主题是强调服务或产品，还可邀请经营、营销部门等相关部门的人员参加。

5. 做好宣传准备工作

应充分重视宣传工作，最好事先通知新闻部门，利用新闻媒介来扩大影响。同时，也应对组织内部的全体员工做好宣传工作，使每个人明白对外开放参观工作的意义与目的，处处体现公关意识，以给公众留下坦诚可信的良好印象。

6. 确定对外开放参观的内容

其内容一般包括情况介绍、现场观摩和实物展览三种。情况介绍一般是事先准备好深入浅出、图文并茂、印刷精良的宣传小册子，发给参观的公众；也可在现场观摩时，以口头讲解的形式，边走边结合具体场景进行介绍。现场观摩就是让公众参观工作现场，以厂房布置、厂区环境、工作流程或员工的实际工作来说明社会组织的内在面貌。实物展览是以资料、模型、样品的陈列等，对公众作补充说明。

7. 做好解说和接待工作

对导游或解说人员要事先进行挑选、培训，使他们熟练掌握参观过程中每一个参观点的解说内容。参观点的员工应佩戴印有个人名字的标牌，并要礼貌、耐心、认真地回答来宾提出的各种问题。要热情周到地做好参观者的接待工作，安排合适的休息场所，提供必要的服务，如茶水、饮料和电话等。

8. 做好欢送工作

参观结束后，要做好欢送工作，并认真听取他们对组织的看法和建议，注意收集参观者的意见，整理分析后提交有关部门。对组织予以采纳的意见，还应把实施情况反馈给提议者。

本章小结

公共关系专题活动是公众参与性最强的一类传播方式。本章介绍了几种最常用的专题活动。

CIS是企业识别系统。本章介绍了什么是CIS、CIS的基本要素及设计要领以及CIS导入程序。

危机是任何组织都不能回避的，防范危机的发生及事先周密的应急计划的制定是危机公关的重点，尤其要注意危机的内因分析。危机一旦发生，应妥善处理，并在危机消除后，对危机处理过程作深刻检讨，以利于组织的长远发展。

新闻发布会必须要有恰当的新闻"由头"，选择最佳的时机，尽量满足记者们的合理要求。

公益赞助一定事前要认真调查研究、目的明确，通过比较选择，争取最佳效果。

展览与展销会要形象、直观，使死的物与活的人有机结合，要办得生动活泼、别具一格。

对外开放参观活动要主题突出，要配合资料讲解，安排紧凑而不紧张；陪同参观人员要能体谅参观者的心情，为参观者着想。

组织者应把握不同类型专题活动策划的要领，以达到对组织形象地传播、推动与维护的目的。

关键概念

企业形象识别（CIS） 理念管理系统（MI） 行为管理系统（BI） 视觉管理系统（VI） 危机事件 危机公关 新闻发布会 公益赞助 展览与展销 对外开放参观

思考题

(1) 什么是公共关系专题活动？其特点是什么？
(2) CIS 的含义和构成是什么？
(3) 危机事件有哪些类型？其特征是什么？
(4) 简述危机公关的管理和预防工作内容。
(5) 简述处理危机公关的程序。
(6) 试述召开新闻发布会的程序。
(7) 公益赞助活动有什么意义？
(8) 简述举行展览与展销会前的准备工作。
(9) 简述搞好对外开放参观活动的途径。
(10) 试拟开展某一项专题活动的方案。

案例分析

案例一

烛光舞会

某公司为庆祝展销会取得圆满成功，在一家宾馆举办招待舞会。正当来宾们兴致勃勃地起舞时，突然临时停电，舞池里一片漆黑，来宾们怨声四起，不料几分钟后，舞厅四周的几十支红红的蜡烛同时点亮，主持舞会的公关人员笑着向大家宣布："今晚就让我们举行一个风格独特的烛光舞会吧！"

【案例思考】

(1) 这反映了舞会组织者什么方面的公关能力？
(2) 因停电如何解决跳舞的伴曲问题？

案例二

多美滋行贿门风波

2013年9月16日，中央电视台（以下简称央视）报道称，为抢占市场，包括多美滋在内的不少奶粉企业贿赂医生和护士，让医院给初生婴儿喂自家品牌的奶粉，让孩子产生对某种奶粉的依赖，达到长期牟利的目的。多美滋"贿赂"医生护士的方式有多种：奶粉厂家每个月会向一些妇产科医生及向产妇成功推荐奶粉的护士打款；邀请专家讲课，医生、护士听课，厂家以"赞助费"、"车马费"形式给医生护士送钱；给新开医院提供装修费；等等。报道还公布了多美滋给医护人员的打款明细。报道称，天津的一家医院妇产科，奶粉是医院准备的，产妇家属并不知道是什么品牌。当记者提出想自备奶粉时，护士明确表示反对。

9月17日下午5点左右，多美滋发声明表示："对中央电视台关于多美滋在天津一些医院推广奶粉的报道，多美滋中国公司表示非常震惊和重视。我们将立即就此事件展开调查。多美滋婴幼儿食品有限公司严格遵循中国的法律法规，包括《母乳代用品销售管理办法》，并为此设立了严格的管理制度。如有违法，我们将采取严厉的惩罚措施。"

9月22日，央视《东方时空》报道称，知情人士再度向央视记者提供了多美滋公司各区销售人员之间的邮件往来。据粗略统计，该公司仅2013年4月就向北京、辽宁、吉林、河北、天津、内蒙古、黑龙江等北区的7省区医务人员打款50万元，而包括北区在内，多美滋公司在我国一共有6个大区。此外，在多美滋公司2013年前5个月的销售情况表中，单独有一栏"纯医务增长"（在医院由医生完成的销量），以2013年2月为例，该增长率在各省份均超过10%，个别更是接近60%。

9月23日晚，针对被曝行贿7省区医务人员细节，深陷"贿赂门"的知名奶粉企业多美滋公司发表声明，称多美滋非常重视央视的报道，已于数日前启动了事件调查。现在调查尚在进行中，结果或将于10月1日前公布。

10月17日，多美滋的调查报告称："央视报道的内容与多美滋赞助的一个妇幼健康教育项目有关。该项目是多美滋与专业医学组织共同举办，目的在于提高妇幼健康保健水平。多美滋公司的内部政策一向强调支持母乳喂养，并要求所有行为必须符合中国政府的规定。"多美滋还称："令人遗憾的是，我们的调查发现，尽管该项目总体执行情况良好，但是在项目的具体执行中，由于管理不力，出现了一些有悖项目初衷、违反公司政策的行为。对此，多美滋公司深表歉意。"多美滋表示，公司有着严格的规定，绝不姑息任何不合规的行为。因此公司立即采取了行动，彻底纠正上述错误。

对于具体措施，多美滋表示主要包括三个方面：首先，立即全面中止该妇幼健康教育项目在所有地区的执行。其次，多美滋中国公司领导层对此事件负有领导责任，公司将根据有关规定进行处理，包括任命新的高级管理人员负责处理相关事务。最后，多美滋已决定对全国范围内所有员工开展合规培训，以确保所有行为完全符合公司和相应的政策规定。

同时，天津方面也公布了调查结果：2011年以来，全市85家医疗卫生机构的116人受多美滋公司委托，以向新生儿和婴幼儿家长授课、发放宣传材料、推介免费使用多美滋奶粉、提供相关信息等方式，违规接受多美滋数额不等的钱款。随后，对116人违规接受的钱款全部予以收缴，对13名问题比较严重的违纪违规人员予以处理。

【案例思考】

试作为一名专业公关人士，请点评多美滋的危机公关。

参考文献

[1] 廖为建. 公共关系学 [M]. 北京：高等教育出版社，2001

[2] 居延安. 公共关系学 [M]. 上海：复旦大学出版社，2001

[3] 周安华，苗晋平. 公共关系——理论、实务与技巧 [M]. 北京：中国人民大

学出版社，2004

　　[4] 张践. 公共关系：从理论到实务 [M]. 北京：人民出版社，2003

　　[5] 严成根. 公共关系学 [M]. 北京：清华大学出版社，2006

　　[6] 卢迎新，覃朝霞. 导入 CIS 打造电视媒介个性——凤凰卫视控股有限公司 CIS 案例分析 [J]. 新闻界，2005（2）

　　[7] 殷昌贵，王兰美，董大勇. 企业形象调查的方法、对象和内容研究 [J]. 包装工程，2002（3）

第十一章 网络公关

本章学习目标

通过对本章的学习，了解网络公关的定义和网络公关的重要性；了解公关视角下的网站的开发和推广；熟悉网络公关新闻的写作；掌握电子邮件营销和微博营销的技巧；了解网络危机的防范、应对措施及互联网相关的法律法规。

进入 21 世纪，在互联网的影响下，我们生活的方方面面都在发生着改变，互联网对整个社会的变革也起着巨大作用，尤其是自媒体的发展，大大加快了人们获取和分享信息的速度。随着互联网对我们生活影响日渐深入，网络营销越来越受重视，互联网成为公共关系实践中最重要的传播工具之一，网络公关也越来越受到人们的重视。对于网络公关在公关实践领域中发挥的重要作用，无论是公共关系从业人员还是企业主，都要深入了解互联网，挖掘互联网在公共关系中的潜力，使企业在网络时代能够掌握主动权，在充分获得资源的基础上不断并拓展自身空间。

第一节 网络公关概述

互联网的发展催生了网络营销和网络公关的兴起，网络媒体的发展也极大地丰富了公关营销的手段。如何利用网络延伸公共关系的新功能，来创造公共关系的新价值，已成为企业、公关公司和学术界共同关心的问题。

一、网络公关的定义

网络公关（PR on line）又叫线上公关或 e 公关，它利用互联网的高科技表达手段营造企业形象，为现代公共关系提供了新的思维方式、策划思路和传播媒介。与许多新型的学科一样，网络公关业没有一个公认的、完善的定义。

大卫·菲利普斯认为，网络公关包括内容、到达、客户和移情四个方面。内容，是指网站向网络受众展示的信息集合，网络受众通过网站可以获得足够的信息，并激发他们的兴趣；到达，是指网站信息如何变得即时而可用，当用户访问网站时，可以与组织进行互动；客户，是指因特网的使用者，用户可以选择他们想要接受的信息，此外，他们还能传播信息，带来新的用户；移情，是指组织和用户之间的关系是由双方的需要、兴趣和信任建立起来的，但也有可能因此受损，因此在建立网上关系过程中，双方需要互相理解包容、和谐一致。

复旦大学的姚凯把网络公关的定义为：网络公关是指社会组织为了塑造组织形象，

借助互联网,为组织收集和传递信息,在电子空间中实现组织和公众之间双向互动式的全球沟通来实现公关目标,影响公众的科学与艺术。

营销学者刘向辉对网络公关给出的定义是:网络公共关系又叫在线公关或者电子公关,意思是利用互联网上的工具盒资源开展的公关活动。

在本书中,我们从管理的角度出发,把网络公关的定义理解为:组织为达到特定的目标,借助互联网这一传播工具,在组织与公众之间开展的有目的、有计划的传播与沟通行为,以达到信息传播、关系管理、协调沟通和形象展示的目的。

二、网络公关的重要性

网络公关的重要性体现在以下方面:

首先,互联网把企业的公关活动带到了一个虚拟的平台上,在这个平台上,企业的公关行为不再受时间和地域的限制。传统的报纸和杂志每天或每月才发行一次,因此企业的新闻发布也要遵循媒体的发行规律,而通过互联网,企业可以全天24小时随时公布企业新闻。以前你去走访一个每周四出版的商业刊物的记者时,你知道他在周四之前不可能刊印企业的新闻,而现在的情况是,也许在你返回办公室之前,你的新闻就已经在网上曝光。传统的媒体会受到媒体发行区域的局限,而互联网的媒体不会有局限,全世界连接到互联网的用户都可能通过访问该网络媒体得到企业的信息。

其次,通过互联网技术,使得企业与客户、媒体与受众之间的即时互动成为可能。企业可通过网上公关活动的开展,与受众进行实时的互动交流,向受众传递企业的信息,收集用户对企业的评价与反馈,而这一切不再需要繁杂的市场程序和众多的人力资源,通过互联网的运用即可轻松实现。

再次,互联网为企业公关提供了多种多样的公关渠道与形式,企业可根据自身的情况和需要选择适当的形式。同时,互联网的运用,带来了即时性、娱乐性、个性化和互动性等特点,这些特点的适当运用都将大大增强企业公关的效果。

最后,网络公关更加人性化,受众的目的性更强。依赖传统的媒体,总是会造成过于单向的传播信息,受众处于被动接受信息的地位,而网络的平台,向受众提供了主动选择和接受信息的机会。从某种程度上说,网络更是大众的媒体,而不是"媒体机构"的媒体,在这里,受众与信息传播者享有同样的地位。因此,受众对于企业公关信息的选择与公关活动的参与具有更强的主动性和目的性。

三、网络公关的技术支撑

网络公关的发展不仅依托于互联网媒体形态的发展,还依赖一些互联网的技术应用。网络公关的技术支撑可以划分为两大平台:新闻发布平台和舆情监测平台。

(一)新闻发布平台

新闻发布平台,是基于B/S模式的WEBMIS系统,它通过解决新闻的分类、管理、检索、浏览等一系列问题,为用户提供一个美观、大方、快速的前台新闻阅读界面,从而把杂乱无章的信息,合理有序地呈现在大家面前。

当今社会是一个信息化的社会,新闻作为信息的一部分有着信息量大、类别繁多、形式多样的特点,新闻发布系统的概念就此提出。新闻发布系统的提出使得传统的媒体(广播、报纸、电视等)不再是唯一的新闻媒体,网络也充当了一个重要的新闻媒介。

新闻发布平台作为网络媒体的核心系统所发挥的作用和功能越来越重要。一方面,它具有新闻管理和发布的功能;另一方面,满足了新闻与普通用户实现交互的需求,通过新闻发布平台,用户可以很方便地参加调查和参与评论。每个网民只要上网,就会接触到新闻发布系统,所以其用户量是相当庞大的,可见其重要性也是毋庸置疑的,这也对新闻发布系统的开发提出了更高的要求。

(二) 舆情监测平台

舆情监测平台是针对互联网这一新兴媒体,通过对海量网络舆论信息进行实时的自动采集、分析、汇总、监视,并识别其中的关键信息,及时通知到相关人员,从而第一时间应急响应,为正确舆论导向及收集群众意见提供帮助的一套信息化系统。

在互联网影响力日益增大的今天,社会越来越重视互联网舆情的监测、研究和引导。胡锦涛2008年6月20日在人民日报社考察工作时指出:"互联网已成为思想文化信息的集散地和社会舆论的放大器,我们要充分认识以互联网为代表的新兴媒体的社会影响力。"

第二节 网络公关的实施

在互联网时代,网络公关的重要性毋庸置疑,如何利用好互联网来开展公关工作,是当代公关从业者所面临的一个新的挑战。站在公关的视角下,一个好的网站从内容设计到网站的开发和推广都要从公共关系的基本需求出发;公关新闻是公共关系实务中最为有效的手段,因此,写好一篇公关新闻稿就显得尤为重要。从传统的电子邮件营销到当下如火如荼的微博、微信营销,在互联网时代,如何把传统营销方式和先进的自媒体结合起来是公关从业者不得不思考的问题;在开放的互联网环境下,信息的传播速度极为迅速,如何应对突发事件,是网络公关的重要内容,同时,网络公关从业者对互联网相关的法律法规也应当有所了解。

一、公关视角下的网站

(一) 网站的内容

组织的官方网站是组织实体在网络上的一个投射,是实体组织在网络中的展示门户。因此,网站上组织相关的背景资料、系统标识、运作理念、视觉识别系统等公共关系的信息元素都应该和实体组织保持一致。对于借由官网作为主传播手段的公关人员来说,在设计和建设网站的时候对以下方面应该有更多的思考:①网站是组织实体在网上的体现,因此官网公开的信息必须是来自组织真实的声音;②官网必须对外表明其网站的信息是真实可靠的，是组织真实行为的表示；③需要让公众知晓的信息在到达其他媒体之前应该在自己的官方网站上有第一手最全面的介绍，并在新闻通稿里注明官方网站的链接地址，方便受众进行查询。组织的网站除了单项传播信息以外，还应该注意与公众的双向交流和沟通，设立相关的官方电子邮箱或者网站留言板等信息回馈通道。

大卫·菲利普斯的网站剖析如图11-1所示。

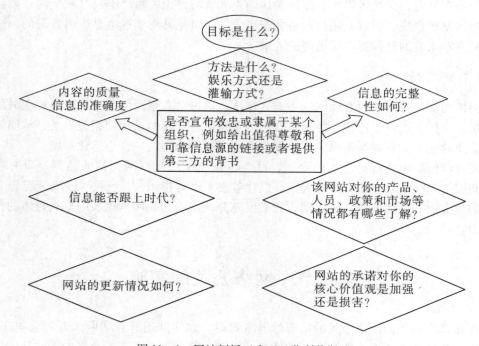

图11-1 网站剖析（大卫·菲利普斯）

一个网站的内容，必须要具备以下特点。

1. 有明确的目标受众

在设计网站内容时，完全从用户角度出发，清楚地知道要解决的是什么问题，以及该如何解决。

2. 网站的信息完整、即时和准确度高

从公关角度出发，信息的完整、即时和准确与否，直接关系着公关的失败，因此，一个基于公关视角下的网站的内容信息一定是完整、即时和准确的。

3. 网站内容可随时更新

互联网时代，信息传播速度大大加快，网站内容要做到可以随时更新，以确保用户可以得到最新的资讯。

4. 网站的内容能够对组织的产品、人员、政策和目标进行完整的展现

通过网站这个渠道，目标受众可以全面了解这个组织。

5. 网站的内容真实可靠

通过网站向目标受众传达的信息若不真实，势必会影响目标受众的忠诚度，对组织

的形象产生较大的负面影响。

（二）网站的开发

在明确了网站内容和其他因素之后，就进入网站开发工作流程，这个过程包括以下几个步骤。

1. 设定内容

网站应该和网络受众进行沟通，充分利用网络互动媒体提供的便利。内容要精确而富有感召力，并且能够切中要害。还应放置一些实用的资源，吸引访问者再次访问。

2. 设计版面

网站访问者在登录后的很短时间内就会形成"第一印象"，这就成为评估组织专业化程度是否成熟的标准。网站的设计应该给人留下专业化和风格一致之类的"第一印象"。因此，页面不仅要生动有趣，同时还要考虑到计算机屏幕分辨率的限制以及许多用户连接速度较慢等因素。

3. 设计结构

网站结构设计的核心要求是网站易于浏览，信息通过一种适应人的直觉、综合而又舒适的图像得到展示。结构设计应该有助于访问者按照设计者意图，沿着有效展示信息的路径进行浏览。

4. 对网站进行测试

网站测试的目的是评估在不同用户设置和浏览器状况下网站的表现，以及网站对试用用户的有效性。网站测试是非常重要的，每个网站在发布之前都要经过测试。安全性必须得到充分保障，必须从每个角度进行检测。因此，应当考虑以下问题：

网站的互动功能运行良好吗？如果访问者从你的网站发了一份邮件，是不是有及时的反应，从而使关系得到加强？整个网站的东西是否都可以定量分析呢？如果网站的点击数是10次或者是1000万次，分别利用什么战略来满足访问者的需求呢？

5. 购买域名

域名的最初用途是帮助计算机连接上因特网，现在则和其他东西一样成为我们了解其他问题和组织的途径，如 Amazon.com。这也产生了某些具有争议性的问题（有些人故意注册了某些组织的名称，并希望再把它高价卖给该组织）。由此可以看出，有人把域名和商业价值挂钩，也反映出域名在未来电子商务方面的价值。随着网络的普及，域名和商标之间的冲突越来越多。商标由公共行政部门进行注册登记，然后赋予商标持有人权利，而网站域名则由非政府组织进行注册登记，本着"先来后到"的原则，这是因为因特网具有全球意义。网站关于域名的争议反映了这两种体系之间的差异，域名的注册登记体系具有非正式化的特征。

6. 维护网站

和印刷的小册子不同，网站是一个不断发展的传播渠道。所以，网站必须保持及时的更新。与光顾某家零售商店相比，网络使用者会频繁地访问某个网站。访问者每月才更新一次的网站，就像逛一个从去年冬天开始就没有更换过展品的商场一样无聊。

（三）网站的推广

网站推广的最终目的是让更多的客户知道你的网站在什么位置。让尽可能多的潜在用户了解并访问网站，从而利用网站实现向用户传递营销信息的目的，用户通过网站获得有关产品和公司的信息，为最终形成购买决策提供支持。

网站推广，顾名思义，就是通过网络手段把您的信息推广到您的目标受众。换句话说，凡是通过网络手段进行（NNT流量）优化推广的，都属于网站推广。一般来讲，网络推广过程包括以下几个步骤：

1. 开发高质量的网站

一个好的网站是网站能否成功推广的前提，因此在网站推广前，一定要结合组织的战略目标、组织文化、用户特点等因素开发出一款高质量的网站。

2. 分析目标受众

对目标受众进行分析，了解组织的客户群是谁，他们的年龄分布、上网习惯等特征，为制定推广方案提供更加可靠的依据。

3. 制作推广方案

根据组织的总体安排，结合你的目标受众的特点，制定一套符合组织实际的推广法案。该法案包括推广目标、预期达到的效果、推广时间、人员配置、工作分配等。确保在执行推广过程中，不会出现目标不明确、工作人员无所事事的状况。

4. 确定推广途径

要让网站尽可能大范围地被目标受众接触，就需要使用多种推广途径。主要分为线上和线下两个部分。线上推广就是借助互联网，通过网络广告、搜索引擎优化等方式进行推广。实际操作中，百度的竞价排名效果最好，但费用较高。线下推广就是通过传统的媒体，如广播、电视、报纸、杂志、传单等工具来宣传推广你的网站。这个过程中到底是选择线上推广还是线下推广，并没有明确的标准，最好是把二者结合起来操作。

5. 执行推广

按照组织制定的方案，开展推广工作，实际执行中要做到效率和效果兼顾，同时要根据实际情况，随时做出适当的调整。

6. 推广数据分析和反馈

在网站推广过程中，把收集到的数据进行分析，找出规律，反馈给执行部门，已达到更好的推广效果。

二、网络公关新闻

（一）网络公关新闻的定义

公关新闻传播是公共关系实务中运用最为广泛和最为有效的手段。新闻稿的发放是组织和公关代理机构最基本的工作之一，其目的是通过一种权威的途径，告知公众相关信息，扩大企业的知名度和美誉度。它是组织塑造形象、传播信息时最基本、最经常采用的工具。

网络公关新闻,是指通过互联网传播的新闻变动与正在变动的事实的报道和评论。网络新闻有广义和狭义之分:广义的网络新闻是指在互联网上传播的一切新闻信息及评论,狭义的网络新闻则是指网络媒体所传播的新闻报道及其评论。

(二)网络公关新闻的写作

由于传播的介质不同,所以新闻的写法也有差异。网络新闻要适应网络传播的特性,整体而言,网络公关新闻稿应该遵循5W原则和新闻价值原则。新闻稿在撰写时要重视标题,同时,网络新闻要利用互联网文字、图片和视频、音频多媒体特性,增加网络新闻的可读性,以获得更高的关注度和传播效果。

1. 遵循5W原则和新闻价值原则

同传统公关新闻稿一样,网络公关新闻也需要回答完整的5W(What、Why、Where、Who、When)和1H(How)这些重要的新闻要素。同时,网络公关新闻稿还需要遵循新闻价值原则,即时新性、接近性、显著性、重要性和趣味性。

2. 新闻标题的制作要别具匠心

新闻标题起着提示、评价新闻内容,吸引读者阅读,美化版面的作用。人们对于一则新闻会不会产生兴趣,标题非常重要。对于浩如烟海的互联网信息更是如此。网络媒体的超级链接方式使新闻的标题承担了全部的吸引读者阅读的重任,要从众多的新闻中脱颖而出,吸引读者点击,靠的就是标题的出彩,标题吸引不了读者的点击,就意味着新闻传播的失败。

3. 文字+图片

这是一个读图的时代,翻开当今的出版物,"大量精美图片加文字"似乎已成为一种主流面孔。从摄影到电影、电视的出现,把世界上的伟大的发明延伸到视觉的阅读中,图片与文字相得益彰的阅读新体验很快为阅读者所接受,继而有了所谓"读图时代"的到来。如果在公关新闻报道中使用大量图片报道新闻,会让新闻简洁轻松起来,可以有效地增强新闻的趣味性,给读者带来阅读的快感,从而获得更高的曝光率。

4. 设置关键词

搜索引擎已经成为人们生活中获取信息非常重要的一项工具。而为新闻设置关键词,就是要使你发布的新闻容易被搜索到,而且被排在比较靠前的位置。

关键词提取工作非常重要,一方面,这是文章添加的日常工作,另一方面,也为标题改写提供了素材和依据。总的原则是,不能只从已有的标题里直接找关键词,应该熟悉文章,从文章里提炼关键词。

三、电子邮件营销

(一)电子邮件营销的概念

所谓电子邮件营销,是指电子邮件用作专业的网络营销,当电子邮件成为大众的信息传播工具时,其营销价值也就逐渐显示出来。"电子邮件营销"这一概念听起来并不复杂,但将电子邮件作为专业的网络营销工具,实际上并非那么简单。它不仅是将邮件内容发送给一批接收者，更要了解电子邮件营销的一般规律和方法、研究营销活动中遇到的各种问题、应遵循的行业规范和网络营销道德。

（二）电子邮件营销的功能

电子邮件营销的功能主要表现在品牌形象、产品推广/销售、顾客关系、顾客服务、增强市场竞争力等五个方面。

1. 品牌形象

电子邮件营销对于企业品牌形象的价值，是通过长期与用户联系的过程逐步积累起来的，规范的、专业的电子邮件营销对于品牌形象有明显的促进作用。品牌形象的建设不是一朝一夕的事情，不可能通过几封电子邮件就完成这个艰巨的任务，因此，利用企业内资源开展经常性的电子邮件营销往往会产生更大的价值。

2. 产品推广/销售

产品推广是电子邮件营销最主要的目的之一，正是因为电子邮件营销的出色效果，也使得电子邮件营销成为最主要的产品推广手段之一。一些企业甚至用直接销售指标来评价电子邮件营销的效果，尽管这样并没有反映出电子邮件营销的全部价值，但也说明营销人员对电子邮件营销带来的直接销售有很高的期望。

3. 顾客关系

与搜索引擎等其他网络营销手段相比，电子邮件首先是一种互动的交流工具，然后才是其营销功能，这种特殊功能使得电子邮件营销在顾客关系方面比其他网络营销手段更有价值。与电子邮件营销对企业品牌的影响一样，顾客关系功能也是通过与用户之间的长期沟通才发挥出来的，内部列表在增强顾客关系方面具有独特的价值。

4. 顾客服务

电子邮件不仅是顾客沟通的工具，在电子商务和其他信息化水平比较高的领域，同时也是一种高效的顾客服务手段。通过内部会员通讯等方式提供顾客服务，可以在节约大量顾客服务成本的同时提高顾客服务质量。

5. 增强市场竞争力

在所有常用的网络营销手段中，电子邮件营销是信息传递最直接、最完整的方式，可以在很短的时间内将信息发送给列表中的所有用户，这种独特功能在风云变幻的市场竞争中显得尤为重要。电子邮件营销对于市场竞争力的价值是一种综合体现，也可以说是前述五大功能的必然结果。充分认识电子邮件营销的真正价值，并用有效的方式开展电子邮件营销，是企业营销战略实施的重要手段。

（三）电子邮件营销的实施

电子邮件营销实施要做到以下方面：

1. 明确电子邮件营销的目标

如果电子邮件营销目标不明确，营销时必定是无头苍蝇，前途光明却没有出路，结果必定是惶惶终日、无果而终。

电子邮件营销的目标通常有以下几种：①促进销售；②维护客户关系；③增加网站

的流量；④增强企业品牌或产品认知度；⑤配合销售进行的相关针对性沟通。

2. 明确目标客户

挑选目标客户并不完全可以跟着感觉走，需要依托灵活、可定制化的电子邮件发送平台和具有营销活动管理模块的 CRM 平台，或是可以供营销人员使用的具有客户细分功能的客户数据库。目标客户可以按性别、年龄等人文方面来抓取，也可以按照购买行为甚至是网上浏览和交易行为来区分对待，也可以根据产生的其他业绩型指标来划分，例如，最有经济效益的客户（这是你需要维护的优质客户）、对电子邮件营销反应率最高的人群等。另外，别忘查看收信人选择的收信频率和邮件类型，以避免滥发。

3. 使用合适的沟通策略

不同潜在消费人群必定具有不同的消费行为习惯，如不同地域、不同年龄段的网民关注或感兴趣的内容必定不同。沟通策略包括以下几个方面：提供有针对性的、收信人关注的优惠；提供和收信人地理位置和兴趣相关的内容；做到个性化，如用收信人的姓名打招呼；给予收件人控制收邮件的频率的权利。

4. 设计有吸引力的电子邮件

电子邮件的标题、正文内容必须具有足够的吸引力，才能吸引受众点击并查看。另外，还应注意在进行电子邮件设计时，图片的大小和下载速度、图片的文字说明（以免图片不能显示）是否完整等都需要引起重视。

5. 分析效果，不断尝试和学习

很多企业把每次的电子邮件营销作为单一营销活动来对待，这样就永远不可能知道哪些客户对电子邮件营销的反应度高，哪一类型的电子邮件营销效果好。没有历史数据，也很难建立准确的营销活动反应模型。只有在不断尝试和学习的过程中，企业才能把握对客户最有吸引力、最能提高销售和利润的优惠和内容以及最佳投递时机，才能在竞争中更胜一筹。

四、微博营销

随着自媒体的发展，微博的用户规模和影响力不断扩大，不断聚集的人气和海量的用户代表着巨大的营销价值，因此，微博成为近几年最炙手可热的网络营销工具之一。

（一）微博营销的概念

所谓微博营销，是指个人或组织通过微博实现对理念、货物的构想、定价、促销和分销的计划和执行的过程，帮助达到个人和组织的目标的交换过程。以微博作为营销平台，每一个听众（"粉丝"）都是潜在营销对象，企业利用更新自己的微型博客向网友传播企业信息、产品信息，树立良好的企业形象和产品形象。每天更新内容就可以跟大家交流互动，或者发布大家感兴趣的话题，以此来达到营销的目的。该营销方式注重价值的传递、内容的互动、系统的布局和准确的定位，微博的火热发展也使得其营销效果尤为显著。

（二）微博营销的特点

1. 立体化

微博营销可以借助先进多媒体技术手段，从文字、图片、视频等展现形式对产品进行描述，从而使潜在消费者更形象、更直接地接受信息。

2. 高速度

信息发布便捷，传播速度快。微博最显著的特征之一就是其传播迅速，一条关注度较高的微博在互联网及与之关联的手机 WAP 平台上发出后，一段时间内互动性转发就可以抵达微博世界的每一个角落，在最短时间内被最多的人收到。

3. 便捷性和低成本

微博营销优于传统的广告行业，发布信息的主体无须经过繁复的行政审批，从而节约了大量的时间和成本。这当然是在能够登录互联网的情况下。由于使用微博是免费的，因而在微博上发布信息也是免费的。

4. 广泛性

通过粉丝关注的形式进行病毒式的传播，影响非常广泛，同时，名人效应能够使事件的传播量呈几何级数放大。

5. 互动性

微博是建立在用户关系上的一种交流活动，微博营销也带有其特征。微博营销并不是将微博作为一个媒体发布信息，而更多地在于互动上面。企业可以快速地发布活动信息，并且快速地回应受众的反馈。

6. 企业形象拟人化

建立企业微博作为营销的形式之一，企业不仅在微博上发布公司的有关消息，也会在无意和有意间透露公司生活或人员的点滴情况。在企业琐事的信息之中，建立起了拟人化的企业形象。

（三）微博营销的方式

1. 发布产品信息

销售产品和树立品牌经营是微博的目标之一。通过微博发布一些品牌信息，通过与客户建立关系，为品牌服务。"雕爷牛腩"的微博上一块重要版面的内容就是其近期的活动以及新菜品等信息，如"心意比月圆"、"中秋倒数派对"等活动。截至 2013 年年底，"雕爷牛腩"的"粉丝"已突破 10 万。

2. 开展互动活动

在微博上，人情味、趣味性、利益化、个性化是引发网友互动的要点。如星巴克非常擅长客户关系维护之道，经常主动和"粉丝"互动，如"星巴克中国：咖啡的七种香气，你能说出几种？"这种巧妙地互动，能引发大量的"粉丝"转发和评论。

3. 利用微博进行销售

微博的出现给企业产品销售带来了一种全新的渠道。在微博上，公司发出的内容有时就是广告，甚至信息本身就可以引导直接消费。戴尔公司的"@DellOutlet"这个专门以优惠价出清存货的账号已经有了近150万名追随者；通过这个渠道宣传促销而卖出的个人电脑、计算机配件和软件，已让戴尔进账660万美元。

4．提供在线客户服务

微博具备全天候24小时、面对面、即时性、一对多等服务特性，所以，微博为企业客服打开了一个全新窗口。服务型企业在进入微博的第一时间就需要建立一个"客户账号"，这个层面的服务是企业存在的一个证明。利用"客服账号"，企业可以进行售前咨询、产品调查等。

5．微博植入式广告

植入式广告是一种隐性广告，是指把产品或服务中具有代表性的视听品牌符号融入舞台或者影视作品的一种广告方式，微博是植入式广告的最好载体之一。一款时尚新包、一款新化妆品、一款新车，通过一幅照片、一个话题、一个故事，加上代言人的人气，可以立即引起成千上万个"粉丝"的关注和讨论。

（四）微博营销的技巧

1．要提供有价值的信息

微博营销的本质是口碑营销，只有提供给目标顾客感兴趣的相关资讯、常识、窍门，微博用户们才会转发、评论。所以说，想要吸引并留住"粉丝"，微博经营者必须持续提供目标浏览者感兴趣、有价值的信息，通过这种方式将企业价值传递出去。例如，以自己的微博为媒介平台，链接众多目标客户，如购物中心、娱乐场所等；同时，将线上与线下打通，让微博有更多的功能与实际作用，这样才能构建出一个拥有高忠诚度与活跃度的企业微博。此外，企业微博可以适当提供一些限时抢购、优惠券、赠品等作为宣传与吸引浏览者的手段，增强用户粘性。

2．发布内容要个性化和人性化

用户希望看到的是一个微博背后有活生生的人存在，而不是冷冰冰的没有情感的资讯。微博的特点是"关系"、"互动"，企业微博要给人感觉像一个人，有情感、有思想、有回应和有自己的特点与个性。

如果浏览者觉得企业微博和其他微博类似，就表示该企业微博不成功。这和品牌与商品的定位一样，从功能层面要做到差异化，在感性层面也要塑造个性。这样的微博才能具有很高的粘性，可以持续积累"粉丝"与关注。

3．发布微博要有连续性

要把微博作为报刊来经营，也就是通过定时、定量、定向发布内容，培养微博用户的观看习惯，逐步累积"粉丝"。微博营销的最高境界是：当用户登录微博后，主动关注企业的微博。这样的境界不容易做到，但至少要通过定期定量发布的方式经常出现在用户面前。

此外，大量发布信息可以在一段时间内占据关注者的微博首页，至少不会被快速淹没。当然，大量发布的前提是保证每条微博的质量，在质量和数量的选择上一定要以质量为先，因为大量低质量的博文会让浏览者失望。一个缺乏有价值信息、多是垃圾内容的企业微博，不仅达不到传播的目的，还很可能被不胜其烦的"粉丝"删除掉，或者压根就不会有人关注你。

4. 加强同"粉丝"的互动

目前微博互动的主要方式为：活动＋奖品＋关注＋评论＋转发，但实质上，更多的人是在关注奖品，对企业的实际宣传内容并不关心。相较于赠送奖品，微博经营者认真回复留言，用心感受"粉丝"的思想，更能唤起"粉丝"的情感认同。这就像是朋友之间的交流一样，时间久了会产生一种微妙的情感连接，而非利益连接，这种联系持久而坚固。当然，适时结合一些利益作为回馈，"粉丝"会更加忠诚。微博的魅力在于互动，拥有一群不说话的"粉丝"是很危险的，因为他们慢慢会变成不看你的微博。

5. 准确定位

根据宣传的目的不同，微博可分为不同的类型，如销售型微博、品牌传播型微博、客户关系管理型微博、舆情监测型微博等。不同定位的微博，在管理和维护上有很大区别。所以，培养有效"粉丝"非常重要。有的企业抱怨微博人数都过万了，可转载、留言的人很少，宣传效果不明显。这其中一个很重要的原因就是定位不准确。有的企业微博不是围绕目标顾客关注的相关信息来发布，而是只考虑吸引眼球，发布一些与自身企业或行业无关的信息，导致吸引来的都不是潜在的消费群体。现在很多企业微博陷入了这个误区，完全以吸引大量"粉丝"为目的，却忽略了"粉丝"是否是目标消费群体这个重要问题。

6. 同"粉丝"进行情感互动

情感的互动可以让企业主的形象更生动、亲切。中资企业熟悉文化氛围，看重微博联络感情的功能。外资企业多走活泼路线，语言俏皮，讲求亲和。中资企业可以利用本土化的优势更多地发掘情感互动的亮点。例如，京东商城的微博管理者时刻与"粉丝"互动，解决"粉丝"网购过程中的问题；"雕爷牛腩"的创始者随时发布微博，同"粉丝"一起分享生活中的各种美食和趣事。

（五）微博营销的误区

1. 短时间工作

只是在上班的8个小时维护企业官方微博，殊不知微博有自己的规律。微博用户每天使用微博有三个高峰时段，分别是早上的9—10时、下午的15—17时和晚上的21—24时。可能对于很多用户来说，也只有这个时间段才能够方便地参与各种互动。

2. 缺乏个性

微博强调的是个体，是一个个活生生的"人"。所以即使是官方账号，也总是被用户有意无意地当作"人"来看待，而不再是一个冷冰冰的企业符号。如果仅仅是把官方微博当作一项工作，就有可能把不出错作为出发点，容易导致四平八稳的结果，这根本不会受到用户的欢迎。

3. 内容冗长单调

有些信息内容超出140字，所以有的官方微博就像连续剧似地一直排下去，用很多条微博来说明一个事，违背了微博的本性。

4. 管理手续繁杂

一些企业的官方微博维护人员授权不够，很多问题不敢擅自回答，都需要请示领导。这样做，一方面大大削弱了微博的即时性，另一方面给用户以官僚化的印象。

5. 盲目跟风

盲目跟风的后果是遭到用户的唾弃。例如，看到微博活动送 iPad 红火起来，其他的微博活动纷纷仿效。很多活动最后却不公布中奖名单，更不用说直播奖品发送过程。使得微博逐渐失去"粉丝"的信任，于是"粉丝"总结："还在送 iPad？鬼才信。"

五、网络危机公关

（一）与网络危机公关相关的概念

危机，是指一种对组织基本目标的实现构成威胁，要求组织必须在极短时间内做出关键性决策和进行紧急回应的突发事件，危机一般具有突发性、危害性、公众性、紧迫性等特征。

公关危机，是指影响组织的生产经营管理活动及其工作的正常进行，对组织的生存和发展构成威胁，从而使组织形象遭受损害的某些突发事件。

危机公关，是指针对公关危机，采用有效的公共关系手段使组织与公众之间进行有效沟通交流，以达到协调组织与公众间关系以及组织形象维护的活动。

由上面几个概念可以对网络危机公关做一个定义：网络危机公关是指为解决或防止危机给组织带来的负面影响而进行的有效传播管理，协调与公众之间的关系和组织形象维护等公关活动。

（二）网络危机的防范

防范于未然，是应对任何危机的前提条件。在互联网时代，信息的传播速度更加快速，因此在组织的日常运营中，加入防范网络危机的工作，使得防范网络危机日常化、制度化，力求从机制上减少或者快速发现危机的发生就显得迫在眉睫。

1. 建立良好的组织声誉

任何组织有了良好的声誉，就相当于在网络危机面前树立了一道"防火墙"。企业的声誉是指企业给社会公众的综合印象，是企业的无形资产。企业声誉资本的累积是由各利益相关者、产品与服务、企业战略等多种因素共同作用的结果，需要企业长期、持续的努力。良好的企业声誉能使企业获得更好的财务绩效、更高的交易效率，有效抵御突发事件等积极的效应。声誉资本是企业的软性竞争力。

作为一般意外事件的"防火墙"，广大企业管理者在充分认识到企业声誉威力的前提之下，更要认识到企业声誉积累的长期性，同时要"大处着眼，小处着手"，通过企业经营的方方面面的细节来储蓄自身的声誉资本。

2. 建立网络舆情监控体系

网络舆情是通过互联网传播的公众对现实生活中某些热点、焦点问题所持的比较有影响力、倾向性的言论和观点，主要通过 BBS 论坛、博客、新闻跟帖、微博、微信等方式实现并强化。当今,信息传播与意见交互空前迅捷,网络舆论的表达诉求也日益多元化。如果引导不善,负面的网络舆情将对社会公共安全形成较大威胁。

化解网络危机最好的办法就是早期发现,这就需要建立完善的网络危机检测体系,把网络危机监测纳入正常的经营活动中去,防微杜渐,争取在危机没有扩散的时候就消灭它。实施网络舆情监控,通过对网络各类信息汇集、分类、整合、筛选等技术处理,再形成对网络热点、动态、网民意见等实时统计、分类和整理。

3. 建立健全网络危机应急预案

由于网络危机的不可预测性,任何组织不可能知道网络危机在何时、何地,以何种形式、何种规模发生,所以必须在专门人员的指导下,在危机来临前就建立和健全网络危机处理应急预案。要充分考虑网络危机发生时可能出现的状况,提前制定危机发生时企业将要采取的措施、步骤和人员安排。这样可以规范网络危机发生时的应急管理和应急响应程序,明确各部门的职责,以有效提高企业抵御网络危机的能力。

4. 建立网络安全专员

企业有必要在公共关系部门或网络部门设网络安全专员,统筹企业日常的危机防范工作以及危机发生时的企业公关策略安排和资源配置。由于网络危机发生的根源可能存在于企业生产经营的各个过程而且可能牵扯多个部门,危机发生时可能出现职责不清的情况。在这个时候,训练有素的网络安全专员就可以统筹规划,以标准的程序处理危机,而不会出现职责不清的现象。

5. 加强全员网络安全培训

网络危机一旦发生,会涉及组织的方方面面,和组织的每一个人都息息相关。企业定期进行全员的网络安全培训,可以增强员工的网络危机防范意识,熟悉网络危机应急的步骤和任务,在危机发生时可以更好地配合网络安全专员的工作,形成解决危机的合力。

6. 建立危机案例库

在互联网信息的高速传播下,一旦公关危机发生,其演进的速度会大大加快,企业对此往往措手不及。建立危机案例库,则能够有效地提高企业应急反应速度,使企业能在危机发生之初,在有参照的前提下采取针对性的措施,较快地控制事态的发展。在考虑建立危机案例库时,企业要在了解自身的行业特点和所处的外在环境的基础上,列出可能发生的危机事故,如生产意外、产品质量问题、环境污染问题、财务丑闻、客户纠纷等,对可能发生的危机进行分类,搜集历史上发生过的各种案例,然后制定出相应的应急措施。

(三) 网络危机发生时的应对策略

一旦网络危机发生,及时、有效的应对策略就显得至关重要。网络环境下的危机公关与传统领域中的一样,也包括事前预防、事中应对以及事后管理。一旦危机发生,网络危机的处理也尤为重要。

1. 第一时间掌握舆论主动权

危机发生时,组织需要做的不是遮遮掩掩,而是第一时间态度鲜明地正面发布信息，迅速占领网络舆论制高点，遏制媒体的想象空间，拦截恶意的负面报道，消除网络公众之间的谣言和留言。这一阶段可以从以下四个步骤入手：①第一时间召开新闻发布会；②建立网上新闻中心；③有效实施网络媒体公关，尽量将消息发布在重要网络媒体的显著位置上；④重视传统手段与网络媒体的配合。

2. **有针对性地处理网上负面信息**

由于网络的无限复制性，对于负面信息的处理，可以通过灵活运用网络所独有的点对点、多对多的沟通方式，从源头上遏制负面信息的传播。点对点沟通，是指组织的公关人员在危机发生后及时寻找在各论坛、BBS中发布不利信息的意见领袖，与其建立起一对一的即时互动的双向沟通，用真诚的态度赢得他们的理解，改变他们的错误看法。多对多沟通，是指企业公关人员要长期活跃在各虚拟社区、社交网站中，树立专业人士形象，当危机来临时，针对不利信息，提出看法，引发讨论，产生对冲效应。但是，既使危机公关处理得再及时，也只能最大限度地减少负面消息的传播，而不能完全杜绝负面消息。

3. **利用网络力量将问题升华**

一个危机事件的平息并不意味着危机公关的结束。组织在一系列努力如公开道歉、发表声明、澄清事实，并处理了负面信息之后，还要继续联系危机发生的行业及社会背景，挖掘事件的深刻根源，发现其普遍意义，从而引导舆论站在一个更高、更客观的视角来进一步讨论危机所暴露的问题，以达到稀释危机所造成的不良影响的目的。

4. **把网络危机变为商机或契机**

危机管理的精髓就是能否借力打力，能否从新的危机中找到新的突破口。将危机转化为商机，是指组织以强化危机中正面讯息的方式，突出组织形象中积极的一面，从而将组织在危机中后期的高知名度转化为高美誉度；化危机为契机，指的是组织将危机带来的压力转化为内在动力，对危机中暴露的问题进行深刻的反省和总结，并以此为突破口对组织内部进行大刀阔斧的整顿和改革。

六、相关法律法规

（一）互联网版权

网络版权也是著作权，是指文学、音乐、电影、科学作品、软件、图片等知识作品的作者在互联网中对其作品享有的权利。

互联网版权中最常见的侵权方式是非法转载，以下是非法转载的三种情况：

（1）转载变原创。某网站转载文章，通过更改文章标题等部分内容将文章改头换面，署名却不是原作者。这类情况侵犯了作者多项权利，包括署名权、编撰权等，是一种极其严重的侵权行为。

（2）转载不署名。指的是转载的文章不标注作者信息，这是第一种情况的变种，不署名常常默认是网站原创，且第一种情况往往是用这种方式实行的。

（3）转载无链接。这只在原作者注明转载需要用链接方式注明出处的时候才属于法律上的侵权。这种情况常见于大型网站，这是最轻的侵权行为，从产生的影响来说，这显然属于不道德行为。许多独立博客主推崇的 CC 协议同样禁止这种行为,但目前国内法律没有明确规定这属于侵权行为。

(二) 网站备案

网站备案是根据国家法律法规需要,网站所有者向国家有关部门申请的备案,主要有 ICP 备案和公安局备案。非经营性网站备案是指中华人民共和国境内信息服务互联网站所需进行的备案登记作业。2005 年 2 月 8 日,中华人民共和国信息产业部部长王绪东签发《非经营性互联网信息服务备案管理办法》,并于 3 月 20 日正式实施。该办法要求从事非经营性互联网信息服务的网站进行备案登记,否则将予以关站、罚款等处理。为配合这一需要,信息产业部建立了统一的备案工作网站,接受符合办法规定的网站负责人的备案登记。

(三) 互联网自律公约

2004 年 6 月 18 日,遵照"积极发展、加强管理、趋利避害、为我所用"的基本方针,为建立我国互联网行业自律机制,规范从业者行为,依法促进和保障互联网行业健康发展,我国制定了《中国互联网行业自律公约》(以下简称《公约》)。中国互联网协会作为《公约》的执行机构,负责《公约》的组织实施。

《公约》所称的互联网行业是指从事互联网运行服务、应用服务、信息服务、网络产品服务和网络信息资源的开发、生产及其他与互联网有关的科研、教育、服务等活动的行业的总称。《公约》规定,互联网行业自律的基本原则是爱国、守法、公平、诚信。

本章小结

随着互联网对我们生活的影响不断地深入,网络传播营销越来越受重视,互联网成为公共关系实践中最重要的传播工具之一,网络公关也成为近几年公共关系当中最重要的版块之一。对于公关从业者来说,如何利用好网络来开展公关工作,是当代公关从业者所面临的一个新的挑战。

本章阐述了网络公关的相关概念;围绕网络公关,介绍了我们如何写好网络公关新闻、如何开展电子邮件营销和微博营销;介绍了对网络危机如何去防范和应对;另外,对互联网版权也做了简单的说明。

但要想掌握好网络公关,除了对基本的公关技巧和方法能够熟练掌握和运用外,还有两大要素需要特别关注:首先要跟上时代的步伐,寻找和学习并运用最先进的公关实践经验;其次,当今网络公关及其以外的公关实践都在经历着日新月异的变化,因此需要公关从业者坚持不断地学习有关知识。

关键概念

网络公关 网络新闻 电子邮件 电子邮件营销 微博营销 危机公关 社会化网络 互联网版权

思考题

(1) 什么是网络公关?为什么要进行网络公关?
(2) 简述网站开发的步骤以及如何进行网站推广。
(3) 网络新闻写作应注意哪些问题?
(4) 如何实施电子邮件营销?
(5) 简述微博营销的概念、特点、形式、方式、技巧和误区。
(6) 网络危机发生时有哪些应对策略?
(7) 互联网版权常见的侵权方式有哪些?

● 案例分析

案例一

《泰囧》的微博营销

《泰囧》怎么就火了?有人说这是"接地气"内容的胜利,也有评论说巧妙安排上映档期促成了票房丰收。或许这些都必不可少,但更重要的是,营销贡献了什么?

2012年底,在贺岁档强敌如林的大片夹击下,一部投资仅3000万左右的公路喜剧类型片《人再囧途之泰囧》(以下简称《泰囧》)上映。电影之外,票房本身发酵过程充满了戏剧色彩。

上映27天,票房超过11.4亿元,刷新国产电影票房纪录,并开始逼近《阿凡达》保持的中国电影史最高票房纪录13.912亿元。由最初的"票房黑马"上升为"国产电影霸主",《泰囧》成为国产电影史上票房最高纪录者。

当票房超过10亿元后,投资方光线传媒总裁王长田和徐峥团队频繁接受采访,试图还原这个奇迹的脉络。

有人说这是"接地气"内容的胜利,也有评论说巧妙安排上映档期促成了票房丰收。或许这些都必不可少,但更重要的是,"这次的营销是光线有史以来最完善的一次,也是想得最清楚的一次。"王长田在接受媒体采访时表示。

早在《泰囧》上映前两个月,光线的营销计划就已经启动。电影的营销成本占到总成本的50%,其中微博营销为其做出了巨大贡献。

宣传内容丰富。《泰囧》制作的宣传物料包括30多款海报、多款预告片以及微博宣传图。

《泰囧》映期原定与冯小刚导演的《一九四二》同档期,即2012年11月底,但之后《王的盛宴》也加入,投资方决定避开两部大制作,确定12月21日上映。打出"与其等死,不如笑死"的广告宣传口号,配合"世界末日"的噱头。但不久《十二生肖》、《血滴子》和《大上海》也定在了该档期。光线决定将上映时间提前至12月12日,期间没有重型敌手。提前档期的预告片于第二天推出,剪辑了大量中国老电影的镜头,由光线的人自己重新配音:"提前了,行动提前了!"这些视频在网络上点击率高,

《泰囧》微博宣传图

网友奔走相告，为电影上映造势铺垫。

导演徐峥也参与了这次的营销，不仅参与了《泰囧》海报、预告片的制作，甚至连上映的时间也提出意见。对这部电影内涵更有深刻理解的导演，在宣传内容方向的把握上拥有他人无可比拟的优势。

案例二

圣元乳业"致死门"

随着人们生活水平的提高和食品安全意识的加强，食品质量问题日益被消费者所关注。乳品行业由于其行业的特殊性，本身就具有高风险性，尤其在历经整个行业集体倒在三聚氰胺事件之后，乳品行业的每一次质量安全事件都会拨动着消费者脆弱的神经，引发行业的震动。乳品的质量问题对于消费者而言是谈虎色变，对于媒体而言是一个不得不被关注和放大的话题，很多时候往往事情在结果还没有彻底调查清楚的情况下，很多媒体就开始了口诛笔伐，将涉案企业推上舆论的顶峰。而当事件真相得以还原，危机过后，无辜的企业成为舆论的牺牲品，2010年身陷"激素门"事件的圣元乳业是典型的例子，而20世纪90年代的三株事件、2008年康师傅"水源门"事件则是间接证明。

2012年1月11日，媒体报到江西都昌县一龙凤胎一死一伤，疑因食用圣元优博所造成，消息一出，一石激起千层浪，将刚走出"激素门"的圣元乳业再次推向了舆论的风口浪尖。如何澄清事实，还原事件的本相，对于圣元乳业来讲这又将是一个不可回避也无法回避的问题。最终，事情的结果如圣元所愿，圣元乳业得以沉冤昭雪，成功化解了此次危机，但是透过圣元乳业的此次危机事件处置过程的解读，也可以给很多企业很多的提示。

事件回放：

2012年1月10日前，死者去世后，家属找家家福超市和圣元奶粉经销商，事件开启。

2012年1月10日，死者家属将江健尸体摆放在超市门前停尸问责，圣元江西分公司主动向当地工商和公安部门报案，事件升级。

2012年1月11日，圣元营养食品有限公司、客服部人员、生产总监表态积极配合相关部门调查，公司统一向外界发布信息。

2012年1月12日，圣元发布《2011年11月12日BI1批次出厂检验报告》，所有检验项目检测结果均为"合格"，董事长兼CEO张亮表示，非常同情遭受了这一悲剧的家庭，与此同时，坚信这是与圣元产品无关的孤立事件，已决定不召回其任何产品。

2012年1月13日，第三方检测结果出炉，九江都昌县人民政府也对该事件发布公告，江西卫视二套《都市现场》栏目就事件采访了都昌县工商行政管理局秦局长，事情得以澄清。

【案例思考】

（1）《泰囧》是如何利用微博这一工具进行营销，创造中国电影史票房纪录的？

（2）在圣元乳业"致死门"事件中，该公司的危机公关做得如何？请结合相关理论知识详细分析。

参考文献

[1] 周安华，苗晋平. 公共关系：理论、实务与技巧 [M]. 北京：中国人民大学出版社，2008

[2] 大卫·菲利普斯. 网络公关 [M]. 陈刚，袁泉，译. 北京：北京大学出版社，2005

[3] 王宜. 赢在网络营销 [M]. 北京：人民邮电出版社，2008

[4] 张国强，胡红卫. 实用公共关系学 [M]. 长沙：中南大学出版社，2004

[5] 林景新. 网络危机管理 [M]. 广州：暨南大学出版社，2009

[6] 张梅贞. 网络公关 [M]. 武汉：武汉大学出版社，2012

[7] 刘向辉. 网络营销导论 [M]. 北京：清华大学出版社，2005

[8] 姚凯. 网络公关及其传播方式研究 [J]. 科学管理研究，2004（2）

第十二章 公 关 文 书

本章学习目标

通过本章的学习，了解公共关系文书的概念、特点和写作技巧，熟悉公文、新闻稿、演讲稿、合同、公关简报、商业信函、请柬等常用公关文书的写法；掌握编写公共关系宣传资料的技巧，提高书面写作能力。

人们的社会交往活动和思想感情的交流，有许多都是通过一定的礼仪形式和一定的文化活动方式来进行的。公关文书便是社会组织与公众进行信息沟通和情感交流不可缺少的传播载体之一。作为公共关系工作的重要组成部分，公关文书对加强各有关方面的了解与合作起着重要作用，有效地利用公关文书，能最大限度地提高本组织的经济效益和社会效益。

扎实的写作功底是公共关系人员必须具备的基本技能之一。在公关工作中，公关人员经常要与文字打交道。公关人员要借助新闻媒介宣传公司形象，就要使用新闻稿，编辑宣传资料，撰写广告文案；公关人员要对外联系业务，就要使用商业信函、请柬；公关人员与客户谈判，就要使用到合同；等等。因此，公关人员必须培养良好的书面交际能力，熟练使用各种公关文书，推进公关工作的开展。

第一节 公关文书概述

公关文书的牵涉面很广，在类别上，它与公务文书和私人文书都有联系；在文体上，它几乎涉及所有的常用文体；在使用的范围上，公关活动的各个环节都必须使用公关文书。

一、公关文书的概念

公关人员在本职工作中，时常要运用各种文字媒介来进行对内对外、对上对下的沟通与联系。公关部门在执行对内、对外联系的时候，主要通过文件、报告、函件、报道、总结、简报、演说辞等形式进行。这些文书媒介，常常直接体现着组织的政策和形象，反映了一个组织的业务文化素养。

一般来说，与公共关系活动有联系的文书，就叫公关文书。它属于实用文体下面的常用文的范畴。从公共关系学和文书学的概念来说，公关文书是社会组织为了树立本组织的良好形象，在采取一定的策略、手段进行活动的过程中记录信息、表达意图、互相联络的文字材料。

二、公关文书的写作原则

公关文书的写作要遵守以下的原则。

（一）公关文书要真实准确、符合礼仪

公关文书所陈述的情况要确有其事，恰如其分，不能虚构和杜撰，不能浓墨渲染。提倡什么，反对什么，说明什么观点，解决什么问题，都要十分明确。公关文书的写作有约定俗成或明文规定的规格标准。必须遵循一定的礼仪规范，这是公关文书区别于其他应用文的重要特征之一。

（二）公关文书要鲜明及时、针对性强

公关文书大多用于交流传递信息，具有很强的时效性，如果拖延写作和发出的时间，就会失去它的功效。公关文书都是针对特定的单位、人或事而写作的，所以要注意根据不同对象选择适当的立场、语气和表达方式。措辞一定要切合情景和双方的关系，根据不同的场合、不同的事由及对象采用不同的方式方法。

（三）公关文书要简练清晰

公关文书只有便于阅读和处理，才能提高办事效率，所以，写得简洁、清晰非常重要。要写得简洁，首先要对所办的事的情况、存在的问题、采取的措施和步骤有一个清楚的分析和准确的概括。在写作技巧上，公关文书都应开门见山、简明扼要。

（四）公关文书要写得庄重得体，格式上要美观大方

公关文书大多要在广大公众中传递，应用面很广。如果语气轻浮、文不对题，公众就会对其产生轻视心理。从文书上可以看出某个组织的文化修养和知识水平，所以，无论在用纸、书写和外观设计上，还是在传递的方式和时机选择上，都要严格把关，不可草率从事。内容和形式都必须美观、大方。

公文格式的庄重和美观包括三方面内容：

（1）公文要素的设置和在公文中的排列位置要体现庄重和美观，文书的起草必须掌握各种文体的规定形式。

（2）公文传递所采用的介质纸的质量和印刷质量、装订质量的好坏也影响到公文的庄重和美观。

（3）文员在办公过程中认真负责的态度，会直接影响到公文的庄重和美观。而且，发出的文件必须符合本组织的地位和身份，落落大方，质朴得体。

三、公关文书的写作结构

一般来说，公关文书的写作结构包括标题、称谓、正文和结尾部分。

（1）标题。大部分礼仪文书都需要写标题，一般在第一行居中用较大字体（通常用2号字）写上，标题由事由和文种组成，也可直接写上文种，如"请柬"。

(2) 称谓。指礼仪文书领受单位名称或领受人姓名，一般顶格写。注意：悼词的领受者指的是家属而非死者。

(3) 正文。这是礼仪文书的主体部分，不同的文书对此有不同的要求。

(4) 结尾。署上发文机构或负责人的名称，并注明日期。

四、公关文书的分类

公关文书种类很多，主要有以下方面：

(1) 公文类公关文书。它包括请示、报告、通知、计划、决议、公约、公函等。

(2) 说明类公共文书。它包括声明、广告、简报、新闻稿、调查报告等。

(3) 礼仪类公关文书。它包括贺信、请柬、名片等。

在公关日常工作中，有些公关文书的使用频率很高。本章重点讲述公文、新闻稿、演讲稿、合同、简报、商业信函、请柬等常用公关文书的写法和公共关系宣传资料的编写。

第二节 公 文

一、公文的概念

公文是指用于公务活动的一种应用文书，是统治阶级管理国家和处理政务时用来颁布法律、法规、规章，传达政策法令，请示和答复问题，汇报情况，联系工作，制定计划以及记载政务活动的重要工具。公文出自法定的机关单位，具有处理公务的合法效用。

二、公文的作用

公文是作为传达和贯彻党和国家的各项方针政策，代表法定作者处理、联系工作的工具。其作用有以下十个方面：

(1) 发布政令。通过公文传达贯彻党和国家方针政策，颁发政令、法规，动员群众实施，规定人们的行为规范，如国家机关依法发布的命令、令、决定、通告、公告等。各种政令都是以文件的形式制定和发布的，所以这种作用又可称为公文的"法规作用"。

(2) 指导工作。上级机关通过发布指示、决定、通知、计划、会议纪要等公文，可以指导下级机关的工作。

(3) 报告情况。下级机关通过报告、工作简报、专题报告、调查报告、总结报告等向上级机关报告工作，以便上级机关了解情况、指导工作。

(4) 请示事项。工作中遇到问题本机关又无权解决，可通过公文请求上级机关指示，做出决定或批准下级提出的意见。

(5) 答复问题。上级机关通过公文批复下级机关请示的事项。

(6) 商洽公务。在同级机关或不相隶属的单位之间为了加强联系,通过介绍函件或通知、邀请,以互通情况,商讨问题,互相配合,处理各种公务。

(7) 交流经验。通过简报、通报、调查报告等公文向有关单位通报情况,交流经验。

(8) 告之信息。用通知、通报、公报等公文向有关单位或群众通报情况,告之信息。

(9) 记载活动。如会议记录、会议纪要、大事记等,记录重大事项和问题。

(10) 宣传政策。宣传党的方针政策,进行思想教育。领导机关发布的许多文件如条例、规定、办法等常常带有宣传的意味。

三、公文的分类

(一) 公文的分类方法

各种机关有各自不同的职责范围,并依法形成了各自使用的公文种类。上级领导部门与基层单位,行政机关与业务机关,地方政府机关与军事、外交、经济、科技部门,它们所使用的公文除了共同种类之外,还各有不同的侧重种类。根据公文分类学,公文有以下分类方法。

(1) 从文体的来源和使用范围分,公文可分为对外文件、收来文件、内部文件三种。

(2) 从行文关系上分,可分为上行文、平行文、下行文三种。

(3) 从文件的机密性分,可分为机密文件、内部文件、公布文件三种。

(4) 从文件的性质与作用分,可分为法规文件、行政文件、党内文件三种。

(5) 从文件的使用范围分,可分为通用文件、专用文件等。

(二) 常用的公文种类

根据国务院办公厅1994年1月1日修订后施行的《国家行政机关公文处理办法》和中共中央办公厅1989年4月25日发布的《中国共产党各级领导机关文件处理条例(试行)》,现在常用公文的种类总共有16种,包括命令(令)、议案、决定、指示、公告、通告、通知、通报、报告、请示、批复、函、会议纪要、公报、条例、规定。

还有一些文种虽不在国务院办公厅正式规定之内,实际上应用也很广泛,同样可能具有公文的性质,或在一定条件下具有公文的性质,如某些章程、办法、计划、协议书、电报、记录、简报、调查研究、首长讲话稿等。

四、公文的结构

公文的结构包括文头部分、行文部分和文尾部分。

(一) 文头部分

(1) 发文机关。发文机关名称或规范化简称加文件种类构成文件头,用套红大字居中印在公文首页上部，以示庄重。

（2）发文号。包括机关代字、年份、序号。如"国发〔199×〕×号"用黑体字标注于版头下方居中或下方居左，下边用一红线与正文区分，有的线中带有五星。

（3）秘密等级。公文内容涉及国家机密的，应根据机密程度，在公文头的左角或右角，也可在正标题的左上方标明"绝密"、"机密"、"秘密"字样。

（4）紧急程度。公文内容紧急，在时间上要求紧急递送的，应根据紧急程度在正文标题左上角注明"急"、"紧急"、"特急"、"限时送达"字样。

（5）签发人。上报公文应当在发文号右侧标注"签发人"，"签发人"后面标明签发人姓名。

（二）行文部分

（1）标题。标题根据字数可占几行，要排列正中，位于发文字号下方，字体比文件头的字体小些，比正文的字体大些。通常由发文机关名称、公文的事由和文种组成。

（2）主送机关。主送机关是公文的致发对象，应标注在标题之下、正文之上靠左，并顶格书写，其后用冒号。标注主送机关，要写明其全称、规范性简称或同类型机关的统称，其名称之前不能标出"主送"字样。

（3）正文。正文是公文的主体和核心内容。字体不能太小，字距行距要清晰。要求一文一事，文字准确、简练，逻辑清楚，标点正确。

（4）附件。附件是附属于公文正文之后的文字材料，是公文的重要组成部分。如有附件，应在正文之后、成文时间之前注明附件顺序和名称。

（三）文尾部分

（1）印章。印章是公文制发机关对公文生效负责的凭证，除会议纪要和有特定版头的普发性公文外，都应当加盖发文机关印章。

（2）成文时间。成文时间是公文生效的日期。成文日期应标注在公文"落款"即发文机关署名的下面，如无落款，可直接写在正文右下方，必须以汉字为标注。

（3）附注。附注是用以对文内某些内容事项进行解释说明的格式项目。标注在公文生效标识域以下、主题词检索标识域以上。

（4）主题词。主题词是用以确切表达公文主旨的规范化名词或名词性词组。主题词必须准确，不能与标题混为一谈。它的位置在文件尾部横线之上，即抄送机关之上，由左向右排列，词与词之间要空一格，不能用标点符号。

（5）抄报抄送机关。抄报抄送机关是受文的机关单位。标注在文件尾部的横线之下、抄报机关在上，分列两段，名称要使用全称或规范性简称。

（6）印发机关。指发文机关的办理部门。应在抄报抄送栏之下设印发机关栏，要标明公文印发机关或部门的全称及印发时间。一般来说，印发时间应晚于成文时间。

第三节 新 闻 稿

一、新闻概述

新闻，是指报纸、电台、电视台经常使用的记录社会、传播信息、反映时代的一种文体。新闻这一概念有狭义和广义之分。狭义的新闻单指消息；广义的新闻指消息、通讯、特写、专访、评论等。新闻所报道内容的表现形式就是新闻体裁，在报纸上最常见的体裁有消息、通讯、时评等。

消息是新闻报道中最重要的体裁。它从现实生活中选择最新鲜的事实，用简明扼要的文字、概括叙述的方式，迅速及时地报道国内外新近发生的、有价值的、群众最关心的事实。它是使用频率最高，读者面最广的一种新闻文体。根据内容划分，消息可分为动态消息、综合消息、经验消息、述评消息、人物消息；根据时效性和篇幅划分，消息可分为急讯、快讯、简讯、短讯和普通消息。消息的结构要素一般包括标题、消息头、导语、主体、背景材料和结尾。

通讯由记叙文体演变而来，因篇幅可稍长，能对新闻事实进行更具体、形象、生动的报道。它是运用叙述、描写、抒情、议论等多种手法，具体、生动、形象地反映新闻事件或典型人物的一种新闻报道形式。按内容划分，通讯一般分为人物通讯、事件通讯、概貌通讯、工作通讯和社会问题通讯。按形式划分，通讯分为典型报道、专访、小故事、集纳、巡礼、纪实、见闻、特写、速写、侧记、散记、采访札记等。

时评是以最新鲜的新闻时事为由头，或依托新闻报道，发表见解、表达观点的一种新闻文体。时评最大的特点是一事一议，论据新鲜，观点明确，针对性强，短小精悍。选择好新闻由头，是时评写作成功的前提。

公关新闻稿是公关新闻的文字部分，是公关人员对组织具有新闻价值的消息最快速的文字报道。

二、公关新闻的写作流程

（一）认真采访

"七分采访三分写作"是新闻报道写作经验的经典概括。在进行公关新闻写作前，首先要进行扎实地采访，尽可能在最短的时间内到达第一线，准确了解事件发生的时间、地点、当事人，及时采访，关键细节要反复核实，确保新闻的真实性。

（二）选择新闻素材

反复研究素材，根据媒体和受众的需要，判断、选择最有新闻价值的材料、最有助于达到公关活动目标的材料，针对已选好的新闻媒介的特点及其受众的情况组织材料，进行写作。

（三）确定报道的体裁

在报道时，要根据树立组织形象的需要，选择适当的体裁；或写成文以后，根据刊发媒体的要求，改变报道的体裁。

（四）确定报道的主题

新闻的主题也就是新闻的报道立场和方向。只有主题正确了，新闻稿才会产生最大的影响力。

（五）确定报道的层次

新闻的结构要素主要包括新闻时事材料和背景材料，在写作中首先要考虑好开头和结尾，一般情况下，开头和结尾确定之后，整个报道的思路就明确了。主体部分的安排不仅要注意层次清晰、逻辑严密，还要注意背景材料的穿插技巧，做到浑然一体、文气贯通，不至于因为背景材料的穿插，使报道显得陈旧、拖沓冗长。

（六）讲究文风

根据报道内容和主题的需要，在撰写新闻稿时，要选择适当的文风，或通俗朴实，或鲜明生动，或准确简洁，达到形式和内容一致的效果。

三、公关新闻的写作要求

（一）内容真实，事实准确

真实是新闻的生命，是它令人信服的基础。真实，就是事实真实，所写的人物、时间、地点、事情发生发展的经过不能虚构。准确，就是每个事实，包括细节在内都准确无误。如果一条消息失真或有差误，不仅会减低其新闻价值，而且还会损害组织形象。

（二）内容新鲜，事实生动

写新鲜的事实是新闻写作的基本要求。我们在新闻写作中，要突出这个"新"字，不断地把客观事物的最新变化、最新发展告诉公众，给他们以启发、教育和鼓舞。新闻的"新"在于事实新、材料新。新，不仅要把新人物、新事件、新经验报道给读者，而且要选择有意义、有价值、有指导性的事物。新闻事实本身要有新意，生动感人，同时还要生动地描写情节和细节，要善于用巧妙的方法叙述新闻事实，避免生硬、刻板、老套。例如，可用再现某些场景的方法渲染气氛、加深印象，烘托人物、突出主题；也可用对比衬托的方法，使新闻事实更加鲜明、丰满；还可用点面结合、画龙点睛等方法，使事实的感染力更强。

（三）迅速及时，时效性强

新闻讲究时效，时效是新闻区别于其他文体的重要标志。新闻的时效决定新闻的价值。新闻界有一种形象的比喻，说新闻是"易碎品"，就是说若不讲时效，错过时机，时过境迁，新闻就会贬值，甚至一文不值。时效，就是速度要快，内容要新。对新人、新事、新情况、新问题，要敏锐地发现，尽快地了解，迅速及时地反映。

（四）新闻的语言要求

（1）具体。新闻用事实说话，而事实不是抽象的，它由时间、地点、人物、事件经过、事件原因、结果等因素构成，因而新闻语言必须具体，应当少用抽象的概念。新闻写作时应如实地记叙具体人、具体事、具体时间、具体地点、具体经过，使用具体形象的现场描写、细节描写等。新闻当然要求写得鲜明、生动，也并不绝对排斥形象和艺术的语言，但必须以能够准确、具体地反映客观事物为前提。如果只注意堆砌辞藻，只求文字的华丽，内容却很贫乏，这样的新闻作品就难以真正吸引读者、听众，也难以产生强烈的感染力。

（2）准确。新闻用语必须准确，不能含糊其词，不能模棱两可，不能夸大也不能缩小。因为语言运用不准确而造成新闻失真或产生歧义的例子在报道中是经常发生的。常常有人用含混不清的语句来代替清楚明确的语句，比如，用"最近"、"不久以前"、"长期以来"等比较含混的字眼来代替可以表明的具体时间，用"许多"、"无数"、"广大群众"等比较笼统的语句来代替可以表明的具体数量，用"大概"、"差不多"、"可能"等模棱两可的语句来代替可以具体表明的程度。这些写法应当尽量避免。

（3）简练。新闻要求快，要求迅速及时。这就决定了新闻语言要简明扼要、开门见山和直截了当。新闻写得简洁、精炼，要做到以下几点：①一条新闻只报道一件事实或只写出一个人物。这样，内容和结构都比较简单，容易做到条理分明、头绪清楚。如果报道的事件比较复杂，牵涉的人物较多，可以采用分解报道的办法，化长为短，化繁为简。②直接写事实。精选事实，让事实说话，把事情的来龙去脉交代清楚，干净利落。③直接叙述事实本身，不要作过多的解释。

（4）通俗。新闻是人们普遍关心的事实，有群众性。不论是知识分子，还是识字不多的人，都要通过媒体了解国内外大事。要用最接近口语形式的书面语写报道，尤其是广播、电视新闻所用的语言，更应该接近口语。在可能的情况下，要尽量少用或避免使用只有少数人或部分人才能看懂和听懂的字眼或话语，少用深奥的专业术语。

第四节 演 讲 稿

演讲稿也叫演讲辞，是指在较隆重的集会和会议上发表的讲话文稿，是演讲者为表达自己的见解和主张，针对特定的时间、环境、听众，借助有声语言和态势语言，以议论、抒情为主要表现形式而写成的公关文书。演讲稿可以用来交流思想、感情，表达主张、见解，具有宣传、鼓动和教育作用。

一、演讲稿的特点

（一）针对性

演讲稿的内容多是听众最关心、最感兴趣、最想了解的，所以撰写演讲稿之前，首先要了解对象，做到有的放矢，表达方式也要因人而异，并要注意效果。

（二）情感性

演讲稿要能将无声文字通过演讲者声情并茂地讲演变为有声语言。要好说、好听、好懂、好记，写得琅琅上口，讲得悦耳动听。文字上要求做到通俗易懂，幽默风趣，观点鲜明，感情真挚。

（三）感染性

讲演的目的是感动听众、说服听众，所以演讲稿要以情感人，激发共鸣，以争取最佳的宣传说服效果。

二、演讲稿的分类

（一）按演讲场合划分

演讲稿可分为会场讲演稿、广播讲演稿、电视讲演稿、课堂讲演稿、法庭辩论稿等。

（二）按内容、性质划分

演讲稿可分为政治讲演稿、学术讲演稿、军事演讲稿、社会活动讲演稿等。

（三）按表达方式划分

演讲稿可分为记叙性讲演稿、议论性讲演稿、抒情性讲演稿等。

（四）按篇幅长短划分

演讲稿可分为即兴演讲稿、正式演讲稿等。

三、演讲稿的写法

演讲稿一般由标题、称呼和正文组成。

（一）标题

讲演稿的标题无固定格式，常见的有以下四种形式：
(1) 揭示主题型，如《大学生应当讲诚信》。
(2) 揭示内容型，如《在2014届毕业典礼上的讲话》。

（3）提出问题型，如《应聘要做好哪些准备工作》。
（4）思考问题型，如《地震灾害与预防》。

（二）称呼

演讲稿称呼应顶格加冒号，具体称呼可根据演讲内容和受众决定，常用的有"同志们"、"朋友们"，也可加定语渲染气氛，如"亲爱的同学们"等。

（三）正文

正文一般由开头、主体和结尾三个部分组成。

1. 开头

开头也叫开场白或开头语，主要任务是吸引听众、引起下文。常见的开头方法有：

（1）开门见山，揭示主题。写法上，它指的是一开始就概括讲演内容或揭示中心论点。

（2）介绍情况，说明根由。写法上，它可以由背景和问候、感谢语开始，可以从讲演题目谈起，也可以从讲演缘由引出下文。

（3）提出问题，引起关注。写法上，它可以从另一件事引入正题，也可以用发人深思的问题开头。

2. 主体

主体是演讲稿的主要内容，它一般有三种类型：

（1）记叙性讲演稿。它以对人物事件的叙述和生活画面的描述来行文。

（2）议论性讲演稿。它以典型事例和理论为论据，用逻辑方式行文，用观点说服听众。

（3）抒情性讲演稿。它用热烈抒情性语言表明观点，以情感人，说服听众，寓情于事、寓情于理、寓情于物。

在行文过程中，要处理好层次、节奏和衔接等几个问题。在层次问题上，要注意安排好演讲稿思想内容的表现次序；在节奏问题上，要使结构安排上表现出张弛起伏；在衔接问题上，要使演讲内容的各个层次连接起来，使之浑然一体。

3. 结尾

结尾的常见方法有：总结式、鼓舞式、幽默式、愿望式等等。常用的方法有：总结全文，加深印象；提出希望，给人鼓舞；表示决心，誓言结束；照应题目，完整文意；等等，使演讲在激动人心的结语中结束全文。

第五节　合　　同

在经济交往中，有关单位和个人为了共同完成某项任务，需要互相合作、互相支持。经过磋商，订出双方共同遵守的条件，写成条文，作为协作过程中共同执行和检查的凭证。这种凭证就叫作合同。

根据《中华人民共和国合同法》(以下简称《合同法》)规定,合同是指平等民事主体的法人、自然人,其他经济组织、个体工商户、农村承包经营户相互之间,设立变更、终止民事权利、义务关系的协议。

一、签订经济合同的原则

(一) 平等互利的原则

签订合同的双方(或几方)经济法律地位相等,平等地享受经济权利和承担经济义务。

(二) 协商一致的原则

签订合同的双方(或几方),要在自由表达意志的基础上,经过共同协商,达成一致的意见,然后签订合同,任何一方都不得强迫对方或包办代替。

(三) 遵守法纪的原则

签订合同,必须遵守国家的法令和纪律,有利于国家的建设事业,这样才能得到国家法律的保护。

签订经济合同时,应该慎重对待,切不可粗枝大叶,使组织的经济利益受到损失。合同的条款、品名、规格、质量、数量、金额、交货地点和办法等,均应逐一写清。文字不可模棱两可产生歧义。金额数字要大写,标点要正确。要用钢笔或毛笔等书写(不能用铅笔),以便长久保存。在签订合同之前,双方应充分了解对方的设备、资金、技术力量和经营管理能力等,以免因对方无力履行合同而受到损失。

经济合同具有法律的约束力。签订合同的当事人必须严格履行合同规定的义务,任何一方都不得擅自中止或废除。如果因情况变化必须有所变更、修改甚至废除时,需要经过双方协商同意并承担应负的责任。

二、合同的写法

合同的写法是依据《合同法》规定的主要内容确定的。经济合同的格式可分条款式和表格式两种。条款式合同是将双方商定同意的协议内容,逐条用文字写明,一般包括权利和义务、数量和质量、价款或酬金、履行期限、地点和方式、违约责任等。表格式的合同是预先印好的。签订合同时,不必自拟文字,只要将双方商定的协议内容逐项填入合同的表格中即可。

(一) 合同的主要内容

《合同法》第12条规定:"合同的内容由当事人约定,一般包括以下条款:①当事人的名称或者姓名和住所;②标的;③数量;④质量;⑤价款或者报酬;⑥履行期限、地点和方式;⑦违约责任;⑧解决争议的方法。当事人可以参照各类合同的示范文本订立合同"。

（二）合同的写法

1. 首部

首部包括以下方面：

（1）标题。即合同的名称。在确定标题时可以直接将合同的种类作为合同的名称，也可以根据需要将合同执行内容与合同种类结合起来作为合同名称；还可以把签约单位的名称加入合同的题目中作为合同名称。标题在合同文本中应写在合同首页上方居中的位置。

（2）当事人。当事人指具有法人资格的法人单位和具有公民资格的自然人。在合同标题的左下方，分行并列写明签订合同当事人的单位名称及法定代表人或自然人姓名，并在名称或姓名前面注明谁是甲方、谁是乙方，也可在名称或姓名的后面用括号注明"甲方"和"乙方"。

（3）合同编号与签订地点、时间。在合同标题的右下方，分行并列写明该合同的编号、签订地点及时间。

2. 正文

正文包括以下方面：

引言。在合同标题的下方，第一段开始，应将双方签订合同的依据和目的进行交待。

合同条款。该部分是合同的主要内容，是合同的重点，是双方行使权利、享受义务的依据，按照《合同法》的规定，合同应具备以下主要条款：

（1）标的。它是当事人双方权利和义务共同指向的对象，可以是货物、劳务、工程项目、智力成果等。例如，购销合同的标的是货物，建筑工程承包合同的标的是劳务。具体到某一种合同，标的可以分为有形物、无形财产和经济行为，购销合同的标的是某种产品，是有形的；专利技术转让合同的标的物是专利技术，它所转让的是一种权利，是无形的；货物运输合同的标的是劳务。所有的经济合同都必须有确切的标的，合同没有标的或标的不明确，双方的权利和义务也就没有了确指对象，合同也就不能正常履行。在签订合同时，应将标的明确加以说明，如商品货物的标的就应包括商品名称、规格、型号或代号、牌号、商标等。

（2）数量和质量。这是衡量标的的尺度。在签订合同时，数量必须按照国家法定计量标准和计量单位计量。质量是标的的内在素质和外观形态的综合反映，它可以体现出商品、产品或劳务的优劣程度，质量条款也必须符合我国标准化法和产品质量法的规定。

（3）价款和酬金。价款指为获取标的物而交付的货币数量。购销产品中支付的货款、借款合同中支付的利息、财产租赁合同中支付的租金、运输合同中支付的运费、保管合同中支付的保管费等都属于价款。为获取标的物而支付的劳务佣金称为酬金。价款和酬金的标准，当事人可以议价商定。

（4）履行的期限、地点和方式。履行期限是指当事人完成合同规定义务的时间范围。根据不同内容的合同，履行期限有具体所指内容。例如，购销合同，履行期限指供货时间和因质量而引发货物退换时间；劳务合同，履行期限指劳务起止的期限；经济合同必须有时限要求，如购销季节性产品，其合同就必须有期限要求，违背了供货期限，必然会给对方造成经济损失。履行的地点是指交付、提取标的的具体地理位置。履行的方式是指当事人双方履行合同的方式，包括交付方式（自提、送货）、验收方式（验收规范、验收标准、质量检验标准）、价款结算方式（采用何种银行转账结算方式）。

（5）违约责任和争议的解决方法。违约责任是指经济合同依法成立后，由于合同当事人一方或双方的过错而导致合同不能履行或不能适当履行，有过错的一方应当承担的责任。对违约责任的追究，可以用支付违约金、支付赔偿金、继续履行合同等方式解决。

如因违约产生争议，可根据《合同法》的规定解决。《合同法》第128条规定："当事人可以通过和解或者调解解决合同争议。当事人不愿调解或者和解，调解不成的，可以根据仲裁协议向仲裁机构申请仲裁解决。当事人没有订立仲裁协议或者仲裁协议无效的，可以向人民法院起诉。当事人应当履行发生法律效力的判决、仲裁裁决、调解书，拒不履行的，对方可以请求人民法院执行。"

3. 尾部

这一部分主要是双方当事人的落款，要写清楚双方当事人的有关情况，主要包括以下方面：

（1）双方当事人签名、盖章。单位合同要签明双方单位全称、法人代表姓名，加盖公章、专用章，还要有双方代表人签字。

（2）双方单位住址、电话号码、电报挂号、传真号码、邮政编码。

（3）双方开户银行、银行开户名、账号。必要时由双方自愿可请有关机构鉴证或公证，鉴（公）证机构可在双方当事人情况栏后签署有关意见。有的合同不将签订时间签于合同上方，而是落在合同全文右下方，这也是可以的。

第六节　简　报

一、简报的概念

简报，是指党政机关、人民团体、企事业单位内部用于汇报工作，反映问题，沟通情况，指导工作，交流经验，传递信息的一种简短的有一定新闻性质的文书材料。

二、简报的作用

（1）便于领导机关掌握情况、指导工作。按照实际情况来决定工作方针，是一切领导者所应有的工作方法。领导机关通过简报掌握了下面各种情况和问题，他们就会"情况明、决心大、方法对"，并通过本级的简报，通报上面情况，传达有关指示，介绍典型经验，起到上通下联、推动工作的作用。

（2）向上汇报工作，争取指导帮助。基层、下级机关编写简报的目的之一是向上级机关汇报工作、反映情况、提供信息，使上级机关了解他们的工作情况、存在的问题、创造的经验、涌现的典型，以便根据实际情况采取措施，有问题的给予帮助解决，有经验、典型的，给予表彰、推广。

（3）促进单位之间的交流。简报除了上送下发外，还可送发兄弟单位和相关单位。通过简报，单位之间可以交换情况、互通信息、交流经验、取长补短。

三、简报的分类

（一）综合简报

综合简报是指反映本部门、本系统各方面工作情况和问题的简报。它报道的内容主要是：本部门、本系统管辖范围内发生的重大问题、事件及其处理；工作中的重要情况；"两个文明"建设中出现的新人、新事、新气象、新动态；工作中的新经验、新办法；等等，以便发现典型、经验及时推广，发现问题及时引起方方面面的注意，及时得到解决。这种简报一般是连续不断地编发，或定期或不定期编发，以指导、推动本部门、本系统的工作。

（二）专题简报

专题简报是指将某项专门工作的动态、进展、经验、问题等向上级部门汇报，或向有关部门通报情况，或下发所属基层单位借以推动工作。这种简报报道的事件集中，都是围绕某一项专门工作或中心工作来编写的。

（三）会议简报

会议简报是指专门报送、交流有关重要会议内容、筹备和进展情况，反映与会者意见和建议的简报。如全国人民代表大会、全国政协会议、中央各种重要会议、地方上的"两代会"、各种重要的专门会议都要编发会议简报。会议简报分为综合简报和进程简报两种。前者是整个会议编一期简报，在会议后期发送，后者是编发多期简报。一般重大的、时间较长的会议都发进程简报，即每个小阶段编发一期，有时天天编发，以供与会者阅读、互通情报、交流思想经验，把会开好。

四、简报的结构

简报的版面编排格式由报头、正文、报尾三部分组成。

（一）报头

报头一般占首页三分之一的上方版面，用间隔红线与正文部分隔开，报头内容有：

（1）报名。如"××简报"、"××××简讯"，一般用大字套红，醒目大方。

（2）期数。一般排在报名的正下方，有的还要注明总期数，总期数用括号括明。

（3）编号。排在报头右侧的上方位置。

（4）编发单位。排在横隔线的左上方位置。

(5) 印发日期。在横隔线的右上方位置。
(6) 密级。如"机密"、"绝密"、"内部刊物"等,排在报左侧上方位置。

(二) 正文

正文就是选刊的文章部分。编排原则是:
(1) 各篇文章要围绕一个中心,从不同角度反映某一个问题。
(2) 最突出中心的文章排在前头。
(3) 每篇文章疏密间隔要恰当,标题字体要一样。

(三) 报尾

报尾在末页的下方,用两条平行线框住,左侧写报、送、发单位的名称或个人姓名、职务,右侧写本期印发份数。

第七节 商业信函

同其他信函一样,商业信函也是一种具有习惯格式的文体。商业信函通常由信封、信文及附件三部分构成。前两部分是必不可少的,而后者则需视具体情况而定。

一、商业信函格式

(一) 信封

1. 信封的种类

信封有横式和竖式两种。用横式信封时,将收信人地址写在信封的上方;用竖式信封时,将收信人地址写在信封的右侧,如果位置颠倒了,就会导致投递错误,发信人寄出的信又会给投递回来。

2. 信封的内容

(1) 收信人地址。用横式信封时,收信人地址居上书写;用竖式信封时居右书写。这部分内容包括:邮政编码、省、市(县)、城区、街道、门牌号码,以及单位全称和业务部门名称。收信人的地址要写得详细具体、准确工整。注意不要只写单位名称而不写详细地址,也不要简化单位名称,以免误投。

(2) 收信人姓名。一般写在中间位置,字稍大。姓名后接写称呼等,如"同志收"、"先生启"。初次联系工作时,若不知对方姓名,或有时为避免因对方业务人员调动工作(或出差)而延误书信的处理,也可把具体业务部门作为收信人,如某厂"销售科收"等。

(3) 寄信人地址及姓名。用横式信封时居下书写;用竖式信封时居左书写。
根据邮政部门的规定,邮票一般贴在横式信封的右上角或贴在竖式信封的左上角。

3. 国外信封书写格式

为了便于投递，对国外商业业务信函，应按国外的习惯格式书写，国外信封的书写格式与国内不同，而寄往使用英语的国家和地区的商业信函，其信封书写格式又分为美式和英式两种：

（1）美式信封书写格式。一般是在信封左上角写寄信人的姓名与地址，姓名在上，地址在下；收信人的姓名和地址写在信封的居中偏右位置，包括收信人的称谓（先生、女士、经理等）和收信人的名、姓、门牌号码和路名、市名、州名、邮政编码和国名。邮票一般贴在信封右上角，航空标志或贴或写在邮票下方。

（2）英式信封书写格式。一般是将寄信人的姓名和地址写在信封的左下角，航空标志或贴或印在信封的左上角；收信人的姓名与地址写在信封的居中位置，邮票贴在信封的右上角。

注意：在写信封上的姓名、地址时，美国习惯一般都采用齐头式，就是每一行左面都取齐；而英式写法则多采用缩进式，即每行逐次向右缩进。

（二）信文

信文又称信笺。它记载商业业务的具体事宜，是商业信函的核心部分。信文内容多种多样，其表达既灵活又有一定的格式。一般分为开头、正文、结尾和署名四个部分。下面我们将具体介绍。

（三）附件

商业信函常见的附件有报价单、产品介绍或说明书、订购合同、发货通知单、产品质量检验书等，用以证实信文所写的各种论点，或作为商业业务往来的确认手续。

二、商业信函的写法

（一）中文信函

如同一般信函，商业信文一般由开头、正文、结尾、署名、日期等五个部分组成。

1. 开头
开头写收信人或收信单位的称呼。称呼单独占行、顶格书写，称呼后用冒号。

2. 正文
信文的正文是书信的主要部分，叙述商业业务往来联系的实质问题，通常包括：

（1）向收信人问候。

（2）写信的事由。例如，何时收到对方的来信，表示谢意，对于来信中提到的问题答复等等。

（3）进行的业务联系。例如，询问有关事宜，回答对方提出的问题，阐明自己的想法或看法，向对方提出要求等。如果既要向对方询问，又要回答对方的询问，则先答后问，以示尊重。

（4）提出进一步联系的希望、方式和要求。

3. 结尾

结尾往往用简单的一两句话，写明希望对方答复的要求。如"特此函达，即希函复"。同时写表示祝愿或致敬的话，如"此致敬礼"、"敬祝健康"等。祝语一般分为两行书写，"此致"、"敬祝"可紧随正文，也可和正文空开。"敬礼"、"健康"则转行顶格书写。

4. 署名

署名即写信人签名，通常写在结尾后另起一行（或空一两行）的偏右下方位置。以单位名义发出的商业信函，署名时可写单位名称或单位内具体部门名称，也可同时署写信人的姓名。为郑重起见，重要的商业信函也可加盖公章。

5. 日期

写信日期一般写在署名的下一行或同一行偏右下方位置。商业信函的日期很重要，不要遗漏。

（二）英文信函

同国外进行经商的业务往来信函常用英文书写，按英文信函的习惯用法，由信头、日期、收信人的名称及地址、称谓、正文、结尾、签署和其他等八个部分组成。

1. 信头

信头是指信纸上印刷或打印的企业名称、厂称、地址、电话号码、电报挂号、主管人姓名等。

2. 日期

日期通常打印在信头的右下方位置，或在寄信人姓名和地址的下方位置。日期的英式写法是日、月、年，美式写法是月、日、年。为了避免误解，日期、年份用数字表示，月份则用英文表示，第一个字母要大写，也可用缩写。比如 May, 1, 1998（美式写法）；1, May, 1998（英式写法）。

3. 收信人的名称及地址

与信封上的收信人名称和地址相同，通常打印在信纸的左侧，低于日期位置2～4行，也可在签字位置下2～4行。

书写收信单位名称时，应特别尊重对方的习惯，不能随意增删公司名称前的冠词 The，也不能随意改用繁写及缩写，如 Company 与 Co. 之间不能互换，否则会被认为是不礼貌的行为。如果收信人是个人，就应在收信人姓名之前加称谓，如 Mr.（先生），Mrs.（夫人），Miss（小姐）。收信人地处的书写格式与信封相同。

4. 称谓

在英文信函中，相同于"阁下"、"先生"等类的礼貌性称谓常用 Dear sirs；称呼企业、公司的妇女组织常用 Madams, Ladies；无具体收信人姓名的，用 Dear Sir 称呼收信者。

5. 正文

正文的地位和内容与中文书信相同。在英文商业信函中，信文从称谓下两行起书写，行间相距一行，段落间空两行。信文以占信纸的3/4为宜，四周留出一定空白，每一行左起第一字要取齐，右起第一字不必一律取齐，但尽量要考虑到整齐美观。

6. 结尾

英文商业信函的结尾是写信人的谦称，相当于"敬上"的意思。若收信者为公司，谦称则常用 Yours Truly，Truly Yours，Yours faithfully 等；若收信者为个人，则常用 Yours sincerely，Sincerely yours 等。需要注意的是，结尾的谦称后必须加逗号。

7. 签署

签署由两部分组成，一是写信人的签名，二是打印出的写信人的姓名。签名用钢笔或圆珠笔写在结尾谦称下5行的位置内。为易于辨认，在签名下还应打印姓名，有时还将职衔一并打印。写信人如要代表企业单位或代理签署时，应在结尾谦称下打印出全部大写的企业单位名称，然后才签署，以表明该信不是以写信人个人身份写的，信由所述事宜均由企业单位负责。

8. 其他

商业信函除上述内容外，还经常遇到以下情况：

（1）写信人提请对方特定人员注意时，可在信内姓名及地址的下面或在称呼同一行之右侧说明，并加上 Attn.（Attention 的缩写）字样，也可在字下划横线表示。

（2）写信人为使对方迅速、正确地理解信所谈的主题与目的，常在信内列出"事由"项，记在信文的上方，并在 Subject 底下划横线，以提醒对方注意。

（3）为便于商业信函留存查阅并分清责任，书信下部注有发信人及打字员姓名的第一个字母，位于署名下两行的左下方。

（4）为说明信函的附件，便于收信人清点，可在发信人及打字员姓名的字母下行加注。

（5）如信文写完后需要补充一点，或加附与信文主题无关的简短内容时，可在信文末尾附件下加附言，用 P. S.（Postscript 的缩写）引导。

三、商业信函的写作要求

商业信函不同于文学创作。文学作品忌显不忌隐，忌直不忌曲；而商业信函要求清楚明确，不隐不曲。

商业信函的写作要求是：

（一）主题突出，观点明确

商业信函是为开展某项商业业务而写的，具有明显的目标。信文内容应紧紧围绕这一目标展开，不要涉及无关紧要的事情，以免冲淡主题；也不必像私人一般信函那样，写入问候、寒暄一类词语。向对方提出的问题要明确，回答对方的询问也要有针对性，不能答非所问，或故意绕弯子，回避要害。鉴于商业信函往来涉及经济责任，所谈事项必须观点明确、交待清楚。例如，答复对方订货要求时，必须将供应商品的规格、性能、供货日期、价格与折扣条件、交货方式、经济责任等逐一交待清楚，切忌含混不清，以免日后发生纠纷。

（二）面向对方，态度诚恳

在写信之前，要设身处地想一想对方的需要，如对方的处境、利益与困难，如何在互惠互利的前提下尽可能考虑对方的需求，还要考虑对方的地位、身份、专业知识、文化程度、接受能力等，使对方正确理解信中所谈内容。

态度诚恳是指信文内容应实事求是，不要夸夸其谈、弄虚作假。即使对方提出的要求不能接受，也应用委婉的语气加以解释，以求保持良好关系，不至于损害以后的买卖来往。

（三）实事求是，谦恭有礼

经商往来要求实事求是，遵守职业道德，维护企业与个人的信誉，不得蓄意欺骗对方或设下圈套诱使对方上钩，以谋求不正当利益。谦恭有礼不是仅说几句客套话，而是要尊重对方，讲究文明礼貌。例如，收到对方来函，应尽快给予答复，拖延回信的做法是不礼貌的。

（四）结构严谨，首尾圆合

要做到结构严谨，应在动笔之前，首先把所要写的内容有条不紊地组织起来，列成提纲或打草稿，以免结构松散、首尾脱节。

商业信函的特点是开门见山，可在信的开头直接进入主题而不落俗套，可在信的结尾提出各种希望等。

（五）语气平和，用词准确

为了达到买卖往来的目的，注意写信的口吻与语气是很重要的。商业信函的语气要平和、不卑不亢，要平等相待，不得用命令或变相威胁的语气。

用词要准确，不要用一些晦涩或易于引起歧义的词语。用词不当或不准确，常常会使对方误解，甚至被人利用而导致一方经济损失。例如提请对方供货时，不要用"大量"、"许多"一类词语，应具体说明数量。同样，报价不能笼统地说"合理价格"或"市场价格"，而应说明具体价格为多少，用何种货币，怎样结算，有没有各种附加收费，尽量避免使用"大约"、"左右"一类词语。答复对方的来信，最好说明那封来信的日期、内容、编号，不要笼统地说"来信收到"或"上月来信"等。

此外，信文用字应规范化，还要正确使用标点符号。

（六）清楚简洁，注意修辞

信文内容与形式要清楚简洁。做生意讲求效率与节省时间，要避免使用长句冗词以及不必要的修辞词。商业信函以实用为宗旨，它不像文学作品那样讲究修辞，但必要的修辞也是不可少的。不通顺或逻辑混乱的语句，就会影响意思的表达和信息的交流。

最后要养成寄信前至少检查一遍的习惯。除核实内容是否完整、事实是否准确外，还要检查语句是否有毛病，以及检查信件是否能为对方所理解和接受。经过检查认为满意后,再签名寄出。

第八节 请 柬

　　请柬又称请帖,是指人们在节日和各种庆典到来之前用来邀请客人参与的一种简便邀请信。在公关工作中,为了邀请上级领导、单位或个人出席某种会议、庆典及社会活动,常常需要使用到请柬。

　　制发请柬是为了表示郑重和礼貌;也可以借散发请柬,将要举办的会议或活动及其主要内容及时告知有关人士,借以扩大影响,提高自己的知名度;还可以进一步加强与社会各界的友谊,密切关系,从而取得社会各界更大的支持与赞助,为本组织的发展创造良好的外部条件。请柬有时也可作为入场的凭证。

一、请柬的写作格式

（一）标题

　　在封面上写"请柬"（请帖）二字即可作为标题。有的请柬不做封面,在第一行正中写"请柬",字体比正文字体稍大一些。

（二）称谓

　　抬头写被邀请者（个人的姓名或单位）名称。对于个人,还要在其姓名后写上职别或尊称,如李×经理、周××女士等。

（三）正文

　　另起一行空两格写明邀请参加活动的具体内容、时间、地点和出席的要求,如果是请看戏或其他表演还应将入场券附上。

（四）结尾

　　正文之下另起一行空两格用"此致　敬礼"、"敬请光临"等做结语。

（五）署名和日期

　　请柬的最后两行分别写明邀请者（个人、单位）的名称和发出请柬的具体时间。较正规的请柬还需要使用公章,以示郑重和确实性。

二、请柬的写作要求

　　（1）请柬不同于一般书信。一般书信都是因双方不便或不宜直接交谈而采用的交际方式。请柬却不同,即使被请者近在咫尺,也须送请柬,这主要是表示对客人的尊敬,也表明邀请者对此事的郑重态度。

（2）语言上除要求简洁、明确外，还要措词文雅、大方和热情。

请　　柬

×××先生：
　　兹定于九月十日上午九时在本厂会议室召开新产品鉴定会，敬请光临指导。
　　此致
敬礼！

××市新光文具厂
×年×月×日

第九节　公共关系宣传资料的编写

一、公共关系宣传资料的概念和内容

为组织树立良好形象，通过编写宣传资料来提高组织的知名度和美誉度，是公关人员很重要的一项日常工作。公关宣传资料，是指一个组织为介绍自己的基本情况而精心编制的一种简易、精美的资料或小册子。这种小册子像宣传海报一样，把信息直接传递给公众，以帮助公众了解和认识该组织。

公关宣传资料的内容包括组织领导人致辞、对组织的历史沿革和现状的概略介绍、组织的企业文化、组织的发展成就、组织成员的工作和生活情况等内容。公关宣传资料要对以上内容作生动简洁的描述，配上反映相关情况的真实照片，采用漂亮、精致的包装，使公众在接触宣传资料的伊始，就产生先睹为快的感觉。

二、公共关系宣传资料的编写规范

宣传资料的编写虽然没有统一的格式，但它必须符合一定的礼仪规范，具体要求是：

（1）组织领导人致辞语言要亲切、真诚，既要宣传本组织，又要语言谦虚谨慎。

（2）充分把握公众心理，及时把组织的发展业绩、得到的奖赏、最新的发展变动等情况告知公众，让公众知晓组织的实力。所以，有的公司会把曾获得的国家级、省级、市级奖状、奖杯的照片附在宣传资料上，使人看到时肃然起敬。

（3）宣传资料的文字说明既要生动翔实，又要简洁精练。宣传资料不等于新闻稿，它用不着对细节作过多的描述。

（4）宣传资料上要注明重要部门的联系人、联系电话、地址、邮政编码、传真、电子邮箱等，便于在客户感兴趣时能方便快捷地联系到组织，开展相关业务。

（5）宣传资料要做到布局合理、剪裁得体，给人以美的享受。

（6）宣传资料大多使用彩色印刷，这样尤其要注意字体的选择、颜色的搭配，既不能太单调也不能太花哨。

（7）除了对香港、台湾地区或海外华侨发行的宣传资料之外，在中国大陆发行的宣传资料尽量不要使用繁体字。否则会增加公众的阅读难度，不利于信息的传播，难以完成宣传的任务。

本章小结

公关文书主要用于礼仪应酬和宣传鼓动方面，它有专门的格式和规范。在公共关系的日常沟通协调工作中，一份书面文案往往比某些公共关系从业人员的言行更直接地影响着社会公众对某一组织的判断。作为公关人员，应当了解各种公关文书的适用范围，熟悉各种常用公关文书的写法，在工作和日常生活中灵活地使用各种公关文书，更好地完成公共关系各项工作。

关键概念

公关文书　公文　新闻稿　演讲稿　合同　简报　请柬　公共关系宣传资料

思考题

（1）简述公关简报和消息在写法上的区别。
（2）试论述公共关系宣传资料的编写要点。
（3）演讲稿的语言要求有哪些方面？

● **案例分析**

企业合作合同

甲方：_____
乙方：_____

一、合作内容

1. 甲方负责网站的推广，能锁定_____高端用户，加快发展目标用户。
2. 通过网站的推广，给_____（公司）直接创造_____（业务名称）；甚至更多。
3. 为_____公司直接解决用户的咨询解答。
4. 通过网站的推广，为_____公司后期的_____（项目）做前期培育工作。

二、甲方的责任和权利

1. 负责网站的推广和发展目标客户。
2. 负责相关培训工作。
3. 负责其他有关技术的协调。
4. 负责_____（业务名称）相关代理业务的办理收款及人员的安排。
5. 对所有用户资料予以保密。

三、乙方的责任和权利

1. 负责硬件的提供（场地/宽带/电脑/办公设备）及相应应用操作程序的提供。
2. 负责人员相关业务流程的培训工作。
3. 负责用户资料的备份和保密。
4. 给甲方开设统一代理_____（业务名称）的账号，保证账号的安全性。（转载自第一范文网 http://www.diyifanwen.com，请保留此标记。）

四、代理折扣和市场收费
1. 甲方发展的_____（业务名称）用户，通过统一账号受理，根据包月套餐，给予甲方_____%提成，结款方式根据乙方的_____（公司）代理为准结款。
2. 甲方发展的_____（业务名称）用户，只要用户在使用中，乙方就需给甲方提成，提成方式按上述提成不变。
3. 甲方发展的_____（业务名称）行业用户，结算方式按上述提成不变。
4. 手机邮箱代理：发展一个用户支付甲方_____元/个。

五、保密条款
1. 甲、乙双方有责任对通过本业务获得的所有用户资料予以保密。
2. 甲、乙双方对本次合作及本协议的具体内容负有保密责任。未经一方事先书面同意，任何一方不得将双方合作协议的具体内容及其相关内容披露给任何第三方。
3. 协议签订后，双方均负有严守商业秘密的义务。

六、违约责任
1. 若有一方违反本协议规定导致本协议无法履行，另一方有权终止协议，由违约方承担所有的责任。
2. 一方违约造成对方不良社会影响或经济损失，则另一方有权追究该方责任，要求其消除影响，并作相应的经济赔偿。
3. 甲方所开发的手机软件程序不得有涉及侵权或其他法律规定的非法行为。因此所引起的一切后果由甲方承担。

七、不可抗力
由于不能预见并且发生的不能克服、不可避免的不可抗力事件，致使一方遭受经济损失或本协议不能履行或不能完全履行时，对另一方的损失不承担责任。遇有上述不可抗力事件的一方，应立即将事件情况书面通知另一方，并提出事件详情及协议不能履行或不能完全履行或需要延期履行的理由的有效证明文件。按照事件对协议的履行的影响程度，由双方协商决定是否继续履行本协议或终止协议。

八、协议的变更或修改
1. 本协议经甲、乙双方代表签字，并加盖公章之日起生效。
2. 本协议有效期_____年。
3. 本协议未尽事宜由甲、乙双方友好协商后，以书面形式加以补充，补充协议具有同样的法律效力。
4. 本协议适用中国法律，若发生争议，双方协商不成，任何一方可向甲方所在地法院提起诉讼。
5. 本协议一式两份，甲、乙双方各执一份，具有同等法律效力。（转载自第一范文网 http：//www.diyifanwen.com，请保留此标记。）

甲方（签章）：_____　　乙方（签章）：_____
授权代表（签章）：_____　　授权代表（签章）：_____
地址：_____　　　　　　地址：_____
邮编：_____　　　　　　邮编：_____
联系电话：_____　　　　联系电话：_____
签字日期：_____　　　　签字日期：_____

【案例思考】

请思考如何填写才能完善本合同条款，防止发生合同纠纷。

参考文献

[1] 关彤. 交际写作［M］. 北京：北京师范大学出版社，1999
[2] 张敬慈. 公关礼仪［M］. 成都：四川大学出版社，2005
[3] 方宪玗. 公共关系学教程［M］. 杭州：浙江大学出版社，2004
[4] 居延安. 公共关系学［M］. 上海：复旦大学出版社，2006

后　　记

进入21世纪以来，形象竞争日益凸显，各类社会组织越来越重视形象建设。基于这种背景，2008年，我们组织力量编写了《公共关系学》一书。尽管当时我们曾尽量吸收公共关系研究上的一些新成果，但是，近几年来我国的公共关系理论与实践已有了很大的发展和变化，出现了许多新情况、新特点。为了更好地满足教学的需要，我们在参考、借鉴国内外学者的研究成果的基础上对初版书进行了修订。

《公共关系学》第二版基本保留了初版书的风格、特点和体系结构，其特点如下：

（1）增加了新章。增加了第十一章网络公关，全书章节由初版书的11章改为12章。

（2）补充、完善初版书的内容。根据目前公共关系学的最新研究成果和实践，对初版书的内容进行了补充和完善。

（3）替换、增加了案例。在此次修订中，每章节所列举的都是内容新颖的案例。

参加《公共关系学》第二版编写的11位作者分别是：五邑大学的费明胜、徐樱华、邵燕斐、赵玉龙、王名鑫，西安交通大学经济与金融学院的周琳，广东海洋大学的李霞，广东工业大学的何军红，滁州学院的史贤华、王素侠，华北航天工业学院的薛楠。本书撰写分工是：李霞撰写了第一章和第十二章，何军红撰写了第二章、第三章，邵燕斐撰写了第四章，王素侠撰写了第五章，史贤华撰写了第六章，徐樱华撰写了第七章，薛楠撰写了第八章、第十章，费明胜参加第七章、第九章的撰写，周琳参加第十一章的撰写，赵玉龙参加了第九章的撰写，王名鑫参加了第十一章的撰写。全书由费明胜教授总纂定稿。

本书的编写出版，倾注着所有作者的心血，我们在撰稿过程中参阅了同仁们的大量研究成果，在此向有关同行专家表示衷心的感谢！本书在编写出版过程中，得到了西安交通大学经济与金融学院郝渊晓教授、西安邮电大学经济与管理学院院长张鸿教授、中山大学出版社蔡浩然编审的大力支持，在此一并表示诚挚的谢意。

这次修订本，尽管作者从体系到内容注意了尽量反映最新的理论和实践，但面临的公关环境在不断变化，新的公关理论和新的公关实践不断产生，加之作者水平有限，书中必定存在许多不足之处，恳请读者不吝赐教，以便今后进行补充和修正。

费明胜
2014年7月